等院校物流管理与工程专业系列教材

港口物流学

◎主　编　汪长江

主审　李文锋

副主编　成桂芳　谭卫平　赵　丹
　　　　傅海威　罗贯三

Port Logistics

浙江大学出版社

内容简介

本书以港口物流基本概念和港口物流知识体系的构建为突破口，系统、全面地介绍了港口物流的基本知识。全书分为11章：第1至4章从港口、港口物流、港口物流发展、港口物流企业与港口物流园区等方面展开论述与介绍，建立了港口物流的概念，介绍了港口物流的相关理论，论述了国内外主要港口的物流发展状况与启示，提出了港口物流发展战略与管理模式选择，阐述了港口物流园区与保税港区等方面的知识，为港口原理部分；第5至10章以港口物流的基本功能与职能为主线，介绍了港口物流生产管理、港口集装箱业务管理、船舶理货业务管理、港口商务与口岸管理、港口设备管理、港口库场管理等涉及船舶与货物进出港、集装箱进出港、货物进出口、拼箱拆箱、报关、报验、包装、货物通关与多式联运等等港口物流各环节的基本理论、管理操作程序与方法，为港口物流实务部分；第11章为港口物流技术，主要介绍了港口物流信息管理的最新成果，展示了典型的港口物流信息管理系统的功能与原理。全书知识线条清晰、内容完整精练、条理性与实用性强，适合物流管理专业高年级使用，亦可供工商管理类各专业和港口物流方向的研究生作为教学参考书，同时也可供物流企业专业技术人员和管理人员以及港口物流研究人员阅读。

图书在版编目（CIP）数据

港口物流学 / 汪长江主编. —杭州：浙江大学出版社，2010.2（2019.2 重印）
ISBN 978-7-308-07345-5

Ⅰ.①港… Ⅱ.①汪… Ⅲ.①港口－物流－研究
Ⅳ.①U695.2

中国版本图书馆 CIP 数据核字（2010）第 015117 号

港口物流学

主　　编　汪长江

副主编　成桂芳　谭卫平　赵　丹　傅海威　罗贯三

丛书策划　黄兆宁　樊晓燕
责任编辑　黄兆宁
文字编辑　王元新
封面设计　刘依群
出版发行　浙江大学出版社
　　　　　（杭州市天目山路 148 号　邮政编码 310007）
　　　　　（网址：http://www.zjupress.com）
排　　版　杭州中大图文设计有限公司
印　　刷　嘉兴华源印刷厂
开　　本　787mm×1092mm　1/16
印　　张　18
字　　数　416 千
版 印 次　2010 年 2 月第 1 版　2019 年 2 月第 7 次印刷
书　　号　ISBN 978-7-308-07345-5
定　　价　33.00 元

高等院校物流管理与物流工程专业系列教材

审稿专家委员会名单

（以姓氏笔画为序）

刘广钟　刘　南　邬　跃　杨东援

李文锋　李严锋　张良卫　张晓萍

张　锦　屈福政　赵林度　黄有方

黄福华　谢如鹤　靳志宏

前 言

　　港口是现代物流链上的一个重要环节。随着经济全球化的发展和国际贸易的增加，港口作为多种运输方式的交汇点，凭借其独特的区位优势和基础设施建设方面的优势，在现代综合物流体系中发挥着越来越重要的作用。现代物流理念的普及以及现代物流实践的要求，已促使港口抛弃以往单一的运输中转节点的定位，转而向集运输、工贸、金融、信息和多式联运为一体的综合物流中心的方向发展。港口这种由运输中转节点到综合物流服务链中重要环节的定位转变不仅使港口功能发生了极大变化，而且也使港口在服务范围延伸、服务功能扩展的过程中，逐渐形成了自身特有的港口物流系统。高效率的港口现代物流服务已成为区域经济发展与产业结构升级的重要支撑。

　　港口物流这一概念是近年来刚刚提出的，目前关于港口物流的内涵及其知识体系还没有公认的权威性理论结论，但港口物流的实践却在蓬勃发展，人才的需求亦与日俱增，这一现状使得许多港口城市所在学校将其物流管理专业的人才培养重心放在港口物流上。鉴于港口物流的迅速发展和港口物流人才培养的迫切需要，港口物流相关教材的编写已成为当前相关院校在人才培养上急需进行的一项基础工作。

　　本书是在编者多年物流管理专业教学与科研实践的基础上，结合港口物流最新的研究动态与发展趋势，尝试以港口物流基本概念和港口物流知识体系的研究确立与构建为突破口，以港口物流原理、港口物流实务、港口物流技术为知识主线，按照知识线条清晰、内容完整、条理性与实用性强的要求所编写的。

　　由于港口物流还是一个新的领域，整体研究还不成熟。因此，本书的编写在很大程度上是一种尝试，力求能建立起港口物流的基本概念与知识体系。其实，随着编写的进行，到了完稿阶段，我们发现自己对这一体系又有了新的想法与观点，应该说这是一种很好的现象，鉴于出版时间紧迫，我们拟将这些更加完善的想法与观点作为下一步的修订计划。所以，从这个意义上来讲，本书的出版更大意义上是起到抛砖引玉的作用。

　　本书由浙江海洋学院的汪长江教授和成桂芳副教授、浙江万里学院的谭卫平老师、宁波大学的赵丹老师、宁波工程学院的傅海威老师以及重庆交通大学的罗贯三副教授编写。其中第 1、2、3 章由汪长江编写，第 4、10 章由成桂芳编写，第 6、9 章由谭卫平编写，第 5、8 章由赵丹编写，第 7、11 章由傅海威编写，全书由主编汪长江总纂定稿。本书在写作过程中,参阅、借鉴甚至直接引用了国内外相关学者许多的研究成果,在此,谨向这些学者与同仁致以崇高的敬意和谢忱。

本书的编写出版,得到了浙江大学出版社和编者所在学校有关部门与人员的大力支持与帮助,也得到了众多朋友的关心与协助,在此,特向所有在本书编写出版过程中提供帮助与支持的朋友表示编者诚挚的谢意。

由于作者水平有限,书中的观点或表述难免出现疏忽甚至谬误,真诚欢迎各位专家和广大读者提出批评与建议,以便逐步完善。

编者

2009 年 11 月于山海间

目 录

第1章

港口概述

⤷ 本章要点

　　①认识港口,了解其分类,掌握其构成。

　　②理解港口的规模经济、范围经济、结构经济特征。

　　港口是现代物流链上的一个重要环节。港口为物流的发展创造了更加便利的条件,物流的兴起与快速发展又为港口功能的进一步拓展提供了更加广阔的发展平台。两者相辅相成,促进了区域间经济贸易的高速发展。

1.1　港口的概念

　　港口是指具有一定设施和条件,供船舶在各种气候条件下安全进出、靠泊以及进行旅客上下、生活资料供应、货物装卸与必要的编配加工等作业的场所。

　　港口由一定范围的水域、陆域所构成,具体包括航道、港池、锚地、码头、货场、仓库、各种作业设备(运输、加工、修理设备等)、导航系统、通信系统和其他相应的管理与服务系统等,现代港口还需要相应的经济腹地相配套。

　　港口一般位于江、河、湖、海等沿岸,港口按所在地理位置可分为海港、河港、湖港等;按性质和用途可分为商业港、工业港、军港、渔港等,港口的详细分类如表 1-1 所示。本书的研究范围主要针对海港(亦适应于河港、湖港等),主要研究的是商业港和工业港,其中又以商业港为研究重点。

　　海港是沿海运输和各种海上活动的基地。优良的海港,通常是沟通国内外贸易的枢纽。商业港是以商船为服务对象的港口,是水陆运输的枢纽,主要从事进出口货物的集散与编配加工。如我国的上海港、天津港、广州港、宁波—舟山港、大连港和湛江港等均属此类港口。商业港还可以按货物的种类进一步划分为综合性港口和专业性港口,综合

表 1-1　港口的分类

分类标准	港口类型
按地理位置划分	海港、河港、湖港等
按性质用途划分	商业港、工业港、军港、渔港、避风港等
按规模大小划分	世界性港口、国际区域大港、地区性港口等
按货物品种划分	综合性港口、专业性港口等
按在国际集装箱运输中的作用划分	干线港、支线港、地区性港等

性港口指装卸与编配加工多种货物的港口;专业性港口指为装卸与编配加工某专门货类的港口,如石油港、矿石港、煤港等。工业港是为临近江、河、湖、海的工矿企业直接运输原材料、输出制成品及其编配加工而设置的港口。如大连地区的甘井子大化码头、上海市的吴泾焦化厂煤码头和宝山钢铁总厂码头均属此类港口。

现代港口不仅是水陆交通的集散地,从本质意义上讲,它更是一个物流基地、物流枢纽和物流节点,是物流企业的群集。世界上沿海国家都视港口为其经济命脉,如荷兰、新加坡等国家的国民收入绝大部分来自港口业务。

随着经济的高速发展,越来越多的国家在港口设置"自由贸易区(保税区)",以免税或低税率吸引全球商人来港口进行货物存储、中转、加工、包装等业务,极大地促进了所在国的经济增长。

我国拥有 1.84 万公里的海岸线,11 万公里的内河航道。据不完全统计,我国大陆目前建有 1460 多个商业港口、3.4 万多个码头泊位,承担着 9% 的国内贸易运输和 90% 以上的国际贸易运输。

1.2　港口的构成

港口由一定范围的水域、陆域所构成,并有相应的经济腹地相配套。

1.2.1　港口陆域

港口陆域是指有适当的高程、岸线长度与纵深的用于人员上下船、货物装卸、堆存、转载与编配加工等的陆地区域,该区域内一般拥有码头、仓库、货场、道路(公路、铁路等)以及供货物装卸、堆存、转载与编配加工等的各种设备及其他各种必要的附属设施。

1. 码头

码头是港口的主要组成部分,由若干个泊位构成,供船舶靠泊作业(货物装卸与人员上下)。每艘船的靠泊码头长度为一个泊位。

2. 仓库

港口仓库是供货物在装船前和卸船后临时或短期存放的建筑。其主要功能是货物储存、集运,或进行货物分类、编配加工、检查,以加速车船周转,提高港口通过能力和保证货运质量。港口仓库按存放货物的种类可分为件货仓库、散装仓库、危险品仓库和冷藏库等;按其特点可分为专用仓库、通用仓库、单层仓库和多层仓库等;按其位置可分为前方仓库和后方仓库。前方仓库是设在码头前方第一线与船舶装卸作业直接相关的,供货物暂时存放的建筑,其容量一般要与泊位通过能力相适应。后方仓库位于港区的后方,距离码头泊位比较远,供货物集中和周转的建筑。后方仓库的容量是根据货物集散的速度和港口所在地区的要求而定的。堆存时间较长的货物通常保管在后方仓库。为加速车船周转,避免港口堵塞,卸在前方仓库的货物,如超过堆存期限,货主仍未提货,港口会将其转到后方仓库堆存保管。

3. 港口货场

港口货场是在港内堆存货物用的露天场地,用于存放不许进库的货物或不怕日晒雨淋的货物。根据场地所在位置不同,货物可分为前方货场与后方货场;根据货物种类不同又可分为件杂货场和散杂货场。场地要有一定坡度,便于排水;要留有通道,便于车辆和装卸机械通行和消防作业。

4. 码头前沿作业区

码头前沿作业区是从码头线至第一排仓库(或货场)的前缘线之间的场地,是货物装卸、转动和临时堆存的场所。前沿作业区一般设有装卸、运输设备,同时有道路与港外连通,有的还铺设了铁路路线,火车、汽车能开到码头前沿,进行车船直接联运;不能直接联运的货物则进库场暂存。

5. 港内道路

港内道路是供运货车辆和流动装卸运输机械通行,并与城市道路和疏港道路相连接的港内通行道路。一般布置成环形,以便利运输,并尽可能减少对装卸作业干扰。当港口有大量货物运输时,可铺设铁路线通往港口,通过火车集疏运。

6. 供货物装卸、堆存、转载与编配加工等的各种设备

供货物装卸、堆存、转载与编配加工等的各种设备是港口所拥有的各种装卸及运输机械,包括起重、运输机械和库场、船舱机械等。这些设备有利于加快车船装卸、运输与加工,提高港口吞吐能力,降低成本,减少劳动强度。

7. 附属设施

港口陆域设施还包括为港口工程建筑物及设备维修所用的工程维修基地、燃料和淡水供应站、对船舶进行临时性修理的航修站、作业区办公室、消防站、输电系统、照明、通信和导航设备及港务管理办公建筑等辅助生产设施。

1.2.2 港口水域

港口水域是供船舶航行、运转、锚泊和停泊装卸之用的,要求有适当的深度和面积,并水流平缓、水面稳静。港口水域包括船舶进出港航道、港池和港口锚地。

1. 进出港航道

进出港航道是自海、河主航道通向港口码头的航道。要求进出港航道的尺度适应进

出港船舶的尺度以保证航行安全,航道中线应与水流的方向尽量一致或接近以便船舶进出港口和减少泥沙淤积。

2. 港池

港池是供船舶停靠和装卸货物的紧靠码头的水域。港池的面积和水深要满足船舶安全停靠和装卸以及船舶调头的需要。

3. 港口锚地

港口锚地分为港内锚地和港外锚地。锚地要满足船舶安全停泊、等候码头泊位、进行过驳作业、船舶编解队作业和利于边防及海关检查与检疫之用。当港口需防护风浪时,还常需建有防波堤,以保证港内船舶的安全作业。

1.2.3 港口腹地

港口腹地又称港口的吸引范围,即港口集散旅客和货物的地区范围。对某港口而言,其港口腹地是该港口所服务和被服务的地区。即港口货物(或旅客)直接运来、运出或中转的地区和直接为该港口提供后勤、经济支撑等服务的地区。

腹地的类型与范围受自然、社会、经济因素的影响,应根据港口地理位置及其周边交通运输与经济状况而确定。港口腹地的划分有助于了解腹地的资源状况和经济潜力,是确定港口合理分工、进行港口布局和规划的基本依据。

港口腹地可以利用有关交通运输网络资料和费率标准,根据最小费用原则(计算由起给点到目的地的最小费用路径),并参考港口及其周围地区的具体条件来确定。对现有港口,还可以通过对客货流集散的实际数量,进行调查分析后确定。

港口腹地类型与范围的划分按港口与腹地的连接方式,可以分为陆路腹地和水路腹地;按港口之间的腹地关系,可以分为单纯腹地和混合腹地;按服务到达性质,可以分为直接腹地和间接腹地。详细如表1-2所示。

表1-2 港口腹地的分类

分类依据	腹地类型	腹地范围
港口与腹地的连接方式	陆路腹地	港口经济辐射、吸引以及历史上有密切往来的所达内陆经济区域范围
	水路腹地	经水上航线直挂、直达的外陆(或外埠)经济区域
港口之间的腹地关系	单纯腹地	一港独有经济区域范围
	混合腹地	多个港口共有经济区域范围
服务到达性质	直接腹地	港口直接服务或被服务的经济区域范围
	间接腹地	经港口中转的所达经济区域范围

港口经济腹地的大小不仅受其区位条件、交通条件等多种因素的影响,而且港口对外的贸易和运输联系所决定的港口物流的流量和流向,也在很大程度上决定了港口及其腹地的规模和地位。一个港口的腹地范围不是静止的,而是随着社会经济和物流的发展而不断变化的。影响港口腹地范围的主要因素如表1-3所示。

表 1-3 影响港口腹地范围的主要因素 ①

因　　　素	内　　　容
港口的硬件条件	基础设施、港口布局、特殊设备、仓储条件、信息平台等
港口的软环境	装卸质量、口岸环境、港口服务范围、船舶等候时间等
集疏运条件	运输距离、运输道路与航道条件、陆路和水陆运输设备情况等
外部经济规模及结构	港口潜在服务区的经济发展、对外经贸情况、产业结构等
竞争情况	港口的竞争力
货物类型	不同类型货物的特性、包装、适宜的运输工具、运输距离等

　　港口腹地与港口之间存在着相互依存、相互作用的关系。腹地经济越发达,对外经济联系越频繁,对港口的服务需求也越大,由此推动港口规模扩大和结构演进;港口的发展又为腹地经济发展创造了条件,可促使港口腹地范围进一步扩展。港口和其腹地间的这种相互作用关系,对以港口为中心的区域经济发展具有重要意义。

　　从空间上看,港口是一个点,它需要面(腹地)和线(陆上集疏运和海上船队航线)的支持。现代物流条件下,港口与港口之间的竞争早已脱离了点与点竞争的概念,而是以港口、腹地和运输为整体的综合实力的较量。每一个港口的形成都是顺应某一地区经济大发展和对外贸易的强大需求而发展起来的。而港口也需要发达的腹地经济支持,不能为其提供充足的货源和服务,现代港口是很难形成的。

1.3　港口的技术经济特征

　　港口业有很强的规模经济、范围经济和结构经济特征。

　　1. 规模经济特征

　　规模经济是指成本具有随着生产规模扩大而迅速下降的特点。

　　港口由于投资规模大,固定成本很大,而变动成本相对小,故有很强的规模经济特征。就港口本身而言,其规模经济主要表现在港口码头泊位大小、航道水深、港口面积等基础特征对港口业务的影响。比如,港口泊位越大,航道越深,能够停靠的船只吨位就越大,这样可以使单位货物的平均成本和边际成本下降很快。

　　港口的规模经济涉及多个环节,这些环节有的属于港口范围内,有的则与港口密切相关,但规模经济的实现要受到这些因素的影响,以集装箱运输为例,集装箱码头的影响设施主要有集装箱、港口设施、运输工具等。也就是说,集装箱的规模、港站设施的规模和运输工具(船舶)的规模都是这一业务规模经济实现的必要条件。集装箱运输成本体现在海上运输成本、内陆运输成本、保险费、在途停滞时间、运网的规模经济及服务质量等重要指标上,这些指标总体上反映了海运设施利用效率和物流服务的效率。大规模的

---

　　①　程言清.港口物流管理.北京:电子工业出版社,2007.

投入可以降低成本,但投入直接受到其他服务对象的经济规模的影响。因此,港口物流的规模经济不仅仅是一个单纯扩大港站基础设施规模的问题,而是一个讨论港口规模经济需要加以注意的问题。

2.范围经济特征

范围经济是指在提供两种以上的产品或服务时,由于共同使用了部分生产设施而导致的成本节约。

港口是一种基础设施,港口的同一种设施,比如码头,可以在不同时间供不同业务企业使用,因而存在不同业务使用同一种设施而产生的范围经济。这与单一业务产生的规模经济不同,范围经济来自业务的范围扩大导致的成本节约。在一般行业中存在的范围经济,一个企业通常可以采用扩大生产范围的方式轻易实现,因而生产所使用的设施是企业自身投资实现的。如果其他企业想获得这种范围经济,只要采取相同的方法就可以比较容易的实现。而港口业范围经济是基于特定地点和位置——良好港口岸线的不可再生性,因此港口基础设施与港口业务经营的分离,并对港口基础设施的运营进行价格监管,可能是实现这种范围经济的一个必要的制度前提。

3.结构经济特征

结构经济是指国民经济的组成和构造。一定的社会经济和技术条件,要求有与它相适应的经济结构。经济结构的各个组成部分之间,都是有机联系在一起的,具有客观制约性,不是随意建立一种经济结构就是合理的。

港口是综合运输网的结合部,多种运输方式在这里聚集,并且需要完成技术作业、货物换装、辅助作业、船舶供应以及货物的改换包装、分拨、储存等多项服务活动。为此,港口必须是具有多种功能的生产力系统,以满足多种多样的生产、服务活动的需要,而且这些生产、服务活动之间有密切的关联性。因此,研究与确定港口生产力系统,必须从结构经济的观点出发,确定港口各个组成部分之间的相互关系和各项功能之间的关系,才能决定港口生产力的结构关系。港口生产力结构的特殊性,为研究港口结构经济提供了典型的案例,可惜的是至今没有引起应有的重视。因此,导致港口的经济结构不合理,生产力结构不配套,大量投资浪费,重复建设、盲目建设的项目屡见不鲜。暴露出结构经济理论在港口生产力结构的应用研究存在较大差距。

结构经济同生产力结构是密切不可分的。港口合理的通过能力结构是发挥港口生产力作用的保证,合理的经济结构是提高港口经济效益的保证。两者要求的结构合理化,是结构经济的研究内容。港口生产力结构是一个复杂的结构经济体系,它包括生产力要素结构、劳动对象结构、劳动资料结构、劳动者结构等。

⇨ **案例分析**

宁波—舟山港吞吐量全国第一

交通运输部 2008 年 5 月公布了 2008 年一季度我国内地主要海港吞吐量情况,宁波—舟山港、上海港、广州港、天津港和青岛港进入吞吐量排名前五位,其中宁波—舟山港完成货物吞吐量 1.26 亿吨,首次超过上海港,居全国各港口首位。

受国际经济形势恶化的影响,2008年一季度我国港口货物吞吐增速普遍放缓,但宁波—舟山港增势依旧强劲。统计显示,2007年宁波—舟山港完成货物吞吐量4.73亿吨,其中一季度完成货物吞吐量为1.08亿吨;2008年一季度比2007年同期增加1800万吨,增速达到16.6%。2008年一季度,上海港完成货物吞吐量1.245亿吨,比宁波—舟山港少150万吨。

宁波—舟山港于2006年1月1日正式实施两港一体化,已初步形成了"一干线四大基地",即集装箱远洋干线港、国内最大的矿石中转基地、国内最大的原油转运基地、国内沿海最大的液体化工储运基地和华东地区重要的煤炭运输基地,成为国内发展最快的综合型大港。

舟山港域为宁波—舟山港夺取季度冠军发挥了重要作用。据统计,一季度,随着马迹山二期的正常运转和岙山—镇海输油管道的开通,舟山港域矿砂和油品的吞吐量较去年同期大幅增长,其他大宗物资的码头作业量也有明显提升。全港域累计完成吞吐量3786万吨,同比增长31.95%,超过全国港口平均增幅16.5个百分点。

2005—2007年,上海港已连续三年保持吞吐量全球第一。尽管宁波—舟山港在季度统计上总吞吐量超过了上海港,但集装箱吞吐量仍与上海港有较大差距。一季度,在全国港口集装箱吞吐量前五位中,上海港依旧坐第一把交椅,宁波—舟山港排在第四位,排在第二、第三位的分别是深圳港、广州港,青岛港位列第五。

业内人士认为,随着宁波—舟山港一体化进程的加快推进,其发展后劲很足。2007年,宁波—舟山港启动了多项重要工程,金塘大浦口集装箱码头建设顺利,六横煤炭中转码头竣工在即,北仑五期集装箱码头等工程的前期工作也已展开。据悉,这些项目投产后,新增的年吞吐能力将达6500万吨左右。而杭州湾跨海大桥的开通,更有效地改善了宁波—舟山港的集疏运条件,呈现了赶超上海港的发展潜力。

案例问题:

通过案例,您认为促进一个港口快速发展的因素主要有哪些。

⇨ 思考题

1. 什么是港口?港口一般如何分类?分为哪几类?
2. 港口的具体构成如何?
3. 如何从点、线、面的角度理解现代港口的综合实力?
4. 如何理解港口的规模经济、范围经济与结构经济特征?

第2章

港口物流概述

☞ **本章要点**

①掌握港口物流的内涵,了解其特点与发展趋势。

②理解港口物流的地位与功能。

③理解港口与城市、港口物流与区域经济、港口与物流等之间的基本关系。

④掌握物流系统的构成要素、形成及一般结构。

⑤了解物流一体化的形式。

⑥了解供应链及其管理。

⑦理解供应链设计的基本原则、步骤;掌握供应链系统设计与优化的基本原理与思路。

随着经济全球化的发展和国际贸易的增加,港口作为多种运输方式的交汇点,凭借其独特的区位优势和基础设施建设方面的优势,在现代综合物流体系中发挥着越来越重要的作用。现代物流理念的普及以及现代物流实践的要求,已促使港口抛弃以往单一的运输中转节点的定位,转而向集运输、工贸、金融、信息和多式联运为一体的综合物流中心的方向发展。港口这种由运输中转节点到综合物流服务链中重要环节的定位转变不仅使港口功能发生了极大变化,而且也使港口在服务范围延伸、服务功能扩展的过程中,逐渐形成了自身特有的港口物流系统。高效率的港口现代物流服务已成为区域经济发展与产业结构升级的重要支撑。

2.1 港口物流的内涵

港口物流,应该是一个复合的概念,要完整准确阐述其内涵,必须从以下几方面进行全面的诠释①。

1. 基于港口发展历史对港口物流的诠释

1992 年,联合国贸发会在《港口的发展和改善港口的现代化管理和组织原则》②的研究报告中把港口的发展分为第一代、第二代和第三代,20 世纪 90 年代后港口向第四代发展。20 世纪 90 年代以后,随着全球经济一体化,港口的功能从单一货运生产到综合物流汇集,从传统货流到货流、商流、金融流、技术流、信息流全面大流通,运输方式也从车船换装到联合运输、联合经营,从传统装卸工艺到以国际集装箱门到门多式联运为主要特征的现代运输方式的转变。现代物流中心成为港口新的发展目标。现代港口除具有国际多式联运的枢纽功能外,还扮演着区域或国际性的商贸中心、金融中心、信息中心的角色。因此,从港口发展历史来看,港口物流应该诠释为是以港口为中心的货流、信息流、资金流、各种物流作业和多种物流设施和服务功能的集合。

2. 基于物流活动内容对港口物流的诠释

港口物流活动具体包括装卸、运输、仓储、流通加工、信息处理活动和各种辅助活动。因此,从港口物流活动内容来看,港口物流应该是以港口为中心的将运输、仓储、装卸搬运、代理、包装加工、配送、信息处理等物流环节有机结合,形成完整的供应链,能为用户提供多功能和一体化的综合物流服务体系。

3. 基于物流基本要素对港口物流的诠释

港口物流活动具备三个最基本的要素,即流体、载体和流向。流体是指经过港口的货物,载体是指流体借以流动的设施和设备,流向是指流体从起点到止点的流动方向。因此,从港口物流基本要素来看,港口物流应该是以港口为中心的提供优质载体,合理安排流体流动顺序,以使流体按科学的流向流动的全过程。

4. 基于港口物流特点对港口现代物流的诠释

港口物流是特殊形态的物流,与传统的港口生产和服务及其他类型的物流相比具有国际化、多功能化、信息化、标准化、独特化、聚散效应、整合效应等特点。全球经济一体化的趋势,使得港口也凸显"一体化"。因此,从这些特点来看,港口物流则是港口为适应现代物流发展的需要而形成的新型产业系统。

5. 基于港口物流服务平台对港口物流的诠释

港口物流平台结构包含环境层、供给层和需求层三个层次。由港口所在地区及其腹地的经济结构、政府职能部门(如港务管理局、海关等)的政策和法规以及港口的物流设施(如码头、仓库、道路、机械等)构成了港口物流的服务环境层。供给层和需求层则分别由物流服务提供方和物流服务需求方组成。在港口区域落户的有货主、船东、货运代理商、船舶代理商、零售商、商品批发商、包装公司、陆上运输公司、海关、商检机构及其他有关机构。港区建有分拨中心、配送中心、流通加工中心等,提供仓储、装卸、包装、运输、加工、配送、拆装箱和信息处理等系列增值服务。因此,从港口物流服务平台来看,港口物流是指以依托港口这个节点形成的服务平台上所进行的物流活动。

---

① 汪长江:港口现代物流:概念诠释、效率测评与增进对策.管理世界,2008(6)
② 真虹:第四代港口的发展模式.海运情报,2006(6)

6. 基于港口在整个物流链中的独特地位对港口物流的诠释

港口在整个物流链中的独特地位体现在:第一,港口是整个水陆运输的枢纽(国际贸易货运量90%以上经海运完成),是整个运输链中最大量货物的集结点,地位十分重要。第二,港口拥有先进的设备、码头岸线资源、后方陆域面积较大的堆场或仓库和良好的集疏运系统,这些硬件设施为港口从事现代物流服务奠定了比一般物流业更加良好的基础。第三,现代物流需要具有整合生产要素功能的平台。港口一般拥有向周边腹地延伸的公路、铁路、水路等比较发达的交通基础设施,是不同运输方式汇集的重要节点,港口以其无可比拟的优势成为人流、货流、商流、资金流、技术流、信息流的聚集点,具有物流生产要素整合平台的资源优势,能够发挥 $1+1>2$ 的效果。可以说,港口是现代物流网络链中最为高效的整合生产要素功能的大平台。因此,从港口在整个物流链中的独特地位来看,港口现代物流是指依托港口这个在整个物流链中具有独特地位的平台上所形成的现代物流系统。

综上所述,我们认为:港口物流是以港口作为现代物流过程中的一个无可替代的重要节点和服务平台,以促进区域性经济发展为中心,以建立货物中心、配送中心、物流信息加工和商品交易中心为目的,利用港口集运输、仓储、装卸搬运、代理、包装、加工、配送、信息处理、多式联运等为一体的特长,发挥由点(港口)到线(陆路、水路运输)、面(港口腹地及周边区域)的区域物流活动的辐射优势,形成完整的供应链,为用户提供多功能、一体化的综合物流活动。

港口物流是近年才出现的新名词,从严格意义上说,它并不是现代物流活动的一个基本类型,在国家物流术语中也没有定义。但是在现代物流体系中,港口作为物流体系中的一个无可替代的重要节点,更确切地说是稀缺节点,其功能在不断拓宽,并朝着提供全方位增值服务方向的现代物流发展,形成了完整的供应链,完成了整个物流体系中的许多的基本服务和衍生的增值服务,能为用户提供多功能、一体化的综合物流服务。由于港口独特的地理位置以及在整个物流体系中的重要地位,港口物流作为一个独立的概念被提出。因此"港口物流"是一个实际意义大于理论意义的定义,我们主要是从产业角度对其进行诠释,认为它是特殊形态下的综合物流体系。在发展现代物流业、建设物流中心过程中,港口以其独有的集疏运能力和在物流网络中的组织作用,成为现代物流业发展的主导和重点。港口已经成为物流发展的重要条件,物流的兴起又为港口的进一步发展创造了新的机遇。

港口物流的发展有利于全面带动港口所在区域的经济发展。根据我国 1988—2005 年历年数据的定量研究测算,如果其他条件不变,我国沿海港口吞吐量每增加 1%,则经济总体增加量为 1.347%[①]。

---

① 汪长江:港口物流对区域经济发展的拉动及其实证研究.浙江省经济学会交流论文,2008.12

2.2 港口物流的特点与发展趋势

2.2.1 港口物流的特点

港口物流作为一种服务,由于其物流中心的独特地理位置,其发展具有一些自己的特点:

1. 港口物流的发展与腹地经济发展状况密切相关

对于港口物流而言,腹地经济的发展水平、规模、交通运输体系以及该地区的人口密度等都会直接影响港口物流的发展。世界上大多数城市都十分重视港口的发展,并制定了以港兴城的发展战略,鼓励和扶持港口的发展,使港城关系更为密切。目前,港口已成为这些城市不可分割的重要组成部分和新的经济增长点。

2. 港口物流发展受国家政策和国际环境的影响

港口物流服务除了一般意义上的物流服务,还涉及关检、海上救助和海事法庭等特殊服务。国家政策往往在很大程度上决定了港口物流的发展水平,港口的经济同周边国家与地区有着不可分割的关系,周边国家与地区的经济发展水平、经济体制、开放政策和外交政策等一系列因素都会影响到港口物流的发展。

3. 港口物流面临较普通物流更为激烈的直接竞争

随着国际贸易的迅速发展,航运竞争日趋激烈,船舶大型化、高速化和集装箱化成为不可改变的趋势,港口竞相发展物流中心,使得港口物流之间的竞争日益激烈。港口面临的竞争不仅来自邻近港口,还来自具有区域战略地位的国外港口。首先,由于腹地内高速公路、铁路和内河航道运输网络的建设,传统的腹地概念已经打破,物资的流动性、迁移性和蔓延性得到强化。同一区域内或邻近区域内的主要港口对货主和船公司来说已不存在距离上的问题,而主要看各港口物流服务的水平。其次,大的航运企业物流插足港口的竞争。国际上著名的航运大企业一般都是大跨国公司的全球物流承运人和代理人,因此航运企业,尤其是大的国际航运联运选择哪些港口作为其物流分拨基地,或作为其物流经过的口岸,对这些港口的兴衰至关重要。那些拥有世界一流的港口物流基础设施以及高速度和高效率的物流服务运作系统的港口将成为大的航运企业客户的首选。例如,全球吞吐量最大的港口鹿特丹,由于其有效的服务和完善的腹地交通,吞吐的货物的80%的发货地或目的地都不在荷兰。大量的货物在港口通过一流的内陆运输网进行中转,运抵欧盟各成员国,体现出极强的竞争力。

4. 港口物流在国际物流链中居于中心地位

港口在现代物流发展中,有着诸多独特优势,在综合物流服务链中处于中心的地位。港口以其独特的"大进大出"的集疏运能力和较好的物流网络基础,成为现代物流业的主导和重点。国际贸易中货运量的90%以上靠海运完成,因而港口在整个运输链中总是最大量货物的集结点。港口是水陆两种运输方式衔接的唯一节点,港口的建设和服务水平是整个物流链能否顺畅运转的关键。同时,经济一体化使得港口在所在地经济中的重要性进一步得到加强,各地政府都重视对港口的投资,使得港口一般都拥有比较先进的装卸设备、面积相当的堆场和仓库、先进的生产组织系统、良好的集疏运条件等。这些优势的存在为港口拓展物流服务奠定了良好的硬件基础。

5. 港口物流的发展体现了整个国家物流发展的总水平

港口由于其独特的地理优势以及比较完备的硬件设施,形成了既有的先天优势。港口汇集了大量的货主、航运企业、代理企业、零售商等,成为物流、人流、技术流、资金流的交汇中心。同腹地物流相比,港口物流的实践者比较容易接触到最先进的技术与管理。先进的技术与管理通过物流链渗透到腹地,进而对腹地物流乃至整个国家物流的发展起到火车头的作用。由此可见,一国港口物流的发展水平很大程度上决定了整个国家物流的发展水平。

6. 港口物流具有集散效应

围绕港口,因国际货物的装卸和转运产生了装卸公司、船运公司和陆地运输公司;又因船舶的停靠产生了船舶燃料给养供给、船舶修理和海运保险;在货主和船公司之间还形成了无船承运人、货物代理和报关代理等中介公司;随着现代物流的形成和发展,围绕港口的新型企业是以物流增值作业为特色的物流园区和物流中心。一个港口城市物流产值占全国的比例远远大于该城市 GDP 占全国的比例。依托港口建立的发达物流体系,可以为区域经济的发展提供可靠的低成本的物流支持,增强城市的辐射能力和影响力。而港口物流的发展使港口周边地区聚集大量加工企业,进而成为临港加工区,成为区域经济的增长极。港口物流的发展给城市带来大量的资金流、人流和信息流,为形成地区性的金融中心以及旅游业、信息产业的发展创造了必不可少的条件。世界上的许多城市都是凭借港口的优势发展成为世界工业和贸易中心的。从国际上看,凡是发达的综合性港口,它所依托的城市也都是发达的,且多是区域性、国际性的经济中心。

7. 港口物流具有整合效应

全球经济一体化的趋势,促使港口物流必须向国际化、规模化、系统化发展,港口物流产业内部的整合,与陆域、航空物流的全方位的合作都是势在必行。"前港口,后工厂"的空间布局,使港口具有整合生产要素的功能。通过联合规划和作业,形成高度整合的供应链通道关系,进一步降低物流成本,提高物流效率,为客户提供更为满意的服务。同时,港口物流的服务功能方面也会凸显"一体化"的特点,实现进一步拓展。港口物流将充分依托港口腹地运输、拆装箱、包装、质量控制、库存管理、订货处理和开具发票等增值服务,从而提供金融、保险等方面的服务以及货物在港口、海运及其他运输过程中的最佳物流解决方案等。

2.2.2 港口物流的发展趋势

世界经济一体化和贸易自由化的进程加快,使物流的内涵和外延正在逐渐扩大。在此背景下,港口物流的功能和特点发生了许多变化,朝着国际化、多功能化、系统化、信息化和标准化的方向发展。

1. 国际化

国际贸易全球化、世界经济一体化趋势使港口的国际贸易的作用更加突出。多数的港口主要从事国际物流服务,如配送中心对进口商品从代理报关业务、暂时储存、搬运和配送、必要的流通加工到送交消费者手中实现一条龙服务,甚至还接受订货、代收取资金等。

2. 多功能化

港口物流发展到集约阶段,通过向多功能化方向发展,形成一体化物流中心,提供仓储、运输、配送和各种提高附加值的流通加工服务项目。多功能化提高了港口的服务功能,推动了产销分工专业化,将过去商品经由运输、仓储、批发到零售点的多层次的流通途径,简化为由港口集成服务到用户的门到门服务模式,从而提高了社会的整体生产力和经济效益。

3. 系统化

港口物流向生产和消费两头延伸并加进了新的内涵,将原本仓储、运输的单一功能扩展为仓储、运输、配送、包装、装卸、流通加工等多种功能,这些功能子系统通过统筹协调、合理规划,形成物流大系统,控制整个商品的流动,以达到利益最大或成本最小,同时满足用户需求不断变化的客观要求,更加有效地服务于社会经济活动。

4. 信息化

全球经济的一体化趋势,使商品与生产要素在全球范围内以空前的速度流动,电子数据交换技术与国际互联网等技术的应用,使物流效率提高,产品流动更加容易和迅速。信息化是港口物流发展的必由之路。

5. 标准化

港口物流的国际性要求在物流过程中实现标准化,在商品包装、装卸搬运、流通加工、信息处理等过程中采用国际统一标准,以便参与到区域、全球物流大系统和物资经济循环中。

2.3　港口物流的地位与功能

在综合物流时代,现代港口的功能定位是"综合物流中心"。这就意味着港口除了提供船舶靠泊、货物装卸、转运、储存管理和产品简单加工等传统服务以外,还提供现代物流所包括的信息处理、产品深层次加工等增值服务。港口不仅是水陆运输方式之间的连结点和货物的集散地,而且是国际贸易中心、信息中心和服务中心。

2.3.1　港口在现代物流体系中的地位

港口在现代综合物流体系中占有重要地位,体现在以下几方面:

1. 港口物流是物流环节中的龙头

港口是水运货物的集散地、远洋运输的起点和终点,是整个运输链中最大量货物的集散点,是综合交通运输的枢纽。现代港口作为物流分拨配送中心,不仅具有储存、分拣、理货、装卸搬运和流通加工等职能,而且还担负着整个物流链中的信息情报工作。

2. 港口物流是生产要素的最佳集合点

由于港口天然的运输优势,世界许多港口都有"前港口、后工厂"的布局,世界上很多依赖进口原料和原油的大型企业都建在港口地区,许多实力强大的企业也会选择港口作为其理想的发展之地。现代港口汇集了大量的人力、物力、财力,充分发挥物流系统的整体功能,使各种资源都可以达到最大的使用效率,达到 $1+1>2$ 的效果,成为生产要素的最佳集合点。

3. 港口物流是信息中心

港口是不同运输方式汇集的最大、最重要的节点。在港口地区落户的有货主、货代、船东、船代、商品批发部、零售商、包装公司、陆上运输公司、海关、商检机构、银行、保险等有关机构,他们以不同方式发布自己的信息。在这里,汇集了大量的货源信息、技术信息、服务信息,并在港口的辐射范围内传递,形成港口信息中心。

4. 港口物流是人员服务中心

港口也是一个人员服务中心,提供贸易谈判条件、人才供应和海员服务等,并提供舒适的生活娱乐空间,强化了港城一体化关系。

从港口在现代物流体系中的定位可以看出,现代港口已从纯粹的"运输中心"(运输＋转运＋储存),经由"配送中心"(运输＋转运＋储存＋装拆箱＋仓储管理＋加工)向今天的"综合物流中心"(运输＋转运＋储存＋转拆箱＋仓储管理＋加工＋信息处理)发展。随着国际多式联运与全球综合物流服务的发展,现代港口作为全球运输网络的节点,将朝着全方位的增值服务方向发展,成为商品流、资金流、技术流与信息流的汇集中心。同时,现代港口通过其自身区域优势和由此衍生出来的诸多的功能,可简化贸易和物流过程,使港口在现代物流节点上提供最少的间断和最大的增值。

2.3.2 港口物流在国民经济中的地位和作用

1. 港口物流是我国交通运输业的重要组成部分

货物的运输方式一般包括海洋运输、铁路运输、航空运输、河流运输、邮政运输、公路运输、管道运输、大陆桥运输以及由各种方式组成的国际多式联运等。水路运输业在货运周转量的比重占所以交通运输方式货运周转量的 60.22%,成为货物运输的重要方式,是交通运输行业中举足轻重的子行业。从水路运输网络的角度出发,港口是水路运输必要的基础设备,水运服务只有通过港口连接才能形成网络。

2. 港口物流是现代物流的一个重要节点

港口是现代物流服务链中的一个重要节点,是发展综合物流的核心,也是发展网络运输的技术装备和载体。国外的经验表明,物流发展的关键是节点的组织、协调,物流发展要加强运输链上的各连接点的衔接和配合,不断提高运输效率,降低全程运输费用。港口一般都已拥有良好的基础设施(仓库、堆场、后续用地等)和与外部衔接的通道以及从事产品装卸、堆存、保管和多式联运的经验;同时港口还拥有和许多运输企业、代理公司、加工企业、流通企业密切的业务联系。在此基础上构筑物流中心节点不会造成资源浪费,具有投资少、起步快、易上规模等优点。

3. 港口发展是港口经济发展的重要推动力

国内学术界针对港口在一个地区经济发展中的重要作用以及两者的良性互动对经济的影响,提出了"港口经济"的概念。纵观全球城市和产业发展,可以看到很多城市的发展与港口密切相关。20 世纪七八十年代,随着日本和"亚洲四小龙"的崛起以及经济全球化浪潮的出现,东京、香港、新加坡三个城市凭借地处国际航运干线、优越的地理条件、完备的集疏运系统以及大城市的强力支持等优势,逐渐发展成为全球性综合物流服务基地、商品物资集散地和金融贸易中心。同时,日本的神户、韩国的釜山和中国台湾省的高雄也逐渐发展成主要服务于众多支线航运和远洋航线的辅助性港口,对促进该区域的经济发展发挥了重要作用。港口成为我国对外开放、发展对外型经济的重要基础设施,沿海城市利用港口优势获得了比内地更大的发展,使得沿海地区经济迅速繁荣。港口发展已成为推动当前经济和社会发展的切入点。以港口的快速发展,促进新兴产业形成,带动区域经济的整体发展。在一些地区和城市已形成"港为城用、城以港兴、港城互动"的城市规划架构,城区产业选择与布局、基础设施建设要围绕港口建设和发展来进行,同时港口建设和发展要以城市建设与发展目标为参照。

2.3.3 港口物流的基本功能

现代港口物流的基本功能正在从单一的装卸、仓储、运输等活动的基础上逐步地拓展和完善,向着效率更高、成本更低、服务更具人性化的目标发展。现代港口物流活动的功能主要包括以下几方面:

一是运输、中转功能。运输和中转是港口物流的首要功能。在现代港口物流活动中,运输已不再是单一的、与其他业务分离的服务活动,而是构成供应链服务的中心一环。运输功能主要体现在货物的集疏运上,方式包括公路运输、铁路运输、水路运输以及不同运输方式之间的转运,是一种能对港口内外腹地具有辐射服务的运输网络。

二是装卸搬运功能。装卸搬运是影响货物流转速度的基本要素,专业化的装载、卸载、提升、运送、码垛等装卸搬运机械,可以提高装卸搬运作业效率,减少作业对商品造成的损毁。该功能能够实现物流由进港地点向离港地点的移动。

三是仓储功能。仓储功能是指转运与库存的功能,具体是指各种运输方式转换的临时库存和为原材料、半成品及产成品提供的后勤储存和管理服务。由于经港口进出口的货物品类繁多,对仓储条件的需求也各不相同,因此港口物流中的仓储设施应齐备才能满足不同货物的要求。

四是加工、包装、分拣功能。加工一般分为流通加工和组装加工,前者指粘贴标签、销售包装作业等,后者是指产品零部件的组装和满足客户个性化需求。包装一般分为商品包装和运输包装,以及商品包装和运输包装的快速转换。分拣则在货物合理存放的基础上完成客户的需求,进行快速分类。这些功能既能有效降低运输成本,也可以减少装卸和运输过程中的包装损坏,还可以保证上市商品的完整性和合格度。

五是配送功能。配送功能在库存仓储、存货管理的基础上为企业生产提供后勤服务,即时配送企业所需原材料、零配件等物料。港口物流服务中应有功能较强的配送系统,同时,由于港口物流的配送覆盖面广,运输线路长,业务复杂,因此需要配有相应的管理、调度系统。配送功能发生于运输和消费的交汇处,是港口物流体系末端的延伸。

六是信息处理功能。信息处理已经成为港口进行物流运作必不可少的功能之一。港口物流要对大量的、不同品类的、不同客户的、不同流向的货物进行管理、仓储、加工、配送,需要有很强的信息处理能力。通过利用港口优势信息资源和通讯设施以及 EDI 网络,为用户提供市场与决策信息。其中主要包括物流信息处理、贸易信息处理、金融信息处理和政务信息处理等。港口信息化程度越好,港口物流的效率越高。

七是保税性质的口岸功能。即在区域或部分区域实现保税(海关监管)区的功能,并设有海关、检验检疫等监管机构,为客户提供方便的通关通验服务。

八是其他服务功能。港口物流还应具备其他一些辅助功能,如:接待船舶,船舶技术供应,燃料、淡水、一切船用必需品、船员的食品供应,集装箱的冲洗,引航,航次修理,天气恶劣时船舶的隐避、海难的救助等。

总而言之,在现代物流体系下发展起来的港口物流,已成为一种重要的物流形态,港口物流功能的实现不仅使现代港口起到简化贸易和物流过程的作用,而且也巩固和提高了港口在国际多式联运和全球综合物流链中的地位和作用,进而为国民经济和世界经济的发展发挥更大的作用。

2.4 有关港口物流的几个基本关系

2.4.1 港口与城市的关系

港口作为水陆运输的联接点,在陆上和海运两个方面具有集聚、扩散功能。长期以来,港口物流与城市相互促进,共同发展。港口与城市及区域的协调发展有两种方式:一是从港口这方面入手,通过港口的港能转化等手段拉动城市的发展,即港口的拉动协调;二是从城市出发,通过扶植和发展与港口发展有关的产业来推进港城结构的整体效益,即城市的推进协调。

1. 港口对城市的推动作用

首先,港口在城市的发展上具有非常重要的先导性作用和带动作用。人类发展历史证明,人类的经济社会活动对江河和海洋的依赖度是极大的,而港口依托江河和海洋为人类提供运输、渔业、贸易等服务,并衍生和带动其他产业,城市便围绕着这个面向江河和海洋的窗口自然发展起来。

其次,随着港口的发展,港口功能由单一向多元化转变,不仅有港口直接产业(海运、集疏运等),还产生港口关联产业(贸易、仓储、海运代理、保险、金融、通信、旅游、服务等),并且由于原材料和产成品的运输便利、运费低廉以及经济基础、国际交往、物流发达等优势吸引了大量港口依存产业。港口城市已成为银行业、金融保险业、海上保险业、商品期货贸易业的综合体，与航运相关的服务业亦很发达，包括船舶代理、货运代理、仓储报关等。这样产生了大量的人员、物资、信息、资金的流动，从而为城市经济的发展注入了强大的生机和活力。

最后，由于港口行业自身的特点，其经营活动的前后向联系强度很大。为了得到更大的发展，港口要求能很容易地进入一些城市领域，在直接产业、关联产业和依存产业的基础上，进一步吸引其他产业的聚集。这样形成日益广阔的经济辐射面。由于港口的作用，有效提高了各种资源的流动性，降低流动成本，形成港口城市的区位优势。乘数效应发挥作用。在此基础上，通过新兴工业，新的建设活动，扩大服务业和公共部门等，优化城市投资结构。促使要素向高回报产业流动，调整产业结构，形成规模效益，有效带动优势产业增长，这种增长再通过乘数效应拉动城市及周边地区的经济发展。

通过上面的作用机理，我们可以看出，港口对城市的推动作用和深刻影响是多方面的：

第一，城市是个开放系统，需要和外界进行广泛而频繁的物质、能量、人员和信息的交换。港口是对外通道和各种联系交流的据点，是人员和物资出口的口岸。特别是在促进并推动强大和数量惊人的物流方面发挥着重要作用，是城市正常运转的重要物质前提和必要条件。

第二，港口是城市的重要基础设施，关系城市利用外地资源，包括国内外资源的范围和程度。港口发展和国内外贸易及商品经济的发展息息相关。港口作为城市的窗口和门户，又是引进国外资本、设备、技术等的重要渠道。这无疑有利于加快城市及区域经济的成长与发展。

第三，港口是城市发展各种产业，包括工业制造业和第三次产业的物质手段和重要条件，也是增强城市辐射力、吸引力和服务功能的基础和重要手段。

第四，港口不仅是物流中心，在推动人际交往、促进科学技术和思想文化交流方面，也发挥着重要作用。这对于增进各国人民的了解和友谊，维护世界和平等政治方面同样有积极意义。而随着人员频繁交往，也会推动城市公共交通、邮政电讯服务、饮食宾馆、旅行导游等各项事业发展，并促进各种商品特别是工艺品土特产品的销售，从而带来经济繁荣和财政税收、利润及外汇收入的增加。

因此，在港口和城市的关系上，要强调协调和一体化，充分发挥港口和城市互相依存、互相支持、互相促进的积极作用。城市要支持港口建设和各项生产及业务活动的展开，港口也应树立为城市和腹地服务的思想，努力为城市、经济区域经济的成长和现代化作出应有的贡献。而且港口对经济发展的促进和推动作用，并不仅仅限制在所在城市的范围内。作为交通枢纽和流通中心，它就会在更广阔的地域范围内发挥作用，特别是对经济腹地的开发产生深刻影响。

2. 城市对港口的促进作用

在港口促进城市经济发展的同时，城市的发展又为港口发展提供支持和保障。城市经济的发展，不断使港口的货物种类发生变化，也使港口的功能战略、服务范围、生产特点和地位作用相应发生变化。随着运输货物种类和数量不断增多，港口运输货物由一般散杂货物向大宗干液散货、集装箱专业化方向发展;港口由人流、物流运输方式换装的单一功能,到拓展运输功能、发展物流业、临港工业,逐步形成面向海洋,以信息化、生态化为主的综合流通枢纽和海洋经济基地,形成海内外两个辐射面的海洋经济综合流通网带,港口的地位和作用得到提升。港口和城市相互促进,互动发展。

港口对于城市具有一种强有力的纽带作用。这种纽带作用表现为:以港口为中心由多种运输方式构成的综合运输网络,可以大大提高城市运输效率,强化城市同各地区的经济联系;利用水道的网络特点,通过港口这一纽带,可以建立和发展港城区域内港口城市的横向联系;利用港口的集散、中转和外运作用,可以建立起区域内以城市为集汇点的运输网络,更好地发挥中心城市的集聚和扩散作用。然而,港口只有以城市为依托,也只有在为所在城市及所属的区域提供服务的过程中才能不断获得发展。

城市中金融、管理咨询、技术发展、应用研究、信息通信行业的发展提供给海运和港口有关的优异的服务,城市也提供了综合物流活动空间和内陆运输连接通道,城市的发展对于港口与港口之间的竞争提供了大力支持。港口的货源相当部分来自依托的城市,因而城市经济的繁荣也是港口发展的重要条件之一。

总的来说,港口促进了城市经济发展,为城市带来了就业机会与经济发展机会等。而城市的发展也同样促进了港口的进一步发展。城市发展为港口提供金融服务、管理咨询等。(见表 2-1)因此,港口的发展与城市发展是相互促进又相互制约的关系。

表 2-1　港口与城市的相互作用分析

港口对城市的贡献	城市对港口的贡献
直接就业	在下述领域提供优异的服务:金融、管理咨询、技术发展、应用研究、信息通信
间接就业和经济发展机会(轻工业和新技术产业、商业园区、配送业、物流园区、旅游,等等)	提供海运和港口有关的服务
多式联运与世界的联系	提供综合物流活动空间和内陆运输连接通道
与国外的经济文化交流	支持港口的竞争

2.4.2　港口物流与区域经济发展的关系

港口作为发展物流的突破口,通过物流核心业务向周边地区辐射,带动进出口贸易。进而促进港口物流的发展。而物流发展能带动相关产业如货运、仓储、集疏运的发展,促进金融、通信、保险、维修、旅游、服务等第三产业的发展,使产业重心转移,加速产业结构的升级。同时,由于现代物流极强的产业联动效应,使得传统工业也焕发出蓬勃生机,从而推动了经济产业结构的高级化进程。因此,港口的发展带动了相关产业的发展,成为促进地区经济发展的重要促进力。依托港口大力发展现代物流并形成清晰的供应链和产业链,是西欧沿海地区经济发达的一个重要原因,鹿特丹、安特卫普港依托港口兴建物流园区和国际航运中心等都是成功的典范。

1. 港口物流对相关产业的带动作用

经济的发展离不开各种资源,而资源空间分布存在着不均衡性,这就需要靠物流来进行调节。港口城市作为海上货物运输和陆上货物运输的结合点,拥有更为广阔的经济腹地,具有利用外部资源发展本地区经济的独特优势。同时,现代化港口也为本地区参与全球竞争提供了高效便捷的通道,发挥着市场配置资源的基础性作用,使各种资源运输成本降低,同时还可降低区域经济发展中的交易成本,形成良好的发展环境,增强本区域的竞争优势。因而,港口使各种资源向港口及港口周边地区集中,这就促使更多的相关公司、供应商和关联产业相应集中,形成相关产业链条,促进区域经济产业升级。

(1)对仓储业的带动作用

世界贸易的 90% 由海运完成,绝大部分的进出口货物通过港口中转集散。由于港口是货物、船舶密集的地方,各种运输方式不可能直接完成协调衔接,仓储必不可少,同时仓储也是港口的重要功能,是现代物流的重要组成部分,港口物流的发展必然会带动仓储业的发展。

(2)对配送、陆上运输业的带动作用

由于港口功能向物流体系的转变,为了更好地完成货物的集散、配送,必须拥有一流的装卸和搬运机械,必须拥有一支训练有素的专业陆上运输队伍,这样,港口就为陆上运输、配送业的发展提供了巨大的发展空间。

(3)对包装、流通加工的带动作用

流通加工主要是指货物在工厂外进行的装配、组合和其他附加工作。集装箱运输对包装尤其讲究,在设计包装时必须考虑运输方式的适应性、运输装卸的方便性,在产品销售时,还必须考虑包装对市场的适应性。因此为了促进商业销售和方便运输流通,提高货物和商品的附加值,从事流通加工和包装是完全必要的,港口业的发展必然带动包装、流通加工业的发展。

(4)对信息服务产业的带动作用

现代物流是信息时代的产物。港口城市建立物流中心,有利于推动以港口为中心的信息交流。现代化的信息服务系统,将成为未来港口城市的竞争焦点。港口物流中心往往汇集了船东、货主、货运代理、船舶代理、商品批发零售、包装公司、内陆运输、海运、政府机构和配套服务机构,各类信息集中而全面。为使有关信息在各个环节准确、快速的传递,网络技术和信息系统建设就必不可少。这样无疑有力地带动了信息服务业的发展。

(5)对商贸的带动作用

港口货物的集散、仓储配送、陆上运输、流通加工和信息服务发展的同时,聚集了人气,带动了当地贸易的发展,主要是加工贸易的发展,成为港口城市的又一经济增长点。

(6)带动地区金融、保险业的发展

港口所在的城市不但要有相适宜的供电、供水、供油和交通、电信等基础设施,而且要有发达的金融、保险业务,提供融资、离岸金融服务、船舶保险、财产保险等服务。随着海上国际航运业的发展和海上航运中心逐步形成,与之相应的海上保险和海事仲裁需求将与日俱增,因而必须形成发达而完善的海上保险市场与海事仲裁中心以及按照国际惯例办事的海外服务机构,如一关三检等口岸监管部门。

（7）带动旅游、宾馆餐饮业、房地产业的发展

根据规划，未来的港口城市是按"百年大计、世纪精品"要求，高标准、高水平实施城市的规划与开发，使它成为城市规则、城市建筑、城市功能和旅游风景的杰作，创造具有强烈海派风情的水岸景观，吸引海内外航运企业及相关企业入驻城市水景生态园工作、生活。这样就为港口城市发展一系列的旅游、娱乐、宾馆餐饮等创造了机遇，一来可以满足船员、公司业务人员休闲娱乐的需要；二来可以成为市民、游客海上度假旅游的场所。同时，还需发展滨海城市的房地产业，以满足有识之士、大专院校毕业生落户之需。

（8）带动修船、备件服务行业的发展

在港口汇集了来自世界各地的船舶，必然会产生对船舶修理、船舶备件的需求，这将带动港口所在区域的修船、备件服务行业的发展。

（9）提供就业机会，带动教育培训事业的发展

港口物流的发展建设，将促进城市产业结构的调整，生产力水平的提高，带动各项产业的发展，从而为城市提供更多的就业机会，促进人民生活水平和生活质量的提高。同时吸引更多的有识之士及各种人才汇聚港口城市，投身城市的建设事业，并促使人们在工作中不断吸收新知识、新文化。

2. 港口物流对区域经济的贡献

港口物流对区域经济的贡献可以分为直接经济贡献、间接经济贡献和社会效益。港口是一个生产部门，有其自身的生产效益，但它又是一个特殊形态的生产部门，与社会经济各个部门有着极其密切的联系，它的社会经济效益大大超过了它自身的生产效益。因此，在考察港口对于区域经济的贡献时，不仅要考虑其直接经济效益，更要考虑其服务于其他部门而产生的间接经济效益及其社会效益，只有这样才算得上是港口对于区域经济的完全贡献。

（1）港口物流对区域经济的直接贡献

港口物流对经济的直接贡献主要是指港口生产所直接获得的经济效益。港口是国民经济和地区经济的一部分，与其他行业一样，港口同样产生国内生产总值、国民收入、就业机会以及上缴国家税收。因此，可以用货运与客运周转量以及国民生产总值的增加值等指标来衡量直接贡献。

（2）港口物流对区域经济的间接贡献

港口的间接经济贡献是指为直接经济活动提供劳务与产品的组织与公司所产生的效益，也是指由于港口的生产和发展促进或带动了其他部门的发展而产生的那部分效益。它包括：促进了以港口生产为中间产品的其他部门的发展而带来的经济效益；带动了港口生产所需产品的生产部门的发展而带来的经济效益；由于港口发展使得货物得以及时运送而获得的生产效益与市场效益以及由于港口发展减少了客运时间而创造的时间价值；增加就业人员及就业人员工资带来的消费增长，从而促进了经济的增长；等等。也就是说，港口除了核心活动以外，还有部分扩展经济活动，正是这部分活动产生了港口的间接经济影响。这部分活动中的典型活动就是贸易活动、临港工业活动以及基于港口的物流活动。

（3）社会效益

港口物流社会效益是指港口物流发展对促进地区繁荣的巨大的推动作用。它包括：①由于港口物流的发展提高了当地的运送能力、资源开发能力、商品交流能力而带来的经济结构的变化和经济的迅速发展；②由于港口物流发展吸引投资，带来的地区经济的繁荣；③由于港口物流发展吸引了投资带来的当地税收的增加；④由于港口物流发展吸引了投资而使腹地或使港口周围地价的大幅度上升；⑤由于港口物流发展增加了就业，增加的社会稳定与吸引外来人口而带来的文化、习俗、观念等方面的变化，这部分效益一般是难以量化的，但却对地区的发展具有其他部门不可替代的深远影响。

港口物流对经济发展起到了较大的推动作用，但是也带来了一定的负面效应。例如运输体系的发展，加重了环境污染。在评价港口物流以对经济的贡献时，还应考虑与环境保护有关的指标，如能源、污染、拥挤、噪音和社会福利等。

总之，港口物流与区域经济的发展是一种互动关系。一方面，港口发展离不开所处区域，只有区域经济发展了，港口才会得到真正的发展；另一方面，区域经济应充分利用港口的优势，促使其经济增长。

人类经济发展历史表明，沿海港口城市往往是先进产业最先登陆的地区，无论是依靠雄厚的资金发展起来的资金密集型还是知识技术密集型产业，都会逐渐在港口城市形成支柱产业。这些产业的发展会带动一系列为它们服务的生产性和非生产性行为的发展，如为它们提供零部件加工、包装、广告宣传、科技、人员培训等服务的行业的发展。资金密集型产业和知识技术密集型产业的发展需要原材料或半成品或两者的大进大出，因而又促进了贸易和运输的发展，并促进了高新技术的传播和人员素质的提高。当然并不是每一个港口城市都能因港口的存在而使经济发展受益，因为只有那些能够利用港口优势，积极发展和完善港口物流的港口城市，才能促进区域经济的发展。

2.4.3 港口与物流的关系

港口和物流的发展是相辅相成、互相促进的关系。物流涉及综合运输，国际货物的物流更以港口为最好的交汇点。不少沿海港口和大的内河港口都是公铁水联运的货运中心，是交通运输的枢纽。可以说，港口是物流链上一个十分重要的组成部分，物流的开展离不开港口的服务，而物流的兴起和发展又为港口的进一步发展创造了新的机会，提出了新的要求。港口为了能在新的环境中更好地生存和发展，就会进一步扩展它的服务功能，增加其服务附加值，逐渐发展成为现代化的物流中心，例如要有更多的深水泊位满足船舶大型化的要求，有更多的场地用来处理货物，有先进的现代信息系统来提高服务的快捷和准确性等。这就必然促使港口的腹地进一步延伸，港口的功能进一步扩展。港口不再只是装卸货物的转运地，而是物流的平台、货物的分拨中心。由于港口腹地延伸，将促进腹地经济的发展，而依托于港口物流和种种相关产业的发展又对城市经济的发展起到极大的推动作用。

港口以其大进大出的特点成为大量货物的集散地、远洋运输的起点和终点，其独特的地位是开展物流活动的理想场所；而港口也必须融入现代物流体系中，结合得天独厚的地理自然条件建立竞争优势,所以,物流是港口企业求生存、促发展的必然选择。

随着物流管理理论与实践的发展,物流管理技术水平的发展以及货主对货物运输的安全、准时、经济性等服务质量要求的提高,国际班轮运输开始注意到海上运输及陆路物流系统各个环节的可靠性,班轮公司经营规模不断扩大,服务不断延伸,逐渐朝集团化、多元化经营的全球承运人方向发展,经济贸易与航运的发展使得现代港口日益成为全球运输体系中的神经中枢,其功能也逐渐从原来的海陆中转发展成为促进经济发展和服务于国际贸易的综合物流中心。

2.4.4 影响港口物流发展的经济因素

1.世界经济和国际贸易

世界经济的发展是国际海运和港口物流业发展的基础。世界经济发展的周期性变化必然对世界贸易产生影响,世界贸易的波动又会影响到各国的进出口业务,进而影响其港口经营状况。

一般来讲,世界经济发展与港口物流经营的变化方向是相同的。如21世纪初世界主要经济体经济陷入衰退,世界贸易增长出现下滑,我国的进出口业务受此影响增速明显放慢,对我国港口物流业的发展产生了一定的影响。但由于国内经济的快速发展,在一定程度上抵消了世界经济衰退的不利影响。从世界地区经济的发展趋势看,地区经济发展导致地区对外贸易增长,必然带来地区间港口航运需求的上升。近年来,亚太地区经济保持了快速发展的态势,世界经济重心已经向亚太地区转移,导致亚太地区对外贸易的繁荣。这是我国港口物流业发展的一个重要国际经济环境。世界经济的发展变化趋势还对港口物流业的发展趋势与特点产生重要影响。世界经济一体化导致了国家经济发展日益依赖于对外贸易和交流。根据联合国有关组织统计,目前全世界跨国公司的投资、生产和经营活动已遍及全球160多个国家和地区。世界经济一体化带来了世界贸易和海上运输需求增长,跨国公司的发展直接推动了集装箱运输与全球综合物流服务方式发展。同时,世界贸易的区域化和集团化趋势也很明显。现在世界上已建立了30多个区域性的贸易集团,这些集团的建立促进了各个区域内部国际贸易的增长,进而对航运和港口物流业务产生了较大的影响,集装箱支线运输和近洋运输将成为全球集装箱运输发展的主要增长点。

2.国内经济

国内经济因素对港口物流业发展的影响主要表现在以下几个方面:

一是国内宏观经济对港口物流业的影响。港口是国民经济运行的晴雨表,国民经济的发展速度与港口物流生产的增长息息相关。国民经济发展速度将直接促进港口物流业的增长。从我国目前经济仍将保持较快增速的发展势头看,港口物流业的发展仍有比较大的空间。

二是产业结构的调整对港口物流的影响。我国现在正处于工业化过程当中,第二产业即加工制造业将是经济增长的主要产业和经济发展的支柱产业,必将导致以制成品为主的集装箱运输需求的迅速稳定增长。国家产业结构调整可直接对运输市场的货源结构和数量及运输方式产生影响。

三是国民经济区域布局的调整对港口物流的影响。我国从"九五"开始,根据东、中、西部经济布局调整的原则提出西部大开发战略,沿海、沿江三大经济圈的划分,振新东北老工业基地等国家经济总体布局的调整,推动了各个经济区域的经济发展和对港口及航运业的需求。

四是投资结构和消费战略的调整对港口物流的影响。国家投资结构和消费战略的调整变化直接影响市场对港口物流的需求。从"九五"开始到 2010 年,水运、能源、交通已列入国家投资重点,与之相关的重点水利工程、能源基地建设工程和港口、公路、铁路建设工程将直接促进港口进出口物资的增长。另外,国家消费战略的调整,在拉动内需战略的带动下,住宅建筑业、轿车工业等都会对港口物流产生新的运输需求。

五是对外贸易的发展对港口物流的影响。资料显示,我国外贸货运量与港口吞吐量之间存在着正比的关系,两者的变化几乎是同步的。改革开放以来,我国对外贸易取得了飞速发展,2004 年我国对外贸易总额已经突破 1 万亿美元。我国加入 WTO 后,随着大经贸格局的形成,加工贸易的增加、保税区的发展、进出口贸易的增长都会对港口物流业提出新的需求。

2.5　物流系统一体化与供应链管理

港口作为多种运输方式的交汇点,凭借其独特的区位优势和基础设施建设方面的优势,在现代综合物流体系中发挥着越来越重要的作用。要真正认识港口物流,必须要将其放在整个物流系统中去研究。因此,这里专门拿出篇幅讨论物流系统一体化与供应链管理问题。

物流系统一体化是将一定范围内的物流视为一个大系统,运用系统学原理进行整体规划设计、组织实施与协调控制的过程。它能使物流系统以优质的服务水平、最低的物流总成本,实现物流系统合理化。而供应链管理则是现时代实现物流系统一体化的最佳方法。

2.5.1　物流系统一体化

1. 物流系统的构成要素

系统是由相互联系、相互作用的若干要素结合成的具有特定功能的有机整体。这个整体具有其各组成部分所没有的新的性质与功能。

从这个定义我们可以分析系统构成的三个条件:①系统是由两个或两个以上的要素组成的;②各要素之间相互联系使系统保持相对稳定;③系统具有一定的结构,保持系统的有序性,从而使系统具有特定的功能。

物流系统是一个复杂的系统,其构成要素可以从以下五个方面理解:

(1)物流系统的一般要素

和所有系统一样,物流系统的基本要素一般由三方面构成。

首先是人的要素。人是所有系统的核心要素、第一要素。人分为自然人和法人两种。自然人是最根本的,所有的活动都需要自然人来完成。自然人的素质必然影响到物流运作的成败。作为法人的物流要素通常以物流服务提供者和物流服务接受者两种身份出现。如果物流服务提供者和物流服务接受者是同一个法人,则形成自营物流,否则形成第三方物流。

其次是资金要素。交换以货币为媒介,实现交换的物流过程,实际就是资金运动过程。同时,物流服务本身也是需要以货币为媒介的,物流系统建设是资本投入的一大领域,离开资金这一要素,物流就不可能实现。

最后是物的要素。物的要素包括物流系统的劳动对象,即各种实物。还包括劳动工具、劳动手段,如各种物流设施、工具、各种消耗材料(燃料、保护材料)等。

(2)物流系统的功能要素

物流系统的功能要素指的是物流系统所具有的基本能力,这些基本能力有效地组合联结在一起,就构成了物流的总功能,能合理有效地实现物流系统的总目的。

具体来说,物流系统的功能要素由包装、装卸、运输、保管、流通加工、配送、信息等七项功能所构成。而港口物流的功能要素则是根据港口特点由上述功能引申而形成(详见本书 2.3.3)。

(3)物流系统的支撑要素

物流系统的建立要有许多支撑手段,尤其是处于复杂的社会经济系统中,要确定物流的地位,要协调与其他系统的关系,这些要素必不可少。主要包括以下几个方面(关于港口物流系统的支撑要素读者可参阅本书3.1):

一是体制与制度。物流系统的体制、制度决定物流系统的结构、组织、领导、管理方式。有了这个支撑条件,物流系统才能确立它在国民经济中的地位。物流系统的运行,都不可避免地涉及企业或人的权益问题。因此,还需要法律、规章来规范物流系统的活动,使之与更大系统协调;保障合同的执行、权益的划分、责任的划分、责任的确定等。

二是政策与行政命令。物流系统和一般系统的不同之处在于物流系统关系到国家军事、经济命脉,所以政策、行政命令等手段也常常是支撑物流系统正常运转的重要支撑要素。

三是标准化。标准化同样是保证物流环节协调运行,保证物流系统与其他系统在技术上实现联结的重要支撑条件。物流系统要求的快速迅捷和信息共享需要标准化的支撑。

(4)物流系统的物质基础要素

物流系统的建立和运行,需要有大量技术装备手段。这些要素对现实物流和某一方面的功能也是必不可少的,主要是有以下几个方面:①物流设施。它是组织物流系统运行的基础条件,包括物流站、场,物流中心,仓库,物流线路,建筑、公路、铁路、港口等。②物流装备。它是保证物流系统开动的条件,包括仓库货架、进出库设备、加工设备、运输设备、装卸机械等。③物流工具。它是物流系统运行的物质条件,包括包装工具、维护保养工具、办公设备等。④信息技术及网络。它是掌握和传递物流信息的手段,根据所需要信息水平不同,包括通信及线路、传真设备、计算机及网络设备等。⑤组织及管理。它是物流网络的"软件",起着连接、调运、运筹、协调、指挥其他各要素的作用,以保障物流系统目标的实现。

(5)物流系统设计要素

物流系统设计过程中,重点考虑的是一些可以抽象出来进行分析的要素,通常包括:物流对象的种类、品目(products);物流对象的流量(quantity);物流对象的流向(route);服务(service);物流时间(time);物流成本(cost)。

2.物流系统的形成

物流系统的众多要素本身并不能构成物流系统,而需要诸要素有目的地组合。完成自然状态的组合也能部分实现物流的功能,但是结果与期望往往有很大距离。物流系统的形成,就是按照一定的系统目标,将系统各要素有目的地组合起来,进行整体设计和管理,以最佳的结构、最好的配合,从而提高其系统功能的效率,实现整体物流的合理化。

(1)物流系统目标

每个物流商都必须同时实现至少六个不同的作业目标,包括快速响应、最小变异、最低库存、整合运输、质量及生命周期支持等。

1)快速响应

快速响应关系到一个物流商是否能及时满足客户的服务需求的能力。信息技术提高了在最近的可能时间内完成物流作业和尽快地交付所需存货的能力,这样就可减少传统管理上按预期的顾客需求过度地储备存货的情况。快速响应能力可以把作业的重点从根据预测和对存货储备的预期,转移到以从装运的方式对顾客需求作出反应上来。不过,由于在还不知道货主需求和尚未承担任务之前,存货实际上并没有发生移动,因此必须仔细安排作业,不能存在任何缺陷。

2)最小变异

变异是指破坏系统表现的任何意想不到的事件,它可以产生于任何一个领域的物流作业,诸如客户收到订货期望时间被延迟、制造中发生意想不到的损坏、货物到达顾客所在地时发现受损,把货物交付到不正确的地点等。所有这一切都将使物流作业时间遭到破坏,对此必须予以解决。物流系统的所有作业领域都容易发生潜在的变异,传统的解决变异的办法是建立安全储备存货或使用高成本的溢价运输。当前,考虑到这类实践的费用和相关风险,它已被信息技术的利用所取代,以实现积极的物流控制。在某种程度上,变异减少至最小限度,作为经济上的作业结果是提高了物流生产率。因此,整个物流系统的基本目标是要使变异减少到最低限度。

3)合理库存

合理库存的目标涉及资产负担和相关的周转速度。保持最低库存的目标是要把存货配置减少到与顾客服务目标相一致的最低水平,以实现最低的物流总成本。随着经理们谋求减少存货配置的设想,类似"零库存"之类的概念已变得越来越流行。物流作业在管理上的缺陷,往往会在存货被减少到其最低可能的水平时显露出来。因此,要实现最低存货的目标,物流系统设计必须控制整个公司而不仅仅是每个业务点的资金负担和周转速度。

4)整合运输

最重要的物流成本之一是运输。运输成本与产品的种类、装运的规模以及距离直接相关。许多具有溢价服务特征的物流系统所依赖的高速度、小批量装运的运输,是典型的高成本运输。要减少运输成本,就需要实现整合运输。一般来说,整个装运规模越大,需要运输距离越长,则每单位运输成本就最低。这就需要有创新的规划,能把小批量的装运聚集成集中的、具有较大批量的整合运输,这种规划必须得到超越整个供应链的工作安排的帮助。

5)持续的质量改善

物流本身必须履行所需要的质量标准。绝大多数的物流工作是在监督者的视线之外完成的。由于不正确的装运或运输中的损坏导致顾客重做订货所花的费用,远比第一次就正确地履行所花的费用多。因此,物流是发展和维持全面质量管理不断改善的主要组成部分。

6)生命周期支持

很少有哪些商品在出售时不作些保证,说其产品在特定的周期内将再现如广告所说的那样。在某些情况下,必须回收那些已流向顾客的超值存货。产品收回是由于不断提高具有强制性质量标准、产品有效期的到期和因危害而产生的责任等引起的顾客对产品的不满意所造成的结果。逆向物流需求也产生于某些法律规定。比如法律规定,对某些饮料容器和包装材料禁止任意处理,或鼓励回收,以致回收数量不断增加,最终导致逆向物流的增加。当存在潜在的健康责任时(如一种易污染产品),逆向物流作业最重要的意义是需要进行最大限度的控制。在这个意义上,产品回收规划就与不论代价大小,都必须最大限度地执行的顾客服务战略相类似了。逆向物流作业需求的范围从最低的总成本,如为再循环而回收空瓶开始至完成紧急回收时止。其中重要之处在于,如果不仔细地审视逆向的物流需求,就无法制定良好的物流战略。

有些产品,例如复印设备,最初的利润产生于出售供给品和提供售后服务。服务支持物流的重要性直接随产品买主的变化而变化。对于营销耐用消费品和工业设备的厂商来说,对生命周期支持所承担的义务构成了全方位、多要求的作业需求,这也是最大的物流作业成本之一。因此,厂商必须仔细地构建一个物流系统的生命周期支持的能力。如前面提到的那样,由于全世界对环境问题的注意,逆向物流能力需要具有再循环各种配料和包装材料的能力。生命周期支持,用现代的话来说,其含义就是"从摇篮到摇篮"的物流支持。

(2)物流系统设计原则

物流系统设计的原则主要有以下几项:

1)物流系统整体效益最大化原则

它要求在进行物流系统设计的时候,始终把系统的整体利益放在重要的位置,保证系统的整体运作处于高效率和高水平,尽管有时候可能会导致某个子系统或者个别要素利益的损失。物流系统设计必然涉及到企业流程重组。在企业流程重组过程中,原有的联系需要打破,代之以新的联系;原有的规则需要改变,代之以新的规则。这个过程中必然会变动原有的利益关系,使得某些要素或者子系统的收益增加的幅度相对较小,甚至出现下降。但是必须认识到,整体效益最大是一项基本原则,局部必须服从整体,这是物流系统正常运作的前提。

2)物流系统结构扁平化原则

它的目的在于拉近生产部门和最终消费者之间的距离,减少环节,加快流通和相应速度。传统物流系统结构中,商流与物流基本上是相同路径。工厂完成生产,交给总公司,再由总公司交给批发商,批发商则将商品再批发给零售商。如果我们对于这个结构加以扁平化改造,增加一个配送中心,取代原来的总公司、批发商等环节,将物流和商流分离,可以加快货物流转频率,压缩库存,缩短工厂和消费者的距离。由此证明,批发环节越多,批发商越多,配送中心这一角色的出现所导致的效益就会明显。而其导致的效益产生于物流环节的减少。无论中间的批发商和代理商有多少,最终由配送中心将货物送到最终客户手中,这样就压缩了物流环节,使得物流系统实现了扁平化。

3)客户满意原则

每一个物流系统都是为特定的客户服务的,因此,特定客户的满意度是物流系统成功与否的标志。物流系统的设计应当广泛征集客户的意见,特别是在系统运作中起决定作用的客户的意见。只有客户满意的系统才是成功的系统。

客户对于一个物流系统的满意程度,可以从7个方面来衡量:一是服务性(service)。在为客户服务方面,要求无脱销、无货损等事故,服务项目完善、费用省,达到顾客满意。二是适速性(speed)。适速性要求物流经营者把商品按顾客指定的地点准时送到目的地。准时送达(JIT)是物流运输控制中难度最高的技术,需要花大力气研究。三是空间的有效利用(space saving)。随着社会和经济的发展,土地空间作为不可再生资源,日益成为稀缺资源。物流系统应当尽可能减少对土地及其他社会公共空间资源的占用,保证可持续发展。四是规模适当(scale optimization)。在这方面必须考虑的问题有:物流设施的集中与分散是否适当,依靠引入机械化、自动化达到省力;信息处理的现代化所要求的电子计算机和通信技术的应用以及物流网络的建立与完善等。五是库存控制(stock control)。库存量大小的原则是既能保证供应,又要减少资金的占用。如果库存增加,则需要更多的货物保管场所,而且会由于库存而占用过多资金。因此,物流系统必须具有调整变动库存的功能。六是安全性(safe)。安全性的提高是最大的节约。物流系统的各个环节、过程都应坚持"预防为主"的观点,避免由于安全问题而导致的事故,给企业和客户造成损失。七是总成本最低(sum cost minimum)。在物流市场激烈竞争的情况下,物流企业的物流成本只有降低到平均成本以下,才有可能赚取高额利润。需要说明的是,单项成本的降低,并不意味着总成本的降低。如库存费用降低,会导致运输费用上升,两者必须找到一个最佳的配合点,这就是所谓的经济订购批量。

(3)物流系统的一般结构

尽管物流系统因为客户的需要而千差万别,但是一个基本的带有共性的结构如图2-1所示。

3.物流一体化

物流一体化的基本含义是指不同职能部门之间或不同企业之间通过物流上的合作,

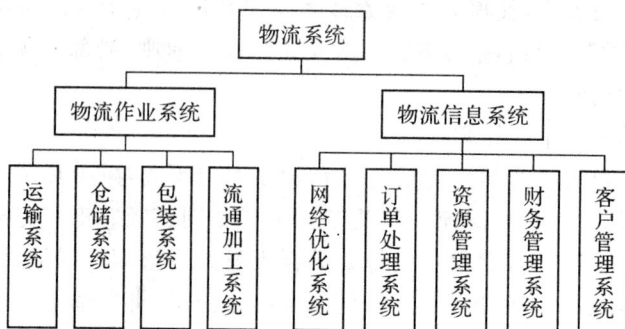

图 2-1　物流系统的一般结构

达到提高物流效率、降低物流成本的效果。物流的一体化包括纵向一体化、横向一体化和物流网络三种形式。在三种一体化形式中，目前研究最多、应用最广泛的是纵向一体化。

（1）纵向一体化

物流纵向一体化是指物流企业将提供产品或运输服务等的供货商和用户纳入管理范围，并作为物流管理的内容。物流纵向一体化要求企业从原材料到用户的每个过程实现对物流的管理；要求企业利用自身条件建立和发展与供货商及用户的合作关系，形成联合力量，赢得竞争优势。物流纵向一体化的设想为解决复杂的物流问题提供了方便；而雄厚的物质技术基础、先进的管理方法和通信技术又使这一设想成为现实，并在此基础上继续发展。

随着物流纵向一体化的深入发展，对物流研究的范围不断扩大，在企业经营集团化和国际化的背景下，美国著名学者波特先生首先提出了"价值链"的概念，并在此基础上，形成了比较完整的供应链理论。供应链是指涉及将产品或服务提供给最终消费者的所有环节的企业所构成的上、下游产业一体化体系。供应链管理强调核心企业与相关企业的协作关系，通过信息共享、技术扩散（交流与合作）、资源优化配置和有效的价值链激励机制等方法体现经营一体化。供应链是对物流纵向一体化的延伸，是从系统观点出发，通过对从原料、半成品和成品的生产、供应、销售直到最终消费者的整个过程中物流与资金流、信息流的协调，来满足顾客的需要。所以，供应链管理是集成化管理，它关注的是商品的流动而不是传统观念的功能分割或局部效率。

社会再生产过程是一个生产、流通和消费相互依存、相互渗透的过程。在这个过程中，商品生产者与分销商之间在价值的产生和实现上是相互依存的，而在利益分配上又是相互矛盾的。利益分配上的矛盾表现在商品上就是价格的竞争，企业成本简单地转移到上游或下游企业并不能使其增强竞争力，如果社会再生产各个环节均把成本简单地推到下游企业或产品，只会增加最终消费者的商品购买价格。而商品价值的实现，必须以商品的最终消费为终结。在买方市场中，最终的竞争并不是表现为企业与企业之间的竞争，而是表现为供应链之间的竞争，商品价格过高只会削弱整个供应链的竞争力。于是出现了跨组织的全面物流合作。可见，要获得这种企业间的广泛合作，需要一种与传统组织观念大不一样的定位。物流纵向一体化关系只是制造商和上游供应商或制造商和下游分销商的关系,是供应链的一部分。供应链管理的目标是将整个供应链上的所有环节的市场、分销网络、制造过程和采购活动联系起来,以实现顾客服务的高水平与低成本,赢得竞争优势。供应链是扩大了的原有物流系统,它延长了物流沿着其纵向的一体化长度,并且超越物流本身,向物流、信息流、资金流等各个方向同时发展,形成了一套相对独立而完整的体系。

（2）横向一体化

显然,纵向一体化上的所有企业都是相互依存的,理论上相互间应当彼此呼应,相互配合,但是现实中彼此的合作却不多。这主要是因为整个供应链上,并不是每一环节都能同时达到利益最大化。很有可能在追求整体利益最大时,弱化某一或某几个环节。这个时候,这些被弱化的经济实体可能得不到满意的补偿,而打击了这些环节参与供应链的积极性。

为了解决这一问题,一些企业采取集团、"虚拟企业"或通过相互参股而建立的供应链战略同盟等形式,把企业化为整体供应链的一部分,按照每位客户的要求为其提供最大价值的同时,也使供应链的总利润最大化。

在这样的一个体系中,企业更多的是注重其核心业务,即他们所擅长的、具有明显优势的业务,其他属于"资源外购",即从企业外部采购。这时,作为被弱化的环节,相应的企业可以从大多其他同行企业退出本市场而获得较大的生存空间,以及利用规模经济等方式来解决,也可同时将本企业定义在不同的供应链上,使企业同时利用不同的供应链带来的多个局部利益。这就是所谓横向一体化。横向一体化物流使供应链上各个企业的总利益总体上未被弱化。

横向一体化物流是通过同一行业中多个企业在物流方面的合作而获得规模经济效益和物流效率。例如,不同的企业可以用同样的装运方式进行不同类型商品的共同运输。当物流范围相近,而某个时间内物流量较少时,几个企业同时分别进行物流操作显然不经济。于是就出现了一个企业在装运本企业商品的同时,也装运其他企业商品。从企业经济效益上看,它降低了企业物流成本;从社会效益来看,它减少了社会物流过程的重复劳动。显然,不同商品的物流过程不仅在空间上是矛盾的,而且在时间上也是有差异的。要解决这些矛盾和差距,必须依靠掌握大量物流需求和物流供应能力信息的信息中心。此外,实现横向一体化的另一个重要的条件,就是要有大量的企业参与且有大量的商品存在,这时企业间的合作才能提高物流效益。当然,产品配送方式的集成化和标准化等问题也是不能忽视的。

（3）网络物流

第三种物流一体化形式是网络物流,它是纵向一体化物流与横向一体化物流的综合体。当一体化物流每个环节同时又是其他一体化物流系统的组成部分时,以物流为联系的企业关系就会形成一个网络关系,即网络物流。这是一个开放的系统,企业可自由加入或退出,尤其在业务最重要的季节最有可能利用到这个系统。物流网络能发挥规模经济作用的条件下就是一体化、标准化、模块化。实现网络物流首先要有一批优势物流企业与生产企业结成共享市场的同盟,把过去那种直接分享利润的联合发展成优势联盟,共享市场,进而分享更大份额的利润。同时,优势物流企业要与中小型物流企业结成市场开拓的同盟,利用相对稳定和完整的营销体系,帮助生产企业开拓销售市场。这样,竞争对手成了同盟军,网络物流就成为一个生产企业和物流企业多方位、纵横交叉、互相渗透的协作有机体。而且由于先进技术的应用,当加入网络物流的企业增多时,网络物流的规模效益就会显现出来,这也促使了社会分工的深化,"第三方物流"的发展也就有了动因,整个社会的物流成本因此会有大幅度地下降。

事实上,网络物流是物流系统的重要特征。要比较仓储、运输和物流之间的不同,可以用一个形象的比喻:仓储经营的是点,运输经营的是线,物流经营的是网。

2.5.2　供应链管理

1. 供应链

根据国家物流术语标准的定义,供应链是"生产及流通过程中,涉及将产品或服务提供给最终用户活动的上游与下游企业所形成的网络结构"。

供应链分为内部供应链和外部供应链。内部供应链是指企业内部产品生产和流通过程中所涉及的采购部门、生产部门、仓储部门、销售部门等组成的供需网络(见图2-2)。而外部供应链则是企业外部的,与企业相关的产品生产和流通过程中涉及的原材料供应商、生产厂商、储运商、零售商以及最终消费者组成的供需网络。内部供应链和外部供应链共同组成了企业产品从原材料→成品→消费者的供应链。图2-3所示为粮食产品的供应链。可以说,内部供应链是外部供应链的缩小化。如对于制造商,其采购部门就可看做是外部供应链中的供应商。它们的区别只在于外部供应商范围大,涉及企业众多,企业间的协作更困难。

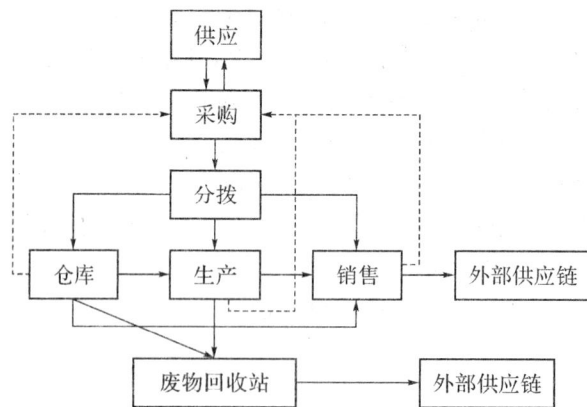

图 2-2　企业内部供应链

企业内部供应链和外部供应链可以相互转化。当企业将自己的上游或者下游企业兼并之后,则企业内原来各部门与该兼并企业之间的外部供应链就转化为内部供应链。当企业将原属于企业内部的某个部门分离出去,使之成为独立的企业法人,并仍然保持原有的供应关系时,内部供应链就会转化为外部供应链。

上述供应链都是自然状态供应链,没有经过系统规划和整体协调。

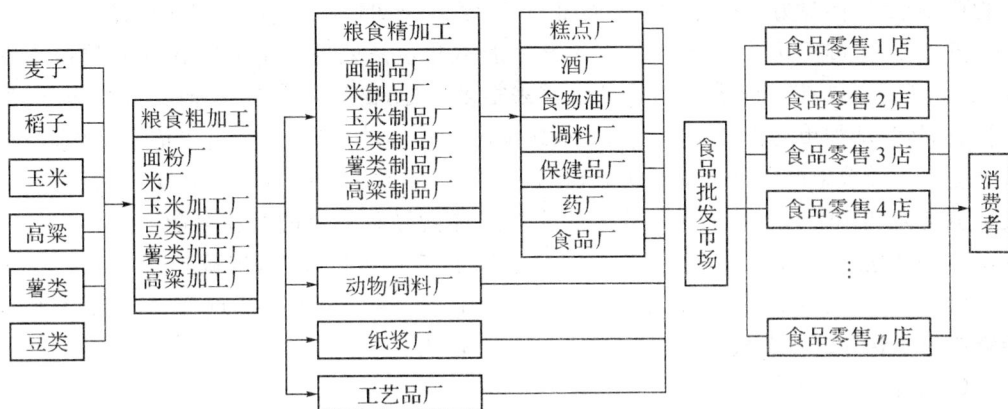

图 2-3　粮食产品的供应链

自然状态下的供应链表现出以下的特征：

①复杂性。任何产品的供应链都涉及原料、零部件、产成品、批发、零售直至消费等环节，每一个环节相互间同时存在商流、信息流、资金流和实物流，由此构成复杂网络。

②动态性。在这一复杂网络结构中，每一个节点都自主发展。随着市场的变化，这一结构中的各企业的地位也发生变化。特别是在纵向一体化的条件下，上下游之间的联盟兼并更使得供应链的结构出现重大变化。

③交叉性。不同产品的供应链的交叉是司空见惯的。粮食供应链中的纸浆厂可能是木材供应链中的一环，也可能是纸品供应链中的一环。

因此，供应链上的每一个企业都不是特定的，图 2-3 仅仅画出了粮食供应链上的各种类型的企业。对供应链作出这样的描述本身并没有多少意义，重要的是在这样的描述之后，如何去规划、协调、控制和管理这一供应链。

2.供应链管理

(1)供应链管理的定义

诺贝尔奖得主 Ronald Coase 于 1937 年提出："当一个企业利用内部资源来做一笔交易的成本等于利用外部资源的成本时，企业就没有经济理由发展了。"这就是著名的Coase定律。

在 Coase 定律的引导下，企业开始探索外包的可能。于是分工越来越细，供应链越来越长。是否有什么手段能够使大型跨国公司对外部企业进行有效的管理呢？为了解决这一问题，供应链管理的思想应运而生。

根据国家物流术语标准的定义，供应链管理是"利用计算机网络技术全面规划供应链中的商流、物流、信息流、资金流等，并进行计划、组织、协调与控制"。该定义给出了供应链管理的内容，但是没有给出实施管理的主体和被管理的内容的主体。

分析图 2-3 所示的供应链可以发现，要实现对这样的一个供应链的全面管理，管理主体的确定将成为关键。

供应链管理代表的是一种新的管理思想，他强调核心企业与世界上最杰出的企业建立战略合作关系，委托这些企业完成一部分业务工作，自己集中精力和各种资源，通过技术程序重新设计,做好本企业能创造特殊价值、必须长期控制、比竞争对手更擅长的关键性业务工作,这样可大大提高本企业的竞争能力和经济效益。供应链管理的效益很明显,实践证明,供应链的实施可以给企业带来很多好处,比如降低成本,改善客户服务,加快资金周转,增加市场占有率等。比如说减少削价处理的损失,过去由于信息不协调,在很大程度上导致生产或订货批量决策的盲目性,而且越往原材料这个方向移动,投入的批量就越大,即理论上所讲"需求放大效应",这样就导致多余的货物只能降价处理。实施供应链管理之后,加强了信息流和物流的协调,信息可以及时,准确地发送给合作企业,这样一来就减少了削价处理的损失。更重要的是,供应链上各节点企业,不论大小都能够成为受欢迎的业务伙伴,增强了自己的生存能力。

(2)现代供应链结构

根据现代供应链管理理论,供应链的典型结构如图 2-4 所示。实际的供应链系统在形式上可能是千差万别的,但是其主要特征却是共同的,即在这一结构中有一个核心企业。更确切地讲,供应链是一个网状的"链",简称网链,这个网链上有一个核心企业(不管该企业是什么类型的)。上下游各有若干结点企业。当然,有的供应链系统上游企业的链长一些、宽一些,有的下游企业的链长一些、宽一些。无论如何,实现对供应链的管理,核心企业在其中起着极其重要的作用。

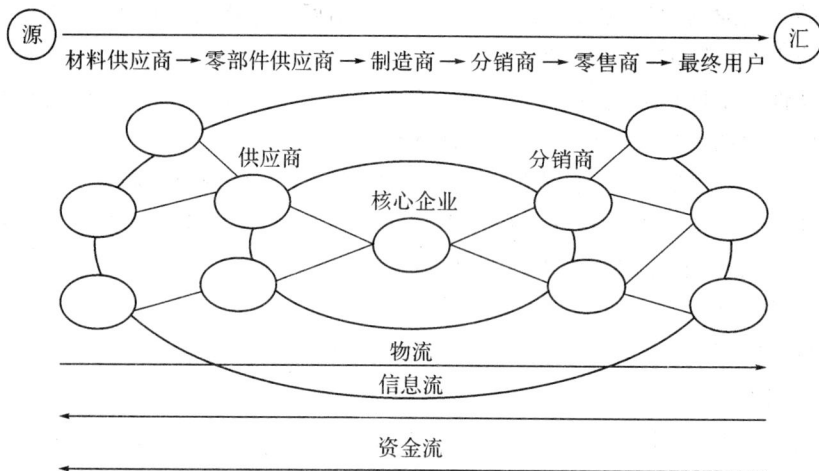

图 2-4　现代供应链的典型结构

(3)现代供应链的类型

在这样的供应链结构下,供应链被分为以下四种类型:

一是以资源供应商为核心企业的供应链。以资源的供应商为核心企业的供应链通常是以稀有资源为主要生产资料的产品的供应链,如城市中心的房产、象牙制品等。还有,一些人文资源也成为稀有资源,如著名画家、歌唱家等人力资源,在一个地区的特许经营或者专营权,政府保护经营等都有可能使得企业成为供应链的核心企业。

二是以制造业为核心企业的供应链。能够成为核心企业的制造企业通常掌握这种产品的核心技术,并且在一定的时间里对这种核心技术拥有独占权。

三是以大型批发商为核心企业的供应链。大型批发商通过对销售渠道的控制实现对整个供应链的控制。

四是以大型零售商为核心企业的供应链。这是在大型超级市场出现以后才出现的供应链结构。由于它直接面对消费者,打破了大型批发商对销售渠道的垄断,从而代替批发商成为供应链上的核心企业。

那么如何才能成为供应链上的核心企业呢?

总结上述供应链的类型可以得出这样的结论:成为供应链上的核心企业,必须要拥有稀缺资源。取得稀缺资源的方法主要有:①原始取得。拥有祖传的自然资源、具有特殊天赋的人才以及科学发现和创造发明的专利等都能够使企业成为供应链上的核心企业。②政府授权。为了维护国家和社会的安定,促进经济发展和人民生活水平提高,政府对某些行业进行有计划的管理,授权某些企业经营特定的产品和服务,这些企业就可能成为这些产品和服务供应链上的核心企业。③合同约定。虽然没有原始取得,也没有政府授权,但是可以通过合约的方式取得这些权力,并借助这些权力使自己成为供应链的核心企业。④末端市场占有。这是供应链的最高级形态。前三种方法都可能因为时间、政府的变更以及合同的失效而失去供应链核心企业的地位,末端市场占有却始终将企业置于关键地位。在生产力极为发达的今天,绝大多数产品都是由需求决定供给的,企业只有通过占有末端市场才能真正成为供应链的核心企业。沃尔玛、宜家、耐克、戴尔等都是典型的实例。

(4)供应链管理的主体

在供应链发展的不同阶段,供应链管理的主体会发生变化:①企业自我管理。企业自我管理是供应链管理的原始状态,由于企业早期的供应链仅仅是企业内部供应链,不同企业之间无法实现有机的链接,只能分别管理。这时企业只能管理内部供应链。②核心企业管理。在供应链发展到一定阶段,开始出现核心企业时,核心企业就开始对外部进行有效管理。核心企业在供应链中的地位越高,其对供应链的控制力越强。③第三方物流企业管理。当供应链的核心企业在供应链中的控制力十分强大,供应链变得很长很宽的时候,核心企业有必要借助第三方物流企业实施供应链管理。其中的原因在于供应链管理并不管理生产过程本身,而是管理物的流通。

(5)供应链管理的内容

从供应链管理的定义中我们可以知道,供应链管理是对供应链中的商流、物流、信息流、资金流等进行计划、组织、协调与控制。根据这一定义,可以绘制图 2-5 所示的供应链管理矩阵。

由图 2-5 可见,对于商流、资金流、物流和信息流的管理通常通过客户资源管理系统、资金管理系统、综合物流管理系统和信息管理系统来实现。同时,从该图还可以充分地理解,为什么可以借助第三方物流进行供应链管理。

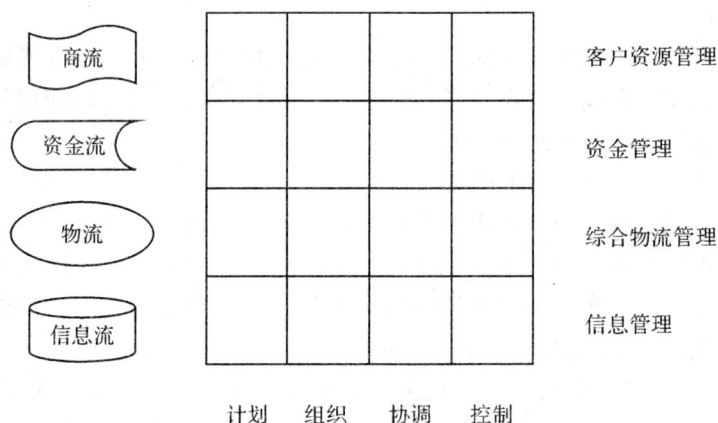

图 2-5　供应链管理矩阵

3.供应链系统设计

(1)供应链系统设计应考虑的问题

供应链系统的设计,就是要建立以一个重要的企业为核心、联盟上游企业和下游企业的协调系统。要想提高供应链管理的运作绩效,除了要有一个高效的运行机制外,建立一个优化的供应链系统也是极为重要的一环,因此在设计供应链时需要考虑以下几个问题:

1)环境问题

一个设计精良的供应链在实际运行中并不一定能按照预想的那样,甚至无法达到设想的要求,这是主观设想与实际效果的差距,原因并不一定是设计或构想的不完美,而是环境因素在起作用。因此,构建和设计一个供应链一方面要考虑供应链的运行环境(地区、政治、文化、经济等因素),另一方面还应考虑未来环境的变化对实施供应链的影响。因此,要用发展的、变化的眼光来设计供应链,无论是信息系统的构建还是物流通道设计都应具有较高的柔性,以提高供应链对环境的适应能力。

2)供应链设计与企业再造工程问题

从企业的角度来看,供应链的设计是一个企业的改造问题。因为供应链管理引进的是一种新的思想,要按照这种思想重构企业的运作框架和战略系统,就要对原有的管理架构进行反思,必要时要进行一些新的变革。所以,供应链系统的建设也就是企业或者企业群体进行业务流程的重构过程。要从管理思想革新的角度,以创新的关系武装企业(比如动态联盟与虚拟企业,精细生产)。

3)供应链设计与先进制造模式的关系问题

供应链设计既是从管理新思维的角度去改造企业,也是先进制造模式的客观要求和推动的结果。如果没有全球制造、虚拟制造这些先进的制造模式的出现,集成化供应链的管理思想是很难得以实现的。正是先进制造模式的资源配置沿"劳动密集－设备密集－信息密集－知识密集"的方向发展,才使得企业的组织模式和管理模式发生相应的变化,从制造技术的技术集成演变为组织和信息等相关资源的集成。供应链管理适应了这种趋势,因此供应链的设计应把握这种内在的联系,使供应链管理成为适应先进制造模式发展的先进管理思想。

（2）供应链系统设计的指导思想

①根据不同群体的需求划分顾客，以使供应链适应市场面需求，按市场面进行物流网络的顾客化改造，满足不同顾客群需求及确保供应链企业能够盈利。

②根据市场动态使整个供应链需求计划成为一体，保证资源的最优配置。上、下游企业的计划应该跟市场需求动态协调编制，保证需求与供给之间在时间、品种、数量上满足配套要求。一方面保证生产能力的有效利用，另一方面减少由于不协调而产生的库存量。

③产品差异尽量靠近用户，并通过供应链实现快速相应。

④对供应资源试试战略管理，减少物流与服务的成本。

⑤实施整个供应链系统的技术开发战略，以支持多层决策，清楚掌握供应链的产品流、服务流、信息流。

⑥采取供应链绩效测量方法，度量满足最终用户需求的效率与效益。

（3）供应链系统设计的原则

在供应链的设计指导思想的引导下，我们还应遵循一些基本的原则，以保证供应链的设计和重建能满足供应链管理思想，并使其得以实施和贯彻。

1）自上而下和自下而上相结合的设计原则

在系统设计中，有两种设计方法，即自上而下法和自下而上法。自上而下的方法是从全局走向局部的方法，自下而上的方法是从局部走向全局的方法；自上而下是系统分解的过程，而自下而上则是一种集成的过程。在设计一个供应链系统时，往往是先有主管高层作出战略规划与决策，规划与决策的依据来自市场需求和企业发展规划，然后由下层部门实施决策过程，因此供应链的设计是自上而下和自下而上的综合。

2）简洁性原则

简洁性是供应链的一个重要原则，为了能使供应链具有灵活快速响应市场的能力，供应链的每个节点都应是简洁、具有活力且能实现业务流程的快速组合。比如供应商的选择就应坚持少而精的原则，通过和少数的供应商建立战略伙伴关系，有利于减少采购的成本，有利于实施 JIT 采购法和准时生产。生产系统的设计更是应以精细思想（lean thinking）为指导，从精细的制造模式到精细的供应链是努力追求的目标。

3）互补性原则

供应链的各个节点的选择应遵循强强联合的原则，达到实现资源外用的目的，每个企业只集中精力致力于各自核心的业务过程，就像一个独立的制造单元（独立制造岛），这些所谓单元化企业具有自我组织、自我优化、面向目标、动态运行和充满活力的特点，能够实现供应链业务的快速重组。

4）协调性原则

供应链业绩好坏取决于供应链合作伙伴关系是否和谐，因此建立战略伙伴关系的合作企业关系模型是实现供应链最佳效能的保证。和谐是描述系统是否形成充分发挥系统成员和子系统的能动性、创造性及系统与环境的总体协调性。只有和谐的系统才能发挥最佳的效能。

5)动态性原则

不确定性在市场中随处可见,供应链运作效率也会受到不确定性的影响。由于不确定性的存在,导致需求信息的扭曲,因此要预见各种不确定因素对供应链运作的影响,减少信息传递过程中的信息延迟和失真。降低安全库存总是和服务水平的提高在操作上是相矛盾的。增加透明性,减少不必要的中间环节,提高预测的精度和时效性,对降低不确定性的影响都是极为重要的。

6)战略性原则

供应链的建模应有战略性观点,通过战略的观点考虑减少不确定的影响。从供应链的战略管理角度考虑,我们认为供应链设计的战略性原则还体现在供应链发展的长远规划和预见性,供应链的系统结构发展应和企业的战略规划保持一致,并在企业战略指导下进行。

(4)供应链系统设计的步骤

图 2-6 所示为供应链设计的基本步骤。在上上述供应链设计指导思想和原则的指引下,参考下面的设计步骤,借用一定的方法,就可以设计供应链系统。

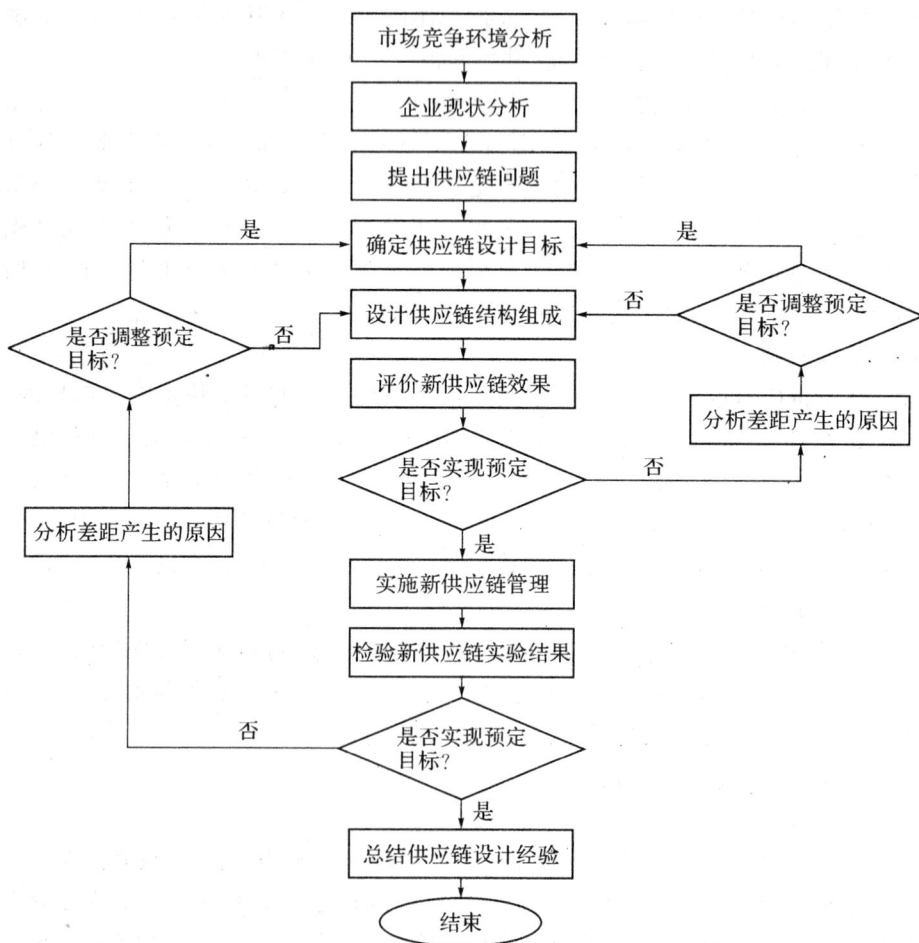

图 2-6　供应链系统设计步骤

(5)供应链系统的设计和优化

用于供应链系统设计和优化的方法很多,许多运筹学工具都可以用于设计供应链系统。有很多方法已经成功地用于物流配送中心的设计和优化,并且已经给企业运营带来了盈利。这里给出了一个简单例子,仅作为一种供应链设计的概念性介绍,目的是让读者了解什么是供应链系统的设计。一个实际的供应链系统的设计是很复杂的,有时候要借助于专业研究人员的力量。读者可参阅相关的专门书籍获取。

【例 2.1】 假定只考虑单个产品,有两个工厂 P_1 和 P_2 可以生产这种产品。其中工厂 P_1 的生产能力不限,工厂 P_2 的年生产能力最大是 6000 件产品,两个工厂的生产成本相同。为了把产品销往各地,设置两个配送中心 W_1 和 W_2,且具有相同的库存成本。目标是三个市场 C_1、C_2、C_3,需求量分别是 5000、10000、5000 件该种产品。有关运送的路线及运输成本见图 2-7 中箭头上的数字(单位:元/件)。试设计该产品的供应链。

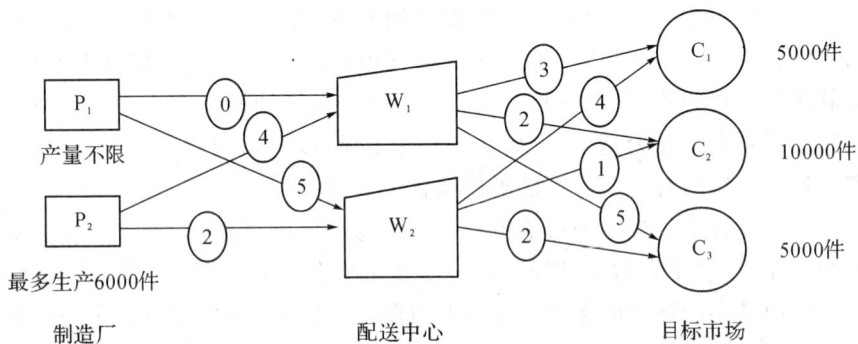

图 2-7 供应链设计

解 方案 1:对每一个市场,选择从配送中心到需求地成本最低的方案,再为配送中心选择供货成本最低的工厂供货。结合本题的实际,观察配送中心到 C_1、C_2、C_3 三地的成本,可知三地的产品均由 W_2 供应。再为配送中心 W_2 选择成本最低的工厂,即从 P_2 得到 6000 件,剩余的 14000 件从 P_1 得到。这样,总成本是:
$$T_{C_1} = 5000 \times 4 + 10000 \times 1 + 5000 \times 2 + 6000 \times 2 + 14000 \times 5 = 122000(\text{元})$$

方案 2:对每一个市场,选择不同的配送中心,使从配送中心获得产品的总成本最低。如对 C_1,有 $P_1—W_1—C_1$,$P_1—W_2—C_1$,$P_2—W_1—C_1$,$P_2—W_2—C_1$。当然,成本最低的是 $P_1—W_1—C_1$ 即用 W_1 供应 C_1。同样可决定,选择 W_2 供应 C_2、C_3。按这样的方案,可以计算出总成本是:
$$T_{C_2} = 5000 \times 3 + 10000 \times 1 + 5000 \times 2 + 6000 \times 2 + (14000 - 5000) \times 5 = 92000(\text{元})$$

可见方案 2 优于方案 1。

方案 3:从系统总体的角度考虑成本最低,给出如表 2-2 所示的优化方案,按这一方案的运作总成本是:
$$T_{C_3} = 14000 \times 0 + 6000 \times 2 + 5000 \times 3 + 6000 \times 1 + 4000 \times 2 + 5000 \times 5 = 66000(\text{元})$$

可见,方案 3 优于方案 2。

以上这几个方案的比较结果,是想告诉读者一个事实:供应链的设计与优化对于提高整个系统的绩效大有帮助,需要从多个角度进行分析,才能得出正确的结果。

表 2-2　供应链设计

配送中心 ＼ 工厂/市场	P₁	P₂	C₁	C₂	C₃
W₁	14000	0	5000	4000	5000
W₂	0	6000	0	6000	0

➦ 案例分析

港口物流的发展需要内功外力共同作用

港口和物流的发展是相辅相成、互相促进的关系,近年来随着物流业的迅速发展和细分,港口物流成为当今新名词。港口物流是指中心港口城市利用其自身的口岸优势,以先进的软硬件环境为依托,强化其对港口周边物流活动的辐射能力,突出港口集货、存货、配货特长,以临港产业为基础,以信息技术为支撑,以优化港口资源整合为目标,发展具有涵盖物流产业链所有环节特点的港口综合服务体系。

长期关注物流行业发展的博科资讯董事长兼总裁沈国康指出,港口物流是特殊形态下的综合物流体系,它作为物流过程中的一个无可替代的重要节点,承担着完成整个供应链物流系统中基本的物流服务和衍生的增值服务。同时,在物流被企业高度重视的今天,建立以物流业务为核心的"内功"和以物流服务为依托的周边服务的"外力"是赢得客户青睐的关键因素。因此,如何抓住这一发展机遇增强自身实力是所有港口城市需要认真思考的问题。

1.内功是必要条件

物流专家指出,港口物流的核心竞争力依然是其便捷、高效、吞吐量大等货物运输能力,只是随着技术的不断发展在快速升级,但用户对货物的转运能力的考量依然是第一位的。在竞争日趋激烈的今天,货物转运的基础设施建设、信息化水平和服务体系是港口物流三个必要条件。

"随着客户对物流效率要求的提高,港口物流应加强基础设施建设,进一步缩短货物停留的时间,同时做到准确、安全。"有关专家从客户角度看待港口物流的同时,也站在港口的角度指出,随着中国对外贸易的逐年增多,港口物流的市场机会也在增大,通过基础设施建设的加强能够使港口具有更大的容量来吸纳更多的业务。

提到物流效率和港口容量的问题。物流软件厂商博科资讯董事长兼总裁沈国康指出,在加大基础设施投入的同时也要注重物流供应链信息化的建设。基础设施建立的是实体供应链,而信息化能够通过虚拟供应链的形式优化现有的基础设施,在硬件设备等同的条件下,通过信息化手段优化效率,除了能够满足客户对货物运输的高效要求外,也能够使货物运输在各个节点上安全、准确,同时还会大大降低管理成本。

"在硬件设施和配套的信息系统到位的前提下,服务人员的服务质量也是用户关注的关键点,服务人员的专业化服务是能够将上述基础建设发挥到最大化效应的主要因素,会直接影响到用户的满意度。"业内人士认为,提高服务质量也是港口物流加强核心竞争力的重要一步,当然,客户对服务人员的态度是否感到舒服也很重要。

2.外力是充分条件

近几年,随着客户需求的多元化发展,港口物流正在从单纯的货物运输向集有形商品、技术、资本、信息的集散于一体的物流功能转变。业内人士指出,这是客户需求的导向,也是港口物流新的利润增长点。物流基础功能之外的周边服务在建立客户黏性的同时,也将带动港口城市整体的发展。

沈国康指出,物流行业发展到今天,已经形成了多维交错的运输渠道,现代化港口物流不应单一地发展水路运输,货物到港后的其他短途运输也是近年来港口物流周边服务的重要内容,通过建设与其他城市相通的公路、铁路交通将使客户对该港口更具有依赖性。

另外,各种与港口贸易相关的商业中心和工业中心的建立也是对客户具有吸引力的地方。有"欧洲门户"之称的鹿特丹港就有拥有大约 3500 家国际贸易公司,拥有一条包括炼油、石油化工、船舶修造、港口机械、食品等部门的临海沿河工业带。同时,建立大规模的离岸码头和物流工业园还可以让客户进行拆装箱、仓储、再包装、组装、贴标、分拣、测试、报关、集装箱堆存修理等事宜。除此之外,便利的休闲、娱乐、消费场所也可以为客户提供舒适周到的服务。

最后,沈国康指出,有远见的政府也应该在政策上创造发展的软环境,将该城市的港口物流打造成真正的国际物流中心,这对该地区的发展具有带动作用。

案例问题:

结合本文,请您根据本章所学的知识,从港口物流的内涵、特点、有关港口物流的几个重要关系及物流系统与供应链等角度谈谈我国港口物流发展应注意的问题。

⇨ 思考题

1.如何准确理解港口物流的基本内涵? 其特点与发展趋势如何?

2.港口物流的基本功能有哪些?

3.如何理解港口与城市、港口物流与区域经济、港口与物流之间的基本关系?

4.物流系统的构成要素有哪些? 如何构建物流系统?

5.物流一体化有哪三种形式?

6.针对自己熟悉的行业绘制一个供应链,从原材料开始,直到最终消费者,并分析在怎样的条件下,哪一个企业会成为核心企业?

第3章

港口物流发展分析

☞ **本章要点**

①了解港口物流发展的政策与体制环境及其影响。

②了解世界典型港口物流的基本情况。管理模式与经营发展模式及对我们的启示。

③了解我国主要沿海港口发展的特点及存在的问题。

④理解港口物流发展战略的指导思想与基本原则,了解其定位及应注意的问题。

⑤掌握港口物流发展模式选择的基本内容。

港口物流的发展受到政策与体制等环境因素的制约,也受到其发展战略与模式选择的影响。国内外主要港口的物流发展状况分析表明,要真正高效地发展与运作好港口物流,需要努力构建良好的发展环境,选择好适应发展需要的战略构思与发展模式。

3.1 港口物流发展的政策与制度环境分析

3.1.1 政策环境

港口物流政策环境是指国家或政府为实现港口物流的高效运行与健康发展而营造的公共政策环境以及政府对港口物流活动的干预行为。具体包括有关港口与物流的法律、法规、规划、计划、措施(对策)以及政府对港口与物流活动的直接指导等。政策具有公共物品的属性,完善的港口与物流政策一方面可减少或降低港口物流的外部不经济;另一方面可起到扶持与促进港口物流事业发展,加快港口物流基础设施建设和完善,提高微观效率的作用。

我国各级政府有关部门近几年制定了一系列与港口物流发展相关的政策措施,现代港口物流经营和发展的宏观政策环境明显改善,支持现代港口物流业发展的政策体系正在逐步形成。具体来说,主要有:①中央政府高度重视,制定了与港口物流相关的文件,出台了一些促进现代港口物流发展的政策;②国务院有关部门结合自身职能,调整完善了有关政策措施;③许多地方政府因地制宜,采取有效措施,大力推动本地区现代港口物流业的发展。

当前,我国港口物流业发展的政策环境虽然得到了较大改善,但仍存在不少问题,主要表现在:部门和地方的各种审批繁多;现行税收管理办法不适应现代港口物流发展的需要;货物运输的"三乱"现象严重;港口物流的基础设施和服务体系建设落后;港口物流经营在海关通关、城市交通、技术标准、企业融资等方面还存在困难。针对上述问题,国家发改委与有关部门共同研究,提出进一步促进现代物流发展的政策措施(也适应于港口物流),主要包括八项措施。这八项措施是:①规划企业登记注册前置性审批,除国家法律、行政法规和国务院发布的规划外,其他前置性审批事项一律取消;②调整部分行政性管理事项,并先行在货物代理方面进行调整:取消经营国内铁路货物代理、水陆货物代理、联运代理和国际货运代理业企业经营资格的行政性审批;③完善物流企业税收管理,对物流企业实行差额纳税,允许符合条件的物流企业统一缴纳所得税;④加快引入竞争机制,废除各类不符合国家法律、法规规定的由部门或地方制定的地方封锁、行业垄断、市场分割的有关规章;⑤加强收费管理,全面整顿道路收费站点,取消不符合国家规定的各种收费项目;⑥积极推进物流市场的对外开放,鼓励国外大型物流企业到国内投资,鼓励利用国外的资金、设备和技术,参与国内物流设施的建设或经营;⑦改善通关环境,对进出口货物实施"提前报检、提前报关、货到放行"的通关新模式,鼓励建立集海关监管、商品检疫、地方服务一体化的货物进出境快速处理机制;⑧优化城市配送车辆交通管理,根据当地的交通状况和物流业务发展情况,对配送车辆在市区通行和停靠提供便利。

3.1.2　体制环境

"双重领导"港口体制一直是我国港口的主要管理模式。这种港口管理体制形成于20世纪80年代中期。1984年以前,全国38个主要港口(沿海13个港口、长江25个港口)均由交通部直接管理,其中长江25个港口与中国长江轮船总公司为港航一体化的部属企业。1987年以后,除沿海的秦皇岛港为交通部直属港口外,其他均改为"交通部与地方政府双重领导,以地方管理为主"的港口管理体制,长江港航管理体制从原来的港航合一转变为港航分管。这样就形成了中央政府领导港口、交通部和地方政府"双重领导"港口和地方政府领导港口三种类型。

"双重领导"港口管理模式曾对我国港口在数量和规模上的迅速发展起到过积极的推动作用。但由于外部经济环境以及港口管理等许多方面的条件因素都发生了变化,现行的"双重领导"港口体制已不适应社会主义市场经济的要求,其存在的问题主要有:①"双重领导"港口以地方管理为主,地方政府仅负责港口主要领导干部的任命和管理,其他方面都以交通部管理为主。这种体制难以发挥地方政府按国家统一规划以及法律、法规建设和管理港口的积极性。②"双重领导"港口作为"政企合一"的单位,主要从事港口经营业务,但又具有部分"政"的职能。作为港政管理部门,缺乏行政管理的权威。作为港口企业,又受到太多的行政干预,有时还会利用"政"的权利保护自身的经营利益,难以按现代企业制度的要求独立走向市场,造成港口的行政管理薄弱,港口市场体系难以规范有序发展。③现行的港口体制由于政府投资、港务局垄断经营,港口国有资产的产权归属不清,权责不明。因此,必须构建新的港口管理体制,使港口管理具有履行统一政令、公正履行行政管理的职能和促进公平竞争的职责,使港口企业独立走向市场。

港口管理体制是影响和制约港口物流发展的重要因素。为进一步搞活港口经营,促进港口物流发展,使港口更好地为国民经济满足社会经济活动的需要服务,政府对现行港口管理体制进行了一系列改革。2001年10月8日由国家经贸委、财政部、中央企业工委三家联合下发的《关于深化中央直属和双重领导港口管理体制改革的意见》,在这方面进行了有益的探索。意见主要内容如下:

第一,将现由中央管理的秦皇岛港以及中央与地方政府双重领导的港口全部下放地方管理。港口下放后原则上交由港口所在城市人民政府管理;需要由省级人民政府管理的,由省级人民政府按照"一港一政"的原则自行确定管理形式。港口下放后,实行政企分开,港口企业不再承担行政管理职能,并按照建立现代企业制度的要求,进一步深化企业内部改革,成为自主经营、自负盈亏的法人实体。

第二,改革港口现行的计划、财政管理体制。计划管理,由现行中央计划管理改为地方财政管理,由"以港养港、以收抵支"改为"收支两条线",取消港口企业定额上缴、以收报支的办法,同时按照国家税收管理有关规定征缴港口企业所得税。港口下放后,在保证中央必要的港口建设费用支出的前提下,适当提高各港港口建设费的留成比例。同时,地方人民政府应多方筹措港口建设资金,制定有利于港口发展的政策,为我国港口发展创造良好的条件。

第三,逐步放开理货市场,进一步规范理货业务。为保证理货的公正性,促进理货质量的不断提高,港口理货要引入竞争机制,每个港口可先设立两家以上理货企业。将各港外轮理货公司从港口企业中分离出来,作为独立的企业法人,自主经营。将中国外轮理货总公司向各港外轮理货公司收取管理费的方式改为持有各港外轮理货公司一定的股份,具体比例由交通部组织中国外轮理货总公司与港口企业共同协商确定后,报财政部办理相关的股权确认及产权变更手续。

第四,改革引航管理体制。沿海港口的引航机构作为向各码头靠泊船舶提供引航服务的单位,应从港口企业中分离出来。

第五,在港航公安管理体制全面改革之前,港口公安管理暂维持现状,其所需经费仍由港口企业营业外列支和财政拨付事业费的办法解决。

2001年11月,国务院办公厅转发了三部委的意见(国办发〔2001〕91号文件),中央各有关部委和地方人民政府按照国办文件要求,稳妥地推进了港口管理体制改革工作。38个原中央直属和双重领导港口已于2002年上半年全部下放地方,随后在地方人民政府领导下积极稳妥地推进港口政企分开工作。到目前为止,绝大多数港口的政企分开工作已基本完成,新的港口管理体制已经初步形成。

港口管理体制改革的关键有两个方面的主要内容:一是政企分开,建立和形成符合国际惯例的、具有中国特色的新港口管理体制;二是建立现代企业制度,使港口企业充满生机和活力。港口管理体制改革要有利于改善和加强政府对港口行政管理的职能,形成以间接管理为主的宏观调控体系;有利于调动和发挥中央和地方各级政府对港口建设与管理的积极性;有利于深化国有港口企业改革,增强港口企业的活力和促进港口的发展;有利于培养和发展港口运输市场,充分发挥市场机制对运输资源的基础性作用等原则。2003 年 6 月 29 日,全国人大常委会制定颁发的《港口法》以法律形式确立了新的港口管理体制的基本框架。其核心就是:政企分开,多家经营;"一港一政",统一管理。也就是说,交通部作为中央政府行政主管部门,对全国港口实行统一行政管理,负责制定全国港口行业的规划,按有关规定调控岸线资源的合理利用,对大中型港口建设项目提出行业审查意见,制定港口行业发展政策和法规,并实施监督;省级人民政府交通(港口)主管部门负责本行政区域内港口的行政管理工作;省级或港口所在城市人民政府港口主管部门按照"一港一政"的原则依法对港口实行统一的行政管理;港口企业作为独立的市场主体,依法从事经营。

3.1.3　政策与制度环境变化对港口物流的影响

1. 出口退税改革对港口物流业的影响

我国从 2004 年 1 月 1 日开始执行新的出口退税政策。这次改革使出口综合退税率从 15% 下降到 12%,下降了 3 个百分点。出口退税率平均水平下降,虽然可能会间接影响港口吞吐量的增长,但影响的程度不会太大。因为出口增量虽然减少了,但进口增量的增加能够抵消部分负面影响;从港口吞吐货物结构来看,外贸货物吞吐量只占港口货物吞吐量的 30%。另外,港口主要货源如煤炭等主要以内贸为主,石油及制品等货种以进口货物为主,出口比例较小;从港口的供求状况来看,目前我国港口码头供给能力仍不能满足需求的增长,出口增速的下降可以从一定程度上缓解码头吞吐量超饱和的状态,但不能从根本上解决港口供给结构性矛盾。

2. 关税与配额变动对港口物流业的影响

根据我国签订的《入世议定书》中有关关税减让承诺,2002 年我国的关税总水平为12.7%,2003 年则降至 11.5%,2004 年要降到 10.6%,到 2008 年降为 10%。关税总水平的持续下降,将对我国对外贸易量,特别是对国内外价格差距较大的部分商品,如汽车、成品油等的贸易量发生较大影响,从而对港口物流业发展产生重要影响。2003 年取消了汽车关键零部件的配额,但整车进口在配额和关税双重限制下,该年进口车仍呈大幅上升势头。全年共进口各类汽车整车(含成套散件)172683 辆,同比增长 34.6%。其中,进口小轿车 103017 辆,同比增长 46.4%。2005 年整车配额取消,2006 年整车关税最终降至 25%。2004 年 1 月 1 日我国取消了成品油的进口配额。2004 年国内豆油的关税配额从 2003 年的 260 万吨增加到 311.8 万吨。在进口配额限制下的食用油进口税率2004 年降到 9%。由于这些产品的国内价格高于国际价格,关税下降与配额增加或者取消能够极大地刺激这些产品的进口。进口的增加对提高港口的货物周转量有积极作用。

3. "自由港"政策的可能性及其影响

自由港又称"自由口岸",是设在一国国境之内、海关管理关卡以外的允许外国货物、资金自由进出的港口区。进出港区的货物免征关税,准许在港区内进行改装、加工、长期储存或销售等业务活动。只有当货物转移到自由港所在国的课税地区时,才需缴纳关税。目前我国已有多个城市提出要建设自由港,并争取成为国际枢纽港。深圳在2003年7月谨慎地提出,要把深圳盐田保税区转型为自由港;同年11月上海首次公开宣布要把洋山港建设成为自由港,并已提出建设自由港的十项主张;随后,厦门、天津、宁波、大连等城市也都跃跃欲试。自由港的特点是扩展保税区,采取低税过境、出口退税、外汇自由支付等政策,同时实行更加开放的企业准入制度,让港口在手续上简化,在港口资本运作上体现市场化。目前,由于我国没有自由港,很多货物运输都是从韩国的釜山、日本的神户中转,既增加了成本,还减少了收益。据估算,港口运输收入每100元中,至少有40元被这两个中转港口获得,因而发展自由港自然成为我国很多沿海港口的迫切要求。尽管我国尚未正式出台"自由港"政策,但实际上,政府相关职能部门自2003年以来的一些动作已经为"自由港"政策的出台打下了良好的基础。如铁道部已经制定了修建10条直达港口的快速货运线路计划,交通部制定了《港口法》和港口保安计划,海关也进行了通关制度改革,国家环保局加大力度执行港口建设中的环保相关规定。这些都为自由港改制创造了良好的基础条件。

3.2 世界主要港口物流发展状况分析

3.2.1 世界主要港口物流的基本情况

1. 鹿特丹港

鹿特丹港位于荷兰西南沿海莱茵河和马斯河入海的三角洲上,濒临世界海运最繁忙的多佛尔海峡,是国际水陆空交通的重要枢纽,素为"欧洲门户"之称。自20世纪60年代以来,鹿特丹港一直是世界货运第一大港,现在不仅是世界上货物吞吐量最大的港口,也是欧洲最大的集装箱港口,是西欧的商品集散中心。美国向欧洲出口货物的43%,和日本向西欧市场出口货物的34%都经过鹿特丹中转,德国经鹿特丹港的进出口货物几乎超过了其国内港口的总吞吐量。

鹿特丹港不仅货物吞吐量大,而且由于国有和私营企业对不同种类市场都进行了大额投资,其装卸货种也十分多样化,可以同时称其为化学品港、铁矿港、(液体)散货港、汽车港、件杂货港、冷冻货港和集装箱港。

鹿特丹港不仅是荷兰对外贸易的门户,而且也是整个欧洲的物资流通基地。鹿特丹港吞吐货物80%的发货地或目的地不在荷兰,大量货物在港口通过一流的水陆空内陆运输网进行中转,在48小时内运抵欧洲各成员国的目的地。从鹿特丹到欧洲内陆的水上交通网十分发达,在鹿特丹港中转的货物大约有40%是通过驳船运往欧洲内陆的,同时利用充裕的近洋运输条件也可通过二程运输把洲际货物运往目的地。鹿特丹港还通过铁路网与欧洲各主要工业地区相连,拥有众多直达班列开往许多国外目的地,同时荷兰的高速公路运输也与欧洲的公路网直接相连,覆盖了从英国到黑海、从北欧到意大利的欧洲各主要市场,其长途公路货运量占欧洲公路运输总量的 40%。空运货运则可以通过 80 千米外的阿姆斯特丹国际机场和鹿特丹国际机场进出。

对于不直接中转去欧洲内陆的货物,鹿特丹港还能提供许多存储和疏运设施,其中最典型的就是保税区和配送园区。鹿特丹港保税区仓库早在 1815 年就开展了自由贸易,该保税仓库集中在港口内,公共保税仓库面积达 4.3 万平方米,再加上私营、商行、工厂的保税仓库,形成了一个很大的保税网。与此同时,鹿特丹港在货物码头和联运设施附近发展了个性化的配送园区,以满足日益增长的配送要求,实现由货运中心向国际物流中心的转变。

鹿特丹也是荷兰的工业中心,港区内就有一个很大的多种工业园区,主要包括炼油、造船、石油化工、钢铁、食品和机械制造等,其中最重要的是炼油和化工工业。这里有大型炼油厂,其炼油能力占荷兰总能力的一半以上,是世界三大炼油中心之一。

2. 安特卫普港

安特卫普港位于比利时北部沿海的斯海尔德河下游,西距北海 70 千米,东有阿尔贝特运河直通马斯河,比利时全国海上贸易的 70% 通过该港完成,是比利时最大的海港,也是世界著名的亿吨大港之一。安特卫普港是比利时、荷兰、卢森堡、德国和法国的主要进出口门户,港口地理位置接近欧洲主要生产和消费中心,吞吐量的一半为转口贸易,是欧洲汽车、纸张、新鲜水果等产品的分拨中心。

安特卫普港是一个多功能港口,拥有汽车、钢材、水果、粮食、木材、纸张、煤炭、矿砂、化肥、集装箱等的各种专业码头,其中高科技的水果码头是欧洲最领先的水果码头。安特卫普港的另一个特点是码头的多功能化,如集装箱码头不仅仅只是装卸集装箱货物,还可以同时装卸其他各种货物,具有多种功能。此外,安特卫普港还拥有 1200 万平方米的露天堆场和仓库,其中仓库总面积约 480 万平方米,远远超过鹿特丹(190 万平方米)、汉堡(90 万平方米)等欧洲大港。该港许多仓库都根据货物特点配备了专门设施,如储存谷物、水泥、塑料、酒类的仓筒,储存茶叶、咖啡、化工品、木料的仓库,储存肉类、鱼类、热带水果及各种乳制品的冷藏库,储存油和油脂的专用储罐等。该港还建有大量储藏对温度和通风有特殊要求的危险性货物的仓库,目前,该港已建有符合最严格的本国及欧洲标准的危险物品储存仓库,能为防火灭火、货物储存、环境安全提供最大的保证。

安特卫普港与世界上 100 多国家和地区建立了贸易关系,港口拥有 300 多条班轮航线,与世界上 800 多个港口相连。港区内拥有铁路总长 960 千米,公路 280 千米,港外与 3 条欧洲高速公路、12 条国际铁路线和莱茵河等内河水运网相连,每条抵离港的铁路货运量为 2500 万吨,内河运输量达 5800 万吨。安特卫普港还是欧洲最大的钢铁港口,每年处理钢铁制品数量几乎是北海各港的总和。

安特卫普港的一个重要竞争优势就是优越的地理位置。在汉堡—勒拉佛尔地区的所有港口中,安特卫普港位于最中心的位置,几乎所有欧洲生产和消费中心都在安特卫普港的短距离范围内,比利时、荷兰、德国以及法国的马尔萨斯和洛林等都是其贸易腹地。在汉堡—勒拉佛尔地区的所有港口的货物进出口总量中,安特卫普港的进出口量分别占 12% 和 23%,如果只考虑一般杂货则该比例将分别上升为 24% 与 25%,其集装箱吞吐量一直稳定在 22% 左右①。

安特卫普港建立了两套高效率的现代化电子数据交换系统——信息控制系统（API-CS）和电子数据交换系统（SEAGHA），以满足现代航运和港口物流发展对船舶引导和货物监控管理的需要。电子数据交换系统是由私营企业建立的，最初的目的是为了方便企业之间的信息交换。但现在已成为物流信息链中连接托运人和顾客之间的重要环节。安特卫普信息控制系统是由港务局控制的，港务局利用该系统可以引导港内和海运航道上船舶的航行，安排船舶离港和掌握国际海运危险品的申报等。电子数据交换系统不仅与安特卫普信息控制系统相连，而且还与比利时海关服务网络系统（SADBEL 系统）以及比利时铁路公司使用的"中央电脑系统"等相连接，从而为客户提供一体化的便捷服务。

安特卫普港还利用作为工业物流集疏中心有利于降低物流成本的优势，吸纳各大企业大力发展临港工业。该港最初只有 5 个炼油厂，之后 20 多个世界性石化公司及汽车配件厂、拖拉机部件制造厂等企业纷纷落户。现在该港已成为比利时第二大工业中心，建有炼油、钢铁、石化、有色冶炼、汽车装配和船舶修理等各项工业，整个工业开发区占地面积 36.74 平方千米，约占整个港区的 31%。目前安特卫普已成为欧洲最大，且仅次于休斯敦的世界第二大石化工业中心，因而享有"斯德尔河上的休斯敦"的美誉。港口为临港工业的发展带来了便利，工业大发展则为港口带来了稳定的货源。据统计，安特卫普港海运量约四分之一来自港区工业，如果把港区工业所引致的各种方式的运输量统计在内的话，每年可达到 1.15 亿吨以上。

3. 汉堡港

汉堡港是欧洲历史最悠久的港口之一，位于德国西北部的汉堡市内，易北河右岸，距易北河流入北海的入海口 76 千米，素有"德国通向世界的门户"之称，是德国最重要的海港和最大的外贸过境地。汉堡港的集装箱转运量仅次于鹿特丹港，是欧洲第二大集装箱港，也是世界著名的亿吨大港之一。

汉堡港港区内基础设施完备，不仅拥有长约 170 千米的公路线和 350 千米的铁路线，而且还有 12 个雷达站，长约 60 千米的信息传输网络，3 座闸门和 3 座水门，另外还有 130 座灯塔和 8 个水位航标。港口内配有各种装配设施，有各种岸吊、桥吊、可移式吊、抓斗吊、汽车吊、浮吊、吸扬机、输送带、铲车及滚装设施等，其中最大浮吊的最大起重能力达 1200 吨，吸扬机装卸谷物的效率可达每小时 1300 吨。在欧罗巴集装箱码头有超巴拿马型集装箱装卸桥，可负荷 80 吨，吊臂伸展跨距至岸边铁道外 48 米，向内可伸展 23.5 米。码头上露天堆场约有 82 万平方米，货棚面积约 105 万平方米，油库容量达 380 万吨，粮仓容量为 74 万吨。在易北河的大船水深达 36 米，可泊特大型油船，还建有 21 个浮船坞，升举能力达 13 万载重吨，干船坞最大可容纳 32 万载重吨的船舶。

汉堡港有近 300 条航线连接世界 1.1 万个主要港口，每年进出港口的船只超过达 1.8 万艘，从该港出发的班轮有 200 多次。汉堡港货物的集装箱化率高达 93.4%。近年来，汉堡港的货物吞吐量一直保持了较高的增长速度，尤其是集装箱吞吐量，集装箱吞吐量跃居世界第 9 位，成为仅次于鹿特丹的欧洲第二大集装箱港口。

---

① www.Portofantwerp.be

GANGKOU WULIU FAZHAN FENXI

此外,以条形码技术、计算机互联网络、全球卫星定位技术、电子数据交换系统为代表的高新技术在汉堡港应用也十分广泛。汉堡港于1983年就投资建设EDI中心,目前可传输海运业中使用的各种业务信息以及处理200多种格式的与海运有关的电子单证。该EDI中心有80多条通讯线路,包括分组网、专线及拨号线,拥有包括海关、铁路、港务局、货代、码头等在内的200多家用户。该系统不仅能在港内进行数据交换,也可用于各种运输手段之间的协作,是货主选择最佳运输方案的手段。高效、信息化的港口管理方式大大提高了港口的运作效率,增强了港口的竞争力。

汉堡港是世界上最大的自由港,其开放的航运市场和自由贸易政策为港口物流的发展创造了有力的软环境。汉堡港运输市场中运输价格是开放竞争的,并且有一个完整的与之配套的规范市场,包括国际船舶买卖市场、国际租船业务市场等。此外,汉堡港拥有世界上最大的免税区,约16平方千米,其中仓库面积达60万平方米,货棚面积达76万平方米。在自由港区内,港口海关对报关货物不做检查也不征收关税,对货物的堆存期限也没有规定,只需按要求支付堆场费和装卸费即可。

汉堡港借助其港口综合区位优势、便捷的运输条件、良好的港口基础设施和发达的临港工业建立了综合物流中心,发展现代物流。港口当局主要采取两种办法:一是鼓励和支持出口商自建仓库经营分拨业务或委托专业港务公司经营;二是鼓励和支持出口商租赁仓库或与港务公司组建合资公司,利用现有设施或扩充新的设施开展分拨业务。目前港区内不仅有包括邮政包裹运输公司、综合运输公司等在内的50多家运输企业和运输服务企业,货运中心还有维修方面的子公司,负责拆箱、装箱、维修集装箱,这样既降低了成本,又保证了运输的正常进行,大大提高了港口的运作效率和经济效益。据有关统计分析,汉堡货运中心的投入产出比为1:6,即投资2.03亿德国马克,就可实现12.15亿马克。

4.新加坡港

新加坡港位于新加坡岛南部沿海,西临马六甲海峡东南侧,南临新加坡海峡北侧,扼太平洋及印度洋之间的航运要道,战略地位十分重要。新加坡港自13世纪开始便是国际贸易港口,目前已成为亚太地区最大的转口港和世界第二大集装箱港口,成为世界最重要的航运中心之一。近年来,新加坡港已成为世界上最繁忙的港口之一,共有250多条航线来往世界各地,约有80个国家和地区的130多家船公司的各种船舶日夜进出该港,大约平均每12分钟就有一艘船舶进出。每年平均约有14万艘船舶在该港停靠,与此同时该港每天还有30多个国家航空公司的200多个航班在新加坡机场频繁起降,因此,新加坡港又有"世界利用率最高的港口"之誉称。

新加坡港主要有丹戎马葛、岌巴、巴西班让、三巴旺、裕廊和布瑞尼6个码头,集装箱船、滚装船、散货船等各种船舶都可根据其运输货物的特点分别在这些码头停靠。丹戎马葛、岌巴、巴西班让、三巴旺和布瑞尼由世界著名的港口和码头运营商新加坡港务集团(PSA)经营,可以装卸集装箱和各种普通杂货。裕廊码头位于新加坡的西侧,可以装卸集装箱、普通杂货及各种散货。

新加坡港的管理非常现代化,采用的是最新的电子技术和机械。装卸设备有各种岸吊、门吊、集装箱吊、汽车吊、铲车、叉车、卸货机、牵引车、拖船及滚装设施等,并采用计算机化的情报系统和电子数据交换系统,最大限度地谋求用户手续的简化和方便。面对中国香港、上海、深圳等港口的激烈竞争,新加坡港也在努力采取新措施:一方面调整港口管理策略并制定新措施,准备开放港口允许船舶公司以合作方式拥有自营码头,并吸引国际港口经营集团来投资发展码头;另一方面注重技术改造,通过挖掘内部潜力提高生产力。2002年,新加坡港海事和港务管理局进行了自动识别系统的试验性计划,引进了包括电子入闸系统和全自动化桥式吊机在内的各种高新技术。

新加坡港的集装箱体吞吐量始终保持在世界第二位。作为世界第二大集装箱港口,新加坡港不仅集装箱吞吐量大,而且吞吐货物的集装箱化程度很高,集装箱化率高达93%左右。作为国际贸易和世界主要航线的交汇点,新加坡港不仅是国际航运中心,也是一系列国际海事服务机构的所在地,诸如货运代理公司、海事保险公司、国际货运分类协会以及海事律师事务所等。新加坡港拥有亚洲最大、同时也是世界第六大的商业船队。新加坡港注册船舶的旗帜成为质量保证的标志,可为运输公司带来很多方便。

新加坡政府稳定的重商政策,高效率、高技能的人力资源,良好的交通基础设施,高科技的全球通信网络以及作为国际重要的商业和金融中心的地位,为港口物流大发展创造了极为优越的条件。目前新加坡港为满足第三代物流发展和顾客的需要,已在裕廊码头建立了物流中心,该物流中心是一个现代的多层直升式仓库,可在任何气候条件下将高达14米的集装箱运送至任何一层的顾客。中心地理位置十分优越,距新加坡港、裕廊岛及裕廊工业中心都只有几分钟路程。裕廊物流中心是一个超现代化的物流中心,它包括11.8万平方米的仓库面积和6200平方米的办公场地,其顾客主要包括世界各大跨国公司以及物流提供商,如索尼、沃尔沃、戴尔、Translink、LTH、Loreal等。此外,在樟宜机场附近也开设了物流园,吸引国际第三方物流公司在新加坡设立总部及地区性物流中心。2002年新加坡政府已建成"顾客网络"、"贸易网络"、等公共信息平台,并推出空运业电子发票、电子付款系统及空运业电子数据交换系统等,以期通过信息技术全面提高物流业技术水平。

新加坡港充分发挥港口的综合区位优势,利用其作为物资集散中心各项生产要素非常集中的优越条件发展临港工业。目前新加坡港已成为全国的经济中心,在裕廊码头周围建成了新加坡最大的工业区——裕廊工业区,形成了以电子电器、炼油和船舶修造为支柱的工业产业。该港不仅是世界上电脑磁盘和集成电路的主要生产地,而且炼油业也很发达,是仅次于休斯顿、鹿特丹的世界第三大炼油中心。此外,新加坡港还拥有40万吨级的巨型旱船坞和两个30万吨级的旱船坞,可以修理世界上最大的超级油轮,并能够同时修理总吨位达204万吨的船只,是亚洲最大的修船基地。

5.东京港

东京港位于日本本岛东南部,处于荒山、江户川及多摩川的河口,濒临东京湾的西北侧,是日本第一大集装箱港口。东京港作为首都圈地区和国内及海外各地运输的节点,其腹地为拥有3000万人口的东京圈以及周边的关东北部、甲信越等广大地区。东京港负担着东京的产业活动和居民活动所必需的物资流通,通过该港进口的货物主要包括小麦、水产品、蔬菜、纸类等与城市生活密切相关的必需品,东京城市及周边地区生产的机械制品、食品加工制品以及玩具制品等通过该港运往世界各地。东京港是真正支撑日本产业和国民生活的物流中心。

东京港区面积约为 65.33 平方公里,其中水域 54.53 平方公里,陆域 10.8 平方公里。港区防波堤总长约 7070 米,港口泊位岸线总长约 24003 米,总泊位数为 182 个,其中集装箱泊位岸线 4498 米,泊位 15 个;浮码头岸线长 3631 米,此外还有 6 个木材港池。港口系泊设施包括 3 个系泊浮筒和 49 个系泊桩柱,港区转口货棚面积约 233265 平方米,露天储存堆场 717114 平方米,直升机机场面积 147153 平方米。

东京港拥有国际先进的外贸集装箱码头,主要包括大井、青海、品川等。大井码头是东京最大的集装箱码头,担负着整个首都圈的物流中心的职能。大井集装箱岸线总长 2300 米,有 7 个泊位,设有 18 台装卸桥。这 7 个新泊位分别由日本三大航运公司租用,保证了物资输送的安全和效率。在大井码头的后方有 5 栋海运货物仓库以及由 5 家民间企业经营的与集装箱有关的仓库,是日本规模最大的国际物流中心。青海码头是东京港为适应大型集装箱船而于 1992 年投产的最新集装箱码头,是长荣、韩进海运等大型船公司营运的专用码头,目前已与大井码头并驾齐驱。品川码头主要为韩日航线服务,是亚洲区域内船公司的重要码头。目前有 3 个泊位运营,设有 4 台装卸桥。除此之外,东京港也是日本首都圈最大的国内海上货物枢纽,与北部的北海道,南部的九州、冲绳等都有定期航线,尤其是最近几年海陆联运得到迅速发展,其内贸码头主要包括 10 号地码头、轮渡码头、品川内贸码头、芝浦码头、日出码头和 15 号地码头等[①]。

东京港与腹地的交通手段和公路交通网非常发达,从东京港中心到有明、青海、台场以及市中心方向建有双层吊桥,总长 3.75 千米,上层为首都高速 11 号台场线,下场为普通公路。2001 年末还开通了东京临海公路,该公路经由中央防波堤外侧新生地和新海面处理场,将青海集装箱码头与大井码头连接起来,大大方便了青海码头的集装箱集疏运。

东京港的管理职能由东京都港湾局负责,下设总务部,港湾经营部、临海开发部、港湾整备部和离岛港湾部 5 个部门,其中港湾整备部负责集装箱与轮渡码头等设施的规划和建设、航道的疏浚、泥沙的清理等工作。港湾经营部于 2001 年 4 月设立,采用“经营”这一概念是为了有效地进行港口经营,不仅经营海上货物,而且经营航空货物,直至都市内和都市间的物流,以实现港口物流效率化。

6. 纽约/新泽西港

纽约/新泽西港位于美国纽约州东南沿海哈德逊河口东西两岸,在长岛西端的上纽约湾内,濒临大西洋的西北侧,属于海湾河口港,是美国最大的海港和最大的非金属出口港,也是世界最大的海港之一。该港包括纽约、新泽西、纽瓦克三部分,分属纽约和新泽西两个州的辖区,1921 年 4 月 30 日成立纽约港务局统一管理两州共同所有的港区,1972 年正式更名为纽约/新泽西港务局,以更好地体现其作为两州共同的管理机构的作用。

纽约/新泽西港是世界上优良的天然深水港之一。该港有两条主要航道:一条是哈德逊河口外南面的恩布娄斯航道,长 16 千米,宽 610 米,维护深度 13.72 米,由南方或东方进港的船舶经这条航道进入纽约湾驶往各个港区;另一条是长岛海峡和东河,由北方进港的船舶经过这条航道。哈德逊河入海口的狭水道,水深 30 多米,东河水道大部分河

---

① 张娜,刘维林. 东京港——日本首都圈的物流枢纽. 港口经济,2004(2).

段水深在 18 米以上,最深处近 33 米,港内淤积量小。纽约/新泽西港有水深 9～14.6 米的深水泊位 400 多个,集装箱码头 37 个,是世界上港区面积最大的港口(3800 平方公里)。纽约港腹地广大,公路网、铁路网、内河航道网和航空运输网四通八达,港口与纽瓦克、肯尼迪国际机场相距约 20 千米,有定期航班飞往世界各地。

在不断增长的贸易需求下,2003 年该港新辟了 3 条亚洲至纽约/新泽西的全水路班轮航线,远东和东南亚至美国东部的航线也增至 19 条,其中 13 个航线通过巴拿马运河至美东,6 个通往苏伊士运河至美东,2003 年亚洲至美东的全水路航线货箱量已达 180 万标准箱。

凭借地处美国东部重要的商业消费圈中心的优势,纽约/新泽西港在巨大的经济贸易活动驱动下,不断加大、加快港口建设改造的投资力度。近十年来,伴随港口设施、环境和条件的逐步提升,纽约/新泽西港的货运量保持了持续高速增长的态势。

3.2.2 世界典型港口的管理模式

目前世界港口管理模式主要可分为三种,即私人企业经营管理模式、政府机构和国营企业经营管理模式、各方共同经营管理模式。

1. 私人企业经营管理模式

私人企业经营管理模式是指港口的基础设施投资建设及营运管理都是由私人企业进行的管理模式。

世界上完全由私人经营管理的港口并不多,比较有代表性的是香港。香港的港口设施几乎全部由私人投资建设和经营管理,其集装箱码头完全遵循自由港政策。以葵涌码头为例,该码头的 19 个集装箱泊位分别由和记黄埔、美国海陆、韩国现代和中远(与和记黄埔合营)四家公司经营,港口私营企业的业务经营也极少受到政府干涉,完全实行市场化,自主定价。私人经营管理模式的主要特点是经营管理市场化、效率高,但由于私人企业资本规模与港口投资经营所需资本规模之间存在巨大差距,因此这种模式会在一定程度上制约港口的长期投资和规划发展。

2. 政府机构和国营企业经营管理模式

政府机构和国营企业经营管理模式下的港口属于国家,港口的投资建设和经营管理也都是由政府机构和国营企业来进行。

在这种经营模式下,由于港口企业缺少自主经营权和财产权、缺少有效的竞争和监督机制等原因,往往存在投资浪费、服务质量不好、效率低下等问题,既给国家造成了极大的财政负担,又影响了港口的经营效率和竞争力。因此,完全由政府和国营企业经营管理的港口为数不多,尤其在欧美发达国家更少,目前采用该模式的港口也都在进行体制改革,逐步向多元化投资经营主体的模式转变。

3. 各方共同经营管理模式

在各方共同经营管理模式下,港口的投资建设和经营管理均由政府、国营企业、私人企业共同进行。这种模式既是世界上最普遍的港口经营管理模式,又是实行政府和国营企业经营管理模式的港口改革发展的方向和趋势。这种趋势也被称为港口的商业化或民营化,其特点主要是打破单一由国家或政府经营管理港口的模式,尽量减少政府直接参与港口的经营运作。目前,日本、新加坡等国的港口经营都属于这种模式。以新加坡港为例,在 1997 年进行港口管理体制改革、实行民营化之前,新加坡港实行的是政企合一的管理体制,港务局不仅行使部分行政管理职能,而且还直接经营港口装卸、仓储等业务。改革后,原港务局分为新加坡海运和港口局与新加坡港务集团。海运和港口局主要处理港口和海运方面的管制和技术问题,港务集团则主要承担港口的投资、经营管理职能。民营化改革给新加坡港口带来了巨大的效益,不仅增强了企业职工的服务意识,降低了经营成本,提高了经营效率,而且增加了企业的海外投资,进一步巩固了新加坡港在国际航运中的优势地位。

3.2.3　世界典型港口物流经营发展模式

现代港口物流,其经营运作是在整个港口的管理模式的大背景下进行的,以其为基础,其发展模式必然会受到港口经营管理模式的影响

1.鹿特丹港的物流发展模式——地主型物流中心模式

鹿特丹港的物流发展模式简单说来可以称为地主型物流中心模式。在这种模式下,港口管理局拥有很大的经营管理自主权和土地使用权,由其统一港口地区的码头设施、临港工业及其他设施的用地管理。通常是由港口管理局拿出一部分仓库和堆场开辟为公共型港口物流中心,但其只负责管理和提供基础设施和配套服务,本身不直接参与物流中心的经营。当物流中心建成后再由港口管理局有重点地选择业务基础牢固、信誉好的物流经营方加盟,逐步吸纳工商企业加入物流中心,使其将原材料采购、配送等职能交由物流中心负责,参与供应链管理。地主型物流中心的管理模式代表着当今世界港口物流发展的一大方向,除鹿特丹港之外,目前美国的纽约/新泽西港和巴尔得摩港、德国的汉堡港和法国的马赛港等世界著名港口均采用了这种管理模式。具体说来,鹿特丹港物流发展模式主要有以下几个特点:

(1)政府统一规划,企业自主经营

鹿特丹港的土地、岸线和基础设施的所有权属于鹿特丹市政府,市政府下设港务局,负责港口的开发建设和日常管理工作。港务局对港区内的土地、码头、航道和其他设施统一规划和投资开发,在港区内开辟专门的物流中心,重点引进和布局与港口相关的产业。参与经营的私人企业以租赁方式进行,一般只需投资码头上部的机械设施、库场及其他一些辅助配套设施,从而使更多的私人企业能参与该港的经营。由于港区与物流中心实行一体化管理,鹿特丹港能使港口的各项设施为物流中心的发展提供更好的服务,同时物流中心的发展也能进一步促进港口自身乃至区域经济的发展,从而使两者互相促进、协调发展。

(2)配套设施完全,运作效率高

鹿特丹港配套设施完备,码头、堆场、仓库、装卸设备、环保设施、水陆空交通运输网以及各种支持保障系统非常完善。拥有电子数据交换系统和自动化导航系统,港口的经营管理者文化、业务素质高,经验丰富,港口管理设备和操作手段高度现代化。由于采用

集装箱电子扫描、整合电子数据交换系统以及把物流公司作为简化增值税手续的"有限代表"等措施,使其能以通畅快捷的海关服务确保港口货物的及时发送。与此同时,完善的水陆空腹地运输交通网使得货物在 24 小时内便可送达以鹿特丹为中心、半径为 500千米的范围内的目的地。

(3)物流中心专业化、规模化

鹿特丹港成功的一个关键就在于在有限的港口资源条件下建立和发展了物流中心,早在 1998 年该港就建立了"配送园区",发展专业化的物流服务,从而成为世界各港纷纷效仿的范例。目前鹿特丹港港区及腹地设有 Eemhaven、Botlek 和 Maasvlakte 三个专业化的大型物流中心。Eemhaven 物流中心面积约 35 万平方米,主要提供大宗产品如木材、钢材等储存和配送服务;Botlek 物流中心面积约 105 万平方米,是石油、化工产品专业配送中心;Maasvlakte 物流中心面积约 125 万平方米,靠近港口码头,中心计划在欧洲建立配送中心和加强供应链控制的大型企业。鹿特丹港务局还计划再增加 55 万平方米的物流中心区域,其中 Botlek 物流中心 15 万平方米、Maasvlakte 物流中心 40 万平方米。这些物流中心的位置一般靠近港口码头以及铁路、公路、内河等运输设施,建设有与码头间的专用运输通道,采用最先进的通信和信息技术,有充足、熟练、专业的劳动力,可以提供物流运作的必要设备、场地、各项增值服务以及海关的现场办公服务。各物流中心一般都设有配送园区,这些配送园区既是许多企业在欧洲的配送中心,又是小企业把货物交付给一个能保证即时送货到全欧洲的放心的物流服务商。

(4)与港口腹地工业形成物流链

港口工业已成为鹿特丹港经济的重要组成部分,鹿特丹港约有 50%的增长值来自港口工业,港口工业雇员高达 2 万人。鹿特丹港是世界三大炼油基地之一,也是重要的化工工业基地,全球著名的炼油及化工企业如壳牌、埃索、科威特石油公司、阿克苏诺贝尔、伊斯特曼等都在鹿特丹港设点落足。港区拥有 4 个世界级精炼厂、30 多个化品和石化企业、4 个工业煤气制造商、12 个主要罐存和配送企业,炼油及化工业占据了港区 48 平方公里面积中约 60%的面积[①]。食品工业是另一个非常重要的工业,贸易、存储、加工及运输公司全集中在港区,联合利华、可口可乐等是其中一些代表。对于欧洲各大超市来说,鹿特丹是他们位于海边的超市,他们几乎可以在鹿特丹找到他们想要的所有东西。

(5)灵活的港口管理模式

鹿特丹港务管理局的传统任务是发展、建设、管理并经营港口和工业园区,实施高效、安全、便捷的船务运输管理。目前,面对新的挑战,鹿特丹港务局也正在扮演着一个商业企业合作伙伴的角色,对物流链进行战略性投资,以巩固鹿特丹港和工业园区的地位。其中一个典型的例子就是鹿特丹枢纽港控股公司对外有限公司的成立。该公司成立的目的是使控股公司能参与合资及商业合作,而无需事先征得市政委员会同意,从而加快了决策进度,使其在非货物装卸业务领域内的投资渠道更加有效。鹿特丹枢纽港控股公司一方面是要大力开发内陆码头建设和完善腹地交通网,另一方面是积极参与物流服务以及其他类型的港口产业,起到"产业互补"的功效,公司参与"捷克和斯洛伐克铁路

---

① 张利安,冯耕中.国内外典型港口物流的发展及启示.中国物流与采购,2004(5).

码头"项目、"欧洲环境技术中心"回收再生中心项目就是这一政策的体现。随着新体制的出台,新的"鹿特丹枢纽港控股公司"投资结构的运作将更为有效,从而推动港口吞吐量的持续增长和港口产业结构的优化。

2.安特卫普港物流发展模式——共同出资型物流中心模式

安特卫普港的物流发展模式简单说来属于共同出资型物流中心,即多方合资经营港口物流中心。这种模式通常是以港口为依托,联合数家水、陆运输企业,或者以股份制形式组成现代物流中心,成为装卸、仓储、运输、配送、信息处理的统一体,开展一条龙、门到门、架到架的综合性服务。这种模式的优点是:一方面可以解决港口资金缺乏的困境;另一方面通过与国内外先进的物流企业进行合作,可以更快地了解和掌握国际上现代物流中心的经营和管理技术以及运作方式。具体说来,安特卫普港物流发展模式主要有以下几个特点:

(1)港务局与私营企业共同投资

与竞争对手鹿特丹港相比,安特卫普在物流中心的建设过程中,港务局的投资主要集中在港口基础设施,而物流、土地开发以及海运业务则由私营企业投资经营。多年来,安特卫普港务局预留了大批地块用于发展港内斯海尔德河两岸的配送业务,由于政策对路,安特卫普港的物流发展取得了很大的成就。目前安特卫普的物流供应商能够向用户提供的仓库面积达480万平方米,而且仍有潜力,尤其是正在开发当中的面积约58平方千米的"左岸"地区更是如此。

(2)完善各项基础设施,为物流中心发展提供条件

对于港口及港口物流的发展而言,最大的资源限制就在于土地,因此如何最大限度地利用有限的土地就成为各港口面临的一项难题。在安特卫普港,通过有效圈地和"左岸"扩建计划不仅已经能够满足目前货物装卸单位的需求,而且也保证了将来不会出现用地紧张的矛盾。除此以外,安特卫普港还有现代化的码头设施、庞大的仓储设备、优质的信息自检系统、自动化的装卸设备、高科技的电子数据交换和信息管理系统以及完善的交通运输网络等,这些都为安特卫普港发展成为跨国的物流链的中心节点提供了良好的基础条件。

(3)超前建设大规模的物流中心

目前安特卫普港内的一家主要装卸仓储公司——卡通内特公司正在负责建设一个高科技物流园区,该公司目前已获得1.05平方千米港区地块,场地筹备费用估计为8亿比利时法郎。另外,位于安特卫普5号码头的欧洲物流中心也正在兴建中,该项目总投资超过5亿比利时法郎。该中心建成后将由欧洲港口物流公司经营,一期工程包括1个35000平方米的物流中心,由5个7000平方米单元组成;二期工程包括1个占地10000平方米的仓库,目前正处于研究阶段。欧洲港口物流公司同时还在博奇地区经营一家新的欧洲配送中心,该中心紧靠安特卫普港,总面积约8250平方米,从事纺织品及家用电器业务,主要出口非洲。

(4)大力发展临港工业,拓展腹地

广阔的市场是港口物流发展的重要推动力量,而市场的形成主要是依靠临港工业的发展和广大腹地的经济发展。安特卫普港以港区工业高度集中而著称,是比利时第二大

工业中心,主要工业有炼油、化学、汽车、钢铁、有色冶炼、机械、造船等。安特卫普港目前已建成全球最大的化工集群,成为仅次于休斯顿的世界第二大石化中心。安特卫普港腹地广阔,除比利时外,还有法国北部、马尔萨斯和洛林,卢森堡,德国萨尔州,莱茵——美茵河流域、鲁尔河流域及荷兰的一部分,这些地区经济发达,市场需求旺盛,极大的推动了安特卫普港物流的发展。

3.香港港物流发展模式——独立型物流中心模式

香港的物流发展模式归结起来属于独立型物流中心模式,即由港口企业自行组织专业化物流中心,利用港口的设施、人力和上下游业务关系开展物流业务。这种模式的物流中心注重建立港与港、口岸与口岸之间的沟通管道,通常是以港口为联结点,建立企业、城市、区域乃至全国性的现代物流服务网络体系,使其从单一的装卸运输及仓储等分段服务,向原材料、产成品到消费全程的物流服务转变,同时通过加强港口货代、船代等方面的服务功能,建立能提供一条龙服务的完善的服务网络。此外,目前香港也在大力发展网络型物流中心,即通过物流信息网络,开展电子商务,并发展成电子物流中心,形成离岸贸易和远程物流。下面以葵涌港为例介绍香港港物流发展模式,其主要特点有:

(1)物流企业行业相关度高

物流企业行业相关度高,实行"一条龙"经营和"一体化"服务。以亚洲货柜物流中心为例,其中心大楼分A、B座,A座7层、B座13层,是全球最大也是首栋多层式货柜处理中心。亚洲货柜物流中心母公司环球货柜有限公司在香港有4个子公司,分别负责葵涌港3号码头的经营和管理、亚洲货柜物流中心的出租和管理、集装箱运输及新业务拓展。4个分公司如同一个有机整体,互相补充,将分散的码头装卸、堆场、仓储、运输、包装等各环节的单一经营活动集中为"一条龙"经营,充分发挥整体的竞争优势。另外,物流中心还充分利用港口各项资源和设施,与海关等有关各方联合协作,为企业提供包括腹地运输、拆装箱、报关、报验、包装、质量控制、库存管理、订货处理和开具发票等在内的"一体化"物流服务。

(2)围绕主业提供多种增值服务

包括充分利用其国际金融中心的有利条件为企业提供金融、保险等方面的服务,提供货物在港口、海运及其他运输过程中的最佳物流解决方案以及其他各项餐饮、休闲、娱乐等辅助性增值服务。以亚洲货柜物流中心为例,除提供物流综合服务平台,全面货物处理、集散及分配服务等主要功能外,还有零售、体育、娱乐、餐饮、银行、维修等辅助功能,其中心大楼A座1～6层及B座1～12层为各种仓库,A7、B7、B12设候车位,底层设有24小时自助服务的银行ATM机,提供各种银行服务,下层设维修服务间,专门提供车辆维修服务,中间层提供仓储服务,顶层设写字楼、俱乐部、餐厅等提供餐饮及零售服务,此外该中心还提供卡板包、纸板包、汽车拆/入柜处理、货物吊运操作、公证验货等多种增值服务。

(3)物流自动化水平高

以香港国际货柜(HIT)集装箱堆场为例,其堆场的活动均由自动化系统进行计划、协调和监督,电脑系统存有每个货柜的详尽资料,提供多种查询、报告及分析工具,协助管理货柜储存。自动化系统与"资讯交换服务"和闸口程序自动化系统联通,并具有显示堆场三维地图的特别功能,能随时提供码头最多9万个标准箱的准确位置。通过这些先进技术,缩短了船只靠泊的时间,加快了货柜车在码头的周转,并能对客户的特殊要求作出弹性处理。亚洲货柜物流中心也是如此,其中心大楼设施先进、自动化程度高,内设电脑自动控制交通系统、闭路电视安全监察防盗系统、自动通风冷气监控系统和先进的防火报警消防灭火系统等。

(4)物流信息化水平高

香港目前使用的港口交通管理系统(VTS),其控制中心包括5个跟踪船舶用的操纵终端,它们存有劳氏日报所收集的大约4万艘船舶的情报信息,政府和船舶代理行所提供的情报信息也能存入各自船舶的信息中去。港口物流的信息化不仅体现在对现有系统的电算化改造,而更重要的是通过改善业务流程,提供统一的服务,提高港口的国际竞争力。这就需要构建综合信息系统,将复杂而重复性的进出港手续整合起来,使之变成简单的文件标准化、下端系统(卸货、保管、运输、包装、管理等)资料的信息化、集装箱码头的自动化等工作,充分利用现代信息技术实行网络化管理。以亚洲货柜物流中心为例,货车进出物流中心均由闭路电视系统实行监控,仓库操作信息通过专门设计的软件处理,并通过网络与马士基、铁行渣华等大船务公司联网,实现货物的快速装运。此外,该中心还设有可与世界著名的第三方物流链管理系统联网的客户信息服务网,可以提供电子租务查询、集散物流服务查询、物流操作管理系统、全面物业管理系统以及电子采购、电子商贸等各项服务。

4.新加坡港物流发展模式——供应链型与联合型物流中心模式

新加坡港物流发展模式具有供应链型物流中心和联合型物流中心两种模式的特点。供应链型物流中心是由港口物流企业与航运物流企业共同组成物流中心,这种模式是利用各自在供应链不同部位的优势,分工合作,共同投资组成紧密型物流集团或由同一大型集团公司同时经营航运与物流两个供应链环节。联合型物流中心则是由港口和保税区,或者与所在城市共同组建的物流中心。新加坡港物流发展模式主要有以下特点:

(1)执行自由港政策,政府直接投资建设港口设施

鉴于新加坡港对整个国民经济的重要作用和战略意义,新加坡港政府一直坚持对港口进行直接投资,而且投资力度很大,使港口规划和建设始终处于前列,进而保证了新加坡港在国际航运中的优势地位。此外,新加坡港执行自由港政策,并采取各种优惠措施,如开辟大面积的保税区,对中转货物提供减免仓储费、装卸搬运费和货物管理费等,以吸引世界各国船公司,进一步巩固其国际航运中心地位。

(2)物流分工明确,实行集约化经营

新加坡港区设有巴西班让、三巴旺码头和岜巴配送园三个配送中心。岜巴配送园设于保税区内,主要提供拆拼箱、仓储、运输以及货物取样、测量、贴牌、包装等服务,设施先进齐全,园区内的网络系统可以使货主实时了解货物在集装箱堆场内的存放情况,是港区内最便捷的集装箱配送中心。三巴旺码头为散货分拨中心,主要处理汽车、重型设备、钢材等货物,巴西班让则为专业汽车转运中心。除此之外,该港的裕廊物流中心也是一个超现代化的物流中心,其顾客包括索尼、沃尔沃、戴尔等国际大型物流商。

（3）物流运作与管理高度现代化

新加坡港充分利用高新技术进行物流运作和管理，拥有自动识别系统、电子入闸系统、全自动化桥式吊机等各项现代化装备。此外还有方便快捷的电子数据交换系统，目前该港的两个网络系统即贸易网和海港网已成为政府部门、航运公司、货运代理和船东之间有效的、无纸化的沟通渠道，能使各项信息畅通无阻地实时到达有关各方，从而大大地提高了物流运转效率和优化物流管理。

（4）积极培育港口物流链

新加坡港非常注重临港工业的发展，始终坚持把港口发展与腹地工业发展相结合，这样一方面港口物流能为工业提供专业、高效的物流服务，提高工业发展水平，进而带动整个区域经济的发展，实现港兴城兴；另一方面腹地工业和城市的发展繁荣又会进一步促进港口的发展和经营效益的提高。因此，新加坡港一直致力于港区建设与引进外资相结合，将一些临港土地和泊位提供给跨国公司作为专用中转基地使用，鼓励大的跨国企业在港区建设物流中心、配送中心等，同时大力发展石油、化工、造船等临港工业，积极培育港口物流链。

（5）物流服务形式多样

以新加坡港务集团为例，作为世界四大港口集团之一，除了经营港口码头等主要业务外，还提供包括IT、物流、供应链解决方案和海运等多种增值服务，如为客户提供集装箱管理服务，利用自身的IT技术开发虚拟仓库系统，帮助客户提高仓储的响应速度和减少费用，提升客户供应链效率等。同时，还致力于为客户提供物流解决方案，协助客户简化物流程序，提高生产效率，降低成本。具体包括三个方面：一是解决客户在海港操作时的物流需求；二是为客户提供项目管理服务，协助客户实施用于海运货物的物流管理系统；三是协助客户实施物品流通管理系统。

3.2.4 世界典型港口物流发展的启示

世界典型港口物流发展状况及经营管理模式对我国港口物流的发展具有以下启示。

1. 要高度重视并合理规划港口管理模式

港口管理模式对港口物流的发展会产生深刻的影响。如前所述，世界港口管理模式可分为三大类，即私人企业经营港口管理的模式，由政府机构、国营企业经营管理港口的模式，政府机构、国营企业和私人企业共同经营港口的管理模式。由于第三种模式能使得政府对港口的权力控制与私人企业的经营能力高效结合，能兼顾社会利益与私人经济利益，克服公有公营和私人企业经营的种种弊端和限制，近年来相当多国家的港口管理模式正积极转向多方共同经营管理模式，且出现港口民营化的趋势。

港口物流的发展是以港口的发展为基础的，是以港口具备的各项基础设施以及运作和管理机制为背景进行的，因此港口的发展会直接影响港口物流的发展。换言之，港口的发展是港口物流发展之源，没有港口的发展，港口物流的发展就会成为无源之水。而港口管理模式对港口的运作效率有很大的影响，直接关系港口的发展，进而也会极大地影响港口物流的发展。这从新加坡港和日本各港口的发展中可以得到很好的证明。

1997年,新加坡港口进行的民营化改革及其他管理制度改革,如政府投资制度、中央管理制度、自由港政策等,使港口管理与业务经营合理分工,在政府大力投资的基础上保证了私人企业之间完全按照市场规划运作和参与竞争,为港口物流的发展提供了一个很好的软环境。与此同时,通过执行自由港政策、建设大型的专业化物流中心以及采取各种优惠措施吸引跨国企业在港区建设物流或配送中心等为港口物流的发展创造了便利的条件环境,使其逐渐成为国际物流的一个枢纽。

2.要充分发挥政府的宏观指导与协调作用

在港口物流的发展中,政府扮演着重要角色。现代港口物流的发展需要政府与企业的互相配合与共同协作。这是与世界港口管理模式逐步向政府、国营企业和私人企业多方共同经营管理模式发展的趋势相吻合的,也是与以鹿特丹为代表的世界各大港口的物流发展模式相一致的。企业是物流的实施主体,而政府是行业发展的规划者、政策法规的制定者、港口基础建设的重要投资者和物流企业发展各项配套服务的提供者。纵观国外典型港口现代物流的发展,无一不是以政府的规划投资和各项有利发展政策与措施为基础的,即使像香港这样的世界上极少数完全由私人企业经营管理的国际性大港口,政府也设立了港口发展局,负责港口的规划和发展。因此,政府在港口物流的发展过程中,必须充分发挥其总体规划者与调控者的作用。

在港口现代物流的发展过程中,政府的巨大作用主要体现在以下几个方面:一是港口整体发展的规划者。港区及腹地的用地规划、产业发展规划,具体行业的发展规划,具体区域的发展规划等都需要政府综合考虑和统一实施。二是基础设施建设的投资者。由于港口的各项基础设施以及各项生活配套设施等都需要巨额投资,而且这些投资周期长、见效慢、利润低。这是单个私人企业无力投资也不愿投资的,因此需要政府财政的大力支持。三是政府法规的制定者。包括制定完善的物流和各项市场法律法规,规范企业、市场、行业运行,整顿和维护经营秩序;制定各项优惠政策扶持物流企业发展等。四是物流人才的培养者和引进者。港口物流专业技术人才的匮乏是制约港口物流发展的最主要因素,物流意识不足是制约港口物流发展的瓶颈,所以对物流专业人才的培养和引进是港口物流发展策略的重中之重,而这主要依靠政府的政策和财政支持,需要政府来主导和实施。五是良好服务的提供者。政府各职能部门的高效运作,行业管理机构的健全管理,良好的招商引资、咨询服务,畅通快捷的海关通关服务等都会有力地促进现代物流的发展。

虽然港口、港口物流的发展都离不开政府的规划、协调和管理,但是值得注意的是,政府的规划管理也必须尊重市场规律,运用经济和法律手段而不是直接通过行政命令过多地干预市场,否则会事与愿违,阻碍港口和港口物流的发展。

3.要认真研究现代港口物流发展的目标定位

现代港口物流向全方面、一体化方向发展。全方位主要体现在各港口物流中心均围绕业主提供多种形式的增值服务,包括提供各种金融、保险服务,提供货物在港口、海运及其他运输过程中的最佳物流解决方案,提供公正验货以及餐饮、休闲娱乐、各项零售服务等。一体化则主要体现在两个方面:一方面是物流企业内部的一体化,即物流企业将码头装卸、堆场、仓储、运输、包装等各环节的单一经济活动集中为"一条龙"经营,为客户提供"一体化"服务。在这一方面要数香港亚洲货柜物流中心最具代表性。另一方面是物流企业与港口其他产业乃至腹地发展的一体化。港口物流发展是以港口及其腹地的发展为基础和依托的,同时港口物流的发展又会反过来促进港口及腹地的发展,从而实现其一体化发展。现代港口物流的发展除了需要对传统装卸业务进行改革和深化外,还要求在港区内或毗邻港区建立相应的配送园区、货物深加工区等各项服务区,从而有效地对来自全球的运输链的各个环节加以整合,使之成为无缝对接的一体;同时还要求走港区联动之路,把港口经济与以提供关税和优惠待遇为基础特征的自由贸易区或保税区的功能加以配套,使之在发展中互相依存、紧密配合、互相促进,成为息息相关的利益共同体,实现共同发展。这一点在香港港、新加坡港、鹿特丹港和釜山港都有很好的体现。

4. 要加强与班轮公司合作,大力发展集装箱业务

在现代航运中,班轮公司由于受营运成本、集装箱运量增长速度、运输安全性及追求规模效益等因素的影响,对集装箱船大型化的追求日趋强劲,投入营运的超大型集装箱船舶数量与日俱增。集装箱运输的普及与集装箱船舶的大型化不仅要求更深的港口航道、更大的泊位、更高效的装卸设备,而且也对港口物流产生了深远的影响:一是促进了港口仓储功能的分化。一方面,集装箱的采用为货物的装卸、仓储、保存、保管创造了更好的条件,也为海关的检验和监管提供了便利,从而促进了保税仓库、出口监管仓库的发展;另一方面,由于货物运输集装箱化率的不断提高,货物运输中散货的比重不断下降,对一般的普通干散货仓库的需求相对减少,因而要求港口物流企业改变其现有仓库的结构,促使一般仓库向现代自动化仓库发展。二是对物流企业的生产能力和运作效率提出了新的要求。由于超大型船舶的规模效应,一般每航次的装卸量都会在 3000 标准箱以上。船舶运输公司为了自身利益的最大化,往往要求船舶的装卸效率达到 300 吊次/小时,而这是现在一般集装箱码头效率的 2 倍以上。与此同时,配套的堆场设备及运输设备也必须十分充裕,因而要求港口后勤物流系统有更大的仓储面积,更先进的自动化、信息化操作系统,以提高作业的准确性和效率。三是促进了码头和船舶运输公司的合作。为了适应集装箱船舶大型化的发展趋势,港口新建或改建集装箱码头的投资风险大大增加,为降低投资风险,许多码头公司都会考虑与班轮公司合作。就全球航运业务发展趋势而言,班轮公司与码头合作、投资港口物流等正成为一种发展趋势。

5. 要积极构建国际物流中心

建立国际物流中心是现代港口物流发展的要求。建立国际物流中心有利于提高港口的国际竞争力,推动集装箱干线枢纽港的建设和发展,吸引大型班轮公司投资港口产业;有利于完善港口及港口城市的信息服务功能;有利于加强港口与腹地的联系,推动综合运输的发展,进而促进现代物流在更广的范围和更高的层次上发展,为国际物流经营者的投资创造良好条件;还有利于带动港口及腹地相关产业的发展,从而促进区域经济乃至整个国民经济的发展。

港口拓展建立现代物流中心并不意味着港口自身发展成为涵盖现代物流一切领域的物流企业,而是要充分利用可能推动现代物流发展的优势,发挥筑巢引凤的作用,如建设物流基地、物流园区或物流中心,吸引各类物流企业落户,由物流企业提供货物的增值服务,而港口只是为物流企业提供完善的基础设施和良好的发展软环境。第三代港口处

理的主要货物是集装箱,服务的主要对象是班轮公司联盟,生产的特点是为货物流动、物流全程提供全方位高增值的服务,实现网络化的物流运输组织方式,通过 EDI 系统进行信息传递等,港口的范围进一步扩大,不仅包括港区、临港工业区,而且包括物流中心区。国际物流中心是第三代港口的基本特征,也是港口物流功能拓展的方向。

3.3　国内主要港口发展状况分析

近些年来,我国港口已初步形成码头种类齐全、布局日趋合理的总体格局,形成了 20 多个主枢纽港为骨干、区域性重要港口为辅助、地方中小港口为补充的港口地理布局。部分海港的技术装备和管理水平总体上已接近世界先进水平。港口功能已由以装卸、集散货物为主的运输功能逐步扩展到仓储、加工和商贸等多个领域。目前我国已经形成了三个主要港口群,即以深圳、广州为代表的华南珠三角港口群,以上海港为代表的华东长三角港口群和以天津、大连为代表的华北环渤海港口群,它们涵盖了我国主要的沿海和内河港口,有效地推动了当地经济发展和港口之间的分工合作。

3.3.1　国内主要沿海港口发展的特点

目前,我国港口已初步形成了以煤炭、粮食和国际集装箱为主的三大接卸系统(不含旅客装运),形成了具有中国特色的水运格局。主要包括:①煤炭运输。我国是世界煤炭资源最丰富的国家之一,长期以来煤炭运输形成了北方港口装船和南方港口卸船的特点,而且南北海运能力匹配上基本满足煤炭运输的需求。目前我国沿海港口已经形成了以秦皇岛、青岛、连云港、日照四港为主的北方沿海煤炭装船港和与之呼应的华东、华南地区的上海、宁波—舟山、海门、温州、福州、广州等港的接卸网络。②粮食运输。我国是一个粮食进口国,经过几十年的分序列建设,我国大连、天津、烟台、青岛、连云港、上海、宁波—舟山、厦门、深圳、广州等海港,建立了一批粮食装卸专业码头。③集装箱运输。从 20 世纪 80 年代开始,我国的集装箱运输进入高速增长时期,初步形成了华北、华东、华南三大集装箱港口群。综合来说,其主要特点如下:

1. 船舶大型化趋势十分明显

在全球海运船舶大型化和专业化浪潮的推动下,沿海港口到港 10 万吨级以上船舶已成为外贸进口原油和铁矿石运输的主要方式。在过去 10 年间,沿海主枢纽港外贸到港船舶平均载重量提高了 35%,船舶平均在港停时减少了 70%,港口装卸效率和服务水平明显提高。

2. 港口建设投资渠道日益多元化

随着港口投融资体制、管理体制的不断改革与发展以及相关法律制度的出台,我国已初步形成了多层次、多形式的投融资渠道。沿海港口建设不单纯依靠国家投资,还可以通过银行贷款、社会集资、港口企业自筹和发行股票、债券等方式筹集资金;鼓励外商以合资合作等多种形式参与港口基础设施建设,允许民间资本投资港口建设和经营港埠业。尤其国外有实力的大公司投资沿海港口建设,不仅带来了雄厚的资金,而且引进了先进的技术和管理经验,有利于加快我国港口现代化进程。

一些港口创造了集资建港的新模式,中外合资建设和经营码头的项目不断涌现。香港和记黄埔集团先后与上海港、盐田港等港口签约,组建集装箱码头股份有限公司;新加坡港务局、美商海陆公司分别与大连港、天津港合资成立了集装箱码头公司,一改我国集装箱码头的原有面貌,大大缩小了我国与国际先进水平的差距。同时,由于政策鼓励,地方政府和货主企业筹集资金建设码头的积极性空前高涨,一些依江傍海的石油、化工、冶金以及乡镇企业建成了一大批码头,有些地方的企业专用码头的规模和能力还相当大。

3. 港口功能不断完善

我国港口已经由过去的货物装卸功能转变到仓储和货运中转功能。传统港口服务业以装卸服务为主,这就造成了港口资源利用率不高,一些库房、陆地等资源没有得到充分的利用的状况,同时也会减弱港口的竞争力。完善新的港口功能,使港口除了有传统的装卸功能外,还要使港口逐步成为最终消费市场的物流园区,把物流产业纳入港口的规划中;同时,也要不断改进港口的技术规范。现在港口功能的调整在我国码头的发展过程中出现了很好的势头,港口在物流服务链中已不仅是海陆货物运输的重要节点,还是国际贸易的服务基地和货物物流、分拨、配送中心。

4. 港口之间的竞争日益激烈

港口经营具有社会性,码头建设具有投资大、回收期长等特点,这决定了港口之间的竞争与其他行业不同。不同区域港口之间的竞争随着改革开放和经营者自主意识的加强而产生激烈有效的局面,广州、深圳、香港、上海、宁波—舟山的竞争已是白热化,这成为港口加强改革、加强管理和营销的重要推动力,从而要求港口不断提高发展水平和服务质量。从港口的竞争看,主要有价格竞争、服务质量竞争、码头建设竞争等。

加入WTO后,我国码头经营权日趋灵活和开放,竞争对手会越来越多。我国承诺加入WTO三年后,允许设立独资企业进入港口航运市场,国外投资者已越来越多,合资合作方式也呈现多样性,港口的竞争对手正在不断增加。同时,港口服务市场进一步开放,周边大港及航运公司揽货面的扩大及揽货手段的多样化,对中小港口形成了较大威胁。

5. 港口立法工作取得重大进展

《中华人民共和国港口法》于2003年6月28日由第十届全国人大常委会第三次会议通过,并于2004年1月1日起实施。《中华人民共和国港口法》的出台是交通法制建设取得的重大成果,是实现依法治港、促进港口持续有序发展的重要保障,它的实施必将对我国港口事业健康发展产生深远的影响。为配合《中华人民共和国港口法》的出台和实施,我国应相继出台一批配套性部门规章,完善我国的港口法律体系。

6. 港口管理体制改革基本到位

我国不断深化对港口企业的政企分开改革,2003年港口管理权下放地方工作完成后,政企分开工作已经取得了突破性进展,新建立起来的港口行政管理机构,正在全面履行其港口行政管理职能;港口企业也已经作为完全的市场主体进行经营活动。这次改革的成效已经在各地重视规划、建设港口的行为中得到了初步体现,并随着改革进一步深化和到位,成效将更加明显。

7. 通关程序复杂

目前我国新建码头,特别是集装箱码头的硬件设施已达是世界一流,码头操作水平也堪称世界一流。世界上一个泊位年吞吐能力平均是 60 万标准箱,我国沿海集装箱码头平均可达到 70 万～80 万标准箱,而深圳盐田港区一个泊位年吞吐能力可达 100 万标准箱。但是我国港口"一关三检"(海关、商检、边检、动植物检疫),通关程序与方法明显落后,通关效率低,与国际枢纽港之间的差距明显。从货轮靠岸到货物出港运走,我国港口平均花费时间为 34 小时以上,而韩国釜山港仅为 3 个多小时。物流不畅的主要原因是我国审批部门太多,审批手续复杂,另外国内现行的货物中转规则不符合国际惯例,中转货物需先办进口,重复报关。

3.3.2　沿海港口发展存在的主要问题

沿海港口发展存在的主要问题包括:

1. 沿海港口分布不均匀

我国沿海港口分布以上海为界,北方沿海港口数量相对较少、密度低,但大型港口居多,并且每个港口泊位深水泊位占多数。南方沿海港口数量较多、密度大,但规模不一,有超亿吨的大港,也有平均吞吐量只有几十万吨的小港,并且港口深水泊位占的比例不是很大。南方沿海中小港的比例相当于北方的 3 倍多,南北方港口之间等级结构存在着巨大差异,从而造成南北运力上的不平衡。

2. 港口建设与世界发达港口相比差距较大

目前我国沿海港口(香港除外)大多数停留在第一代港口的模式上,部分港口具有工业功能和简单商业功能,与在 20 世纪 80 年代后期进入第三代港口发展阶段的世界发达枢纽港口相比,在港口规模、结构装备、管理体制、集疏系统、口岸服务等方面存在着较大的差距。上海港、深圳港只能算是区域型枢纽港,大部分集装箱在内陆靠铁路和公路集散。目前大陆还没有真正意义上的中转型枢纽港,大部分原样集装箱运输不是通过我国大陆的沿海港口转运。在我国南部沿海,集装箱大部分通过香港转运,深圳港分流一部分;在北部沿海,大多数通过釜山港转运;而长江流域,上海港虽然作为集装箱运输中心,但大部分集装箱在内陆仍靠铁路和公路集散。这种情况导致我国大量的集装箱中转量外逃,损失大量外汇,更重要的是,这种局面制约了我国参与全球资源流通,不利于经济发展。

3. 港口发展的软环境尚需加快改善和营造

港口发展的软环境包括港口规划、建设、管理的整体性和统筹协调。港口规划是龙头,目前最大的问题是行政部门间和省市区划间的体制性障碍。港口规划需要综合运输体系网络规划的指导,需要通过深入分析研究,准确判断国民经济发展和全面建设小康社会对交通运输的总需求及结构布局,对港口合理定位及与其他运输方式的衔接进行科学制定。如果各种运输方式的主管部门各自为政,很难设想其质量与水平。港口管理体制实施下放地方后,各港的总体规划,需要全国及各省港口布局规划的指导。现在沿海各省市政府实施"以港兴市"战略的积极性很高,提出投资几百亿打造以"我"为中心的国际一流大港的呼声不绝于耳。而问题在于地方政府配置资源的作用更强大了,政府要经营城市,要出政绩,地方政府手中掌握着土地资源,掌握着对国有企业的人事任免权,现行的干部考核制度和财政制度使各地方政府产生急功近利的冲动,如不整体考虑和统筹协调,宝贵的资源就难以整合,形不成有效的国际竞争力。

4. 港口存在重复建设

所谓港口重复建设,是指在同一规划期、同一经济腹地内,所建设的同一功能的泊位出现了重复现象。同国民经济和对外贸易的增长相比,我国港口现有吞吐能力仍满足不了需要,但在一些港口,由于多头审批和多头管理造成港口布局规划没有权威性,造成了港口无序重复建设。这不仅浪费了资源,而且造成港口之间的无序竞争,影响港口发展的后劲。

5. 大部分港口信息化水平不高

近年来,我国港口集装箱运输电子数据交换系统的应用虽然有提高和完善,但仍未普及,也不规范。目前由于我国港口及其相关行业和部门信息系统缺乏统一的技术标准和规范的数据传输格式,信息系统互不兼容,部门之间的信息难以共享;港口在信息技术装备以及与外部网络链接等方面存在较多问题,致使沿海港口信息技术的应用和服务滞后,不适应集装箱码头计算机应用、通信网络、数据标准化三者结合的发展趋势,难以满足港口发展的需要,与现代物流业的发展的要求更是相去甚远。

6. 结构性矛盾突出

一是港口吞吐量总量不足,主枢纽港公司吞吐能力严重短缺。"九五"初期吞吐能力紧张得到暂时缓解的局面又一次被打破,沿海 20 个主枢纽公用码头利用率已高达 130%。沿海港口吞吐能力与吞吐量的比值再次下降到了历史最低点。

二是沿海主要港口水深不足,已不能满足船舶大型化发展的需要。尤其是长江口、珠海口航道及重要港口进出航道普遍水浅,已成为沿海港口发展的"瓶颈",难以适应船舶大型化、专业化的发展趋势。

三是粗放型的港口生产与城市发展和环境美化不协调,矛盾越来越大。早期建设的一批码头泊位等级低,技术状况差,可用水域和陆域狭窄,缺少发展空间,如上海、大连、广州等老港口位于市中心的老港区,码头老旧、等级低、陆域小,对城市环境、交通等造成了较大影响,难以适应城市发展需要。

四是码头建设与经济发展的实际需要不符。随着我国国民经济结构的变化,港口货种及流向结构发生了较大变化。如普通散货逐步萎缩,而面对集装箱船舶的码头需求上升。由此导致了原有港口结构性矛盾更加突出,具体表现在中小型码头、通用型码头泊位数量偏多,如煤炭装卸码头能力过剩,而万吨级以上深水专用码头,特别是大型集装箱码头泊位却严重不足。这些现状的直接结果导致货物转运环节和成本增加,运输效率下降。特别是我国北方地区的许多钢铁、石化生产企业对国外进口优质、低价原料的需求数量很多,由于大型集装箱码头泊位的缺乏而导致的转运成本损失每年仅运费就达亿元,严重削弱了这些产品的国际竞争力。另外,集装箱码头建设未形成大、中、小码头相互链接,干线港、支线港和喂给港相互协调发展的现代化集装箱运输系统,一些港口低效的技术系统严重影响了港口功能的发挥。

7. 口岸监管方式落后

世界上一些发展好的港口的口岸环境都比较宽松。而我国现行的退税管理制度,要求海关出具离境装船回执后方能办理退税手续,如外贸货物走内支线中转,程序多、速度慢,通常要一个月以上,而直接到境外中转通常在开船后几天内即可办理核销退税;现行政策下内支线成本高;有的港口航线不够多,航班不够密集,只能到境外中转。这些落后的监管方式严重阻碍了我国港口的国际化。我国目前沿海主要港口吞吐量中国际中转比例极低,除地理因素外,海关监管及退税政策约束极大。

8. 口岸综合收费水平高

港口市场运行中,港口费收制度,包括经营性费收和行政性费收均由国家制定费目和标准,且多年不变。尤其是经营性费收,尽管成本变化不大,仍分外贸与内贸,费目和标准不一,且差距较大。港口经营完全是一种周期性服务行业,其服务价值会随着经济周期高涨衰落。同时,由于地区不同,各港营运特征性不同,装备水平、服务质量不同,港口运输市场不平衡,充满变数和风险,尤其在资源配置走向市场化、政府投入减少的趋势下,港口费率应适时调整,其价格机制应由市场形成。因此,就必须赋予各港口更富有弹性的依市场变化、适时调整费率的自由权。

9. 我国深水岸线资源利用率低

与巴西等国相比,我国海岸线资源并不丰富,可供建大型深水泊位的岸线非常珍贵。科学规划布局,合理利用岸线资源,对于经济的可持续发展具有重要意义。《港口法》颁布实施后,在允许国内企业和个人投资建设港口、经营港口、推动港口快速发展的同时,也出现了滥占岸线、违法建设的现象。一些地方在开发建设过程中只注重港口建设和经营权的开放,却忽视了港口规划和岸线审批的严肃性。由于急于发展,对岸线资源的优化利用论证不充分,在码头建设,尤其是货主码头的建设方面存在较大的随意性。码头重复建设、部分货主码头利用率不高、港口低水平无序竞争,对深水岸线资源的合理利用和港口的长远发展造成了不良影响。

10. 国有港口企业改革滞后,港口投融资体制需进一步健全,物流人才缺乏

港口企业改革滞后表现在:港口下放地方和政企分开后多数集团企业尚未实行产权多元化,未形成混合所有制和现代公司制,法人治理结构未建立,评价标准体系不完善,重数量轻结构,重速度轻质量,重投资轻效益,很多企业大而不强,企业分配机制不协调等。港口投融资体制也很不健全,目前主要存在融资渠道不宽、技术改造资金不足、港口建设项目评估审批手续繁杂等问题。另外,物流人才缺乏,尤其是缺乏港口物流实用型人才,缺乏港口物流工程和管理人才。

3.4　港口物流发展战略分析

现代物流是利用先进信息技术和物流装备,整合传统运输、储存、装卸、搬运、包装、

流通加工、配送、信息处理等物流环节,实现物流运作一体化、信息化、高效化运营的先进组织方式,也是降低物质消耗、提高劳动生产率以外的第三利润源泉,其发展水平已成为衡量一个国家和地区综合竞争力的重要标志。为了适应现代物流市场的发展,完善港口服务功能,世界上许多国家都已开始重视港口物流发展战略的制定与实施。

3.4.1 港口物流发展战略的指导思想

我国港口物流发展战略的指导思想应该以宏观经济状况、国家总体规划和基本方针为前提,紧紧围绕全面建设小康社会、有助于实现现代化的目标,发挥港口的比较优势,不断完善市场机制,努力构建功能完善、技术先进、高效运转、合理布局、覆盖宽广的港口综合物流产业体系。

1. 要服务全国经济和提高整个社会生产力

生产力和生产社会化的不断提高,要求社会分工更加细化,从而提高劳动生产率,促进社会经济的发展。现代物流就是在经济高度发展,生产力不断提高的社会条件下生产的。20 世纪五六十年代是西方各国经济高度发展,生产力不断提高的黄金时期。在这样的社会背景下,传统的运输、仓储等活动已经不能满足繁忙的商品流通和经济的全面发展,这就需要新的产业来支持经济和生产力的发展。这样现代物流就应运而生了,其根本目的是降低流通成本,提高社会生产力,促进社会和经济的发展。

大力发展港口物流,主要也是从这一目的出发的。因为优质港口物流服务,可以吸引那些经过或以港口以其腹地为出发地和目的地的商品在这里接受物流服务,从而使港口物流产业成为新的经济增长点,有助于提高社会生产力,提高 GDP,促进社会和经济的发展。

港口作为承担社会物流的主要集散地,是进出口物流的主要载体。面对巨大的物流需求量和良好的发展态势,我们必须发挥我国 1.8 万公里海岸线,11 万公里内河航道,沿海沿江 1460 多个商港的资源优势,大力发展我国港口物流业。但是在发展港口物流业的过程中,我们有必要从全国总体发展的实际出发,以服务全国经济和提高生产力为指导思想,为全面建设小康社会、实现现代化提供良好物流服务,促进社会的发展。

2. 以不断创新精神加快港口物流发展

提高认识,转变观念,以创新精神为指导思想加快港口物流发展。近年来,我国港口经济引入现代物流观念,港口物流取得了长足进步。但许多方面还处于传统物流观念状态中,不能全面地认识现代物流的科学内涵,以至于一讲到物流,就认为是圈几块地、搞几个物流园地,建立大而全、小而全的物流中心。产生这一误区的原因是没有分清现代物流与传统物流的差别。其实两者的差别就在于现代物流的路线经过了优化,物流链上各环节经过了整合,各环节之间做到了无缝衔接。最为重要的是现代物流链的整合与链接是通过信息技术的应用来完成的,而不是简单的建几个物流园区和物流中心就能实现的。所以发展现代物流不能一味地追求新建物流园区来发展港口物流,否则势必造成严重的重复建设和资源浪费。因此,必须在观念、技术、体制与人才建设等方面创新,来科学快速地发展港口物流。

3. 按可持续发展观发展港口物流

任何事物的发展都具有利弊两面性,现代港口物流的发展也是如此。一方面,它降低了流通费用,促进了生产力和经济的发展。而另一方面又因其运输、装卸、仓储等物流环节对环境造成了巨大的负面影响,破坏了经济的可持续发展。在绿色经济的今天,经济的发展是建立在人与自然协调发展的基础上的,港口物流业作为经济体系中衔接生产与消费的重要经济环节也必须坚持可持续发展,努力向绿色物流方向发展。

3.4.2　港口物流发展战略的基本原则

随着全球经济一体化进程的加快,港口物流正在向国际化、市场化方向发展。为了提高我国港口物流在国际物流市场的竞争力和影响力,在发展我国港口物流时应遵循以下几个原则:

1. 统筹规划、合理布局原则

目前,我国整个港口物流产业缺乏统一规划,致使一些港口为了取得短期的经济效益脱离实际,盲目上项目,建设物流基地、物流园区和物流中心。这就导致了港口物流业呈现出"散、乱、小"的格局,严重制约了物流效率的提高。像环渤海几大港口,如天津、大连、青岛港,为了在激烈的竞争中取得领先地位,竞相改善硬件条件,造成了严重的重复建设和资源浪费。其实这几大港口可以从各自的优势出发(如大连港的泊位深水条件好,天津良好的经济腹地态势),统一规划发展环渤海湾的港口物流,提高其国际竞争力,确立起在东北亚的国际物流枢纽。

港口物流虽然是独立产业,但是与其他产业的关联性很大,涉及交通、工商、税务、海关、商检、外贸等多个部门。但是,目前这些相关部门都自成体系,独立运作,部门分割,难以达到降低港口物流成本的目的。

为了解决以上问题,大力发展我国港口物流业,国家及各级政府要把握好港口物流在经济发展中的位置,协调各部门的关系与职能,制定推动和促进物流发展的政策、意见和措施,特别是要制定好港口物流发展的规划。最为重要的是在制定规划中要坚持统筹规划、合理布局的原则,要做到与全国及全省国民经济与社会发展规划相一致,与各地区总体规划、布局相协调。

2. 积极与国际接轨原则

全球经济一体化的趋势,促进港口物流必须向国际化、规模化、系统化发展。但是我国港口物流业国际化、规模化、系统化程度很低。到目前为止,包括上海港在内我国还没有一个发展良好的港口处于国际物流枢纽地位,在国际竞争中还处于劣势地位。

为了适应经济全球化和未来经济发展趋势,我国港口物流发展必须遵循积极与国际接轨原则。加强对外开放,采取多种方式,学习物流发展较好的国家的经验,引进国外先进的物流技术;加强与港口物流业发展较好的港口的合作,加快港口物流的国际化进程。近几年国内许多港口多采取了这个原则,与国际先进港口建立了友好关系。比如上海港已经与汉堡港建立了友好港口的关系;厦门港早在 2002 年开始就向欧洲安特卫普港学习,借鉴了不少先进的经验。

3. 科技兴港原则

科学技术是生产力,是推动经济发展的重要因素。港口物流的发展也不能脱离科学技术这个重大推动力,在知识经济时代,科学已经成为港口物流发展的关键因素。科学技术发展能够推动港口物流的发展,科学技术的落后会阻碍港口物流的发展。香港能成为世界一流的物流港口,除了凭借天然的深水良港和政府的大力扶持外,主要依靠自动化控制技术和人工智能等先进的科学技术和物流设备。

在港口物流的发展中,坚持科技兴港原则,加大科技投入,做到以现代信息技术为先导,以高新技术为重点,以先进实用技术为支撑,为港口物流的发展提供良好的环境。

先进的物流技术主要有以下四种:一是物流信息化技术,包括网络、电子数据交换、卫星定位、地理信息、条码、智能卡等;二是管理软件,包括 POS 技术、商品销售管理系统、运输管理系统、仓库管理系统、供应链管理系统、标准化技术等;三是运输、装卸、搬运技术;四是仓储技术,包括自动化立体库、货架、托盘、分拣、条形码、识别系统等。

4. 市场导向、政府规划扶持、企业运作原则

发展港口物流要坚持以市场为导向、政府规划扶持、企业运作的原则。这是因为:①市场经济的基本原则就是市场进行资源配置,企业是市场的主体。但是政府必须对经济进行宏观调控,制定经济发展的相关法律、政策和发展规划来克服市场经济的盲目性,保证经济的健康、持续发展。港口物流是在市场经济大背景下,产生的新兴产业,所以必须遵循这一原则。②我国港口物流企业是在市场经济体制建立过程中,慢慢从传统计划经济体制的港口企业转变而来的,致使我国许多港口物流企业处于政府的管制之下,在市场中缺乏很大的自主权,不能成为竞争主体,也很难形成港口物流的市场环境。

深圳在这方面做得比较成功。改革开放以来,深圳率先在社会主义市场体制的基本框架下,形成了以市场为导向、以企业为主体的开放型物流格局,积极探索政府在物流业发展中的引导与规范作用,为深圳物流业提供了良好的发展空间。

以上四点原则相辅相成,统筹规划、合理布局是前提,与国际接轨是外在动力,科技兴港是关键,以市场为导向、政府规划扶持、企业运作是手段,四者有机结合方能促进我国港口物流的发展。

3.4.3 港口物流发展战略的目标定位

1. 战略目标定位的要求

经济发展战略目标是经济发展战略的核心,是战略思想的集中反映,具有全局性、长远性、综合性、层次性等特征。因此,港口物流战略目标的定位应该注意以下几点基本要求:

①根据当时当地情况,从实际出发,制定发展战略目标,既要有现实可行性,又要有一定的竞争性和难度。目标制定过高,脱离了实际,就会使人们丧失发展的信心;而目标偏低或缺乏竞争性也难以调动人们的积极性和创造性。所以,各地区港口物流战略目标的制定要根据实际情况而定。

②港口物流发展战略目标的制定应该有主有次,且要突出重点。不能眉毛胡子一把

抓,盲目建设,造成资源浪费。以长江三角洲为例,在发展长江三角洲地区港口物流时要以发挥上海的优势,重点打造上海国际物流中心为发展战略目标的重点,而不是将所有的港口发展为物流中心。

③港口物流发展战略目标要相互衔接、相互协调。这是因为经济的发展具有连续性、继承性、关联性,各时期各地区的经济发展目标要相互衔接、相互协调。所以,港口物流发展战略目标的制定必须要做到这一点。

2. 我国港口物流发展的总体战略目标

随着我国出口加工业的发展,进出口商品结构的优化,货物运输集装箱化程度的提高,国际集装箱货运量必将急剧增长,给港口物流服务形成了巨大的潜在市场。面对这种国际形势和我国国内现存的实际情况,我国港口物流发展的总体战略目标应该如下:以提高全国经济的竞争力和影响力为战略目标,发展各地区港口的区位优势,积极采用先进的物流管理技术和装备,建立多层次、符合市场经济规律、与国际通行规则接轨的现代港口物流产业群,保证物畅其流、快捷准时、经济合理,努力实现社会化、专业化。具体要求如下:

①充分发挥我国物流市场的需求潜力,迅速培养一批具有相当规模和竞争力、影响力的优势港口物流企业,形成一批具有较强集聚辐射功能的国际港口物流枢纽。

②从整体角度出发,以重要经济区域及枢纽港为依托,建立与我国经济发展水平相适应、具备一定国际竞争力且与国际接轨的完善的物流服务网络。与此同时,通过港口物流的市场化、科技化、信息化,使港口物流运作的各个环节之间衔接顺畅,各港口互动交流,提高物流运作效率。

③努力建设高起点、高标准,能支持港口物流高效运作的基础设施和物流信息系统;尽快制定与港口物流产业发展相适应的政策体系、法律制度;加强物流人才的培养,提高从业人员的总体素质。从而为港口物流发展创造良好的软硬件环境,使其成为布局合理、配置高效、功能齐备,具有自我发展能力的新兴产业。

3. 三大区域的物流战略目标定位

具体来说,我国发展港口物流的战略应以环渤海、长江三角洲和珠江三角洲三大港群为区域来定位。

(1)环渤海地区港口物流战略目标定位

环渤海地区港口物流战略目标定位在:加强连云港、天津港、青岛港联合,努力建成东北亚国际港口物流的枢纽。这是因为经过十几年的建设,环渤海各港口得到了迅猛发展。目前已建成了以大连港、天津港、青岛港为中心港口,营口港、秦皇岛港、烟台港为辅助性港口的港口运输体系。其中大连港、天津港、青岛港最具实力。

但三个港口单个竞争优势并不十分明显,却能互补,这样三个港口可以充分利用各港口的优势联合发展,提高其国际竞争力,带动环渤海地区港口物流的发展,逐步形成东北亚国际港口物流的枢纽。

(2)长江三角洲港口群港口物流战略目标定位

长江三角洲地处太平洋西海岸,是中国长江、沿海通道和欧亚大陆桥的汇集点,由江苏、浙江、上海组成,其经济发展速度居全国之首,在中国的经济增长中起着带头的作用。

其港群港口物流应定位于以上海港为主要枢纽港,宁波—舟山港为中转枢纽港,温州港、南京港、镇江港等是其支线港的中国港口物流战略高地的目标。

(3)珠江三角洲港口群港口物流战略目标定位

珠江三角洲地处内地与东南亚中心,能通过港、澳连接世界。目前已形成了以深圳、广州和珠海为骨干的港口群,拥有以深圳、广州为中心的集装箱港口及以珠江为中心的散货和石油港口。多年来建立了完善的海、陆、空交通网络,形成了全面的运输辐射面。但是在发展港口物流方面还存在不少问题:一是与渤海湾和长江三角洲相比,珠江三角洲发展港口物流的经济腹地面积小;二是出海航道水深不足,如广州港出海航道只有11.5米深,5万吨的船只能乘潮进出海港;三是专业化码头数量不多。所以从珠江三角洲的优劣势看,其港口物流业发展的目标应该定位在:加速港口基础设施建设,加强与其他经济地区联系,提升各港口的综合竞争力,力争将珠江三角洲建成国内华南地区港口物流的基地。

以上三个港群的发展战略目标是相互联系的。它们都处于中国经济发展的大背景下,各地区不能为了达到自己的目标而各自为政,形成恶性竞争,三个地区要协调发展,共同进步,最终实现我国港口物流的健康发展。

3.4.4 港口物流发展战略中的几个重要问题

为了实现战略目标,必须明确战略中的重要问题即战略重点。战略重点是指具有决定性意义的战略任务,关系到总体战略目标能否实现与到达。

当前,我国港口物流受到社会各方面的重视,得到了一定的发展,但同时存在着许多问题,如低水平的物流基础设施和装备条件,从业人员缺乏等。为解决物流发展中的实际问题,我国港口物流发展应注意下面几个重要问题。

1. 进一步完善港口物流基础设施建设

港口基础设施是发展港口物流的物质前提和保障,良好的基础设施可以保证港口物流的快速发展,反之则会制约港口物流的发展。近年来为了适应现代港口物流的发展,我国不断加强港口基础设施建设以促进港口物流的发展,而且还取得了一定的效果。这为我国港口物流的发展提供了可靠的物质前提。但是,从基础设施建设的结构来看还存在一定问题,如港口码头数量虽然多但大型的深水码头较少,专业化码头不足。大型货运船舶发展较慢。随着全国物流需求量的加大,港口物流运输的船舶将不断向大型化方向发展。目前占主导地位的集装箱船舶已经完成了向第五代、第六代发展的目标。集装箱船舶的发展对港口码头泊位,航道、装卸设备及仓库基础建设不断提出了新的要求。目前为了适应这一要求,许多国家和地区开始加快新一轮的港口基础设施建设,如为了应对集装箱船舶大型化的发展,鹿特丹港已建成了深为16.5米和19米的深水码头,装备了智能化的装卸设备,实现了高效装卸,缩短了货运周期,压缩了物流成本。与之相比,中国大多数港口的基础设施建设力度不大,发展比较缓慢,其能力基本上还停留在停靠第三代、第四代集装箱船舶的水平层面上,还不能完全适应新的发展。发展较好的深圳港在2004年因泊位不足造成了50%的吞吐量缺口,目前深圳港还因集装箱专用堆场不足而影响了其发展。

面对我国港口发展存在的不足,为适应现代物流运输的发展,尤其是船舶大型化对港口提出的新的要求,我国港口应加强港口基础设施建设,只有这样才能提高港口物流业的高效运作,提高港口在物流干线上的中心作用。

2. 加快港口物流信息化建设

物流信息技术包括网络、电子数据交换、卫星定位、地理信息、条码、智能卡等在内的现代科学技术,在现代港口物流发展中发挥着重大作用,根据实际情况,要从发展角度配置港口物流信息化装备。港口物流信息化建设是一个复杂的过程,其目的是既要满足当前需要,又利于未来发展,保证港口物流的高效运作。所以在加快港口物流信息化建设过程中要从实际出发,根据港口现有的基础条件和未来发展目标,配置与港口基础设施配套又有利于提高竞争力的信息系统装备,不能使配置脱离实际发展的需要,造成设备虚置,努力建立统一、高效的物流信息管理平台。目前,我国许多沿海港口(如上海、天津、青岛、大连等)都建立了先进的物流信息系统,并起到了一定作用。但就整体来看,我国港口的物流信息系统的功能并没有完全发挥出来。这主要是因为:我国港口物流所涉及的相关行业部门都处于相互分割、独立运行状态中,所建立的信息系统缺乏协调性和共享性。这就导致了信息交流难以达到共享的目的。为了改变这种现状,我们需要建立统一、高效的物流信息平台,为港口物流提供高效便捷的信息。物流信息平台又称信息管理系统,它以电子数据交换系统和互联网为基础,收集物流环节中的信息,而后再对所收集的信息进行分析,最终反馈给信息需求者。物流信息平台使物流信息处在透明、公开、共享的状态中,这就大大缩短了物流信息交换时间,提高了物流效率。

3. 加快物流专业人才的培养

目前我国整个物流专业人才缺口达 40 万人,高级人才的需求量达 10 万人,这就成为我国物流现代化的瓶颈问题。从我国实际情况来看,产生这一瓶颈问题的主要原因是我国物流教育和人才培养滞后。发达国家从 20 世纪 60 年代开始就开展物流专业教育,逐步建立了完善的物流教育体系。目前,仅在欧洲就有 87 所大学开展了物流专业教育,而在美国约有 50 所大学开设了物流管理或物流供应链管理等专业,这其中包括研究生、本科生和职业教育等多个层次。这就为其现代物流的发展输送了大量优秀人才,提供了有力的保证。

改革开放以前,国内基本上没有完整的物流教育体系,各种高等院校只设置了物资管理、材料管理、物资经济等一些与物流相关的专业。而这些专业的设置主要是为中央和地方物资行业部门培养管理人才,所培养的人才只学习了本部门的相关知识。到了 20 世纪 80 年代,我国开始引进物流这一概念,90 年代末物流专业教育才开始起步,直到 2002 年只有 9 所院校经教育部批准设置了物流管理或物流工程本科专业。因此,要从物流人才培训的类型及其途径以及建立多层次的学校教育体系来加快人才培养。物流教育的发展要考虑物流教育资源现状,兼顾现在和未来的发展,做到综合发展和各类型人才的培养比例协调。当前,我国物流教育的发展要以高等教育为主,积极发展中等职业教育。

高等教育培养的对象是熟悉物流管理理论知识和掌握物流信息技术、精通国际贸易专业知识和良好外语沟通能力的物流人才,主要包括本科和研究生教育。本科教育的目标是培养懂得管理、会策划、善于决策的物流管理人才,而研究生教育主要是培养高层管理人才、科研人员和高校师资。

物流产业的发展和运作不仅需要中高等级物流人才,还需要各项具体工作的执行人员、基层领导岗位人员和第一线的实际操作人员,这类人才具有很强的操作技能,应由中高等职业学校来培养。

要加强继续教育和职业培训。我国物流业要在政府部门的指导下,调动社会各方面力量,组织规范化的岗位培训、继续教育,特别是资质证书教育。面对物流人才的匮乏和人才需求快速增长的矛盾,满足物流企业的用人需求,仅靠学校教育是难以实现的。这就要求把继续教育和职业培训作为学校教育的补充。随着社会经济和科学技术的发展,即使受过高等教育的从业者也要不断学习,不断更新知识。

继续教育和职业培训针对性要强、内容要新颖,在这方面我国可以借鉴国外的经验,推行和完善资格证书教育。例如在德国,德意志物流学院应德国物流界的要求开设了一个全封闭物流教学班,学制一年,学员必须学完全部物流课程并通过考试,才有资格参加欧洲物流协会(ELA)授予物流专业资格证书的评选活动。而获得这种资格证书的人员将有资格在物流企业中担任高级管理职务。

4. 加快港口物流联盟

在全球经济一体化、国内外市场竞争不断加剧的情况下,我国港口物流的发展面对日益激烈的竞争,这就促使我们必须加快港口物流联盟,提高我国港口物流的实力。

在众多影响港口物流发展的因素中,航运的变化是最直接的。目前集装箱船舶大型化,尤其是第五代、第六代集装箱的船舶的投入使用迫使港口必须改善当前的物流基础设施。而港口物流基础设施的改善是一项资金大、周期长的经济活动,短期内只靠个别港口的力量是很难完成的。所以,港口可以采取多种合作方式来适应这种变化,促进物流发展。

随着我国港口开放程度的不断加大,国外港口物流企业将会进入中国,参与物流市场竞争。与国际先进的物流业相比,我国目前还没有足够实力与其竞争。另外,现有欧洲许多国家为了提高竞争力开始走港口物流联盟的道路,如果这些国外的物流联盟渗透中国市场,必将会给中国港口物流市场带来更加严峻的挑战。为了应对国际上的压力,我们必须加快港口物流联盟的步伐。

加快港口物流联盟的国内因素就是避免当前国内市场激烈的恶性竞争。目前,在国内无论是不同港区还是同一港区市场,竞争都非常激烈,大家为了抢占市场份额,竞相降价。例如,北方三大主要港口大连港、青岛港、天津港就存在激烈的竞争,三大港口为了争取货源和更多的客户,不惜大搞价格战,这种竞争大大降低了我国港口物流的发展质量,不利于我国港口物流参与国际竞争。

中国水运建设协会预计在 2010 年后中国将成为全球最大的中转航运中心,中国外贸集装箱生成量将达到 8000 万至 8500 万标准箱。如此迅猛的发展趋势在为港口物流的发展带来了机遇的同时也带来了挑战:一方面提供了良好的货源条件;另一方面又要求港口加大建设,形成良好的物流场所,但是由于每个港口的现存条件不一,各具优劣势,建设的项目也应大不相同。

如果所有港口都加大建设势必会造成重复建设,而解决这一问题的有效途径就是根据各地区特点,加快港口联盟,做到优势互补,避免资源浪费。

根据中国目前港口物流激烈竞争的局面和中国港口分布的特点看,最适合我国的策略就是加快港口联盟。只有这样才能加快实现我国港口物流质的飞跃,及早实现战略目标。

港口物流联盟的方式有许多种,如港口与陆地运输系统联盟、港口与港口联盟,港口与海上运输联盟等。

港口与港口联盟是物流联盟最常见的方式,其范围也很广泛,既可以是同一区域内也可以是不同区域的联盟,既可以是同一国家联盟也可以是不同国家之间联盟。但是从目前各国的情况来看,采用最多的方式是同一区域内港口的联盟。因为这样可以使港口间避免激烈竞争,做到取长补短、合理分工,共享现有资源,降低本地区物流的成本,提高物流效率和竞争力。

港口与航运公司联盟是因为国际货运量的 90% 都由海上运输来完成,港口物流的良好运行对海上航运有很大的依赖性,如果一个港口失去了一些航运联盟公司的船舶停靠,就会失去大量的货源,因此,为了避免这种情况的出现,港口可以考虑与航运公司联盟。联盟的方式可以多样化,如港航双方可以共同参股经营港口运营,在基础设施建设方面开展合作等,具体情况根据各个港口的实际而定。

联盟的另一种方式是港口与货源联盟。随着经济的快速发展,企业为了加快其产品流通速度,降低产品在流通领域的流通费用,开始借助于第三方物流来完成。这就为港口物流发展提供了便利条件。在市场竞争条件下,为了确保取得长期稳定的货源,港口可以依靠本地区优势,积极与货源客户建立长期合作关系,形成战略联盟。例如,青岛有海尔集团和青岛啤酒等知名企业,青岛港完全可以利用自己的地位优势,与这些企业建立联盟关系,确保自己的长期发展。

3.5　港口物流发展模式选择

港口发展现代物流的关键在于港口企业能否把传统物流企业改造为现代物流企业,而现代物流企业的标志则是港口物流的发展模式是否科学合理。因此,对于现代港口而言,其发展模式的选择是其发展现代物流的关键,能否有效的选择适合自身发展的模式将关系到港口物流发展的成败。

3.5.1　管理模式选择

1.港口物流管理模式的演进

(1)传统的港口物流管理

在传统的物流体系中,需要信息和反馈信息都是逐级传递的,因此上级供应商不能及时地掌握市场信息,对市场信息反馈的速度比较慢,从而导致需求信息的扭曲。

另外,传统的物流体系没有从整体角度进行物流规划,常常导致一方面库存不断增加,另一方面当需求出现时又无法满足。这样,企业就会因为物流系统管理不善而丧失市场机会。

简而言之,传统物流管理的主要特点表现在:一是纵向一体化的物流系统;二是不稳定的供需关系,缺乏合作;三是资源的利用率低,没有充分利用企业的有用资源;四是信息利用率低,没有共享有关的需求资源,需求信息扭曲现象严重。

（2）供应链管理

供应链管理是美国管理学会于 20 世纪 80 年代后期,因全球制造业的发展和社会生产极大复杂化的需要,从生产实践中抽象出来并提炼而成的一种新型的生产组织管理模式（具体详见 2.5）。

供应链管理环境下物流管理与传统的物流管理有着根本性的区别,传统的物流管理是按照市场的要求,将产品从供应地向需要地转移的过程,强调的是单个企业物料系统的优化,即对运输、仓库、装卸搬运、流通加工、配送和物流信息实施一体化管理。供应链管理环境的物流系统与传统的纵向一体化的物流模型相比,信息流量大大增加,需求信息和反馈信息不是逐级传递,而是网络式传递,企业通过 EDI、互联网可以很快掌握供应链上不同环节的供求信息和市场信息。它的特点主要表现为:

①供应链管理把供应链中所有节点企业看做一个整体,供应链管理涵盖整个物流的从供应商到最终用户的采购、制造、分销、零售等职能领域过程。

②供应链管理强调和依赖战略管理。“供应”是整个供应链中节点企业之间事实上共享的一个概念（任两节点之间都是供求的关系）,同时它又是一个有重要战略意义的概念,因为它影响或者可以认为它决定了整个供应链的成本和市场占有份额。

③供应链管理最关键的是需要采用集成的思想和方法,而不仅仅是节点企业、技术方法等资源简单的连接。

④供应链管理具有更高的目标,通过管理库存和合作关系达到高水平的服务,而不是仅仅完成一定的市场目标。

对于现代港口而言,港口物流管理在我国还刚刚引入,尚不被国内企业界人员所深刻了解;另外,供应链管理是一种跨行业、跨部门的管理观念,涉及诸多领域的高新技术。由于受陈旧观念的影响,很多物流企业管理人员认为其管理模式受到经济的压力是由于信息不畅所致,很少有人会想到综合物流供应链效应对企业的影响,认为搞物流运输会增大成本,而没有想到良好的服务会带来产品增值。

在供应链管理的思想指导下,可以将港口物流中心的各种业务运营流程看做是一个个紧密连接的供应链,如供应商→储存中心（库存）→配送中心（深度加工、包装、分配组合装入集装箱）→装卸搬运中心（装船）→客户;集成供应链,把供应商、生产厂家、分销商和零售商等在一条链上的所有环节都联系起来进行优化,其实质在于企业与其他相关企业形成融会贯通的网络整体,对市场进行快速反应。

在供应链管理阶段,港口物流管理的体现和途径如下:

①将物流管理中心内部划分为几个相互协作的支持子系统,如财政、市场营销、人力

资源、质量控制、服务维护、与外部的信息交换以及对竞争对手的监视管理等,以其协同效应实现面向供应链各环节的有效管理,全面提升市场竞争力。

②加强港口与航运企业的合作,发展航线两端的延伸服务,提高航运、港口两者的效率和效益,加强与铁路部门的合作,建立一条龙的服务网络,延伸到内陆各地,扩大港口货源腹地和业务范围,提高港口的竞争力。

③实现面向服务中心各供应链的全程管理,对供应链上所有环节进行有效的管理。这些环节包括订单处理、采购、库存、计划、加工、包装、质量控制、装卸搬运、会计核算等,实现事前控制,为客户的时间、空间服务质量要求提供有保障的承诺。

④实现物流中心内部管理信息系统的敏捷、虚拟和互动。敏捷,使物流中心的信息获得和商务处理以电子速度进行,适应市场的迅速变化,赢得先机;虚拟,改变港口物流中心运营的时空观,使港口企业能够面向全球进行资源的有效配置,形成更大的竞争优势;互动,通过网络互联,使得内部及时通讯,实现业务的集中处理,同时为港口企业与相关上下游企业在商业上形成互动创造基础性技术条件。

⑤满足发展港口主导产业链的要求,适应港口从单一生产方式向混合型生产发展的需要,利用支持子系统的集成并进行各类相关作业,使计算机运用由离散的部门级向整合的企业级方向发展。

2.现代港口物流管理主要发展趋势

(1)顾客服务转向关系管理

港口物流管理着重在企业内部作业与组织的整合,对顾客相对应的是以服务品质为主要管理重心。因此,评测管理绩效的标准多半为货物运到期、完好率等。然而,在供应链管理模式发展下,实施客户关系管理意味着一种"以客户为中心"的新型管理模式。它是指企业在与客户的接触过程中,通过收集并分析客户与企业联系的所有信息和资料,帮助企业建立和维护一系列与客户之间卓有成效的"一对一关系",从而使企业提供更快捷和周到的服务,不断提高客户的满意度,吸引和保持更多的客户,实现企业与客户双方价值的最大化。港口物流的客户关系管理的主要组成部分有:

①客户信息的管理。通过主动搜集客户反馈的、表达的或潜在的信息,来改进服务,提高装卸作业质量,提高竞争力,扩大市场份额。

②市场的管理。客户关系管理系统可以帮助港口企业对收集到的大量数据进行统计分析,从而对货源市场和客户需求进行预测,并对货源市场和客户需求进行细分和目标定位,实现"一对一"的货源市场个性化开发和服务,为企业开发新的货源市场,创新服务手段提供依据。另外,通过市场的管理,可以为业务人员提供货源和市场竞争的信息,从而使业务人员在开发资源上做到"有的放矢",不断提高货源开发的能力。

③客户财产的管理。客户关系管理的主体是客户,港口企业主要是为客户的财产(货物)进行装卸、存储、运输、防护等一系列连贯的、一条龙的服务。

④客户服务的管理。市场激烈竞争的结果使得客户的需求起点越来越高,从而推动企业不断加强管理,改进和创新服务手段。借助通信网和计算机网的多功能集成,构建成完整的综合服务系统,能方便有效地为客户提供多种服务。在客户关系管理的框架下,企业逐渐转而强调跨企业界限的整合;使得顾客关系的维持与管理变得越来越重要,

即港口物流管理已从物的处理提升到物的加值方案的管理,亦即须充分了解顾客需求,为其量身定做其所需的产品(服务)。如顾客需要的分装、包装、拌合、粉碎、搬运、储存等半成品加工及保管服务等,在加值服务的同时,业为顾客赢得了更多的商机。

(2)经验积累转向策略变迁

科技的突飞猛进及新型商业模式不断发展,企业固守既有经验寻求突破的经营模式反而成为企业发展的障碍。例如,国际网络兴起后所形成的网络购物通道,可能对传统业者带来极大的冲击。因此,成功的港口企业唯有建立新策略以及培养持续变迁管理的能力,方能在新世纪中继续生存。

(3)重视相对价值取向

在评量港口绩效时,传统评价方法容易片面追求一些绝对数值,如货运量或货运市场占有率等。在现代港口物流中,价值取向将着重于相对加值的创造,港口通过加值服务的提供,为顾客创造增值的同时,有部分回馈给企业,达到双赢之目的。

(4)功能整合,优势互补

现代物流强调物流服务功能的恰当定位与完善化、优质化。如今的国际运输业经营人正在向综合物流服务的提供者转化,它们的服务范围从原来的多式联运门到门向货架到货架转化,服务内容从原来的单纯运输服务转变为除提供运输服务外,还提供诸如包装、储存、配送等增值服务,这就对处于综合运输系统中心地位的现代港口功能转变提出了新的要求,其港口的功能特别在现代物流服务方面,从横向向纵向方面发展,其中最明显的就是物流和信息功能的加强,如采购及订单处理、配送、物流咨询、货款回收与结算等,并要求市场定位准确,辐射半径有效。

(5)专注于核心业务管理

港口综合物流经营管理的趋势是专注核心业务,并将非核心业务或功能委托给其他专业公司管理。即结合几家专业公司(如专业物流公司、专业信息公司),形成一虚拟企业体系并整合其功能、实现优势互补的策略联盟,从而使主体企业能提供更好的产品(服务)。

(6)由信息保留转向信息分享

在形成策略联盟的供应链管理架构下,供应链内的相关企业必须将供应链整合所需的信息与其他企业分享,供应链中多数企业可进入数据库中取用作业决策所需的信息,使得策略联盟行为更加有效。

(7)加强知识管理,培养创新能力

传统港口企业所采用的管理形式已无法适应知识经济的要求,需要形成新的企业模式和劳动形式,并利用最新的信息技术来实现所需信息的获取、传递和消化,以此来营造自己所特有的专长。

知识管理正是适应了知识经济的要求,是信息管理的延伸和发展,是使信息转化为可被人们掌握的知识,并以此来提高企业、组织的应变能力和创新能力的一种新型管理形式。它的核心是培养创新能力,重在培养集体的创造力和创新推动力。

在港口物流活动中,实施知识管理,一方面要重视调整港口的组织机构,将港口建成知识性港口;另一方面要重视知识在利益分配中的重要地位,引导港口在思想观念和价值取向上的深刻变革。

（8）以人为本，重视人力资源管理

传统的管理模式中，人事、劳资部门只是行政执行部门，机械、被动地执行和配合领导层的决策，在市场经济下的现代企业制度中，人力资源部门仅仅作为行政执法部门是远远不够的，现代企业制度赋予人力资源部门更多的内涵和更大的职责，要求其成为企业的决策参与机构。

针对目前港口企业竞争激烈的情况，加强港口企业的人力资源管理更是大势所趋和必然之举。首先，开展"培养人、使用人、发挥人"为主要内涵的人才工程，建立和完善人才的竞争、激励和选拔机制，努力提高员工素质，培养、造就和吸引复合型人才，增强港口的竞争力。其次，设计合理的薪酬制度，完善激励约束机制。一方面运用多层次、多方面的激励手段，激发员工的工作热情和创新精神；另一方面通过完善法人治理结构，强化董事会、监事会的监督作用，推动政务公开，建立健全各项规章制度，完善约束机制，加强企业的绩效管理。

3.5.2　经营模式选择

港口发展和经营物流是有别于一般企业的。生产企业、商贸企业发展物流是将流通领域的职能从企业生产领域剥离出来，建立企业的物流体系或者委托专业的物流企业承担；一些仓储、货运代理企业则是拓展其服务范围，转型为物流企业，这种方式被称为功能拓展式的物流服务；而港口发展物流不单纯是港口企业自己去做物流服务，更多的是提供基础设施，为物流企业开展物流服务创造环境，也就是说港口发展物流不局限于自己做，而是在港口建立物流基地，请物流企业进驻。这也被称之为"筑巢引凤式"的物流服务。主要特点在于港口本身不直接经营物流企业，而采取以建立供应链为目的，以供应链其他成员的利益为出发点，站在供应链的角度去理解和管理物流，提供物流基础设施，加强与其他物流企业的合作，协同供应链各方最大限度地降低物流费用，提高物流服务的整体效益，从而吸引货源、稳定货源，提高港口的整体效益。

目前，港口物流的经营模式主要有以下几种。

1.物流中心模式

港口物流中心模式是指以港口为据点，以主枢纽货运港口业务为基础，进一步加强并整合运输、储存、装卸搬运、包装、流通加工、物流信息处理等基本功能，并引进货物检验、报关、结算、需求预测、物流系统设计等延伸功能，全方位、全过程地完成物流服务。这也就是以物流中心为载体，集国际商品、资本、信息、技术等于一身的资源配置型港口，即"第三代港口"

港口发展物流中心模式具有得天独厚的优势。首先，港口具有发展物流中心的硬件条件。港口、场站本身就有装卸、存储、包装和集疏运等功能，建立物流是对传统功能的进一步有效利用和功能扩充。其次，港口本身也有一定的信息处理系统，而物流中心模式要求这种信息处理更及时、更准确、更系统。

发展现代物流中心的统筹规划和建设主要包括物流基础设施平台、物流信息平台的规划和建设。规划是采用灵活多样的投资方式，在调研论证的基础上对港口物流体系进行统一规划,可以采用政府投资、BOT等投资方式,尽快形成设施完善的物流园区、物流中心、仓储配送设施、配套的综合运输网络、先进的运输网络平台等,为港口现代物流业发展提供重要的物质基础条件。建设是采用示范性工程建设机制,选择关键性的物流项目作为重点工程,加强对一批具有地方特点的市场进行调研和培养,使之尽快形成集商品运输、仓储、包装、流通、配送、信息处理等系统化的物流中心。同时,积极发展服务于生产性企业的第三方物流。

港口发展物流中心的经营模式具有重要意义。港口发展物流中心有利于港口企业吸引货源以及各方服务商参与物流活动,物流中心的运作不仅可以吸引生产企业、供应商等将仓库迁址物流中心,更能吸引众多物流服务商将物流活动、实体交易等迁址物流中心;物流中心模式也是港口企业向外辐射发展的有效途径,全过程、一体化的服务使港口企业不再局限于其地理区域,服务范围从点扩展到面。建设港口物流中心,确保港口物流顺畅有效是现代化发展的必然趋势,也是提高港口效率,降低港口运营成本,改善服务和提高经济效益的关键,同时还将对整个社会的经济发展产生重要影响。

我国港口发展现代物流业虽已具备一定条件,但同发达国家港口的物流中心地位相比仍有很大差距。所以,港口向现代物流中心的转化仍需长期努力,主要可以从以下几方面努力:

一是建立主要物流的配送中心。配送中心的功能是提供货物包装及再包装、贴签、装配、分拨、开发票和增值税管理等服务。配送中心利用完善的信息通信网络,为物流服务企业和货主提供货物状态和存储信息。

物流设备和工具的现代化程度如何,直接关系到物流效率的高低和物流链的畅通,也直接关系到港口的经济效益。配送中心的建设要运用现代物流技术,采用先进物流装备和工具。港口配送中心的建设应主要考虑配送中心选址和规模的确定、配送中心库场货位布置、配送中心设备装备研究、配送中心物流管理计算机系统研究等方面问题。

二是建立物流管理中心。由于物流业发展使港口功能定位发生变化,即由传统的货物装卸、储存,发展为系统化的物流服务,港口内部经营结构必须调整,必须建立完善的港口物流管理系统,提高港口物流服务效率,完善物流服务功能,降低服务成本。

港口物流管理中心负责规划、组织物流网络的建设,负责指挥、协调整个物流网络的运作,一个完善的物流管理中心的建立必须满足两方面的要求:①具有报关代理自动化系统,使所承运货物的所有资料都进入这个系统,这样手续在货物到达海关之前即已办完。②具有及时追踪系统,所有交付货物都能获得一个追踪条码,货物走到哪里,这个系统就跟到哪里。追踪系统进入全球因特网,每天有上万人次通过网络查询他们托运的货物的踪迹。非电脑网络客户可以用电话询问"客户服务中心"。

三是建立信息数据中心。港口物流信息数据中心负责协助物流管理中心指挥、协调整个物流网络的运作。负责物流信息的接收、处理与发送,为决策者提供有用的决策参考数据,为用户提供相关的信息查询服务,为港口物流顺畅提供技术支持和保障。

港口成为物流中心,要以信息技术作为主要的保障体系,融入网络经济中,使港口成为物质流、现金流、信息流汇集的中心。将所运货物的档案资料从世界各地汇总到这里,货物送达时,投递员借助一个类似笔记本电脑的"传递信息读取装置",摄取顾客的签字,再通过送货车上的转换器,将签名直接输送到"数据信息中心",投递实现了无纸化操作。

四是建立包装检验与设计服务中心。服务中心的数据库中储存着大量防震的、抗挤压的,防泄漏的等各种包装案例。服务中心运用这些信息为客户提供包装设计服务。拥有集管理、指挥、调度、信息、衔接和货物处理为一体的物流综合服务平台。

2.特许连锁经营模式

特许连锁经营是指核心港口企业(总部)同加盟港口企业(分部)签订合同,授权加盟企业在规定的区域内使用自己的服务标志、品牌、经营管理技术和信息系统,在同样的形象下进行物流服务。港站企业的特许连锁经营类似于超市、餐饮企业的特许连锁店经营,实质上是品牌企业的一种"克隆"。

尽管国内运输企业还未尝试过特许经营,但这一先进的物流经营模式对于港口企业的经营来说还是具有重要的借鉴意义的。一是通过鼓励生产、流通企业采用物流外包或采用多种形式的物流模式,改变大部分企业"大而全,小而全"的物流模式,形成物流的有效需求。二是以建立现代企业制度为契机,利用加入 WTO 的巨大商机,引导企业通过兼并、重组、联营、参股、控股等多种形式,组建一批上规模的骨干物流企业。特许经营中的核心港口企业(盟主),如中国海运集团,目前已在沿海部分区域中形成主枢纽货运港口的核心地位,企业已初步形成标准化的物流服务体系,在目标客户群中赢得了良好的信誉和知名度,这为其充分利用无形资产,向外辐射发展创造了条件。并且,特许经营使核心港口企业能在较少的投入下合理配置资源,布局物流网点,形成以核心港口企业为中心的跨区域、分层次的物流结构,从而实现吸引—辐射式的双向发展。另外,电子商务在该模式下也得到了推广应用。特许经营中的加盟者——中小型港口企业,他们拥有专业港站设施和场所条件,为寻求物流发展,迫切要求引进先进的物流经营管理技术和利用盟主的品牌效应获得充足的货源,特许经营能使它们迅速获利,又提升了企业的物流能力和在同行业中的地位。因此,无论是盟主还是加盟者,特许经营无疑对他们是一项双赢的举措。

特许连锁经营的基本思路:首先,核心港站企业将其企业名称、服务标识等申请注册商标,其物流经营管理技术和信息系统等经专业部门论证质量及规范性。其次,核心企业选择加盟企业,签订合同,将其品牌、服务标识等授权给加盟者使用,盟主企业拥有加盟者的物流经营权,而加盟者拥有本企业的所有权和收益权,并向盟主交纳一定比例的特许使用费;在经营过程中,联盟企业统一使用同一品牌名称,遵循统一的价格策略和服务操作规范,在总部的战略方针指导下实现物流经营的特许连锁。

对于盟主来说,在物流服务市场中具有较高的声誉和知名度,企业经营状况良好,市场潜力巨大;企业物流经营管理标准化、规范化,信息网络完善,物流流程成为区域内的样板流程。对于加盟者来说,采用特许经营模式的企业需在区域内拥有一定的场所和专业物流服务设施,且企业有改善物流经营、从属于他人品牌下的意愿。

港口企业发展特许经营模式除考虑所应具备的条件外,还应注意:核心企业要有目的地选取加盟企业,充分考虑加盟者的地域条件和经营基础,以便合理配置资源,扩展市场范围;坚持企业的经营管理标准,核心企业要考虑其在不同地域、不同企业规模中应有的广泛适应性,加盟企业也考虑核心企业的经营准则是否有利于本企业的发展;核心企业应考虑对所有加盟者的统一管理,防止破坏企业整体形象的经营行为。

3.供应链模式

广义的供应链模式是指处于同一条供应链中的企业,以提高供应链整体的效率和各企业自身的效益为目的,在一定时间内共享信息、共担风险、共同获利的一种相互信任的伙伴关系。港区内的物流经营的供应链合作则主要表现在将物流企业吸引在港区内,企业跨越或取代供应商、分销商的位置,直接与供应链核心企业建立一种长期、稳定的战略合作关系。

在现今物流企业的实力逐渐增强的形势下,物流企业取代供应商或分销商,直接同作为供应链核心的生产企业形成供求关系已经成为可能。在物流服务中,物流企业与其直接客户之间的合作关系表现在三个层次上:微观层次表现为企业提供的物流作业同步、后勤保障和服务协作上;中观层次表现为与生产企业的信息共享、提供物流技术支持和联合开发上;宏观层次则表现为同生产企业一起共同配置资源、实现委托代理机制和对策研究。这是一种高度信任、共享信息、共担风险、共同获利的关系。

(1)供应链合作模式策略

物流企业的供应链合作模式是一种与合作伙伴最密切的联盟方式,管理的效用得以在这种紧密合作之下充分发挥。基于物流企业的供应链,港口可以实行以下联合的策略:

1)联合货主

与货主的联合实际上就是对港口经济腹地货源的控制。港口应该加强与货主的联合,扩展本港的集疏运系统,并且充分利用腹地物流园区,加强港口集货的力度,实现港口经营腹地空间网络化。

2)联合船公司

与船公司的联合是港口对外向腹地的控制,形成枢纽港与支线港的分离,并且可以部分地克服货源分流的问题。港口与航运企业的全面合作将是一个必然趋势,港口可以通过出租码头或者与船公司联合建造专业码头等形式吸引船公司。

3)联合其他相关企业

为了实现港口物流效应,港口还应当以不同的方式与其他相关企业进行合作。港口与铁路联合不仅可以实现集货的效应,而且有利于开展铁海联运业务;港口与公路运输公司联合,可以充分利用其灵活性满足客户的个性化要求,并且在经济运距内也是集货的一种手段;港口与物流园区联合可以使港口企业消除规模不经济性,并且可以缓解港口发展中可能出现拥挤的情况;港口与仓储企业和堆场公司的联合可以克服港口资源的局限,盘活存量,使之充分发挥其在物流中的作用。

(2)供应链合作模式在运作上应注意的问题

1)合作伙伴的选择的长期性

要形成长期、稳定的合作关系,生产企业对物流企业的要求就十分严格,除了考虑可见的积极性问题外,还要考虑长远的诸如战略方向是否一致等问题,对物流企业业务经营是一大考验,因而要形成供应链模式是需要相当长时间的。

2）合作与交流的稳定性

尽管理论上要求伙伴之间的紧密合作、充分信任，但实际上信息的不对称总是存在，信任的可靠度不强就会影响彼此间的合作，这涉及供应链的稳定性问题；物流企业取得供应、贸易类相关的经营权限也不是一件容易的事情；如果合作关系未能达成而造成破裂，对物流企业的损失是非常大的。企业会因为失去了长期稳定的货源而在收益上急剧下滑。

3.5.3 组织模式选择

企业组织结构模式运行和变化的核心力量是权利，组织结构中的权利是由组织中占统治地位的资源决定的。在当今社会，组织结构中的权利有向组织单元中的核心能力拥有者倾斜的趋势。组织结构中组织单元群体利益的外在表现是利益驱动，内在动力是人心需求。组织围绕着"人性"这一主体波动，并与其他管理方式产生共振，共同形成企业组织管理文化场，对企业一切领域的管理方针、管理政策、管理制度、管理工具、管理方法、管理效果作出回答。科学技术压力和市场压力是组织结构变迁的外部力量，组织中的各种职能在复杂多变的环境中经过调整、磨合、适应、优化过程逐渐升级，使组织结构最终由金字塔形结构变成柔性网络型结构，使组织就像人体神经系统一样，高效、敏感、有序。

企业的组织模式并不是一成不变的。随着竞争方式和作业模式的改变，敏捷制造方式代替传统生产方式，柔性作业管理代替刚性生产控制，这些转变都会产生新的组织结构模式。

1.港口物流组织结构模式的类型划分

港口企业与其他企业都具有生产经营上的共性，因此，一般企业的组织结构模式同样适用于港口企业。

（1）直线制模式

直线制组织结构模式是最早出现的组织结构形式，它是以生产为导向，以完成生产任务为目标的一种组织结构。直线制组织结构要求企业组织与外部环境没有太多的物质交换和信息交流，没有太多的组织摩擦与碰撞，其特点是权利集中、责任分明、命令统一、控制严密。当技术和市场压力不大的时候，企业以产品为导向组织生产经营活动，员工作业比较规范，企业或组织与环境之间没有更多的物质交换和信息交流，这时组织多采用直线制。

（2）直线职能制模式

当市场和技术压力增大时，企业所处的外部环境越来越复杂，需要集中更多人的智慧，于是就产生了直线职能制。这种组合结构模式是在坚持直线指挥的前提下，设立职能参谋机构，并把某些特殊的任务授予职能部门的组织制度。

（3）事业部制模式

随着市场压力越来越大，企业之间的竞争日趋激烈，竞争方式已由价格竞争转变成为全方位的企业大战。科学技术给降低成本提供了条件，因此企业在发展中更主要的采用了规模经济的发展模式。这时,企业就自然采用了事业部制的组织结构。它是在总公司的领导下设立多个事业部,每个事业部有各自独立的初级产品和市场,实行独立核算,其经营原则是:集中决策、分散经营,高层决策层主要负责公司的战略和长远规划。

（4）扁平型模式

在扁平型模式中,港口企业的物流服务以物流团队的形式出现。作为一个过程管理者,在明确了团队的总体目标后,带领团队共同设计、组织全过程的物流服务。相对于直线职能制的功能型组织,扁平型结构能极大地缩短物流响应时间,为客户完全打造个性化的服务,是适应现代化物流发展的一种有效组织形式。但扁平型模式也存在其自身的弊端:当过程管理越来越多时,企业组织就不可避免地出现重复投入、人员冗余的现象,并且由于扁平型是对原有组织形式的彻底打破,所以实现起来比较困难。对于物流企业规模不大的港口,采取扁平型模式更有利其物流发展。

（5）矩阵制模式

矩阵制组织结构模式又称"规划—目标结构",它是把按职能划分的部门和按产品（或项目、服务等）划分的部门结合起来组成一个矩阵,是同一员工既同原来职能部门保持组织与业务上的联系,又参加产品或项目小组的工作。为了保证完成一定的管理目标,每个项目小组都设负责人,在组织的直接领导下进行工作。

这种新型的组织形式打破了传统的"顶头上司"的命令原则,使一个员工可能同时隶属于两个甚至两个以上的部门。其优点是:加强了各职能部门的横向联系,具有较大的机动性和适应性,实现了集权和分权的优化结合,有利于发挥专业人员的潜力,有利于各类人才的培养。缺点是:这种组织形式实行纵向横向双重领导,极易产生意见分歧,造成工作扯皮和管理矛盾;同时组织关系比较复杂,对项目负责人要求较高;由于这种组织具有临时性的特点,容易导致人心不稳。

（6）网络结构模式

随着市场和技术的进一步发展,社会化大生产终于由产业经济时代迈向知识经济时代,企业生产经营中的知识含量渐渐加大,企业的技术权力逐渐向第一线和基层转移。这样,企业逐渐将各个作业点演变成决策单元,在现代电子技术的催化下,这种演变最终形成了在电子计算机连接下,以每个作业点为终端的网络组织结构。

在网络组织结构中,信息是重要的神经中枢,企业为了获得更多的市场机会,制定详细的作战目标和行动方案,使企业的触角渗透到市场的各个角落,提高企业快速占领市场前沿阵地的反应能力,取得绝对性的竞争优势,企业运用网络组织的快速适应能力使企业的经营高效、灵敏。

网络信息是数字化技术把"0"、"1"有机地组合起来实现高节奏的"人—机对话",使组织采用有能力、有魄力、有知识的智慧型人才,直接面对市场、控制市场、决胜市场。在网络组织结构中,严格的等级制度命令链由知识网络形成的沟通所取代,由传统的命令沟通方式变为协商式的沟通方式,从而使组织高效、智能、柔性、开放。

网络性组织结构强调协调,它使得职位权威逐渐过渡到知识权威,使得序列活动逐渐过渡到同步活动,使得纵向交流逐渐过渡到横向交流,使得团队成员在严格的等级制度中的不信任和服从过渡到信任和诚实,使得管理边界由精确严格过渡到模糊柔软。

网络组织结构强调建立学习型组织,强调团队协作,强调知识能力,强调虚拟任务,强调以人为本,它的最大特征是对环境的快速反应和对战略的充分理解。战略资源决定企业的发展方向,核心稀缺资源决定企业组织结构的形式。在以信息化为主要特征的知识经济时代,网络结构是企业面对的一种组织结构选择。

(7)柔性组织结构模式

随着市场和技术压力的不断加大,使得知识在企业中迅速聚集。计算机导致新的技术革命,知识爆炸在企业中得到充分反映,企业的决策权势必向拥有相关知识的人员转移。知识经济使得企业的价值理念、管理机制、作业方式、营销手段、利益分享原则遭到前所未有的挑战,因此给企业提出新的管理课题,即新的经济形式需要新的游戏规则与之相适应。当企业拥有大量相关知识人员后,就具有应付不同形式的能力,这种适应变化的能力和特性称为柔性。而这种建立在知识经济基础上,能适合不断变化的环境能力的组织结构就是柔性组织结构。

柔性组织结构是指组织单元可以在一段时间之内完成不同的工作任务,快速适应需求变化,具有组织韧性和抗干扰、抗冲击的能力。柔性组织结构的特点是使企业走向虚拟经营,管理达到“无为而治”的境界。柔性组织结构对资源的配置理念由“资本中心主义”过渡到“知识中心主义”。

创新是柔性组织结构模式的灵魂,是组织存在的内在动力。柔性组织结构中群体融合、分工合作、共担风险和共同合作,是“1+1＞2”管理原则的具体体现。柔性组织结构具有“海绵功能”,具有极强的吸水性能和强大的生命力、凝聚力,是不容易破坏的一种组织形式。柔性组织通过组织成员的知识学习、心智修炼、能力提升、自我超越,使组织及时摆脱组织困境。柔性组织结构既要为员工创造有利于创新的环境,又不至于造成混乱;既要员工参与决策又使员工专心于自己的工作;既要集权又要分权;既要庞大又要精干;既要有制度约束又要有创新的行为空间。

这种柔性组织结构是建立在由核心能力所构筑的竞争优势基础上的。因此,构筑企业有别于其他企业的核心能力是选择和建立柔性组织结构的关键。

2.港口物流企业组织模式改革的主要途径

港口物流企业组织模式的选择,对于港口企业的发展具有十分重要的意义。改造港口(包括主业经营机制和组织模式),整合现有企业资源和外部资源,提升物流要素,是拓展现代物流的重要手段,是港口企业脱胎为现代企业组织的主要途径。

(1)提高物流组织部门和信息部门在港口企业管理层的地位

计划经济环境中,生产调度部门是港口企业的核心部门。在市场经济下的传统物流环境中,业务和揽货部门成为港口企业的核心部门。在现代物流环境中,物流策划、物流组织、物流信息部门应该成为港口企业的主导部门。如上海港军工路港务公司成立了物流办公室,暂挂在业务科内,表明该公司领导已经敏锐地看到了物流组织在今后港口生产经营中的重要作用,因而不是将其剥离在港口业务系统之外。

(2)加强组织结构调整,努力建设知识性港口

实施知识管理首先要打破原先的设置,建立起能适应知识经济要求的知识性港口的组织结构,使任何一名普通职工的信息、意见或建议都可以通过简化了的组织机构直接

传输到港口的高层领导。同时制定严格的民主管理与民主决策程序,充分尊重职工的意见和建议,努力做到公开、公正、公平,最大限度地增强决策的民主化和透明度,使职工内心深处找回自己是港口主人的感觉,并使之有强烈的归属感。这是知识管理模式对港口组织结构模式提出的要求。

(3)按照现代物流的特性改造生产系统

对于传统的港口生产业务系统进行物流化改造是完全必要的。物流化改造可以从以下几个方面入手:

①在业务部门内建立物流链管理系统,对建立在港口主业基础上的不同的物流链确立专人专项管理,确保物流链的有效衔接和畅通;对具备一定条件的物流链应建立专项物流中心,实施专业化物流管理。

②在业务部门内建立主要船公司和货主的专项管理系统,为每个主要船公司和货主固定专门业务人员,解决这些船公司和货主在本港的各种需求和物流服务,以专人配备包括电脑和传真机在内的各种必备的通信工具,保证这些船公司和客户在 24 小时内随时都能找到他,从而实现"全天候"和全方位服务,确保主流经过本港,保证主流畅通。

③减少管理层次,采用扁平化管理模式,业务经理直接管理若干条物流链,以提高物流服务中的时效性和应变能力。

④在港口企业内建立物流规划、物流设计和物流咨询的专门机构,不仅加强对主业实施物流化改造,而且要帮助货主、引导货主依托港区开辟现代物流。

总之,按照现代物流的理念改造主业,才能更好地发展主业;主业发展了,才能促进各类依托港口的物流企业和物流业务的兴旺发达,而兴旺发达的各项物流企业和物流业务又能使港口这一物流平台得到进一步的发展。

由于我国现代物流起步较晚,物流企业多采用与生产或销售企业类似的垂直型组织形式,导致运作成本较高,反映灵敏度低和物流效益低下,不利于塑造企业的核心竞争能力。现代物流的发展要求企业对物流活动实行一体化管理,建立以市场拓展为驱动的一条龙服务。增强管理系统的快速反应能力,减少管理层次,组织形式由职能化向过程化转变、由垂直化向扁平化转变。开展港口综合物流,要求港口根据自己所处的发展阶段和物流业务的运作特点,认真分析各种物流组织模式的优缺点,选择正确的组织创新方向和具体形式。

案例分析

上海国际航运中心建设探路:寻找中国的比较优势

2009 年 7 月,中国海事高峰论坛在上海举行,码头、船东、航运仲裁、航运金融等行业的代表齐聚一堂,共同研讨国际航运界的重要课题。

上海国际航运中心建设成为与会专家热议的话题。在国际航运中心建设众多可选择的路径中,上海将怎样凭借自身优势走出一条新的国际航运中心建设之路?

1. 国际航运中心建设的多种选择

国际航运中心已经存在了几个世纪,这不是一个新兴话题,在建设国际航运中心的道路上,上海并不寂寞。除了上海之外,有伦敦、新加坡、汉堡、香港等具有国际认同度的国际航运中心,还有挪威、釜山、迪拜、希腊等新兴的国际航运中心,或寻求航运中心功能升级的世界大港。

所谓的国际航运中心必须在造船、码头建设、航道疏浚、船舶租赁、船员管理以及航运金融、保险、咨询、法律服务等诸多方面具有突出的表现。航运中心要吸引船东落户,就要具备良好的航运传统、充足的货量需求、高质量的人力资源和法律环境等。

在具备建设国际航运中心的基本条件之后,不同的港口依据自身的特点选择了不同的航运中心发展之路。

比如,伦敦作为国际公认的航运中心,其优势体现在航运综合服务方面,包括航运金融、保险、经纪、咨询等。伦敦是国际航运信息中心、航运融资及海上保险中心,拥有世界上最重要的航运交易所,是世界领先的国际海事法律服务中心。

而汉堡港则以为西北欧提供航运物流服务而闻名,其具有年 500 万标准箱的吞吐量,集聚了众多国际知名船东,在船舶生产、维修以及航运保险等方面都表现不凡。

新加坡港凭借其优越的地理位置,成为国际上重要的转运港,并且其船舶维修、金融服务也享有盛誉。

概括而言,国际航运中心建设有三种模式:以市场交易和提供航运服务为主,如伦敦;以腹地货物集散服务为主,如鹿特丹;以货物中转为主,如新加坡。

2. 寻找自身比较优势

早在 1996 年,上海就已提出建设国际航运中心的目标。经过 13 年的努力,如今,上海港的货物吞吐量位居世界第一,集装箱吞吐量位居世界第二。

依托广阔的长江流域经济腹地,2008 年上海港的货物吞吐量和集装箱吞吐量分别达到了 5.8 亿吨和 2800 万标箱,双双名列前茅。从资源禀赋和发展历程来看,目前上海港在腹地型国际航运中心建设方面已具雏形。

随着时代的变迁,国际航运中心的功能也在不断升级。第一代航运中心的功能主要是航运中转和货物集散;第二代国际航运中心的功能是货物集散和加工增值;第三代国际航运中心除了货物集散功能外,还具有综合资源配置功能。如今,国际航运中心的定位正在逐步从货物集散功能向综合服务功能转变。

"考虑港口的实际承载力和环境容量,未来货物数量将不再是上海追求的主要目标,取而代之的是航运服务的完备和国际化水平的提高。"上海国际航运研究中心秘书长真虹教授指出。

这方面的典型案例是伦敦,凭借世界顶级的航运交易和金融服务,伦敦国际航运中心无论是经济效益还是影响力方面都要远胜腹地型的鹿特丹。

真虹认为,有了坚实的经济腹地作基础,上海下一步要做的就是配合金融中心建设完善航运金融服务,并努力提高自己的国际中转水平。因此,上海要走的实际上是一条"复合型"的国际航运中心建设道路,这也是上海相比于天津、大连等港口城市的优势所在。

3. 良性竞争是未来趋势

自 20 世纪 90 年代以来,世界各国都不惜投入大量人力、物力、财力兴建主要港口,港城竞争日趋激烈。以东亚为例,日韩都在争夺东北亚国际航运中心的地位,韩国雄心勃勃地要以釜山港和光阳港为中心港,加快推行港口扩建工程,全力建设"东北亚物流中心"。而日本则正在对港口资源优化整合作出新的规划,力图恢复作为亚洲地区关键的国际航运中心的地位。

激烈的竞争会使国际航运中心越来越少吗? 与会专家认为,航运中心不会减少,反而有可能增加,但是,有的航运中心能级会上升,有的航运中心能级会下降。而航运中心之间的竞争也将十分激烈。

上海国际航运中心建设已经明确了目标和主要任务,要建成国际航运中心,上海还需在以下方面努力:维持良性的航运供求关系,即货运需求与运力相匹配;配套的税收政策和优化的人力资源;较高的国际化程度;吸引具有领头羊地位的航运名企落户;形成良好的航运传统。

案例问题:

1.上海港要建设成为国际航运中心,需要营造怎样的政策与体制环境?

2.根据国际主要港口的物流发展经验与发展模式对我们的启示,上海港要建设成为国际航运中心应该注意哪些问题?

3.请您根据本章所学的知识,为上海港的发展制定一份战略规划。

⇨ 思考题

1.政策与制度环境对港口物流的影响主要表现在哪些方面?

2.世界典型港口的管理模式与经营发展模式各有哪些? 其主要内容如何? 对我国有何启示?

3.结合实例剖析我国港口发展存在的主要问题。

4.我国港口物流战略以环渤海、长三角和珠三角三大港群的区域定位。请分析其理由和应注意哪些问题。

5.港口物流发展模式的主要内容是什么?

第4章

港口物流企业与港口物流园区

本章要点

① 认识物流企业与港口物流企业,了解其类型,掌握其职能内容。

② 了解港口物流园区的含义与特征,理解其功能;掌握物流量预测的基本方法。

③ 理解保税区、保税物流、保税区物流等基本概念,了解港口与保税区之间的关系,理解并掌握区港联动的基本内涵。

4.1 港口物流企业

4.1.1 物流企业的概念及类型

1. 物流企业的概念

《物流企业分类与评估指标》(国家质量监督检验检疫总局与中国国家标准化管理委员会 2005 年 3 月 24 日发布)以国家标准的形式明确:物流企业是至少从事运输(含运输代理、货物快递)或仓储一种经营业务,并能够按照客户物流需求对运输、储存、装卸、包装、流通加工、配送等基本功能进行组织和管理,具有与自身业务相适应的信息管理系统,实行独立核算、独立承担民事责任的经济组织。

2. 物流企业的类型

按这一国家标准,中国的物流企业分为运输型、仓储型与综合服务型三类,并按评估指标,分为 AAAAA、AAAA、AAA、AA、A 五个等级。AAAAA 级最高,依次降低。

(1)运输型物流企业

运输型物流企业应同时符合以下要求:

① 以从事货物运输服务为主,包括货物快递服务或运输代理服务,具备一定规模;

② 可以提供门到门运输、门到站运输、站到门运输、站到站运输服务和其他物流服务；

③ 企业自有一定数量的运输设备；

④ 具备网络化信息服务功能，应用信息系统可对运输货物进行状态查询、监控。

（2）仓储型物流企业

仓储型物流企业应同时符合以下要求：

① 以从事仓储业务为主，为客户提供货物储存、保管、中转等仓储服务，具备一定规模；

② 企业能为客户提供配送服务以及商品经销、流通加工等其他服务；

③ 企业自有一定规模的仓储设施、设备，自有或租用必要的货运车辆；

④ 具备网络化信息服务功能，应用信息系统可对货物进行状态查询、监控。

（3）综合服务型物流企业

综合服务型物流企业应同时符合以下要求：

① 从事多种物流服务业务，可以为客户提供运输、货运代理、仓储、配送等多种物流服务，具备一定规模；

② 根据客户的需求，为客户制订整合物流资源的运作方案，为客户提供契约性的综合物流服务；

③ 按照业务要求，企业自有或租用必要的运输设备、仓储设施及设备；

④ 企业具有一定运营范围的货物集散、分拨网络；

⑤ 企业配置专门的机构和人员，建立完备的客户服务体系，能及时、有效地提供客户服务；

⑥ 具备网络化信息服务功能，应用信息系统可对物流服务全过程进行状态查询和监控。

4.1.2　港口物流企业的概念及类型

1.港口物流企业的概念

港口物流企业与港口密切相关。港口是城市的门户和窗口，是其所在地区的交通枢纽，连接着水路、铁路和公路，是物流供应链中重要的组成部分。港口具备装卸优势、堆场优势、仓储优势和技术优势，是物流服务的主体或主要提供者，是商贸流、资金流、信息流和人才流的聚集地。港口正成为现代物流体系的中心，并朝着综合物流中心方向发展。

港口物流企业是至少从事一种与港口物流有关的运输（含运输代理、货物快递等）或仓储经营业务，并能按照客户的物流需求对运输、装卸、仓储、流通加工、配送、报关等基本功能进行组织和管理，具有与其自身相适应的信息管理系统，实行独立核算、独立承担民事责任的经济组织。

2.港口物流企业的类型

参照《物流企业分类与评估指标》，港口物流企业分为三种类型：运输型港口物流企业、仓储型港口物流企业和综合服务型港口物流企业。

（1）运输型港口物流企业

运输型港口物流企业是指围绕港口物流开展与运输活动有关的企业，具体包括以下类型：

1）提供单一运输活动的企业

这类企业一般不参与港口物流其他相关的业务，仅仅开展单纯意义上的港口运输业务。提供单一运输活动的企业一般拥有自己的车辆或者船舶，使用自由的运输工具提供运输服务，一般不负责货物的装卸。企业不负责组织货源，而是由客户自己找上门来。

提供单一运输活动的企业一般包括两个方面的港口运输服务：一是从事路上集疏运输，具体包括货物从港口腹地集聚到港口的运输和货物从港口分拨到港口腹地的运输；二是从事港口与港口之间的货物水上运输。

2）提供运输、仓储和中转业务的企业

在现代港口物流系统中，由于货物种类繁多，运往的地点不同，因此出口等待装船的货物事先要在港口不同仓库、堆场进行集中和组合；进口货物抵港卸载，许多货物来不及由铁路、公路或水路中转出去，这些货物也需要在港口进行短暂的储存。

提供运输、仓储和中转业务的企业一般均拥有自己的中转仓库，在为货主提供运输服务的同时，也为货主提供短期的仓储服务，提供临时、简单的中转、集货、分货服务。

3）货代企业

货代是对货物的代理，主要为货主服务，接受货主委托，代办租船、订舱、配载、缮制有关证件、报关、报验、保险、集装箱运输、拆装箱、签发提单、结算运杂费，乃至交单议付和结汇。这些工作联系面广，环节多，货代企业把这些相当繁杂的工作相对集中地办理，协调、统筹、理顺关系，增强其专业性、技术性和政策性。

国际货运代理行业早在公元10世纪就已建立，初期为报关行，其从业人员多从国际贸易企业而来，人员素质较高，能为货主代办相当一部分国际贸易业务和运输事宜。在其发展过程中，有些国家曾试图取消它，让货主与承运人直接发生业务关系，减少中间环节，但都未成功，因为构成国际货运市场的货主、货代、船东（或其他运力）、船代四大主体，与港务码头、场、站、库等客体不能相混，兼营、交叉经营，会使国际货运市场竞争秩序出现混乱。国际货运代理行业的形成，是国际商品流通过程的必然产物，是国际贸易不可缺少的组成部分，因此该行业被世界各国公认为国际贸易企业的货运代理。其英文命名为FORWARDERS，并为其成立了国际性组织，即"菲亚塔"，英文缩写为"FIATA"。

4）船代企业

船代就是船舶代理的意思，顾名思义就是负责船舶的航线安排，航次时间的排定以及跟海关、边检和海事部门的协调，如外轮还要做好引水拖轮和码头的联系等，主要利润来自船佣、箱贴等。

船代与货代的区别是：两者的业务范围不同。货代代理货主办理配舱事宜，大部分货代还会提供货物报关、商检换证等服务；船代代理船东办理船舶靠泊手续，安排船舶在港口作业的有关事项。不过，目前有些货代公司也在经营船代业务，有些船代公司也在经营货代业务。只要营业执照中有相关的经营范围就可以了。

（2）仓储型港口物流企业

仓储型港口物流企业分为港口保税仓储企业和港口非保税仓储企业。

1）港口保税仓储企业

保税是指经海关批准，对进口货物暂不征税，而采取保留征税予以监管。保税货物是指进口时还不能确定该货物是否一定在国内消费，经海关批准暂时不办理纳税手续，待该货物最后在国内消费或者复运出境时，再对其征税或免税，办理纳税结关手续（详见4.3）。

港口保税仓储企业系指位于或毗邻港口，经海关批准，提供保税货物专业化储存服务的保税仓库企业。保税仓库是指经海关批准设立的专门存放保税货物及其他未办结海关手续货物的仓库。根据国际上通行的保税制度要求，进境存入保税仓库的货物可暂时免纳进口税款，免领进口许可证件（能制造化学武器的和易制毒化学品除外），在海关规定的存储期内复运出境或办理正式进口手续。保税仓库是保税制度中应用最广泛的一种形式，是指经海关核准的专门存放保税货物的专用仓库。

2）港口非保税仓储企业

港口非保税仓储企业系指位于或毗邻港口，提供非保税货物专业化储存服务的企业。由于港口运输主要采用集装箱运输，因此港口非保税仓储企业主要围绕集装箱仓储活动展开：其一是集装箱码头，负责处理集装箱的重箱和空箱的储存及相关活动；其二是集装箱货运站，处理货物的集聚、集装箱的拼箱与拆箱、货物的分拨活动等。

（3）综合服务型港口物流企业

综合服务型港口物流企业一般分为资产型港口物流企业和管理型港口物流企业两种。

1）资产型港口物流企业

资产型港口物流企业通常包括两种类型的资产：第一种是指机械、装备、运输工具、仓库、港口、车站等从事实物物流活动，具有实物物流功能的资产；第二种是指信息资产，包括信息系统硬件、软件、网络及相关人才等。

资产型港口物流企业是自己投资购买各种装备并建立自己的物流网点，向顾客提供一站式港口物流服务。资产型港口物流企业可以向客户提供稳定的、可靠的物流服务，由于资产的可见性，这种物流企业的资信程度比较高，对客户具有极大的吸引力。

资产型港口物流企业需要建立一套港口物流工程系统，这需要有很大的投资，同时维持和运营这一套系统仍然需要经常性的投入。另外，这一套工程系统一旦形成，虽然可以提供高效率的确定服务，但是很难按照客户的需求进行灵活的改变，往往会出现灵活性不足问题。

2）管理型港口物流企业

管理型港口物流企业不把拥有机械、装备、仓库、港口等从事实物物流活动、具有实物物流功能的资产作为向客户服务的手段，而是以本身的管理、信息、人才等优势作为其的核心竞争能力。管理型港口物流企业不是没有资产，而是主要拥有信息资产，包括信息系统硬件、软件、网络及相关人才等，通过系统数据库和咨询服务提供物流服务。在网络经济时代，管理型港口物流企业实际是以"知识"作为核心竞争能力，通过网络信息技术的深入运用,以高素质的人才和管理力量,利用社会的设施、装备等劳动手段最终向客户提供优良服务。

管理型港口物流企业自己不拥有需要高额投资和经营费用的物流设施、装备,而是灵活运用别人的生产力手段,这需要有效的管理和组织。而要做到这一点,信息技术的支撑是非常重要的手段。管理型港口物流企业的最大优势,除了信息能力、组织能力、管理能力之外,由于不拥有庞大的资产,同时可以有效地运用虚拟库存等手段,获得较低的成本。

4.1.3 港口物流企业的职能

1. 港口物流企业的宏观职能

在市场经济条件下,社会生产总过程是由生产、分配、交换和消费四个基本环节构成的。生产是起点,消费是终点,分配和交换是中间环节。商品的流通是社会生产总过程中相对独立的环节,是连接生产和消费的中间环节。生产企业只有相互交换各自的物质产品,才能使各自的生产过程不间断地连续进行。因此,社会物质产品的生产能力同社会物质产品的流通能力是彼此制约、互相作用的。

港口物流企业作为独立于生产企业之外,专门从事商品交换活动的经济实体,从全社会来看,其宏观职能按照供求状况来完成物质的交换,解决社会生产与消费之间在数量、质量、时间和空间上的矛盾,实现生产和消费的供求结合,保证社会再生产的良性循环。这是港口物流企业的宏观职能。

2. 港口物流企业的基本职能

港口物流企业是港口物流服务的供应商,其基本职能已突破了传统的仓储运输等,转而提供以满足客户需求为核心,以资源优化配置为目标,以信息技术为支撑,以专业化服务为保证的整体港口物流解决方案。具体包括以下几方面。

(1)港口物流企业运送货物实体的职能

物质产品在生产和消费之间的空间矛盾客观存在。因为某类物质产品的生产在空间位置上相对分散,消费相对集中;或者相反,消费相对分散,而生产相对集中,只有当它们完成了空间位置的移动时,才能满足消费的需求。港口物流企业运送货物实体的职能是其首要的基本职能。

(2)港口物流企业储存商品的职能,即“蓄水池”职能

商品储存是指物质产品离开生产领域,但还没有进入消费领域而在流通领域内的暂时停滞。港口物流企业的这一职能是由生产社会化决定的,即每个生产企业生产的商品具有单一性,而其消费却是多样性、复杂性的。港口物流企业储存商品的职能是为了克服生产和消费在时间上的距离,保持供应上的连续性而形成的。它具有保管、调节与配送功能。

(3)港口物流企业的信息流通职能

在市场经济社会,最重要、最大量的信息来自市场。由于港口物流企业在连接产需双方及其直接置身于市场的特殊地位,使它们在搜集信息方面具有得天独厚的条件,将

市场供求变化和潜在的信息反馈给供需双方,起到了指导生产、引导消费、开拓市场的作用。

(4)港口物流企业的功能整合的职能

港口物流企业的功能整合,具体体现在两方面:一方面,港口物流企业可以通过专业化服务(如货代、船代等),整合客户所需要的各种港口物流活动,提供功能最佳、成本最低、效率最高的港口物流服务;另一方面,就是对各种港口物流功能性活动进行重组和协调,使其形成一个完整的系统,以提高系统的整体效率,实现系统的整体效益。港口物流企业在整个供应链中具有承上启下的作用,通过港口物流企业可以将生产企业、流通企业和最终用户联系起来,实现港口物流、商流和信息流的统一。

(5)满足客户对港口物流服务的全方位需求,降低交易成本,提升客户竞争能力的职能

港口物流企业的存在目的就是满足客户的各种港口物流服务需求。现代港口物流企业以现代物流信息管理技术为支撑,使传统的港口运输服务提升到一个新水平。现代港口物流企业通过为客户提供专业化港口物流服务,优化客户港口物流系统,为客户提供系统有效的物流服务,降低客户存货资产,缩短运输配送周期,以帮助客户提高交易效率,降低交易成本,提升客户的竞争能力。

4.2　港口物流园区

4.2.1　港口物流园区的含义与特征

1. 物流园区的含义

物流园区也称为物流基地,是物流中心在地理位置上的集中所形成的具有某一种或多种特定业务功能的区域,是各种物流设施和物流企业在空间上集中布局的场所,是物流系统中的重要节点,是提供物流服务的重要场所。又有人将物流园区定义为:"是从事专业物流产业,具有公共公益特性的相对集中的独立区域。"

物流园区是各项物流功能的集成。物流功能的绝大部分作业可以在物流园区内或以物流园区为基础的延伸服务过程中完成。因此,在一定区域范围内规划设置物流园区,为企业及第三方物流经营者提供一定的、相对集中布局的用地空间,既可满足区域现代物流发展的需要,又有利于物流基础设施的集中布局与建设,同时又可避免物流发展给城市环境带来的不利影响。

物流园区是一个空间概念,与工业园区、科技园区等概念一样,是集中连片的相同或相关产业区域,并且实行统一物业管理。物流园区是物流中心的空间载体,与空间意义上的物流中心基本一致;但它本身不是物流的管理和经营实体,是数个或多个物流管理和经营企业的集中之地。物流园区的规划和开发建设多是统一进行的,并往往由专门的物业企业统一管理。

物流园区根据其所覆盖的地域大小以及功能设施多少可分为三个层次：

第一层次：物流点(logistics site)。此类物流据点具有一定的物流设施，并有明显的地域边界，同时由一个经营者进行经营管理。当然该物流经营者不一定是该物流场所的所有人，也就是说他可能是为自己经营，也可能是为其他企业经营物流设施。其经营业务以撤装和零散运输为主。此类物流据点通常是某一物流业务网络（如快递业务网络、制造商仓储网络或配送网络）的组成部分。但是此类据点不一定涉及多种运输方式，如可能仅仅处理道路运输业务。

第二层次：物流区(logistics zone)。此类物流据点包含多个物流点，也有明显的地域边界，其运输基础设施涉及多种运输方式（如至少包括铁路、公路），并由多个经营者进行运作。物流区通常是由政府、商会以及企业根据区域发展的需要共同设立的。

第三层次：物流极(logistics pole)。这是一个地域面积很大，物流设施与物流活动高度集中的物流区域。它没有明显的地域界限。其运输基础设施也涉及多种运输方式，除铁路、公路外，至少还包括下列运输方式中的一种：海运、航空或内河航运。物流极包括众多物流点，通常是由一个联合机构或社团共同管理。

2.港口物流园区的含义与特征

(1)含义

港口物流园区是物流园区总概念下一个具有港口特征的物流经济区域。借鉴港口特点和国内外港口物流园区建设经验以及相关项目的界定，我们给出以下定义：港口物流园区是指以港口为依托，由多个物流组织设施和专业化物流企业构成，以降低物流成本，提高物流组织和运作效率，改善企业服务为目的的，具有装卸、仓储、运输、加工等基本功能，和与之配套的信息、咨询、维修等综合服务功能的规模化、功能化、信息化物流组织和经济运行区域，是发挥综合协调和基础作用的物流设施的区域集合体，是大规模、集约化物流设施的集中地和物流线路的交汇点，具有综合多种物流方式和物流形态的作用。

(2)特征

港口物流园区具有以下特征：

1)集群化

港口物流以物流园区的空间形态集聚发展，宏观上有利于城市物流系统的合理布局，有利于城市物流资源的整合和优势互补，可以全面拉动城市经济发展；微观上对于港口及物流企业本身，由于不同功能的物流企业聚集在同一区域内，共同为港口物流服务，功能互补，减少了物流中间环节，提高了物流服务的速度和效率；提升了物流满足客户需求的服务水平。

2)信息化

现代物流业采用先进信息技术、运用现代化的物流设备和管理设备，来实现物流操作手段的现代化。现代物流的信息化商品代码、数据库，港航信息服务的标准化、实时化、数据化，运用数据平台和资源库，在运输网络合理化和系统化的基础上，整个物流系统才会实现管理电子化，从而使得现代物流进入以网络技术和电子商务为代表的信息化阶段。

3）系统协同化

现代港口物流是一个系统,包括运输、仓储、包装、搬运、装卸搬运、流通加工、物流信息等环节,每个环节都有各自的职能,不可或缺。只有各环节协同发展,才能顺利完成每笔港口物流业务,才能实现物流的最优服务。

4）一体化

物流一体化就是以物流系统为核心的由生产企业经由物流企业、销售企业,直至消费者的供应链的整体化和系统化,它是物流业发展的高级和成熟阶段。当一体化系统发展到一定阶段,以港口物流为联系的港口物流企业关系就会形成一个网络关系,即一体化的港口物流网络,以保证整个港口物流系统以经济的方式运行,达到提高物流效率、降低物流成本的效果。

3.港口物流园区建立的意义

首先,港口物流园区的建立可以吸引、汇集更多的物流,使港口物流诸功能的实现更为方便,从而使更多的港口物流企业入驻港口物流园区,给港口带来稳定的货源,以创造更好的就业机会,有利于提高港口竞争力。

其次,港口物流园区的建立可以使商品流通渠道畅通,通过提高企业的消化能力而促进企业生产,带动本地经济和腹地经济共同发展。

再次,港口物流园区的建立,可借助效益显著的港口工业功能发展临港工业。港口是生产要素的最佳结合点,许多依赖进口原材料的钢铁厂,往往都建在港口地区,世界主要港口基本上都是重要的工业基地。港口物流园区的建立,将使该地区的产业结构得以调整。港口物流及相关联产业的发展,将加大第三产业的比重,使产业结构趋于合理化。

最后,港口物流园区的发展和地区城市的发展是相辅相成的。港口物流园区的发展,将带动城市经济和第三产业的发展,从这个角度可以认为,物流园区是一种“推进型产业”。港口物流园区能推动当地城市经济的发展,尽管在发展初期可能会促使城市与周边地区的差距拉大,但从长远看,物流园区的经济效应会向周边地区辐射,带动周边地区的全面发展和提升。

4.2.2　港口物流园区的功能

1.港口物流服务组织与运作管理功能

港口物流园区在功能上首先是物流服务组织和物流运作管理的功能,即物流活动所必须具备的转运、集散、贮存、运输、装卸、配送和流通加工功能。

（1）转运衔接功能

港口物流园区的功能应该体现在运输方式的衔接作用上,港口作为连接多种运输方式的枢纽,在物流园区承担着重要的货物装卸、转运功能,主要表现在要实现公路、铁路、河运、海运等多种不同运输形式的有效衔接。

（2）货物集散功能

港口物流园区的功能还体现在它是实现货物集散的场所,通过集装箱运输枢纽、零担货物运输场站、货运配载场站等,实现物流汇集、仓储、分类、包装、分拨等运作服务。

（3）分拨配送功能

通过港口物流园区,实现物流的仓储、分拨和配送,通过增加商业设施、会展中心、大型批发市场等,拉动物流需求,减少流通成本。

（4）流通加工功能

流通加工是物流活动比较高级的形式,在港口物流园区实现简单的切割、分装、组装、标签等产品流通加工,增加产品的附加值。

（5）物流活动管理功能

港口物流园区,同时也是对物流活动指挥、管理中心和信息服务的中心,通过园区将信息集中,达到指挥调度的功能。

（6）其他功能

作为一种公共事业,港口物流园区除了承担以上功能之外,还应该在软件建设方面、物流平台开发上发挥应有的创新作用。比如,信息系统的构筑、专业人才的培养培训、产业政策的研究制定、物流理论的研究探讨等。

2.港口物流配套服务功能

港口物流园区除了提供港口物流的核心功能外,还需要相应的物流服务功能相配套。

（1）货运代理、报关功能

港口物流园区涉及货物的出口、装船及报关报验,为了提高工作效率,港口物流园区应提供货运代理,报关业务。鉴于港口物流园区是现代化,高效化和信息化的经济运作区域,网上配套服务有着广阔的发展空间。

（2）信息服务功能

港口物流园区将提供物流跟踪信息查询、物流提供方和服务方信息查询,并定期发布物流统计与预测信息,以提高物流运作效率和物流管理质量。

（3）提供银行金融保险服务功能

现代商务活动与银行、金融、保险是密不可分的,港口物流园区应提供这一方面的配套服务。

3.经济开发和城市建设功能

港口物流园区的作用不仅在于物流本身,更表现在港口经济开发和城市建设功能上。

（1）物流基础设施项目的开发功能

港口物流园区的经济开发功能体现在物流基础设施及经营所产生的经济效益上。基础设施项目对经济发展具有开发性功能,已被宏观经济领域所认识。

（2）商业交易平台的构筑功能

港口物流园区通过集聚效应扩大了企业的商圈,增加了交易的机会。物流园区通过对资源进行优化整合,发挥其经济集聚作用,不仅使本企业的综合竞争力得以提升,还能够带动产业链条上的相关企业的发展,从而带动临港工业和当地经济的发展。

（3）改善城市环境,提升城市形象功能

通过优化整合资源,发挥园区系统优势,以利于生产、方便生活、优化交通、开发沿途房地产、提升城市形象,满足城市功能发展的需要。

4.辐射、拉动功能

作为一个港口物流园区,它的服务区域不能仅仅按行政区域来划分,而应该考虑它自身的辐射、拉动半径,这个半径很可能不再局限于某个行政区域,而是一个经济区域。

4.2.3 港口物流园区物流量预测

1.物流量

"物流量"是物流园区生产中的重要概念,是物流活动各环节产生的实物在物流活动中数量的总和,包含货运量、库存量和配送量等部分。

物流量作为物流学科中一个十分重要的概念,现阶段我国还没有一个物流量的统计指标。在进行区域及地方物流系统规划,物流园区及配送中心、物流接点的规划与建设时,一般把货运量作为进行物流量分析的类比指标来进行物流量的预测与分析。因此,对货运量的预测不仅能为园区发展提供重要参考,还能为合理规划物流园区规模、建设基础设施、改进作业条件提供科学依据。

需要指出的是,运输量在一般情况下不等于物流量,只是物流量的一个重要组成部分,因此,利用货运量来指导物流相关基础建设的科学性存在争议。从理论上,定义及计算物流量必须从整个物流系统来把握,除了运输量外,物流量还包括库存量、终端配送量、内向物流量、装卸搬运量等。

2.港口物流量预测

由于历史原因,虽然近几年港口物流的发展是空前的,但单纯的物流量数据统计却较少。根据腹地物流量推算出该物流园区的物流量理论上可行,但实际操作往往非常困难。

由于港口物流园区是依托港口而发展起来的物流园区,港口物流园区的货物来源也主要是港口。由此,可以先根据已知港口吞吐量的统计资料,推算预测出该地区港口的货物吞吐量,进而预测出物流园区的物流量。

(1)吞吐量推算法

有时一个港口有几个港区,每个港区又有一个配套的物流园区,另外有一些货物是不通过物流园区直接到达客户手中,于是就必须对进入该港的总物流量进行流量分配。以集装箱物流为例,首先测算出某港区集装箱吞吐量;然后根据物流的构成和流向分析,采用定性定量分析的方法,确定出物流园区的物流作业量占整个港区吞吐量的比重,进而得出某物流园区的物流量;最后进一步通过定性定量分析测算出进入作业区、堆存区的物流量。

吞吐量推算法之所以比较可行,关键是港口吞吐量数据的可获得性。

吞吐量推算法的具体推算公式如下:

$$Q_j = p\% \times q\% \times y_j \qquad\qquad (4.1)$$

式中:Q_j——第 j 时刻总物流量;

$p\%$——集装箱进入该港区的比例;

$q\%$——集装箱进入该园区的比例;

y_j——第 j 时刻的总吞吐量。

$p\%$、$q\%$可以根据历史数据,分析当地物流发展水平、各个港区的通过能力、物流园区的功能定位以及未来发展规划,通过定性、定量的方法确定;y_j可以通过预测方法获得。

(2)集装箱生成法

集装箱生成量的大小与外贸进出口水平有很大的关联,同时受外贸产品结构、单位外贸产品货值、适箱货物实际装箱比例及运输组织水平等因素的影响。

集装箱生成法全面、完整地考虑与集装箱生成量有关的各种因素,以动态的观点综合分析每一个因素的变化并在预测中定量描述这些变化规律。具体讲,可以根据腹地发展计划和外贸发展趋势,测算出腹地外贸进出口额,然后根据腹地货物结构和发展趋势,预测未来年份外贸货物的集装箱适箱率,根据外贸货物的结构和价值、集装箱装箱率,确定每亿美元集装箱生成量。在此基础上,根据港口所处的位置,分析预测腹地集装箱到达该港口的份额,从而获得外贸集装箱物流量。具体可以通过以下公式推算:

$$Q_j = p\% \times q\% \times k_1\% \times k_2\% \times k_3\% \times Y_j \qquad (4.2)$$

式中:$k_1\%$——适箱货金额比率;

$k_2\%$——箱量生成系数(标箱/亿美元);

$k_3\%$——适箱货装箱率;

Y_j——第 j 时刻的总外贸额的趋势估计值。

$k_1\%$、$k_2\%$、$k_3\%$可以根据历史数据统计获得,或者可以结合经济与外贸结构、集装箱装箱趋势,由专家综合定性定量后给出;Y_j可以通过预测方法获得。

(3)一般预测方法

一般预测方法于20世纪六七十年代在美国逐步兴起。预测是指对事物的演化预先作出的科学推测。广义的预测,既包括在同一时期根据已知事物推测未知事物的静态预测,也包括根据某一事物的历史和现状推测其未来的动态预测。狭义的预测,仅指动态预测,也就是指对事物的未来演化预先作出的科学推测。预测理论作为通用的方法论,既可以应用于研究自然现象,又可以应用于研究社会现象,如社会预测、人口预测、经济预测、政治预测、科技预测、军事预测、气象预测等。

按预测的范围或层次分类,可以分为宏观预测(指针对国家或部门、地区的活动进行的各种预测)和微观预测(是针对基层单位的各项活动进行的各种预测)。宏观预测应以微观预测为参考;微观预测应以宏观预测为指导,两者相辅相成。

按预测时是否考虑时间因素可分为静态预测(指不包含时间变动因素,对事物在同一时期的因果关系进行预测)和动态预测(指包含时间变动因素,根据事物发展的历史和现状,对其未来发展前景作出的预测)。

按预测的时间长短来分类,可以分为长期预测、中期预测、短期预测和近期预测。

按预测方法的性质分类,可分为定性预测和定量预测。

定性预测指预测者通过调查研究,了解实际情况,凭自己的实践经验和理论、业务水平,对事物发展前景的性质、方向和程度作出预测的方法。定性预测在工程实践中被广泛使用,特别适合于对预测对象的数据资料(包括历史的和现实的)掌握不充分,或影响因素复杂,难以用数字描述,或对主要影响因素难以进行数量分析等情况。

定性预测的主要方法有:德尔菲法、主观概率法、预兆预测法、厂长(经理)评判意见法和推销人员估计法等。

德尔菲法是根据有专门知识的人的直接经验,对研究的问题进行判断、预测的一种方法,也称专家调查法。它是美国蓝德公司于1964年首先用于预测领域的。德尔菲法具有反馈性、匿名性和统计性特点,选择合适的专家是做好德尔菲预测的关键环节。

主观概率是人们凭经验或预感而估算出来的概率。它与客观概率不同,客观概率是根据事件发展的客观性统计出来的一种概率。在很多情况下,人们没有办法计算事情发生的客观概率,因而只能用主观概率来描述事件发生的概率。主观概率法是一种适用性很强的统计预测方法,可以用于人类活动的各个领域。

预兆预测法就是通过将经济指标分为领先指标,同步指标和滞后指标,并根据这三类指标之间的关系进行分析预测。

厂长(经理)评判意见法就是由企业的负责人把与市场有关或者熟悉市场情况的各种负责人员和中层管理部门的负责人召集起来,让他们对未来的市场发展形势或某一种大市场问题发表意见,作出判断;然后,将各种意见汇总起来,进行分析研究和综合处理;最后得出市场预测结果。

推销人员估计法就是将不同销售人员的估计值综合起来,作为预测结果值。由于销售人员一般都很熟悉市场情况,因此,这一方法具有一些优势。

定性预测的优点是注重于事物发展在性质方面的预测,具有较大的灵活性,易于充分发挥人的主观能动作用,且简单迅速,省时省费用。定性预测的缺点是易受主观因素的影响,比较注重于人的经验和主观判断能力,从而易受人的知识、经验和能力的束缚和限制,尤其是缺乏对事物发展作数量上的精确描述。

定量预测是指根据准确、及时、系统、全面的调查资料和信息,运用软计算方法和数学模型,对事物未来发展的规模、水平、速度和比例关系的测定。

定量预测基本上可分为两类:时间序列预测法和因果分析法。

时间序列预测法是将预测对象的历史数据按照时间的顺序排列成为时间序列,然后分析它随时间的变化趋势,外推预测对象的未来值。这样,就把影响预测对象变化的一切因素由"时间"综合起来描述了。时间序列预测法是以一个指标本身的历史数据的变化趋势,去寻找市场的演变规律,作为预测的依据,即把未来作为过去历史的延伸。时序预测法包括平均平滑法、趋势外推法、季节变动预测法和马尔可夫时序预测法。

因果分析法,按事物之间的因果关系,知因测果或倒果查因。因果预测分析是整个预测分析的基础。它包括一元回归法、多元回归法和投入产出法。回归预测法是因果分析法中很重要的一种,它从一个指标与其他指标的历史和现实变化的相互关系中,探索它们之间的规律性联系,作为预测未来的依据。在经济预测中,人们把预测对象当作因变量,把那些与预测对象有关的因素当作自变量,收集自变量的充分数据,应用相关分析和回归分析求得回归方程,并利用回归方程进行预测。投入产出法是研究经济体系(国民经济、地区经济、部门经济、公司或企业经济单位)中各个部分之间投入与产出的相互依存关系的数量分析方法。

定量预测的优点是偏重于数量方面的分析,重视预测对象的变化程度,能作出变化程度在数量上的准确描述;它主要把历史统计数据和客观实际资料作为预测的依据,运用数学方法进行处理分析,受主观因素的影响较少;它可以利用现代化的计算方法来进行大量的计算工作和数据处理,求出适应工程进展的最佳数据曲线。定量预测的缺点是比较机械,不够灵活,对信息资料质量要求较高。

4.3　保税港区

4.3.1　保税区与保税区物流

1.保税区基本概念

我国海关总署 1997 年 8 月 1 日发布的《保税区海关监管办法》规定:"保税区是海关监管的特定区域。海关依照办法对进出保税区的货物、运输工具、个人携带物品实施监管。保税区与中华人民共和国境内外的其他地区(以下简称非保税区)之间,应当设置符合海关监管要求的隔离设施。"简单地说,保税区就是经国务院批准设立的、海关实施特殊监管的经济区域,是我国目前开放度和自由度最大的经济区域。

保税区是中国继经济特区、经济技术开发区、国家高新技术产业开发区之后,经国务院批准设立的新的经济性区域。由于保税区按照国际惯例动作,实行比其他开放地区更为灵活优惠的政策,它已成为中国与国际市场接轨的"桥头堡"。

保税区具有进出口加工、国际贸易、保税仓储、商品展示等功能,享有"免证、免税、保税"政策,实行"境内关外"运作方式,是中国对外开放程度最高、运作机制最便捷、政策最优惠的经济区域之一。

1990 年 6 月,经中央批准,在上海创办了中国第一个保税区——上海外高桥保税区。1992 年以来,国务院又陆续批准设立了 14 个保税区和一个享有保税区优惠政策的经济开发区,即天津港、大连、张家港、深圳沙头角、深圳福田、福州、海口、厦门象屿、广州、青岛、宁波、汕头、深圳盐田港、珠海保税区以及海南洋浦经济开发区。目前全国 15 个保税区隔离设施已全部经海关总署验收合格,正式投入运营。

经过多年的探索和实践,全国各个地区保税区已经根据保税区的特殊功能和依据地方的实际情况,逐步发展成为当地经济的重要组成部分,目前集中开发形成的功能有保税区物流和出口加工。

随着中国加入 WTO,全国保税区逐步形成区域性格局,南有以广州、深圳为主的珠江三角洲区域,中有以上海、宁波为主的长江三角洲区域,北有以天津、大连、青岛为主的渤海湾区域。三个区域的保税区成为中国与世界进行交流的重要口岸,并形成独特的物流运作模式。

2.保税区的优势

中国保税区有两个突出的优势,既政策优势和区位优势。

(1)保税区的政策优势

保税区最主要的政策优势是在保税区内实施"免证、免税、保税"政策。具体内容有:①加工企业生产的产品,除国家另有规定外,免领出口许可证,免征出口关税和出口增值税。②区内生产性的基础设施建设项目所需的机器、设备和其他基建物资,予以免税。③区内企业自用的生产、管理设备和自用合理数量的办公用品及其所需的维修零配件,生产用燃料,建设生产厂房、仓储设施所需的物资、设备,予以免税。保税区行政管理机构自用合理数量的管理设备和办公用品及其所需的维修配件,予以免税。④区内企业为加工出口所需的原材料、零部件、元器件、包装物件,予以免税。前款几项规定范围以外的货物或者物品从境外进入保税区,应当依法纳税,转口货物和在保税区内储存的货物按照保税货物管理。⑤区内企业从境外进口的原材料、零部件、元器件、包装物料,予以保税。从事保税性质加工、其加工产品全部出口的,免征加工环节增值税。

保税区是中国大陆具有"境内关外"性质的开放度最大的特殊经济区域,除了具有"免证、免税、保税"政策以外,还具备一些独特的政策优势:①境内外企业、组织及个人均可在保税区内从事国际贸易及相关业务。②从境外进入保税区储存的货物不征收关税及进口环节增值税、消费税,不实行配额、许可证管理,仓储时间不受限制。③国外货物在保税区与境外自由进出。④保税区中外资企业均可开设外汇现汇账户,实现意愿结汇,从事保税区与境外之间贸易不办理收付汇核销手续。⑤区内货物可以在保税状态下进行分级、包装、挑选、分装、改装、刷贴商标或标志等商业性加工。⑥境外企业的货物可委托保税区企业在区内储存并由其代理进口销售等。

2003年7月,我国正式批准天津、上海等保税区开展赋予企业进出口的经营权试点工作,从而结束了保税区企业没有贸易进出口权的局面。而港区联动试点工作的全面展开则更为进口贸易的发展拓宽了道路。据悉,继上海外高桥保税区之后,天津等7个保税区也将获得港区联动试点单位权。

(2)保税区的区位优势

所谓区位优势,从经济角度讲,就是指设定的区域在走向国际市场,实现生产要素、产品、技术等在国际国内间的自由流动的过程中,其地理位置显示的独特的优越条件。利用区位优势设置的特殊经济区域,辅之以优惠政策和良好的基础设施来创造该地区的竞争优势,是一国政府强化对外来资金和技术吸引力、出口贸易扩散力、走向世界经济一体化能力的优势再造。这种优越条件,主要表现为以下三种情况。

第一种表现为具有天然生成的相当便利的交通,使这一地区在国际交往、资金、人员、商品等经济上的交流十分方便。具有这种优势地理位置条件的地区一般都靠近沿海,那里有良好的港口条件。沿海地区海上交通不仅便利、畅通,而且海运成本低于任何一种陆上运输成本,能够很方便地实现与全球各国各地区的经济交往。

第二种表现是因与经济上比较发达的国家或工业区相邻而产生的经济联动效应。两地毗邻,发达地区或国家在经济上会对落后地区产生较强的示范和带动效应,耐用也容易使落后地区的经济运行方式与邻近发达地区相对接,形成一定空间的超政治制度的经济联动或一体化圈带。

第三种表现是具有丰富而廉价的自然资源。以丰裕的自然资源为条件,可以大量引进外来资金、先进技术,可以加强内外经济交往。

我国15个保税区均分布在沿海发达地区,交通与区位优势突出,并具有广泛的辐射效应。首先,我国保税区从地理位置上来说,都位于港口城市,或在港口附近,或在港内。其次,海、陆、空、铁交通网络发达。像天津港保税区,位居亚欧大陆桥起点,京津塘、津塘等高速公路将其与天津港、天津滨海国际机场直接连通。区内铁路与京山线等国家线铁路网络相连。最后,腹地广阔。作为城市经济的最前沿,保税区均拥有了广阔的腹地资源。天津港保税区的经济腹地就涵盖了天津市、北京市、河北省和山西省、陕西省等11个省、自治区、直辖市。

3.保税区的运作方式

基于海关和外汇的特殊管理机制,保税区形成了特殊的围绕四大基本功能的基本运作方式。

(1)保税仓储等保税物流运作方式

保税区内实行"境内关外"的政策,这样一来在保税区内形成相当宽松优惠的保税政策,即货物从海外进入保税区不视同进口,只有从保税区再进入国内其他区域时才视同进口,货物从国内到保税区视同出口,这样就形成了以保税仓储为核心内容的保税物流运作形式。

"三资"加工贸易企业可以利用保税区的物流功能,从保税区进口原材料,将半成品或成品出口保税区,完成加工贸易的核销工作,将各种转厂手续变成进出口手续,从而大大提高物流效率,节省物流成本,此外还可以将出口的产品进行内销而没有内销比例等审批限制。

在中国采购的国际企业可以将采购出口货物的配送中心设在保税区,直接对国外市场进行货物配送,从而解决销售地的高成本配送问题。

销售中国市场的进口货物可以先存储在保税区内,再根据实际的销售数量和形式进行货物清关工作,一方面可以减少供应链维系的资金积压成本(海关税金占用流动资金),另一方面可以适应中国企业的不同销售形式(免税销售和完税销售)。

(2)出口加工等加工运作方式

保税区的加工贸易企业不实行银行保证金台账,不实行外汇核销制度,非常有利于企业开展出口加工工作。

保税区内加工贸易企业使用的进口设备全部免税,不受项目内容限制和投资总额的限制。

(3)国际贸易等贸易运作形式

中国国内目前还不允许外资独资成立单纯贸易性企业,但在保税区可以成立,并可以取得一般纳税人的权利,拥有人民币账户、可开增值税发票,实际上已经拥有在国内从事纯贸易活动的权利,这是保税区的国内贸易功能。

目前国内的贸易性公司无法从事转口贸易,但保税区内企业有外币的现汇账号,可以从事外币结算货物的贸易活动,实际上是拥有了国际转口贸易的功能。

保税区内的贸易性企业同时拥有国内贸易和转口贸易双重身份的权利,这就使得保税区的贸易功能多样化。

(4)商品保税展示等展示运作方式

由于保税区实行的是国际自由贸易区的模式,因此国际商品的保税展示成为一项重要的保税区功能运作形式。

从国外运往中国的货物可以在保税区内进行商品展示,可以设立相应的展览馆,安装模拟使用各种国际产品,这样非常有利于国际产品销售到中国,一方面大大降低了展览成本,简化了展览产品的通关手续,另一方面缩短了考察的时间,相应减低了国内企业的采购成本。

目前在全国的保税区内主力展示的商品为保税汽车和大型工程机械成套设备,由于这些产品在国内展示的成本非常高,保税区展示优势就非常突出。

4.保税物流与保税区物流

目前,对保税物流还没有正式的、统一的定义。保税是滞后纳税或滞后核销,是海关对特定区域、特定范围的应税进口货物暂缓征税,当货物离开该特定区域、特定范围时,根据货物的真实流向决定征税与否的一种制度。对货物的保税可减少经营者的流动资金占用,加速资金周转。

根据《中华人民共和国海关法》,保税货物是指经海关批准未办理纳税手续进境,在境内储存、加工、装配后复运出境的货物。从这个意义上来看,保税物流是指保税货物的流动过程,它是伴随保税区的各项功能活动的展开而产生的物流活动。保税物流形式是由保税区功能活动所决定的,保税物流发生在保税区之内。

保税区物流是发生在保税区的物流活动。"保税"是保税区政策功能的基本特征,却不是唯一的特征,保税区除了"保税"特征之外还包括"免税"特征。所以,发生在保税区的物流活动不仅仅是保税物流,还包括免税物流(国际中转物流、较大型保税区的区内自用免税物流)和已税物流。

从以上的分析来看,保税区物流的范畴比保税物流更广些。联系保税区的四种基本运作形式,可以看出这些运作形式中所涉及的货物都是保税货物,所以我们这里主要介绍保税物流。

5.保税物流的发展

保税物流的发展是随着保税区的改革和发展而发展的,中国的保税区发展主要经历了两个阶段:一是从1990年上海外高桥保税区设立开始到2003年国务院正式批复同意"上海外高桥保税区区港联动试点"为止,这是传统的保税区阶段;二是从2003年至今,保税区进入了一个新的发展阶段,即保税区区港联动阶段。相应地,保税物流也经历了两个阶段,即传统保税物流阶段和区港联动后的保税物流阶段。

(1)传统保税物流阶段

传统的保税区,是在当时中国国情与外向型经济战略的特殊背景下,作为自由贸易区的替代模式提出的。一方面,保税区既在一个相对封闭的区域里实现了无关税的自由贸易,又能避免对国内经济的过分冲击。因此,保税区本身就是一种符合中国改革开放思路的平衡机制。另一方面,20世纪90年代初,世界经济正处于一个低谷期,中国的政治经济环境也相当严峻,客观上并不具备建立完全意义上的自由贸易区的条件,政治上也不允许有这样超前的提法。而在保税区的概念下,中国尽可以加入更多的中国特色,渐进式地推进全方位开放,维护国家利益。

保税区从 1990 年设立到 2003 年,从发展历程来看,按其功能开发又可以细分为三个阶段,相应的保税物流在这个时期也可以分为三个阶段。

第一阶段:从 1990 年上海外高桥保税区设立到 1994 年。

1990 年 4 月,国务院正式批准设立上海外高桥保税区。按照 1990 年《上海市外高桥保税区管理办法》,"保税区主要发展对外贸易和转口贸易、港口、仓储、出口加工以及金融服务等业务"。但在实际发展中,各保税区的主要功能还只是局限在保税仓储和国际贸易。所以这个时候的保税物流形式主要是:以国际贸易、保税仓储为主要贸易方式的贸易、仓储类物流。这类货物一般在保税区进行仓储后经保税区进/出境,货物本身不发生性质、形态、用途等的变化。

这类形式的保税物流主要有以下六种模式。

第一种为直通进口:货物从境外发运,经保税区直接进口(不仓储)。

第二种为仓储进口:货物从境外发运,经保税区仓储一段时间后,正式进口。

第三种为仓储出口:货物从国内发运,经保税区仓储一段时间后,正式出口。

第四种为仓储转口:货物从境外发运,经保税区过境或仓储后转口至消费国。

第五种为出口复进口:货物从国内发运至保税区,仓储或不经仓储复进口国内。

第六种为直通出口:货物从国内发运,经保税区直接出口。

第二阶段:1994 年"天津会议"至 1998 年。

1994 年 6 月,我国在天津召开了全国保税区工作座谈会(简称"天津会议"),提出了我国建设和发展保税区的根本目标:改善我国的投资、建设软环境,特别是利用海关保税的独特条件,最大限度地利用国外资金、技术,发展外向型经济,使保税区真正成为新的经济增长点,带动区域经济的发展。在此基础上,还明确提出了保税区的四大功能——出口加工、国际贸易、保税仓库和商品展示,要求各个保税区围绕这四大功能来开发,并旗帜鲜明地提出保税区要首先发挥其出口加工功能,以推动外向型经济发展。

这一时期,保税区功能的开发,各地区各有侧重,但以出口加工和商品展示为主流。保税物流主要是:以加工贸易为主要贸易方式的加工贸易类物流,这类货物(主要指原材料和制成品)一般是由保税区内的生产加工企业输出/入;以保税区内政府机关、企业引进用于展示或为办公生产所需,从国内/外采购的机器设备、办公物资的展示、采购类物流,这类货物进入保税区后,暂时不再流动。

加工贸易类保税物流,以制成品的流向为导向,有四种常见模式。

第一种,加工出境:100%原材料来自境外,制成成品后出境;100%原材料来自国内,制成成品后出境;原材料分别来自境外和国内,制成成品后出境。

第二种,加工进口:100%原材料来自境外,制成成品后进入国内;100%原材料来自国内,制成成品后进入国内;原材料分别来自境外和国内,制成成品后进入国内。

第三种,部分进口,部分出境:100%原材料来自境外,制成成品后既出境又进入国内;100%原材料来自国内,制成成品后既出境又进入国内;原材料分别来自境外和国内,制成成品后既出境又进入国内。

第四种,委托加工:区内企业委托外加工(原材料来自境外,制成品返回境外);区外企业委托区内加工(原材料来自国内,制成品返回国内);区内企业委托境外加工(出料加工,原材料来自国内,制成品返销国内)。

展示、采购类保税物流有三种常见模式。

第一种,100%来自境外,在保税区内展示、使用。

第二种,100%来自国内,在保税区展示、使用。

第三种,部分来自境外,部分来自国内,在保税区内展示、使用。

第三阶段:1998 至 2003 年。

这个阶段,物流分拨成为保税区的主要功能,并且取得了长足的发展。自 20 世纪后期以来,国际直接投资真正成为世界经济的推动者,跨国公司根据其全球化经营的需要,在世界范围内整合资源进行国际化生产和销售。而我国保税区特殊的保税免税功能为跨国公司提供了介入中国市场的最佳平台,伴随着跨国公司的抢滩,国际物流公司、跨国公司内部的分拨物流部分以及专业物流公司纷纷入驻保税区,成为这几年保税区新的增长点。

(2)区港联动后的保税物流阶段

保税区是在 20 世纪 90 年代这样一个特定的背景下诞生的,这使保税区在政策设计、法规建设和管理措施上,总体而言还是比较保守的,并且具有许多不合理的因素,严重制约了保税区的发展。特别是在我国加入世界贸易组织以后,实现保税区的进一步改革和发展是我国经济发展的必然要求。

针对这种形式,2003 年 7 月 17 日海关总署论证通过了"上海外高桥保税区区港联动试点方案",当年 12 月 8 日国务院正式批复同意试点,2004 年 4 月物流园区通过国家验收。区港联动试点,即保税物流园区正式出现。区港联动的主要功能是:国际配送、国际采购、国际转口贸易和国际中转。根据区港联动的功能,区港联动后的保税物流主要运作模式包括以下四种。

1)基于国外大宗进口商品向国内市场分销的物流业务运作

国外大宗进口商品利用保税物流园区作为物流分拨基地,面向国内市场开展分销活动,是目前一些跨国公司和具有较强专业性国际企业的一种主要运作方式。

利用保税物流园区作为物流分拨基地,其物流运作特点:一是进口环节大批量、小批次,而进入国内市场则采用"多批次、小批量";二是物流运作的主体比较多元化,既可由跨国公司和专业国际企业在保税物流园区设立的分支机构,又可以由其中国的代理商负责,或委托保税物流园区物流企业进行物流运作。利用保税物流园区作为物流分拨基地,可以从整体上降低进口商品销售成本,提高服务质量。

2)基于国内出口商品在保税物流园区集结和处理的物流业务运作模式

随着全球经济一体化进程的加快和商品国际竞争能力的提高,跨国采购活动已日益频繁地出现在中国市场,许多生产性跨国公司、国际大型零售企业和专业化国际采购公司的国际采购网络正在向中国延伸。在保税物流园区建立国际采购中心,利用保税物流园区低成本的物流及相关服务设施,降低集配活动物流成本,将中国市场采购的商品输往世界各地,带动了我国出口的活跃和发展。

国内企业在开拓市场、整合出口渠道方面,要重视利用保税物流园区的集配作用,根据国际市场生产和销售需求,提供配套商品和服务。出口企业能够在商品离境之前享受出口退税、结汇等政策,加快资金周转,降低出口企业的市场风险,缩短理赔、补货以及调换商品时间。

国内出口商品在保税物流园区集结和处理的物流业务的主要特点:一是国内出口商品进入保税物流园区的是少品种、大批量的物流,而离境的物流则是经过集配和优化运输选择的多品种、大批量、多方向的物流;二是物流运作主体也比较多样化。

3)基于转口贸易的物流运作模式

转口贸易的物流运作是以区内第三方物流企业为主体,其物流业务的主要内容是为转口过境商品提供仓储、多式联运、向不同区域市场分拨以及物流信息服务等。保税物流园区通过提供商品展示功能和交易服务功能,可以促进保税物流园区贸易活动的开展,增加保税物流园区物流流量。

4)国际中转

国际中转即对国际、国内货物及进出口集装箱货物进入保税物流园区进行分拆、集拼、转运至境内关外其他目的港。涉及国际中转功能是为了更好地结合港口地缘优势和保税区优惠的政策优势,充分利用保税区所具有的"两头在外"的功能和港区航运资源为货物快速集并、集散等方面提供的便利条件,开展货物进口、出口、中转的集运、多国多地区的快速集并和国际联合快运等业务,加快货物在境内外的快速流动。国际中转模式主要分为整箱货转口和拼箱货转口。

4.3.2　港口与保税区的关系

1.港口和保税区的关系

港口和保税区的关系主要体现在地理位置和功能两个方面。

(1)地理位置毗邻

保税区(国外称自由贸易区)和港口在地理位置上具有天然的联系,在一般情况下,保税区总是与港口连在一起,或者与港口毗邻。如德国的汉堡自由贸易区、荷兰的鹿特丹自由贸易区就是由汉堡港和鹿特丹港发展起来的,它们在地理位置上就是天然的合一。中国已有的 15 个保税区,除深圳福田保税区以外,其他 14 个保税区都是与港口相邻或以港口为依托的邻港保税区。

保税区和港口在地理位置上的毗邻,是由保税区自身的性质所决定的。保税区是中国为了实施外向型战略,由国务院批准设立的、海关实施特殊监管的经济区域,是具有很大的开放度和自由度的经济区域,是我国与国际市场接轨的"桥头堡"。为了更好地发挥保税区的各项功能,保税区就必须设在临近口岸的地方,特别是港口附近。

(2)功能优势互补

要加快和促进保税区和港口的发展,必须建立在港口和保税区功能互补的基础上。这主要表现在以下两个方面。

1)保税区的转口贸易、出口加工、保税区仓储、国际贸易等功能的发挥需要以港口功能为依托

保税区功能的发挥,必须建立在相当的货物、资金和信息的聚集和扩散能力之上,而这些恰恰是港口的基础功能,港口与保税区毗邻而设,为保税区功能的发挥提供了必要的条件。

2)港口功能的升级必须以保税区的优惠政策和功能的强大为基础

20世纪80年代以来,集装箱运输、多式联运的发展,推动了国际港口注重商业、物流功能的拓展,竞争和争取盈利推动港口努力成为国际贸易的综合运输中心和国际贸易的后勤基地,以适应跨国公司的经营需要。联合国贸易与发展会议秘书处认为,港口的功能升级换代体现在三个方面:一是传统装卸业务;二是工业服务,如增值服务等;三是商务、信息和分运功能。这三个方面除传统装卸业务外,都要求直接在港区内或毗邻港区建立相应的专门服务区域,从而有效地对来自全球的运输链的各个环节加以整合,成为无缝的一体,而这样的专门服务区域不可能离开相应的关税等方面的特殊安排。通过港口和保税区的结合,通过自由贸易的活动,使港口多功能性质获得充分显示,港口能够由单纯的水陆运输枢纽转变成为腹地经济服务的基础和龙头,发挥港口的扩散、辐射作用和综合运作功能。保税区功能的强大必然产生大量货物流通,这又会促进港口经济发展,促进港口功能的发展和升级。

保税区和港口在地理上毗邻,在功能优势上互补,如果离开了管理上的一体化,港口和保税区的发展就不能相互支持、相互促进。世界上搞得好的自由贸易区,大多与港口连在一起,一般都实行港区一体化管理,以港口为载体,增强保税货物、资金和信息的聚集、扩散能力,使保税区的各项功能得到充分发挥,也使港口充分享受了保税区的政策优势。

从中国目前港口和保税区的管理现状来看,港口和保税区在管理上的分离是我国保税区和港口无法得到进一步发展的主要障碍。

2.中国保税区的管理现状

中国保税区设立和发展是建立在政策优势和港口区位优势之上的,然而从目前中国保税区区位优势的利用和保税区功能资源和政策优势发挥来看,保税区与预定发展目标相比并没有完全达到,其发展障碍主要在于保税区与港区在管理上分离使得各自功能作用没有得到充分发挥。

目前我国大部分保税区毗邻港口,但并未与港口直接相连,港口被人为地排除在保税区之外。保税区和港区在地域上各自呈O型封闭状态,通常以直通道的形式沟通。体制上,区港双方分属两个领域,在理论上各成体系,双方进行协商式的管理沟通。

我国港区分离的管理现状造成保税区的区位优势发挥受限和功能发展受限。

由于港区分离,保税区不能形成一个对内地封闭、对境外开放的区域,货物从港口不能直接进入保税区,必须经过其他地区。因此,保税区的货物进出口流通都要经过港口和保税区两道海关检验手续,区内货物还要有一套登记和管理制度,造成手续繁琐,海关监管困难,物流不畅。这对于港口物资进入保税区,或者保税区的物资通过港口进行分拨都造成了非常大的麻烦,这使保税区无法充分利用港区的功能来发挥保税区邻近港口

的区位优势。

　　由于区港的分离管理,造成区港的相关性较小,使有物流带动的相关口岸产业的市场需求比较小,这就造成保税区的物流量少。而保税区的仓储、贸易、出口加工三大产业功能的深入开发,都离不开港口物流的扩大。港口物流与保税区之间物流的有限,限制了保税区的优势功能的发展。

4.3.3　区港联动

　　1.区港联动的基本内涵

　　所谓"港区联动",即在毗邻保税区的港区划出专门供发展仓储物流产业的区域(不含码头泊位),实行保税区的政策,通过连接保税区和港的保税物流园区,充分发挥保税区的政策优势和港区的区位优势,进一步简化手续,加快货物流通,促进港航产业、仓储产业和物流产业发展,带动港航产业联动发展。

　　"区港联动"的内涵可以用"政策叠加、优势互补、资源整合、功能集成"16个字概括,体现保税区与港区在资产、信息、业务等方面的联动发展。国内货物进入园区视同出口,需办理报关手续,实行退税;区内货物内销按进口规定办理报关手续,以实际状态征税;区内货物自由流通,不征收增值税和消费税。园区以发展物流产业为主,实行封闭管理的海关监管模式。港口和保税区"无缝对接",多种运输方式有效组合,货物快进快出。

　　区港联动是将保税区的特殊政策覆盖到港区,是发展自由贸易区的国际通行模式。

　　2.区港联动提出的背景

　　(1)保税区自身的问题

　　中国目前保税区的自身问题除了上述的由于区港分离所形成的问题以外,在政策方面上也存在着很大的问题,而政策方面的问题又会导致保税区在功能方面产生相应的问题。

　　1)政策方面的问题

　　我国对保税区的定性主要体现在海关总署发布的《保税区海关监管办法》第三条:"保税区是海关监管的特定区域"。但这一规定过于笼统,没有对保税区的性质作出明确的诠释,容易致使各部门认识不统一而导致政策抵触,又因政策抵触导致企业为难。

　　国家海关总署对保税区的认识是"海关监管的特殊经济区域",实际上是当作放大了的保税仓库来监管的。财政部、税务总局、国家工商总局等则认为保税区是"境内关内",对区内企业和国内企业采取的是同等的对待,对区内企业采购国内货物不能视作出口,货物只有离境后才能退税,即所谓的"一线退税"。而外经贸部认为保税区是"境内关外",区内企业当然不存在进出口经营权、出口配额、许可证等问题,所以保税区内企业都不具备进出口权,当然也无法作为退税的主体,只能由代理出口的外贸企业退税。再按照海关的规定,享受出口退税必须使货物的出口(出境)单证和原入区单证("两次报关")在数量和品名上匹配,但由于采购分拨型物流业务性质使然,往往一批货物入区后不可能整批复出境。这就造成企业无法实现退税。外汇管理部门对资本项目下外汇收付是管住"一线",即视同国内企业,经常项目下外汇收付是管住"二线",区内企业视为"关外"

公司。

2）功能方面的问题

保税区存在一系列的政策问题，限制了保税区功能的发展，在各项功能运作时出现了许多问题：

①制约国际贸易发展。区内贸易公司不具备进出口权，一线退税和两次报关这些政策上的问题，使区内企业在出口国内物资时，只能与国外或国内有进出口权的企业进行贸易。再加上出口退税的难以操作，都增加了贸易的环节和贸易成本，这很大程度上限制了保税区贸易功能的发展。

②制约出口加工业务发展。同样这些问题发生在出口加工业务上，保税区内企业不具备进出口权，就不能自行采购国产料件加工出口，只能委托进出口公司代为采购，这就增加了运作环节和成本。而实现不了出口退税便直接制约了保税区内加工企业大量采购国产料件进行加工的积极性。

③制约双向采购。对于大多数进出口分拨型的物流业务，在进口商品的同时都需要采购部分国内商品来满足其分拨客户个性化的需求。根据海关的规定，国内其他口岸完税的货物不得进入保税区，分拨企业受此影响只能在保税区外另设仓库，以弥补国内商品的分拨需求，其结果是效率低、成本高。跨国采购业务中的双向采购和双向分拨同样也面临这一问题。

④制约物流服务发展。保税区的保税——滞后征税的效应有利于贸易企业在此进行国际与国内两个市场间的货物流通，但是按照现行的海关管理模式，货物从海港或空港进入保税区的通关时间较长，转运成本较高，在相当程度上抵消了保税——滞后征税所带来的效益优势，加上海关实施卡口与仓库两次监管的办法，使得保税区内货物的移库和使用不方便，因此大大限制了保税区的物流功能。

另外，区内企业为了解决出口退税问题，往往采取"香港一日游"的办法来获得退税，这不但增加了物流环节，降低了物流效率，而且提高了物流成本。

（2）保税区原有优势的弱化

目前，中国保税区最突出的优势是政策优势。然而，中国加入世界贸易组织后，必须遵循世界贸易规则，在享受成员国的权利时，也需要在市场准入等诸方面作出承诺，这对我国保税区的发展造成了一定的影响，在一定程度上弱化了保税区的政策优势，具体反映在下述几个方面。

1）随着外贸经营权的放开，保税区的政策优势弱化

保税区自设立起，就作为我国开放服务贸易市场的超前试验基地，允许进入保税区的外国企业和国内企业获得进出口权，可以直接开展进出口贸易。由于我国到目前为止在保税区内仍然对企业进出口经营权实行审批制，故保税区在服务贸易领域对各类投资者的率先开放是颇有引力的。但是加入世贸组织以后，我国必须向成员国实施国民待遇，这意味着外贸经营权的全面放开，那么保税区在服务贸易率先开放就不再有特别的意义，其现有的优惠政策吸引力大大弱化。

2）随着关税的逐步下调，保税区的"保税"优势弱化

保税区最大的优势就是可以"暂不缴纳关税"，即享有"保税待遇"，从而使经营者可

以通过减少流动资金的占用来提高经济效益。中国加入世贸组织削弱了保税区存在和发展的原动力,因为在关税税率越高的国家或地区,"保税"的效应就越明显。加入世贸组织以后,关税减让是必然的趋势,这将削弱保税区的"保税效应",而我国政府还承诺逐步取消对外国商品进口的许可证、配额等非关税壁垒的义务,这使我国保税区现有的贸易自由度优势也被削弱。

3)出口加工区发展很快,保税区的出口加工优势弱化

随着出口加工区的快速发展,出口加工区的加工功能和政策优势吸引了出口货物在出口加工区进行运营。这使保税区的出口加工优势弱化了。

3.区港联动试点与保税物流园区

区港联动试点即通过加强保税区与临近港区合作,在港区划出部分区域作为保税物流园区,实行保税政策和按"境内关外"地位进行管理,简化相关手续,方便货物在区、港和境内外之间快速流动。

区港联动试点主要参照国际自由贸易区运作惯例,在总结保税区现有发展经验和存在不足的基础上,在区域定位、功能政策、管理体制等方面进行调整和完善,尤其是在海关监管模式、区内企业进出口经营权、国内货物进区退税等方面实现突破,是对现有保税区的发展和完善,并为保税区向自由贸易区过渡做准备。

保税物流园区(区港联动)是指在保税区与港区之间划出专门的区域,并赋予特殊的功能政策,专门发展仓储和物流产业,达到吸引外资、推动区域经济发展、增强国际竞争力和扩大外贸出口的目的,它是目前中国法律框架下的自由贸易区雏形。

(1)保税物流园区的优势

1)政策优势

保税物流园区内除继续执行现有的保税区政策外,还享受以下三条配套政策:

①进区退税。比照出口加工区,对从区外进入保税物流园区内的国内货物实行进区退税。若进入保税物流园区内的国内货物重新回到区外,应严格按照货物的实际状态办理货物进口手续,改变了保税区现行的离境退税方式,降低了企业运营成本。

②给予区内企业在税费政策和市场准入方面的国民待遇。区内企业无论什么性质,都享受统一的税费政策和市场准入待遇:取消现行对国内企业征收监管手续费的政策,取消对区内企业在货代、船代和外贸经营等多种领域方面的限制。

③适度放宽外汇管理。货物在保税物流园区与境外之间流动,区内企业无须办理出口收汇和进口付汇核销手续。货物在保税物流园区与境内之间流动,由区外企业按照规定办理出口收汇和进口付汇核销手续。区内企业办理进口收付汇核销后,与区外企业(无进口经营权)结算以人民币计价。

2)功能提升

根据"一线放开、二线管住、区内宽松"的区域管理理念,中转集装箱在保税物流园区可以进行拆、拼箱,这改变了中转集装箱在港区内只能整箱进出的现状,集装箱在保税物流园区堆存无时间限制,也改变了集装箱在港区只有 14 天报关期限的现状。

3)通关便捷

通过实施"区域管理封闭化、海关管理智能化、园区管理信息化、海关通关快捷化"等

措施,一次申报、一次检查、一次放行,园区和港区之间开辟海运直通式通关通道,设自动判别体系,自动生存管理数据,实现 EDI 无纸化报关,直通式卡口实货放行。

(2)保税园区的特点

1)区域开放性

长期以来,保税区的定性不明确,有的管理部门定性为"境内关内",有的定性为"境内关外",这导致政策不统一、不配套、不平衡,保税区政策表面上十分优惠,实际操作困难。区港联动试点主要针对上述不足,明确区港联动试点区为"境内关外"特殊区域,海关、检验检疫、税务、外汇管理部门都按这一定位制定政策,进行管理。

2)政策特殊性

区港联动试点区为保税区的功能延伸区,实行鼓励进出口的税收导向政策。除享受有保税区"免税、免证、保税"等政策外,国内货物进区视同出口,可以办理出口退税,区内交易免征增值税,基本实现物流无税或保税运作。

3)功能单一性

区港结合、物流主导是区港联动试点的主要原则之一。试点区域大多选择在港口条件好、物流发展具有一定基础的区域进行。试点区域即为保税物流园区,物流主导十分明确,其主要有国际转口、国际中转、国际采购、国际配送四大功能 。区港联动试点的目的,主要是通过物流发展针对性政策设定、监管方式改革等举措,进一步降低口岸交易成本,提高口岸物流流转效率。

4)监管便利性

试点保税物流园区为海关监管的特殊区域,海关监管效率直接决定其运行效率。由于试点区域"境内关外"定性明确,便于海关对其实行"一线开放、二线管好、区内宽松"的监管模式,并采用先进的技术手段,建设科学合理的区域信息化系统操作平台,园区与境外之间及区内企业之间实行无人监管电子核放系统,一线按国家进出口管理规定进行监管,并实行无纸化报关,使监管方式适应物流发展需要。

(3)保税园区的作用

区港联动保税物流园区可以充分发挥上述功能政策优势,构建专业化、社会化物流服务平台,强化对周边区域的服务、辐射及带动作用。

1)强化港口竞争力

保税物流园区克服了我国大陆港口"整进整出"的监管模式,允许国内货物报关进区和境外到港货物在区内自由分拆、二次集拼和转运,拓展了海运集拼功能,有利于吸纳国际集装箱中转运输,强化与周边国际港口的竞争力。

2)强化制造业竞争力

保税物流园区可以解决国内加工贸易料件深加工流转问题,促进周边加工贸易聚集和发展,可以建立原材料配送和产品出口快速通道,为制造业提供完整的物流服务链。

3)带动周边产品出口

保税物流园区依托优越的区位条件、完善的物流设施、"进区退税"的特殊政策和"境内关外"便利的监管环境,有利于吸引国内外知名采购中心人员,建设国际采购、分拨中心。

4）促进保税区向自由贸易区转型

区港联动试点具有明显过渡性，发展目标就是向自由贸易区转型，这为保税区功能政策完善和开放能级提供了极好的契机。

⬡ 案例分析

国际港口物流中心揽胜

1. 鹿特丹港口物流园区

目前，鹿特丹港已经先后建成了三个港口物流园区。对于港口物流园区的定位，鹿特丹港务当局的观点是：港口物流园区是拥有完善的设施，可以为物流特别是配送活动提供一站式服务的物流园区，它应邻近港口集装箱码头和多式联运设施，并采用最先进的信息和通信技术。依托这些物流园区的建设，从 20 世纪 90 年代以来，鹿特丹港的物流服务取得了长足的发展，目前经三个物流园区处理的货物已经占到了全港集装箱吞吐量的 7% 左右。

（1）Eemhaven 物流园区

Eemhaven 物流园区是鹿特丹港的第一个港口物流园区，位于鹿特丹港 Eemhaven 和 Waalhaven 集装箱作业区后方，共占地 65 公顷，其中仓库面积 20 万平方米。从定位来看，Eemhaven 物流园区主要从事高质量商品的堆存和配送服务。Eemhaven 物流园区的交通集疏运条件十分优越。首先，该园区与 Eemhaven 和 Waalhaven 等地区的集装箱码头有立交直接联系；其次，通过 A15 公路，物流园区的货物可直达欧洲内陆腹地。同时，园区周边还有内河码头、铁路枢纽以及沿海支线泊位等众多的多式联运设施。

（2）Botlek 物流园区

Botlek 物流园区位于 Hartel 运河和 Seinehaven 港区之间，也是鹿特丹港石油化学工业区/港区的中心位置。Botlek 物流园区占地 104 公顷，其中仓库面积约 30 万平方米。

与 Eemhaven 物流园区类似，Botlek 物流园区的交通集疏运条件十分优越，周边公路、铁路、内河等多种运输方式齐备。Botlek 物流园区的定位是以化工品为主要服务对象的仓储、配送和分拣等物流服务。

（3）Maasvlakte 物流园区

Maasvlakte 物流园区是鹿特丹港最新的，也是最大的物流园区，占地面积 125 公顷。Maasvlakte 物流园区位于鹿特丹港最大的 Delta 集装箱码头后方，并与该集装箱码头有专用通道连接。同时，在物流园区周边还分布着铁路场站、高速公路和内河驳船码头等众多的多式联运设施。

根据规划，Maasvlakte 物流园区的用户主要是以下四类企业：希望建立一个能够辐射整个欧洲的区域性配送中心的大型跨国制造商；希望进一步拓展其物流服务范围的大型船公司；需要依托港口开展区域性服务业务的大型物流企业；希望其他全球性的物流服务供应商建立一个海运出口基地的欧洲出口商。

此外，在鹿特丹港 Maasvlakte 二期扩建项目中，还规划了 55 公顷土地用于配套的物流活动。在实际运作过程中,Maasvlakte 物流园区被划分为了众多 3.4 公顷左右的小地块,每个地块都可以容纳一个 2 万平方米左右的仓库以及办公和其他配套设施。

2. 新加坡港口物流园区

近年来,为满足货主日益增长的物流需求,新加坡港的 PSA 集团围绕港口先后建立了四个物流园区。其中,位于港区内的 Keppel 物流园区建成于 1993 年,紧邻 Keppel 集装箱码头,以国际集装箱货物为主要服务对象。为集约利用土地资源,Keppel 物流园区主要由现代化的仓库构成。

Keppel 物流园区占地面积约 23 公顷,其中仓库面积 11.3 万平方米,与 Keppel 集装箱码头之间有立交桥相连,其他配套设施主要包括办公楼、停车场、集装箱堆场等。在内部,开发商将整个仓库分成了 45 个单元提供给不同的物流服务商,每个单元的面积从1000 至 5100 平方米不等,仓库的高度最高达到了 14.6 米。Keppel 物流园区享有自由贸易区政策,其主要服务对象是集装箱班轮公司、国际国内大型货物代理、本国大型 IT企业等。目前,Keppel 物流园区每年处理的集装箱箱量达到了 27 万 TEU 左右。主要的服务包括拼箱、拆箱、存储、配送、检验、再包装、物流管理等。

3. 香港港口物流园区

香港是全球重要的航运中心和第二大集装箱港,共有大型集装箱码头 9 个,泊位总数 24 个,码头岸线长 7694 米,面积 275 公顷。香港亚洲货柜物流中心始建于 1986 年,目前是迪拜港口国际的下属企业。亚洲货柜物流中心位于香港葵青集装箱码头后方,紧邻高速公路,可以方便地连接香港国际机场、商业中心区以及大陆的深圳特区。

香港亚洲货柜物流中心是全球最大的及首座多层式的货物处理中心。中心由楼高 7层的 A 座和 13 层的 B 座组成,总面积约 87 万平方米,其中约 55 万平方米可出租用于各类物流活动,并配有一定数量的写字楼。在运作方面,中心的经营者将整个仓库划分为740～37000 平方米的单元以出租给各类用户,整个中心的出租率基本在 90% 以上。目前,在中心内开展的物流活动主要分为货物集散和物流增值服务等两大类。其中货物集散服务主要包括收/取货、货物存储、拆/拼箱、挂衣、条码扫描、包装、重货吊运、验货、托盘修理等;物流增值服务主要包括库存管理、运输/分销策划、分销、物料配套、货物回收处理等。

案例问题:

1. 港口物流园区的主要特点有哪些?

2. 港口物流园区的主要功能有哪些?

3. 成功的港口物流园区应具备哪些基本要素?

4. 鉴借国外成功的经验,请谈谈对我国港口物流园区的发展有哪些建议。

思考题

1. 论述物流园区和港口物流园区的区别和联系。

2. 如何更好地发挥港口物流园区的功能?

3. 确定港口物流园区的物流量的基本思路是什么?

第 5 章

港口物流生产管理

▷ 本章要点

①了解港口生产作业计划及其类别。

②了解港口生产调度及其流程。

③理解并掌握港口生产指标体系及其应用。

5.1 港口生产计划与调度

港口生产计划与调度是港口物流生产活动的重要依据和基础,也是实现港口物流服务目标的重要保证。港口生产统计指标是反映港口物流生产经营目标和活动状态、规模、效果和质量的数值,用来衡量港口物流生产作业的绩效。

5.1.1 港口生产作业计划

港口作为重要的物流集疏运中心,如何提高港口生产运作效率,不仅关系到港口企业的效益,而且关系到整个物流行业的效率。港口生产作业计划作为港口物流生产活动的重要组成部分,是实现港口物流服务目标的保证,同时也是港口生产调度的依据和基础。港口生产作业计划编制的最终目标,是通过科学合理地配置码头泊位、机械设备、库场、人力等资源,最大限度地满足顾客对港口物流服务的需求,完成港口物流生产和利润指标。

港口生产作业计划是以装卸对象为编制依据的阶段性计划,通常涉及的内容为:船舶泊位的安排;装卸工艺流程的确定;港口生产资源的合理分配,生产进度、安全质量要求以及相应责任者的确定;根据船方、货方的要求,确定与作业有关的协作单位及协作要求。

港口生产计划一般分为月度生产作业计划、旬度生产作业计划和昼夜生产作业计划。

1. 港口月度生产作业计划

港口月度生产作业计划是年度生产计划的具体化,是为了保证年度生产计划的完成而制订的分阶段计划。它主要包括月度吞吐量计划和月度装卸工作计划。如集装箱码头生产计划管理部门于每月底制订下个月的生产作业计划,列明下一个月中预计靠泊的集装箱船舶的船名、航次、载箱量。

2. 港口旬度生产作业计划

港口旬度生产作业计划是月度生产作业计划的细化和分解。通常在每旬末根据月度生产作业计划制订下一旬度的生产作业计划,其目的是:根据实际情况,对月度生产作业计划进行调整;考虑下一旬度码头泊位的合理安排与布置;提高港口生产作业计划编制的精确度。

3. 港口昼夜生产作业计划

港口昼夜生产作业计划是港口生产作业计划体系中最具体也是最重要的执行计划,港口生产经营企业要完成年度生产作业计划、月度生产作业计划、旬度生产作业计划都是基于昼夜生产作业计划的完成。实际上,港口昼夜生产作业计划就是港口生产经营企业每天要开展生产活动的任务书。所以,要成功编制一份港口昼夜生产作业计划需要具备很多详尽的资料。如船方、货方的要求;货物种类、数量和流向;船舶到港时间、积载情况、装卸设备等;集疏运列车、卡车以及驳船等运输工具的到港密度与载货容量等;天气状况、海浪、潮汐等;港口自身所具备的码头泊位能力、装卸设备的供应状况,库场堆存能力及员工的在岗情况等。

为了最大限度地发挥和利用各种资源,实现降低单位运作成本、提高港口收入的目标,现代港口生产作业昼夜连续,其中涉及的信息量、工作量非常大,这就需要一套完整的港口生产作业计划体系来保障港口生产作业的有序进行。只有成功编制港口生产作业计划,才能实现港口物流生产活动的连续性、协调性、节奏性、均衡性和经济性,才能实现供应链各环节之间的紧密衔接并相互协调运行。

5.1.2　港口生产调度

港口生产调度是港口生产系统的核心,也是港口成功开展物流服务活动的保障。港口生产调度工作的质量高低直接影响到港口企业的生产效率与经济效益。如何提高港口生产调度的准确性和合理性,如何最大限度地发挥生产调度的核心作用,一直是港口企业为提高自身竞争力而不断探索的重要问题。

港口生产调度是指保证港口生产计划实现而进行的一系列指挥、检查、督促、协调和平衡工作。港口生产调度部门依据制订好的生产作业计划,把生产中各部门或各环节有机地联系起来,实现港口有节奏地生产和服务。

港口生产调度流程为:

①及时获取相关信息,如货源、运输工具(车船)、装卸机具和劳动力等。

②具体调配各种资源,如决定采用何种装卸操作方法、选用何种机械类型、配备一定规模的人力、安排船舶作业顺序以及确定停靠泊位和作业起止时间等。

③掌握货物的装卸、堆存、疏运等过程中的情况和进度,及时发现问题并采取相关补救措施,保障港口生产作业计划、组织、协调、控制等行为得以低成本、高效率的完成,并为客户提供高效、优质的服务。

随着管理科学和信息技术的不断发展,现代港口生产调度改变了以往"现场指挥为主"的局面,呈现出"预见性、实时性、集中性、全面性"的特点。利用信息技术开展港口生产调度,对港口生产作业及经营活动进行连续的、不间断的组织、指挥、协调和平衡工作,不仅提高了港口生产资源的使用效率,还降低了港口物流服务成本,提高了港口经济效益。

5.2 港口生产统计指标

指标是一组综合反映企业生产、经营状况及特征的信息。港口指标是一组综合反映港口生产、经营活动状态、特征的信息。指标体系的设计是一项非常重要的工作,一个完善的指标体系应对港口生产起不断促进和提高的作用。

5.2.1 港口指标分类

1.数量指标和质量指标

数量指标反映港口生产力规模及生产经营活动的规模和达到的数量水平,它们通常是用绝对数量表示的。港口主要数量指标有泊位数(或岸线长度)、靠泊能力、职工人数、机械设备数量与能力、库场面积、吞吐量、装卸自然吨、操作量、堆存货物吨天、起运量等。

质量指标反映港口生产经营活动所达到的或已经达到的效果和工作质量的水平。它们是用相对数表示的,如比例、比值、百分率等。港口装卸工作中主要的质量指标有操作系数、直接换重比例、船舶平均每装卸千吨货在港停时、泊位占有率及利用率、装卸机械利用率、库场容量利用率、货损率、货差率及赔偿金额率等。

数量指标是计算质量指标的基础,因为任何质量指标都是数量指标之间或数量指标与时间的比值,数量指标与质量指标互相密切联系。任何事物都有质和量两个方面。它们是相辅相成、相互补充、相互制约的关系。港口生产经营活动是通过质量指标、数量指标组成的指标体系得到全面反映的,所以指标设置得合理与否,对人们认识生产经营活动关系重大。

2.统计指标、计划指标和考核指标

统计指标是企业对生产经营活动实行全面控制所设立的基本指标系统,统计指标包括计划指标和考核指标。

计划指标是企业生产计划中规定必须达到或完成的生产目标。它是执行计划的依据，也是指导生产和实行考核的基础。计划指标的设置既要能反映港口生产经营活动的规模、能力和发展水平，又要能反映效果和质量，两者不可偏废。

考核指标是对企业或部门的生产、经营、管理工作好坏进行评比、奖惩的衡量标准。它可以是计划指标的内容，但又不完全是计划指标，考核可以侧重于生产中某些薄弱环节。例如当港口船舶排队严重时，可以把船舶在港时间作为重点考核；又如为杜绝伤亡事故的发生，可将作业安全作为评比的考核指标。

3.港口生产指标体系

港口生产指标是一组综合反映港口生产、经营状态的信息。它由装卸工作量指标、装卸效率指标、车船作业停留时间指标、设备运用指标、劳动指标等组成（见表5-1）。

表5-1 港口生产指标体系

指标类别	具体指标
1. 装卸工作量	（1）货物吞吐量 （2）装卸自然吨 （3）操作量 （4）装卸机械起运量（作业量）
2. 装卸效率	（1）船舶平均每停泊艘天装卸货物吨数（总定额） （2）船舶平均每装卸天装卸货物吨数（纯定额） （3）船时量：装卸机械平均台时量 （4）舱时量：装卸工班效率 （5）车时量：装卸工时产量
3. 车、船停时	（1）船舶平均每次在港停泊天数 （2）船舶停泊总艘次数 （3）船舶平均每次作业停泊天数 （4）货车在港停留车时 （5）船舶平均每装卸千吨货在港停泊时间 （6）货车作业次数 （7）船舶停泊总吨位（马力）天数 （8）货车一次作业平均在港停留时间
4. 泊位运用	（1）泊位占用率 （2）泊位利用率 （3）泊位作业率
5. 库场运用	（1）库场总面积 （2）库场容量运用率 （3）库场有效面积 （4）仓容量 （5）堆存货物吨数 （6）库场周转次数 （7）平均每天堆存货物吨数 （8）单位面积堆存使用定额 （9）货物堆存吨天数 （10）单位面积堆存技术定额 （11）货物平均堆存期
6. 机械运用	（1）装卸机械日历台时 （2）装卸机械完好率 （3）装卸机械完好台时 （4）装卸机械利用率 （5）装卸机械工作台时

续表

指标类别	具体指标			
7. 驳运	(1)驳运量 (2)平均每吨位(马力)船舶驳运量 (3)驳运船舶在册总吨位(马力)天数 (4)驳运船舶使用吨位(马力)天数 (5)平均驳运船舶吨位(马力)数 (6)驳运船舶使用率			
8. 劳动工日	(1)日历工日	公休及节、假日工日		
		应出勤工日	缺勤工日——病假、事假工日	
			公差工日	
			实际出勤工日	实际工作工日(时)	装卸工作工时 停工(待时)工时 非装卸停业工时
	(2)工时利用率			
	(3)出勤率			
9. 安全、质量	(1)货损率　　(2)货差率　　(3)赔偿金额率　　(4)工伤事故			
10. 同时作业能力	(1)同时作业舱口数(船舶数)　　(2)同时作业货车数　　(3)同时出机台数			
11. 其他	(1)操作系数　　(2)入库系数　　(3)直接换装系数　　(4)不平衡系数			

注:各项指标在随后的论述中将有详细解答。

5.2.2　港口吞吐量指标

吞吐量是港口指标体系中最重要的产量指标,分为旅客吞吐量和货物吞吐量。

旅客吞吐量是指由水运乘船进出港区范围的旅客人数,其计量单位为人次。旅客吞吐量应包括乘游船进出港口的旅客人数,但不包括港区内轮渡及短途客运的旅客人数、免费儿童以及各船舶的船员人数。

货物吞吐量是指经水运运进、运出港区范围并经装卸的货物数量,包括邮件及办理托运手续的行李、包裹,以及补给船舶的燃油、物料和淡水等。

货物吞吐量由出口吞吐量和进口吞吐量两部分组成。出口吞吐量是指从本港装船运出港口的货物数量,包括在本港扎排运出的竹木排。进口吞吐量是指由水运运进港口卸下的货物数量。

通常货物吞吐量的计算如下:

①自本港装船运出港口的货物,计算为出口吞吐量;

②由水运运进本港卸下的货物,计算为进口吞吐量;

③由水运运进港口,经卸下后又装船运出的转口货物,分别按进口和出口各计算一次吞吐量;

④货物吞吐量必须以该船需要在本港装卸的货物全部卸完或装妥并办完交接手续后一次进行统计。

上述货物中包括邮件,办理托运手续的行李、包裹,以及补给运输船舶燃料、物料和淡水等。

下列情况不能计算为货物吞吐量:

① 由同一船舶运载进港、未经装卸又运载出港的货物(包括原驳换拖);

② 自同一船上卸下后又装到同一船上的货物,或装船后未出又卸回本港的货物;

③ 本港港区范围内的轮渡、短途运输货物以及为运输船舶装卸服务的驳运量和各码头之间的驳运量;

④ 港口进行疏浚运至港外抛弃的泥沙及其他废弃物;

⑤ 在同一市区港与港之间的货物运输;

⑥ 路过的竹、木排,在港进行原排加固、小排并大排,或大排改小排等加工整理的;

⑦ 渔船或其他船舶直接自江、海、湖泊中捕捞进港口的水产品及挖掘的河泥。

在吞吐量统计中,对"转口吞吐量"要进行专门统计。转口吞吐量是指由水运运进港口,经装卸后又从水运运出港口的货物数量,它包括船—岸—船转口和船—船直接换装转口。

吞吐量统计范围包括港区范围内所有从事运输生产的码头、浮筒、锚地等泊位。不论隶属关系而全部统计的吞吐量,叫全港吞吐量,包括港务局码头、货主码头吞吐量。除此之外,还要统计本港的吞吐量。所谓本港吞吐量,是指本港装卸完成的吞吐量,包括本局工人、干部参加劳动及外付装卸费完成的吞吐量。

吞吐量统计的截止时间,一律以统计期末的最后一天的 18 时整为截止时间,也就是在这以前全船装完或卸完的船舶才能计入本期完成的吞吐量,否则应列入下期完成的吞吐量。

根据交通部的规定,统计货物吞吐量的原始记录是货物交接清单或货物运单。在实际工作中,为了及时掌握生产动态或作为提供决策的参考,港口建立了快速统计。它是以装卸货日报或理货单作为原始记录,虽然与实际情况可能会有些出入,但作为反映生产动态,准确度也够了。统计旅客吞吐量的原始资料是客运报告表。

货物吞吐量统计除按进出口、全港、本港等统计外,还要根据不同目的分贸易性质、货物类别、船舶类型、货物流向等进行统计:

①按货物的贸易性质可以分为内贸吞吐量和外贸吞吐量。

②按货物的类别可以分为不同货类的吞吐量。根据中华人民共和国交通部标准(JTQ19—88),所有运输货物共分为 17 大类、108 中类和 150 小类,组成三个层次。一般港口统计按大类统计,即煤炭及其制品;石油、天然气及其制品;金属矿石;钢铁;矿物性建筑材料;水泥;木材;非金属矿石;化学肥料及农药;盐;粮食;机械、设备、电器;化工原料及制品;有色金属;轻工医药产品;农、林、牧、渔业产品;其他货类。

③按装运货物的船舶分类可以分为杂货船、散货船、滚装船、集装箱船、油船、客货船及其他。

④按货物流向分为不同国家和地区统计。

⑤按货物所通过的码头泊位,逐个泊位统计。

货物吞吐量的统计一律以重量(吨)为计量单位,集装箱的自重也计算在吞吐量中。

　　货物吞吐量是港口最重要的指标,但是,仅仅用吞吐量指标来确定港口的规模或其生产力水平是不全面的。首先,在同一吞吐量水平的条件下,货种结构不同、换装工艺的差别以及不同货种装卸难易程度,其劳动消耗有很大的差别。其次,船舶类型流向的不同,劳动消耗也大不一样。另外,同样 1 吨货物,在水陆中转时计算为 1 吨吞吐量,而在水水中转时则计算为 2 吨,这就扩大了港口的吞吐量。因此,仅仅对吞吐量进行比较,无论是横向(各港之间的同期)还是纵向(同一港口的不同时期),意义都不大。

　　为了使吞吐量有可比性,人们提出用换算吨作为货物吞吐量的计量单位。所谓换算吨就是以某一货种(如石油)为基数,即以装卸 1 吨石油为 1 个换算吨,其他货种则依照其难易程度比例换算为相当于装卸石油的吨数,这个比例就是换算系数。换算吨就是各货种的实际吨数与换算系数的乘积。但要制定合理可行的换算系数绝非易事,因为货物吞吐量是港口的劳动者、技术设施和管理等因素综合作用的结果,所以制定换算系数的工作,成为研究吞吐量统计的关键。当前,对吞吐量指标的考核仍以分货为准。

5.2.3　装卸工作量指标

　　货物的换装是港口的主要生产活动之一。通过装卸工作量指标,可以对港口装卸工作进行全面的考察,进行评价分析和总和,发现存在的问题,从而改进和提高港口装卸工作的组织管理水平。这组指标包括装卸自然吨、操作量、货物起运量等。在统计工作中,凡在港务局所管辖的码头、锚地、浮筒以及库场上进行的作业,都要纳入统计的范围。

　　1. 装卸自然吨

　　装卸自然吨是指进出港区并经过装卸的货物数量,一吨货物从进港到出港(包括进港后不再出港,在港内消耗的物资等),不论经过几次操作,均只计算为一个装卸自然吨。

　　装卸自然吨和吞吐量一样都是港口装卸工作量的主要指标,它与吞吐量之间的主要差别是水水中转货物在港口进行换装作业时,吞吐量将每一装卸自然吨计算为两个吞吐吨,而水陆中转则统计为一个吞吐吨。由于装卸自然吨不随货物装卸工艺过程的变化而变化,因此用它作为计算港口装卸成本和其他一些指标的基础比吞吐量确切。

　　在计算装卸自然吨时,除进港后不再出港(即在港内消耗的建筑物资)的货物在进港时统计外,其余一律在装船或装车出港时统计。这样统计首先是符合港口生产活动的特点,即当货物装运出港时才完成了港口的生产过程,才是完成一个完整的产品。其次也可以促进港口既重视卸货又更重视装货,有利于提早实现商品的使用价值,同时,也有利于减少货物在库场的积压,保持港口的畅通。

　　装卸自然吨与吞吐量之间的关系可用下式表示:

$$Q_{自} = Q_{吞} / (2 - \alpha) \text{ 或 } Q_{吞} = Q_{自} \times (2 - \alpha) \tag{5.1}$$

　　式中:$Q_{吞}$——吞吐量;

　　　　　$Q_{自}$——装卸自然吨;

　　　　　α——货物水陆换装比重(水水中转时取 0,水陆中转时取 1)。

　　2. 操作量

　　吞吐量或装卸自然吨只能反映港口装卸工作的社会效果,并不能完全反映港口的装卸工作量。因为货物通过港口有不同的操作过程,为了反映港口在完成上述产量时所消耗的实际工作量和港口生产的组织管理水平,在港口指标体系中设有操作量指标。

操作量是指通过一个完整的操作过程所装卸、搬运的货物数量,计量单位是操作吨。在一个既定的操作过程中,一吨货物不论经过几组工人或几部机械的操作,也不论搬运距离的远近及是否有辅助作业,均只计算为一个操作量。操作量是反映装卸工作量大小的数量指标。

完整的操作过程,是指货物由某一运输工具(船或车)到另一运输工具(车或船)或库场,即货物在船、车、库场之间每两个环节所完成的一个完整的装卸搬运过程。它由舱内、起落舱、水平运输、库场(或车)内等若干道工序组成。

操作过程一般划分为:船⇔船;船⇔车;船⇔库场;车⇔库场;库场⇔库场。

装卸自然吨、货物吞吐量和操作量之间的关系举例如表5-2所示。

表5-2 装卸自然吨、货物吞吐量和操作量之间的关系

操作过程	自然吨	吞吐量	操作量
船—船	1	2	1
船—库场—船	1	2	2
船—港内驳运(去货主码头)	1	1	1
船—港内驳运(去港务局码头)	1	1	1
船—库场—港内驳运(去货主码头)	1	1	2
船—库场—港内驳运(去港务局码头)	1	1	2
港内驳运(自港务局码头来)—库场—船	1	1	2
车—船	1	1	1
车—库场—船	1	1	2
车—库场—港内某处(港口自用物资)	1	0	2
船—库场—港内某处(港口自用物资)	1	1	2
船—库场—库场—车	1	1	3

3. 货物起运量

货物起运量指标是反映港口装卸机械工作量大小的指标,所以又叫装卸机械起运量指标,它是把起重搬运机械按机台完成的工作量,进行综合统计相加得出的,计量单位为起运吨。在实际装卸作业中,对分机种、机台实际完成的工作量分别进行统计,公式可表示为:

$$Q_{起} = \sum_{i=1}^{m} \sum_{j=1}^{n} G_{ij} \tag{5.2}$$

式中:$Q_{起}$——货物起运量;

G_{ij}——第 j 类机械完成第 i 类货物的起运量,$i = 1,2,\cdots,m$;$j = 1,2,\cdots,n$。

5.2.4　装卸效率指标

1. 船舶平均每停泊艘天装卸货物吨数（总定额）

$$P_{总} = \frac{q_{货}}{T_{停泊}} \tag{5.3}$$

式中：$P_{总}$——船舶平均每停泊艘天装卸货物吨数（吨/艘天），又称总定额；

$q_{货}$——装卸货物吨数；

$T_{停泊}$——船舶总停泊时间（艘天）。

2. 船舶平均每装卸艘天装卸货物吨数

$$P_{纯} = \frac{q_{货}}{T_{装卸}} \tag{5.4}$$

式中：$P_{纯}$——船舶平均每装卸艘天装卸货物吨数（吨/艘天），又称纯定额；

$T_{装卸}$——船舶生产性停泊时间（艘天）。

3. 平均船时量

平均船时量是指来港装卸的船舶，平均每艘船每小时所装卸的货物吨数，其计算公式是：

$$\overline{P}_{船·时} = \frac{\sum q_{船}}{\sum T_{船}} \tag{5.5}$$

式中：$\overline{P}_{船·时}$——平均船时量（吨/艘时）；

$\sum q_{船}$——船舶装卸货物吨数之和；

$\sum T_{船}$——船舶装卸作业时间之总和。

4. 平均舱时量

平均舱时量是指在港装卸的船舶平均每一舱口 1 小时所装卸的货物吨数，其计算公式是：

$$\overline{P}_{舱·时} = \frac{\sum q_{船}}{\sum T_{舱}} \tag{5.6}$$

式中：$\overline{P}_{舱·时}$——平均舱时量（吨/舱时）；

$\sum T_{舱}$——船舶作业舱时之总和。

作业舱时是指船舶各舱口作业小时。如一个舱口开一条作业线作业一小时，则计算为一个作业舱时；一个舱口开两条作业线作业一小时，则计算为两个作业舱时。

船舶国籍不同（即本国船和外国船），所载货种及流向不同，船舶类型（分普通船和专用船）及大小不同，对上面这组统计指标有很大的影响。为了便于分析比较，上述指标要分国籍、分货种和分船舶进行统计。

5. 车时量

车时量是车辆装卸的效率指标，应按货类进行统计分析。

$$\overline{P}_{车} = \frac{\sum q_{车}}{\sum T_{装卸}} \tag{5.7}$$

式中：$\overline{P}_{车}$——平均车时量（吨/车时）；

$\sum q_{车}$——车辆装卸货物吨数之和；

$\sum T_{装卸}$——车辆装卸时间之和。

6. 台时产量

台时产量是反映装卸机械的生产率指标，根据货类，按机械类型分别统计分析：

$$\overline{P}_{台时} = \frac{\sum q_{货}}{\sum T_{作业}} \tag{5.8}$$

式中：$\overline{P}_{台时}$——平均台时产量（吨/台时）；

$\sum q_{货}$——机械装卸或搬运货物吨数之和；

$\sum T_{作业}$——机械作业时间之和。

7. 装卸工时效率

装卸工时效率是指装卸工人（包括机械司机及其助手）平均每人工作 1 小时所完成的操作量，其计算公式是：

$$P_{工时} = \frac{Q_{操}}{N_{工时}} \tag{5.9}$$

式中：$P_{工时}$——装卸工时效率（操作吨/工时）；

$Q_{操}$——与装卸工时数相对应的操作量；

$N_{工时}$——装卸工时数。

8. 装卸工日产量

装卸工日产量是指装卸工人（包括司机和助手）平均每个装卸工日所完成的操作量，其计算公式是：

$$P_{工日} = \frac{Q_{操}}{N_{工日}} \tag{5.10}$$

式中：$P_{工日}$——装卸实际工日数（操作吨/工日）。

装卸实际工日数是指装卸工人（包括司机和助手）出勤后实际装卸作业的工日数，包括节假日加班装卸日在内。凡一个装卸工人出勤参加装卸工作，不论是否满一个工班，或加班加点超过一个工班，均按一个装卸工日计算。

虽然装卸工时效率和装卸工日产量都是说明劳动生产率的指标，但装卸工时指的是配工后的工作时间，而装卸实际工日数指的是出勤后从事装卸的工日数，即工日数包括工间待时的时间，它可以转化为：

$$P_{工日} = \frac{Q_{操}}{N_{工日}} = \frac{Q_{操}}{N_{工时}} \times \frac{N_{工时}}{N_{工日}} = P_{工时} \times \frac{N_{工时}}{N_{工日}} \tag{5.11}$$

从式（5.11）中可以看出，影响装卸工日产量的除影响工时效率的全部因素外，还有 $\frac{N_{工时}}{N_{工日}}$，即实际从事装卸工时的利用程度。

5.2.5 车船在港停留时间指标

车船在港停留时间是指运输船舶或车辆自进港到离港的一段在港停留时间,简称车船停时。运输工具在港停留时间的长短,是港口装卸效率的重要标志。压缩在港停留时间也是提高运输效率的有效途径。以船舶为例,目前沿海运输船舶在港停泊时间中,非生产性停泊时间占 2/3 左右。因此,缩短非生产停泊时间,加速船舶周转潜力很大。缩短船舶在港停时,既加速了船舶周转,又提高了泊位效率及其港口的通过能力,使港口能更好地满足国民经济和社会发展的需要,同时也提高了港口自身的经济效益。

1. 船舶在港停泊时间及其组成

船舶在港停泊时间所考核和统计的范围是在港务局管辖的码头、浮筒、锚地上进行装卸货物的运输船舶(海港在 500 载重吨以上船舶,河港在 100 载重吨以上货船),既不包括路过及来港避风未装卸货物的船舶,也不包括计划批准停航的船舶、卸完货后准备修理的船舶、在装卸时间以外洗刷锅炉及其他处于非运营的船舶。对外籍船舶,则不论其所停泊码头的隶属关系由什么单位进行装卸,都要进行考核和统计。船舶在港停泊时的计量单位为"艘天"或"艘时"。

船舶在港停泊时统计的截止时间,一律以月、季、年最后一天的 18 点为截止时间。凡 18 点前装卸完毕,且已发航的船舶,则统计在本报告期内。这与吞吐量统计的口径一致。

船舶在港停泊时的起讫时间按以下规定计算:船舶进港直接靠码头时,从靠好码头时起到装卸货物完毕离开码头时止;船舶进港先在锚地或浮筒停泊时,从在锚地、浮筒泊妥时起至装卸货物完毕离开锚地、浮筒时止。在港停泊处于非营运状态的船舶停泊时间不作统计。例如,重载进港、卸货完毕后转入停港封存、修理或报废拆除的船舶,其在港停泊时间,计至统计的货卸完时止;在装卸时间以外进行清洗锅炉及航次检修的时间,不计为在港停泊的时间。

船舶在港停泊的时间由生产性停泊时间、非生产性停泊时间和自然因素引起的停泊时间三部分组成。

(1)生产性停泊时间

生产性停泊时间包括船舶在运输生产过程中所必需的停泊时间。它分为装卸作业时间、技术作业时间、移泊时间及其他生产性停泊时间。

装卸作业时间包括装卸前后的张挂安全网、起落吊杆、开盖货仓、接拆输油管等准备和结束时间,装卸货物时间(包括补给船用燃、料物),货物加固捆绑或拆解时间,扫舱、洗舱及熏舱、油船加温等辅助作业时间。

技术作业时间包括船舶靠离泊位、浮筒时间,拖驳运输船舶的编、解船队时间。

移泊时间是指装卸作业计划中规定或因港口条件限制,必须从这一泊位移至另一泊位时间。

其他生产性停泊时间是指不属于上述各种原因的其他生产性停泊时间,如船舶联检时间等。

（2）非生产性停泊时间

非生产性停泊时间是指由于装卸组织、运输工作不善，或因货物不能按时集中等运输生产过程中非必需的停泊时间。按其产生的原因可分为港方原因、船方原因、物资部门原因和其他原因造成的非生产性停泊。

港方原因造成的非生产性停泊包括因港口能力不足或调度不当，致使船舶等待码头泊位、仓库、工人，等待港作拖船、驳船以及港口装卸机械故障等由于港方责任所造成的停泊时间。

船方原因造成的非生产性停泊包括因船方责任而等待货物积载图、船员、运行拖驳以及船上装卸具和照明发生故障等造成的停泊时间。

物资部门原因造成的非生产性停泊包括因货物部门责任，货物流向未定不能开工卸货或货物未按时集中而等货；物资部门未及时提货造成库场堵塞，以致船舶无法作业而造成的停泊时间。

其他原因造成的非生产性的停泊时间是指除上述原因以外所造成的非生产性停泊时间。如等待联检。

（3）自然因素引起的停泊时间

自然因素引起的停泊时间是指因自然因素影响而造成的停泊时间，包括因风、雨、雪、雾而不能作业，高温季节工人午休，候潮进出港等造成的停泊时间，也包括船舶到指定地点避风的停泊时间以及其往返的航行时间。

在对船舶停泊时间进行分类时，对那些在同一时间内，船舶停泊时间有两种或两种以上不同性质的原因引起时，应该停泊时间计入主要的或停时较长的一种原因之中。

2.船舶在港停泊时间的主要指标

（1）船舶平均每次在港停泊天数

船舶平均每次在港停泊天数是船舶从进港时起到出港时止的平均每艘船在港停泊时间。其计算公式是：

$$\overline{T}_{次} = \frac{\sum_{i=1}^{N} T_{停i}}{N_{次}} （天）$$ (5.12)

式中：$\overline{T}_{次}$——船舶平均每次在港停泊天数；

$\sum_{i=1}^{N} T_{停i}$——船舶停泊总天数；

$N_{次}$——船舶停泊总艘次数，即船舶在港停泊艘次的总和。

一般船舶从进港起到出港时为止，不论是仅仅装货还是卸货，或者又装又卸，也不论移泊次数的多少，都只计算为一个停泊艘次。

（2）船舶平均每次作业在港停泊天数

船舶平均每次作业在港停泊天数是指船舶从进港起到出港时止平均每艘每次作业在港的停播时间。其计算公式是：

$$\overline{T}_{作业} = \frac{\sum_{i=1}^{N} T_{作业i}}{N_{作业}} （天）$$ (5.13)

式中: $\overline{T}_{作业}$ ——船舶平均每次作业在港停泊次数;

$\sum_{i=1}^{N} T_{作业 i}$ ——船舶在港作业停泊的天数总和;

$N_{作业}$ ——船舶在港作业总艘次数,即船舶在港装卸作业次数的总和。

一般在港单装或单卸只计算为一个作业艘次,而卸货后又装货的双重作业则计算为两个作业艘次。

(3)船舶平均每装卸千吨货在港停泊时间

这个指标通常简称为千吨货停时,它是指在港停泊船舶平均每装卸千吨货的在港停泊时间。这有利于不同吨位船舶的比较。其计算公式是:

$$\overline{T}_{千} = \frac{\sum T}{\sum Q} \times 1000 \ 吨 \tag{5.14}$$

式中: $\overline{T}_{千}$ ——船舶平均每装卸千吨货在港停泊时间;

$\sum T$ ——船舶装卸货物停时(艘天),等于生产性停泊时间和非生产性停泊时间之和;

$\sum Q$ ——船舶装卸货物吨数之和。

3. 铁路货车在港停留时间

铁路运输是我国一些港口的主要集疏运方式,因此缩短铁路货车在港停留时间,加速其周转于加速船舶的周转具有同样的意义。

铁路货车在港停留时间是反映铁路货车在港时间的指标,由于它的计量单位是车小时,所以也简称"车点"。

这组指标统计的范围包括所有在港区管辖范围内的火车装卸线或路、港协议规定的交接线内装卸货物的铁路货车,但不包括港口的自备货车。

统计报告的截止时间一律以 18 点为准,18 点以前装卸完毕并于路方办妥交接手续的车辆,统计在本报期内。

(1)货车一次作业平均在港停留时间

这是一个反映铁路货车在港时间的指标,是指报告期内已发出车辆,在港区范围内平均每辆车每作业车次的停留时间。其计算公式是:

$$\overline{T}_{车次} = \frac{\sum_{i=1}^{N} T_{车}}{N_{作次}} (小时) \tag{5.15}$$

式中: $\overline{T}_{车次}$ ——一次作业平均在港停留时间(小时);

$\sum_{i=1}^{N} T_{车}$ ——总停留车时数,是指报告期在港车辆停留小时的累计数;

$N_{作次}$ ——作业车次数,指装车和卸车数的总和,即装(或卸)一辆车计算为一个作业车次;同一辆卸货后又装货的车称之为双重作业,计算为两个作业车次。

总停留车时数的计算方法视港口有无调车机车而不同。对有调车机车的港口,其总停留车时的计算,是从路局将车辆送至路港交接线,路、港双方检验完车体,办理完交接手续起至装卸作业完毕,港方将车辆送到路港交接线,办理完交接手续为止。它包括解体、编组、接运车辆的运转等技术作业时间、辅助作业时间、待装卸作业时间和装卸作业时间。

对没有调车机车的港口,其总停留车时数的计算,应从路局将车辆送到港口装卸线摘完钩时起,到装卸作业完毕,关好车门,盖好蓬布,捆绑完毕,清理好列车两旁安全通道时为止,它包括装卸作业时间和待装卸作业时间。

(2)日均到港车数

这是反映路局每天平均送到港口铁路专用线的车辆数。其计算公式是:

$$\overline{N}_{日·车} = \frac{\sum\limits_{i=1}^{N} N_{车i}}{T_日}(车) \tag{5.16}$$

式中:$\overline{N}_{日·车}$——日均到港车数,应分别按重车、空车计算;

$\sum\limits_{i=1}^{N} N_{车i}$——报告期送到港口铁路专用线的车辆数,分别按重车、空车统计;

$T_日$——报告期日历天数。

(3)日均装(卸)车数

日均装(卸)车数是平均每天装车或卸车的总和。其计算公式是:

$$\overline{N}_{日·装} = \frac{\sum\limits_{i=1}^{N} N_{日·装i}}{T_日} \tag{5.17}$$

$$\overline{N}_{日·卸} = \frac{\sum\limits_{i=1}^{N} N_{日·卸i}}{T_日} \tag{5.18}$$

$$\overline{N}_{日·装卸} = \overline{N}_{日·装卸} + \overline{N}_{日·装卸} = \frac{\sum\limits_{i=1}^{N} N_{日·装i}}{T_日} + \frac{\sum\limits_{i=1}^{N} N_{日·卸i}}{T_日} = \frac{N_{作次}}{T_日} \tag{5.19}$$

式中:$\overline{N}_{日·装}$,$\overline{N}_{日·卸}$,$\overline{N}_{日·装卸}$ 分别为平均日装车数、卸车数和装卸车数;

$\sum\limits_{i=1}^{N} N_{日·装i}$;$\sum\limits_{i=1}^{N} N_{日·卸i}$ 分别为报告期装车、卸车数累计。

5.2.6 港口生产设备运用指标

港口生产设备包括泊位、装卸机械、仓库和堆场、港内运输工具(如汽车、驳船、拖船等)、港内铁路线、自备机车等。

1.泊位运用指标

反映泊位运用情况的指标有泊位占用率、泊位利用率和泊位作业率。

(1)泊位占用率

泊位占用率是指泊位被占用时间占泊位日历小时数的比重,它反映码头泊位停靠占用的程度。其计算公式是:

$$K_{泊 \cdot 占} = \frac{T_{泊 \cdot 占}}{T_{博 \cdot 日}} \times 100\% \tag{5.20}$$

式中：$K_{泊 \cdot 占}$——泊位占有率；

$T_{泊 \cdot 占}$——泊位日历小时数，是指生产用泊位在册日历小时数；

$T_{泊 \cdot 日}$——泊位日历小时数中停靠船舶（包括运输船舶和非运输船舶）占用的时间，包括装卸时间和非装卸时间。

泊位占用时间应从船舶靠码头系妥第一根缆绳起到船舶离码头解完最后一根缆绳时止。

计算泊位占用时间时，应以既定的泊位数为准。即一个既定的泊位，停靠船舶 1 小时，不论是停靠一艘还是两艘以及两艘以上船舶，均只能计为一个占用泊位艘时，不能计为两个或两个以上的占用泊位艘时。

具体来说，当一个泊位靠一艘船时，其泊位占用时间就是该码头的延续时间；当一个泊位停靠两艘及以上船舶时，其泊位占用时间的计算，应从第一艘船舶靠码头起至最后一艘船舶离码头时止，仍按一个泊位占用时间计算，第二艘及以后陆续靠码头的船，进行累计计算。当两个泊位停靠一艘大船时，即以该船停靠码头时间乘 2 作为这两个泊位的占用时间。其余靠泊船舶情况的泊位占用时间，以此类推。

计算泊位时间占用时间时，只计算直接靠码头船所占用时间，停靠外档的船一律不予计算。

（2）泊位利用率

泊位利用率是指泊位生产性停泊时间占泊位日历小时数的比重。它表明泊位生产的使用情况。其计算公式是：

$$K_{泊 \cdot 利} = \frac{T_{泊 \cdot 生}}{T_{泊 \cdot 日}} \times 100\% \tag{5.21}$$

式中：$K_{泊 \cdot 利}$——泊位利用率；

$T_{泊 \cdot 生}$——泊位生产性停泊时间。

（3）泊位作业率

泊位作业率是指泊位作业时间占泊位日历小时数的比重。它说明码头泊位进行装卸作业的使用情况。其计算公式是：

$$K_{泊 \cdot 作} = \frac{T_{泊 \cdot 作}}{T_{泊 \cdot 日}} \times 100\% \tag{5.22}$$

式中：$K_{泊 \cdot 利}$，$K_{泊 \cdot 作}$ 分别为泊位利用率和泊位作业率；

$T_{泊 \cdot 生}$，$T_{泊 \cdot 作}$ 分别为泊位生产性停泊时间、泊位作业时间。

泊位生产时间是指泊位占用时间中进行装卸作业的时间，包括装卸前后的准备、结束时间、纯装卸时间、补给供应及其他作业时间。其单位为艘时。

2. 库场运用指标

库场运用指标是反映港口企业的仓库和堆场运用情况的指标。它统计的范围是港务局营业用的所有仓库和堆场，包括待修、在修、待报废以及租入、借入的仓库和堆场，但不包括批准封存、出租、外借以及非营业用的仓库和堆场。

货物在中转过程中，由于种种原因不可能所有的货物全部直接进行换装，其中的大多数都要在港口储存一个时期。因此,库场是港口生产设备中不可缺少的部分。库场使用情况的好坏,会影响到码头泊位的能力是否能得到充分的发挥。库场的使用情况还在一定程度上反映出港口的集疏运是否畅通,因为疏运不畅往往表现为库场的拥塞。

下面是库场运用指标。这些指标要分别按仓库、粮食园筒仓、油库(分原油和成品油)和堆场进行统计,各港还要根据需要与可能分货种进行统计(如堆场中把煤炭堆场专门分开统计)。

(1)库场面积

库场总面积是所有库场面积之总和,每一库场面积等于库场的长乘以宽。

$$S_{总} = \sum_{i=1}^{n} \&_i = \sum_{i=1}^{n} l_i \cdot b_i \tag{5.23}$$

式中:$S_{总}$——库场总面积(平方米);

$\quad\ \&_i$——第 i 座库场面积(平方米);

$\quad\ l_i, b_i$——第 i 座库场的长度、宽度(米)。

(2)库场有效面积

库场有效面积是指库场总面积中减去通道、货架间距、垛距、柱距、装卸月台、固定设备、办公室占用面积等不能堆存货物的面积后,可以用来堆货物的面积。

(3)库存面积利用率

库存面积利用率是指库存有效面积与总面积之比,其计算公式是:

$$K_s = \frac{S_{有效}}{S_{总}} \times 100\% \tag{5.24}$$

(4)库场总容量

库场总容量是指仓库、堆场拥有的最大堆存能力,其计算公式是:

$$W = S_{有效} \cdot a_{计} = S_{总} \cdot K_s \cdot a_{计} \tag{5.25}$$

该公式是理论上的容量。

库场平均仓容量:

$$\overline{W} = \frac{\sum (S_{有效} \cdot a_{使})}{T_{营}} \tag{5.26}$$

式中:$a_{计}$——单位面积计数定额(吨/米²);

$\quad\ a_{使}$——单位面积使用定额(吨/米²);

$\quad\ W$——库场总容量(吨);

$\quad\ \overline{W}$——平均仓容量(吨);

$\quad\ T_{营}$——库场营运期(天)。

(5)平均堆存期

平均堆存期是指每吨货物在库场内平均堆存的天数。其计算公式是:

$$\overline{T}_{堆存} = \frac{G_{吨天}}{G_{堆}} \tag{5.27}$$

$$G_{吨天} = \sum Q_{结} + \sum G_{出} \tag{5.28}$$

$$Q_{堆} = \sum Q_{结} + \sum G_{进} \tag{5.29}$$

式中:$\overline{T}_\text{堆存}$ —— 货物平均堆存期(天);

$\qquad G_\text{吨天}$ —— 货物堆存吨天数;

$\qquad \sum Q_\text{结}$ —— 每天结存吨天之总和;

$\qquad \sum G_\text{出}$ —— 每天出库场吨天之总和;

$\qquad Q_\text{堆}$ —— 堆存货物吨数;

$\qquad \sum Q_\text{结}$ —— 上期末库场结存吨数;

$\qquad \sum Q_\text{进}$ —— 每天进库场吨数之总和。

(6)库存容量运用率

库存容量运用率是一个反映库场容量利用程度的指标,其计算公式是:

$$K_W = \frac{\overline{Q}_\text{堆}}{W} \times 100\% = \frac{G_\text{吨天}}{W_\text{容} \times T_\text{营}} \times 100\% \tag{5.30}$$

式中:K_W —— 库场容量运用率;

$\qquad \overline{Q}_\text{堆}$ —— 平均每天堆存货物吨数,它的计算公式是:

$$\overline{Q}_\text{堆} = \frac{G_\text{吨天}}{T_\text{营}} \tag{5.31}$$

(7)容量周转次数

容量周转次数是指在营运期内库场单位容量平均周转的次数,其计算公式是:

$$N_\text{容} = \frac{Q_\text{堆}}{Q_\text{容}} = \frac{T_\text{营}}{\overline{T}_\text{堆存}} \times K_W \tag{5.32}$$

3. 机械运用指标

(1)机械完好率($K_\text{机·完}$)

装卸机械完好率是反映其技术良好状况的一项指标,其计算公式是:

$$K_\text{机·完} = \frac{T_\text{机·完}}{T_\text{机·日}} \times 100\% \tag{5.33}$$

(2)机械利用率($K_\text{机·利}$)

装卸机械利用率是反映其利用程度的指标,其计算公式是:

$$K_\text{机·利} = \frac{T_\text{机·工}}{T_\text{机·日}} \times 100\% \tag{5.34}$$

式中:$K_\text{机·完}$,$K_\text{机·利}$ 分别为机械完好率、机械利用率;

$\qquad T_\text{机·完}$,$T_\text{机·工}$ 分别为机械完好台数、机械工作台时;

$\qquad T_\text{机·日}$ —— 机械日历台时。

4. 驳运指标

驳运是港内运输的重要方式之一,尤其是河港和河口港。驳运的主要指标有驳运量、驳运船舶在册总吨位(马力)天数、驳运船舶使用吨位(马力)天数、驳运船舶使用率、平均驳运船舶吨位(马力)数、平均每吨位(马力)船舶驳运量等。

(1)驳运量

驳运量是港口为运输船舶装卸服务及货物集散所进行的港口驳船完成的驳运工作量。其计算单位为吨。

（2）驳运船舶在册总吨位（马力）天数

驳运船舶在册总吨位（马力）天数是指在一定时期内港口所使用的驳运船舶的营运时间之和。考虑到船舶大小对于运输能力与工作量的影响，驳运船舶在册总吨位（马力）天数的总时间（营运时间和非营运时间）指标，都应以吨位（客位、马力）天作为计算单位。其计算方法是：以驳运船舶的定额吨位（客位、马力）数乘以其相应的时间（以小时计算。除以 24 小时，折算为 1 天）。在统计中，驳运船舶总时间是指港口使用的驳运船舶，在报告期内已完成航次的全部时间。在发生驳运船舶增减变动时，新增驳运船舶，自办妥固定资产登记之日起计算；报废驳运船舶，自主管机关批准报废之日起不在计算；调入、调出驳运船舶，以双方交接船舶之日起，调入方开始计算，调出方不再计算。

驳运船舶在册总吨位（马力）天数的构成见图 5-1 所示。

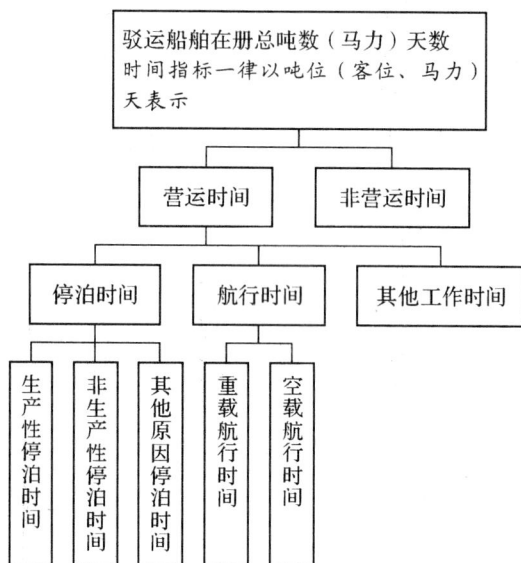

图 5-1 驳运船舶在册总吨位（马力）天数的构成

（3）驳运船舶使用吨位（马力）天数

驳运船舶使用吨位（马力）天数是实际参加驳运船舶的定额总吨位（马力）与使用天数（在营运时间中扣除因船员不足及非技术不良而停航的时间）的乘积。

（4）驳运船舶使用率

驳运船舶使用率是实际使用驳运船舶吨位（马力）天数与营运驳运船舶吨位（马力）天数的百分比。其计算公式是：

$$\text{船舶使用率}(\%) = \frac{\text{使用吨位（马力）天数}}{\text{营运吨位（马力）天数}} \times 100\% \tag{5.35}$$

（5）平均驳运船舶吨位（马力）数

平均驳运船舶吨位（马力）数是指一定时期内，港口平均每天所拥有的驳运船舶数量。其计算公式是：

$$\text{平均驳运船舶吨位（马力）数} = \frac{\text{驳运船舶在册总吨位（马力）天数}}{\text{日历天数}} \tag{5.36}$$

(6)平均每吨位(马力)船舶驳运量

平均每吨位(马力)船舶驳运量是一定时期内,平均每吨位(马力)船舶完成的驳运货物吨数。其计算公式是:

$$平均吨位(马力)船舶驳运量 = \frac{驳运量}{驳运船舶吨位(马力)数} \qquad (5.37)$$

5.2.7　劳动工日指标

1. 日历工日

日历工日,由应出勤工日和公休及节假日工日两部分组成。应出勤工日由实际出勤工日和缺勤、病、事假工日组成。实际出勤工日包括公差工日、实际工作工日(时)。实际工作工日(时)包括装卸工作工时、停工(待时)工时、非装卸作业工时。

2. 出勤率

出勤率是实出勤工日与应出勤工日之比重,其计算公式是:

$$\eta_{出} = \frac{实出工日}{应出工日} \times 100\% \qquad (5.38)$$

3. 工时利用率

工时利用率是实际工作工日与实出工日之比重,其计算公式是:

$$\eta_{利} = \frac{实际工作工日}{实出工日} \times 100\% \qquad (5.39)$$

4. 装卸工时利用率

装卸工时利用率考核的是装卸工时利用情况,其计算公式是:

$$\eta_{装卸} = \frac{纯装卸工日}{实出工日} \qquad (5.40)$$

5.2.8　安全质量指标

1. 安全指标

考核港口的安全指标,只有因工死亡率一项,其计算公式是:

$$因工死亡率 = \frac{因工死亡人数}{职工在册人数} \qquad (5.41)$$

2. 货物质量指标

(1)货损率

货损率是货损件数占货运总件数的万分比,其计算公式是:

$$货损率 = \frac{货损件数}{货运总件数} \times 1\text{‰} \qquad (5.42)$$

(2)货差率

货差率是货差件数占货运总件数的万分比,其计算公式是:

$$货差率 = \frac{货差件数}{货运总件数} \times 1\text{‰} \qquad (5.43)$$

（3）赔偿金额率

赔偿金额率是货损、货差的损失金额占运输总收入的万分比，其计算公式是：

$$赔偿金额率 = \frac{赔偿金额}{货运总件数} \times 1‰ \tag{5.44}$$

5.2.9 其他指标

其他指标包括同时作业能力、港口相对指标等。

1. 同时作业能力指标

（1）泊位数

泊位数是表示港口同时靠泊能力的指标，它包括码头泊位、浮筒泊位。同时，还按船舶吨级划分为万吨级以上深水泊位数和万吨级以下的中小泊位数。集装箱码头则按船舶载箱量划分为第一代、第二代……第六代泊位。港口总靠泊能力就是所有的泊位靠泊能力之和。

（2）同时作业舱口数

这是港口作业能力的指标，即港口同一时间可以开工作业的舱口数，它取决于港口装卸能力及其组织。同时，作业舱口数应该根据港口的生产任务确定，用公式可表示为：

$$\overline{N}_舱 = \sum_{i=1}^{m} \frac{Q_i}{T_营 \cdot t_日 \cdot \overline{P}_{i船} \cdot \overline{m}_{i舱}} \tag{5.45}$$

式中：$\overline{N}_舱$ ——同时作业舱口数；

$T_营$ ——港口营运期（各类泊位营运期）；

$t_日$ ——港口日工作时数；

$\overline{P}_{i船}$ ——第 i 类货物船舶装卸工时效率（吨／工时）；

$\overline{m}_{i舱}$ ——第 i 类货物舱口作业线配工人数（人／舱）；

Q_i ——第 i 类货物营运期运量（或船舶作业量）。

（3）同时作业车辆数

这是港口作业能力的指标，即港口同一时间可以开工作业的车辆数，它取决于港口装卸能力及其组织。同时，作业车辆数应该根据港口的生产任务确定，用公式可表示为：

$$\overline{N}_车 = \sum_{i=1}^{m} \frac{Q_i}{T_营 \cdot t_日 \cdot \overline{P}_{i车} \cdot \overline{m}_{i车}} \tag{5.46}$$

式中：$\overline{N}_车$ ——同时作业车辆数；

$\overline{P}_{i车}$ ——第 i 类货物车辆装卸工时效率（吨／工时）；

$\overline{m}_{i车}$ ——第 i 类货物车辆作业线配工人数（人／车）；

Q_i ——第 i 类货物营运期运量（或车辆作业量）。

同时作业舱口数、车辆数可以分货种计算，也可以进行综合计算，只是某些参数取值不同而已。

（4）同时出机台数

这也是港口作业能力的指标之一。它是支持同时作业舱口数、车辆数的基础。用公式可表示为：

$$N'_{舱} = \sum \frac{Q_i \times K_i}{T_{营} \times t_{日} \times P_i \times m_i^{船}} \qquad (5.47)$$

$$N_{车} = \sum \frac{Q_i \times K_i}{T_{营} \times t_{日} \times P_i \times m_i^{车}} \qquad (5.48)$$

式中：$N_{舱}$、$N_{车}$——同时开工的船舶舱口、货车数；

$\quad Q_i$——计划期第 i 类货物的运量（吨）；

$\quad K_i$——第 i 类货物的操作系数；

$\quad T_{营}$——港口营运期（天）；

$\quad t_{日}$——港口日工作小时数（可按工时利用率计算）；

$\quad P_i$——船、车装卸综合工时效率（吨/工时）；

$\quad m_i^{船}$、$m_i^{车}$——船、车单位配工人数（人/舱口或车）。

2.港口相对指标

(1)操作系数

货物通过港口时，由于其经过的工艺过程不同而产生不同的操作量。操作量越多，劳动消耗也就越多。管理工作应该力求采用简单工艺过程，以最少的劳动消耗来取得最大的经济效益。为此，设置了操作系数这个指标。

操作系数是操作量与之相应的货物装卸自然吨之比。它测定每吨货物在本港内的平均操作次数，它是考核港口装卸工作组织的主要质量指标之一。其计算公式是：

$$K_{操} = \frac{Q_{操}}{Q_{自}} \qquad (5.49)$$

式中：$K_{操}$——操作系数；

$\quad Q_{操}$——操作量；

$\quad Q_{自}$——装卸自然吨。

由于每吨货物通过港口至少要经过一个操作过程，因此操作系数不会小于 1。如果港口全部货物都是以直接换装的形式进行（如船⇌船或船⇌车），则操作系统等于 1。但实际上，由于不同运输工具之间的衔接以及其他作业的需要等原因，总是会有相当一部分货物需要进入库场保管一段时间，然后再运出港口，所以操作系数总是大于 1 的。

在一般情况下，操作系数低的港口，直接换装比重高，完成换装作业所消耗的劳动量少，成本低，货损也少，对库场的需求也少，它是装卸组织管理工作的目标工作之一。但是，也不能仅仅根据操作系数的高低评价港口工作的组织管理水平，而要作综合分析。

降低操作系数就是提高直接换装比重，而提高的关键是不同运输工具之间良好的衔接，但良好的衔接又有赖于运输工具的到港规律及港口组织工作的水平。另外，货物的批量大小也是影响直接换装比重的重要因素。批量越大，直接换装比重可能越高；批量较少的货物直接换装就会有一定的难度。

(2)入库系数

货物在港口换装过程中，由于短期储存、改换包装、调节不同运输方式的衔接等原因，货物需要入库场保管，入库系数是进入库场的货物量与通过港口的货物自然吨之比。其计算公式是：

$$K_入 = \frac{Q_入}{Q_自} = 1 - K_直 \tag{5.50}$$

式中：$K_入$——货物入库系数；

$Q_入$——货物入库场吨数；

$Q_自$——货物自然吨；

$K_直$——货物直接换装比重。

（3）直接换装比重

直接换装是指货物在港口的换装作业不需要经过库场作业，而只是两种运输方式之间的换装。它是货物通过一个操作过程就能完成的换装作业。直接换装比重是定量描述直接换装量占通过港口全部货物量的比重，其计算公式是：

$$K_直 = \frac{Q_直}{Q_自} = 1 - K_入 \tag{5.51}$$

（4）不平衡系数

这是一个描述港口生产状态不稳定特征的常用参数。通常用于描述船舶流、车流、货流等到港的规律特征；船舶、车辆、库场、泊位、机械等装卸作业状态不稳定特征。应用于具体对象，就可以命名为其对象的不平衡系数。港口生产各环节的不平衡系数是不同的。不平衡系数测定法，一般应用统计分布的方法进行计算。其计算公式是：

$$K_不 = \frac{X_{max}}{\overline{X}} = 1 + \frac{\alpha \cdot \sigma}{\overline{X}} \tag{5.52}$$

式中：$K_不$——不平衡系数；

X_{max}——研究对象的最大值（或最小值）；

$\overline{X}$——研究对象的平均值；

α——保证率范围的系数；

σ——研究对象分布的均方差。

⇨ 案例分析

美国西海岸港口治理堵塞方略

总部设立在美国加利福尼亚的第三方物流服务商加利福尼亚分销公司业务发展部主任托德·理塞于 2006 年 9 月初谈到目前美国西海岸港口动态的时候指出，2006 年集装箱运输夏季高峰已经到来，尽管集装箱吞吐量有增无减，创新高不断，却没有看到和听到美国西海岸港口再度发生类似 2004 年夏季的码头拥堵。

据美国全国零售商联合会和全球观察咨询公司公布的 2006 年 8 月港口跟踪报告，2006 年 8 月份，美国西海岸港口集装箱吞吐量 2006 年 8 月水平与 2005 年 10 月持平，业内人士通常认为美国西海岸港口集装箱吞吐量 10 月份最高，这就是说，美国西海岸港口 2006 年集装箱吞吐量季节最高峰提前两个月出现了。

美国西海岸港口 2006 年集装箱吞吐量继续上涨却太平无事绝不是偶然。实际上，美国西海岸各港口方始终没有放弃治堵方案的研究，2006 年高峰季节的一派顺畅景象似乎预示了其正在脱离"拥堵明星"的行列。

以下即为美国西海岸港口所采用的一系列治堵方略：

首先，各个港口码头在不同程度上削减集装箱码头免费存放时间。为了提高集装箱码头效率，促使货主和当事人尽快从集装箱码头提取集装箱，加快码头集装箱流通效率和减少码头拥堵，不少美国港口双管齐下，一方面缩短集装箱码头免费保管时间，另一方面提高超过免费时间提取的集装箱码头滞延费率。

其次，扩大投资。最近几年，美国铁路系统发展最快的是铁路集装箱多式联运，继续扩大投资更新和扩建铁路，引进现代化火车头、集装箱铁路货车，扩建和增建铁路集装箱堆场和装卸站，迄今总投资已超过 24 亿美元，大幅度改善了北美铁路集装箱多式联运质量，确保货物无损、准时和稳定送达目的地的三项基本标准。尤其是通过提高经营效率，让服务要求标准越来越高的国际远洋集装箱班轮公司、货运代理公司、进出口商等广大客户更加满意。

再次，实现高度自动化。美国西海岸港口的大中型集装箱码头的自动化设施和设备在先进程度上超过美国东海岸港口或者美国墨西哥海湾沿岸港口的集装箱码头。美国西海岸港口集装箱码头自动化技术的引进主要集中在港口各大出入口、港区场地、集装箱码头设施设备和码头铁路调度上，当然还包括港口码头经营人所认为的现代化成套设备。内容主要包括：给各种现代化起重机、吊车和堆垛机等设备安装电子光学识别系统；在美国西海岸港口码头上来来往往的集装箱卡车、跨运车、火车、堆高机、铲车等，配备射频标签识别仪。以此实现集装箱的自动识别和记录，集装箱的跟踪、定位和集装箱装卸设备动态和码头基础设施的跟踪管理。

最后，强化集装箱流量预测和实施码头和内地铁路、公路多式联运一体化调度。在2006 年初，美国联合太平洋铁路和美国伯灵顿北桑塔费铁路当局就把集装箱运输联合经营规划交给美国西海岸各个港口码头当局。总共增加铁路员工 600 名，增加投资 100 亿美元改善铁路基础设施，增添 200 台火车头，2100 节集装箱铁路货车，提高集装箱铁路运量和效率。铁路运输经营人与港口码头经营人互相支持和密切配合，共同迎接每年集装箱运输高峰季节的到来。

案例问题：

1. 美国西海岸港口所采用的一系列治堵方略对我国港口物流的发展有何启示？
2. 请你谈谈港口拥挤对经济的影响。

▷ **思考题**

1. 港口生产作业计划的编制涉及哪些主要内容？
2. 港口生产调度流程是什么？
3. 港口生产指标体系构成如何？各指标起何种作用？

第6章

港口集装箱业务管理

⟐ **本章要点**

① 了解集装箱及其类型,掌握集装箱规格尺寸标准,掌握集装箱标志的含义、集装箱货物交接方式及装箱方式,了解集装箱运输特点。

② 了解港口集装箱进出口业务流程,理解并掌握集装箱进出口单证业务。

③ 了解集装箱货运站业务内容,基本掌握集装箱装箱技术要求。

④ 了解集装箱码头检查桥业务内容与流程,了解集装箱箱务管理业务。

⑤ 理解集装箱国际多式联运的内涵及组织方式,掌握多式联运经营人的责任形式与内容。

6.1 集装箱运输基础知识

6.1.1 集装箱定义

集装箱是由美国人最先发明并使用的,1921 年 3 月 19 日它最早出现在美国纽约铁路运输总公司。英国人也不甘落后,他们于 1929 年开始了英国—欧洲大陆海陆直达集装箱联运。但这些都只是局部的、小规模的使用。集装箱大量运用则始于越南战争,当时美国人用集装箱大量运输作战物资,效果甚佳。1966 年美国海陆公司(Sealand)在北大西洋航线上开始使用改装的集装箱船"FairLand"号,为集装箱运输的历史开创了新的一页。集装箱运输的出现,不仅影响运输业本身,而且对贸易、金融、海关、商检等其他部门都带来了重要影响,可以说是国际运输业的一次历史性革命。

集装箱,英文名为"Container"或"Box",原义是一种容器,专供便于机械操作和运输的大型货物容器。因其外形像一个箱子,又可以集装成组进行运输,故称"集装箱",我国香港和台湾地区称之为"货柜"。

目前,许多国家(包括我国在内)基本上采用国际标准化组织 ISO 对集装箱的定义。集装箱是一种运输设备,它应具备以下条件:

①具有足够的强度,可长期反复使用;

②装有便于装卸和搬运的装置,便于从一种运输方式转移到另一种运输方式;

③便于货物的装满和卸空;

④适于一种或多种运输方式运送货物,无需中途换装;

⑤具有 1 立方米或 1 立方米以上的内容积。

简而言之,集装箱是具有一定强度、刚度和规格,专供周转使用的大型装货容器。

6.1.2　集装箱类型

为了适应装载不同种类货物的需要,出现了不同种类的集装箱。这些集装箱不仅外观不同,而且结构、强度、尺寸、功能等也不相同。根据不同的分类标准,会有不同的集装箱类型。

1.按制造材料分类

由于集装箱在运输途中常受各种力的作用和环境的影响,因此集装箱的制造材料要有足够的刚度和强度,应尽量采用质量轻、强度高、耐用、维修保养费用低的材料,同时材料既要价格低廉,又要便于取得。目前,世界上广泛使用的集装箱按其主体材料分为以下几种。

(1)钢制集装箱

其框架和箱壁板皆用钢材制成。最大优点是强度高、结构牢、焊接性和水密性好、价格低、易修理、不易损坏,主要缺点是自重大、抗腐蚀性差。

(2)铝制集装箱

铝制集装箱有两种:一种为钢架铝板;另一种仅框架两端用钢材,其余用铝材。主要优点是自重轻、不生锈、外表美观、弹性好、不易变形;主要缺点是造价高,受碰撞时易损坏。

(3)不锈钢制集装箱

一般多用不锈钢制作罐式集装箱。不锈钢制集装箱主要优点是强度高、不生锈、耐腐性好;缺点是投资大。

(4)玻璃钢制集装箱

玻璃钢制集装箱是在钢制框架上装上玻璃钢复合板构成的。主要优点是隔热性、防腐性和耐化学性均较好,强度大,刚性好,能承受较大应力,易清扫,修理简便,集装箱内容积较大等;主要缺点是自重较大,造价较高。

2.按用途分类

(1)干货集装箱(Dry Cargo Container)

干货集装箱也称杂货集装箱,这是一种通用集装箱,用以装载除液体货、需要调节温度货物及特种货物以外的一般件杂货。这种集装箱使用范围极广,常用的有 20ft 和 40ft 两种。其结构特点是常为封闭式,一般在一端或侧面设有箱门,箱内设有一定的固货装置,使用时一般要求清洁、水密性好。同时,对装入这种集装箱的货物要求有适当的包装,以便充分利用集装箱的箱容。

(2)开顶集装箱(Open Top Container)

开顶集装箱也称敞顶集装箱,这是一种没有刚性箱顶的集装箱,但有可折式顶梁支撑的帆布、塑料布或涂塑布制成的顶篷,其他构件与干货集装箱类似,称之为软顶集装箱。还有一种硬顶集装箱,其箱顶是用薄钢板制成的,利用起重机械进行装卸作业。开顶集装箱适于装载较高的大型货物和需吊装的重货,如钢材、木材,特别是像玻璃板等易碎的重货,利用吊车从顶部吊入箱内,不易损坏,也便于在箱内固定。

(3)台架式及平台式集装箱(Plat form Based Container)

台架式集装箱是指没有箱顶和侧壁,甚至有的连端壁也去掉而只有底板和四个角柱的集装箱。台架式集装箱又有很多类型,如敞侧台架式、全骨架台架式、有完整固定端壁的台架式、无端壁仅有固定角柱和底板的台架式集装箱等。它们的主要特点是:为了保持其纵向强度,箱底较厚。箱底的强度比普通集装箱大,而其内部高度则比一般集装箱低。在下侧梁和角柱上设有系环,可把装载的货物系紧。这种集装箱可以从前后左右及上方进行装卸作业,适合装载长大件、重货件及形状不一的货物,如重型机械、钢材、钢管、木材、钢锭等。台架式集装箱没有水密性,怕水湿的货物不能装运。

平台式集装箱是在台架式集装箱上再简化,仅保留底板而无上部结构的一种特殊结构集装箱。该集装箱装卸作业方便,主要用于装载长、重大件货物,如重型机械、钢材、整件设备等。平台的长度与宽度与国际标准集装箱的箱底尺寸相同,可使用与一般集装箱相同的紧固件和起吊装置。这一集装箱的采用打破了过去一直认为集装箱必须具有一定容积的概念。

(4)通风集装箱(Ventilated Container)

通风集装箱一般在侧壁或端壁上设有若干通风孔,适于装载不需要冷冻而需通风、防止潮湿的货物,如原皮、水果、蔬菜等。如将通风孔关闭,可作为杂货集装箱使用。

(5)冷藏集装箱(Reefer Container)

这是专为运输要求保持一定温度的冷冻货或低温货而设计的集装箱。其适用装载鱼、肉、新鲜水果、蔬菜等食品货物。冷藏集装箱造价较高,营运费用较高,使用中应注意冷冻装置的技术状态及箱内货物所需的温度。目前国际上采用的冷藏集装箱基本上分为两种:一种是集装箱内带有冷冻机的机械式冷藏集装箱;另一种是箱内没有冷冻机而只有隔热结构,只在集装箱端壁上设有进气孔和出气孔,集装箱在货舱中,由船舶的冷冻装置供应冷气,这种叫做离合式冷藏集装箱(又称外置式冷藏集装箱)。

(6)散货集装箱(Bulk Container)

散货集装箱除了有箱门外,在箱顶部还设有 2~3 个装货口,在箱门的下部设有卸货口,适用于装载粉状或粒状货物,如大豆、大米、各种饲料等。使用时要注意保持箱内清洁干净,两侧保持光滑,便于货物从箱门卸货。散货集装箱的使用既提高了装卸效率,又提高了货物运输质量,减轻了粉尘对人体的侵害和环境的污染。

(7)动物集装箱(Animal Container)

这是一种专供装运鸡、鸭、猪等活牲畜的集装箱。为了避免阳光照射,动物集装箱的箱顶和侧壁用玻璃纤维加强塑料制成。另外,为了保证箱内有新鲜空气,侧面和端面都有用铝丝网制成的窗,以求有良好的通风。侧壁下方设有清扫口和排水口,并配有上下移动的拉门,可把垃圾清扫出去,还装有喂食装置。动物集装箱一般应装在甲板上,因为甲板上空气流通,同时便于清扫和照顾。

(8)罐式集装箱(Tank Container)

这是一种专供装运液体货而设置的集装箱,如酒类、油类及液状化工品等。它由罐体和箱体框架两部分组成,罐体用于装载液体货物,框架用于支承和固定罐体。罐体的外壁采用保温材料以使罐体隔热,内壁一般要研磨抛光以避免液体残留于壁面。为了降低液体的黏度,罐体的下部还设有加热器,罐体内温度可以通过安装在其上部的温度计观察到。罐顶设有装货口,罐底设有排出阀,装货时货物由罐顶部装货孔进入,卸货时则由排货孔流出或从顶部装货孔吸出。

(9)汽车集装箱(Car Container)

这是专为装运小型轿车而设计制造的集装箱。其结构特点是无侧壁,仅设有框架和箱底。为了防止汽车在箱内滑动,箱底专门设有绑扎设备和防滑钢板。大部分汽车集装箱被设计成上下两层,可以装载两辆小汽车。

(10)服装集装箱(Clothing Container)

这种集装箱的特点是:在箱内侧梁上装有许多根横杆,每根横杆上垂下若干条皮带扣、尼龙带扣或绳索,成衣利用衣架上的钩直接挂在带扣或绳索上。这种服装装载法属于无包装运输,它不仅节约了包装材料和包装费用,而且减少了人工劳动,提高了服装的运输质量。

3.按规格尺寸分类

目前,国际上通常使用的干货集装箱有:20ft 货柜、40ft 货柜、40ft 货柜等(详细规格尺寸见表6-1)。

另外,还有一些其他规格的集装箱,如 45ft 高柜,内容积为 13.58m×2.34m×2.71m,配货毛重一般为 29t,体积为 86m³;20ft 开顶柜,内容积为 5.89m×2.32m×2.31m,配货毛重为 20t,体积为 31.5m³;40ft 开顶柜,内容积为 12.01m×2.33m×2.15m,配货毛重为 30.4t,体积为 65m³;20ft 平底货柜,内容积为 5.85m×2.23m×2.15m,配货毛重为 23t,体积为 28m³;40ft 平底货柜,内容积为 12.05m×2.12m×1.96m,配货毛重为 36t,体积为 50m³。

6.1.3　集装箱的标准化

1.国际标准集装箱

在集装箱运输早期,由于集装箱的规格不一,阻碍了集装箱的交换使用,影响了集装箱的运输效率。因此,一些国家和组织开始进行集装箱的标准化工作。1933 年,"国际铁路联盟"制定了集装箱标准。当时欧洲地区铁路上就使用这种同一标准的集装箱。1959

年,美国国际运输协会建议采用 2.44m×2.44m×6.07m(8ft×8ft×20ft)和 2.44m×2.44m×12.19m(8ft×8ft×40ft)型集装箱。1961 年 6 月,国际标准化组织建立了 104 技术委员会以后,国际集装箱标准化就以 104 技术委员会为中心开展工作。40 多年来,104 技术委员会对制定国际集装箱标准做了很大的努力,建立了国际集装箱标准。集装箱的标准化促进了集装箱在国际上的流通,对国际集装箱运输的发展起了决定性的作用。目前世界上大部分的国家都通用国际标准集装箱,其规格标准如表 6-1 所示。

表 6-1　国际标准集装箱规格标准

规格	箱型	高度(m)	宽度(m)	长度(m)	最大总重量(kg)
3m(10ft)箱	ID	2.44(8ft 0in)	2.44 (8ft 0in)	2.99 (9ft 9.75in)	10160
	IDX	<2.44(8ft 0in)			
6.1m(20ft)箱	ICC	2.59(8ft 6in)	2.44 (8ft 0in)	6.05 (19ft 10.25in)	24000
	IC	2.44(8ft 0in)			
	ICX	<2.44(8ft 0in)			
9.1m(30ft)箱	IBBB	2.9(9ft 6in)	2.44 (8ft 0in)	9.12 (29ft 11.25in)	28400
	IBB	2.59(8ft 6in)			
	IB	2.44(8ft 0in)			
	IBX	<2.44(8ft 0in)			
12.2m(40ft)箱	IAAA	2.9(9ft 6in)	2.44 (8ft 0in)	12.2 (40ft 0in)	30480
	IAA	2.59(8ft 6in)			
	IA	2.44(8ft 0in)			
	IAX	<2.44(8ft 0in)			

注:1in=0.0254m

2.集装箱计算单位

目前大部分国家集装箱运输都采用 6.1m(20ft)和 12.2m(40ft)长的集装箱。在集装箱生产、运输过程中,为了使集装箱箱数计算统一化,把 6.1m(20ft)集装箱作为一个计算单位,称之为标准集装箱,简称标箱 TEU(Twenty-feet Equivalent Units),12.2m(40ft)集装箱则可换算为 2TEU。

6.1.4　集装箱标志

为了方便集装箱运输管理,国际标准化组织(ISO)拟定了集装箱标志方案。根据 ISO790−73,集装箱应在规定的位置上标出以下内容。

1. 第一组标记:箱主代码、顺序号和核对号

箱主代码:集装箱所有者的代码,它由 4 位拉丁字母表示。前 3 位由箱主自己规定,并向国际集装箱局登记。第 4 位字母使用 U,为集装箱国际通用代号。例如中国远洋运输公司的箱主代码为:COSU。

顺序号：为集装箱编号，按照国家标准（GB1836－85）的规定，用 6 位阿拉伯数字表示，不足 6 位时在前面以 0 补足到 6 位。

核对号：用于计算机核对箱主号与顺序号记录的正确性。核对号一般位于顺序号之后，用 1 位阿拉伯数字表示，并加方框以醒目。核对号是由箱主代码的 4 位字母与顺序号的 6 位数字通过以下方式换算而得。

首先，将表示箱主代码的 4 位字母转化成相应的等效数字，字母和等效数字的对应关系如表 6-2 所示。

表 6-2　核对号计算中箱主代码字母的等效数字

字母	A	B	C	D	E	F	G	H	I	J	K	L	M
数字	10	12	13	14	15	16	17	18	19	20	21	23	24
字母	N	O	P	Q	R	S	T	U	V	W	X	Y	Z
数字	25	26	27	28	29	30	31	32	34	35	36	37	38

从表 6-2 中可以看出，等效数字是去掉了 11 及其倍数的数字，这是因为后面的计算将把 11 作为模数。然后，将前 4 位字母对应的等效数字和后面顺序号的数字（共计 10 个数字）采用加权系数法进行计算求和。最后，以所得和除以模数 11，取其余数，即得核对号。

例如，求中国远洋运输公司的集装箱 COSU800021 的核对号。

首先，对应的数字是：13,26,30,32,8,0,0,0,2,1，然后求和，

$$S = 13 \times 2^0 + 26 \times 2^1 + 30 \times 2^2 + 32 \times 2^3 + 8 \times 2^4$$
$$+ 0 \times 2^5 + 0 \times 2^6 + 0 \times 2^7 + 2 \times 2^8 + 1 \times 2^9$$
$$= 1593$$

最后，除以 11 取余数，余数为 9，所以核对号为 9。

2. 第二组标记：国籍代号、尺寸代号和类型代号

国际代号：用 3 位拉丁字母表示，说明集装箱的登记国，例如"RCX"为"中华人民共和国"的代号。

尺寸代号：由 2 位阿拉伯数字组成，用于表示集装箱的尺寸大小。例如 20 表示 20ft 型集装箱。

类型代号：由 2 位阿拉伯数字组成，说明集装箱的类型，期中 00～09 为通用集装箱，30～49 为冷藏集装箱，50～59 为开定式集装箱。

3. 第三组标记：最大总重和自重

最大总重也称额定重量，是集装箱的自重和最大允许载货量之和。最大总重单位用千克（kg）和磅（lb）同时标出。

自重是指集装箱的空箱重量。

6.1.5　集装箱运输特点

由于普通散件杂货运输长期以来存在着装卸及运输效率低、时间长，货损、货差严

重,影响货运质量,货运手续繁杂,影响工作效率,因此对货主、船公司及港口的经济效益产生了极为不利的影响。如何加速商品的流通过程,降低流通费用,节约物流的劳动消耗,实现快速、低耗、高效率及高效益地完成运输生产过程并将货物送达目的地交付给收货人,这就要求变革运输方式,使之成为一种高效率、高效益及高运输质量的运输方式。而集装箱运输,正是这样的一种运输方式,它具有以下特点。

1. 高效益的运输方式

集装箱运输经济效益高主要体现在以下几方面:

(1)简化包装,大量节约包装费用

为避免货物在运输途中受到损坏,必须有坚固的包装,而集装箱具有坚固、密封的特点,其本身就是一种极好的包装。使用集装箱可以简化包装,有的甚至无须包装,实现件杂货无包装运输,可大大节约包装费用。如成衣出口采用专门的挂衣集装箱运输,可以直接运送到目的地商店上架,从而节约包装和再次熨烫费用,加快周转时间。

(2)减少货损货差,提高货运质量

由于集装箱是一个坚固密封的箱体,集装箱本身就是一个坚固的包装。货物装箱并铅封后,途中无须拆箱倒载,一票到底,即使经过长途运输或多次换装,也不易损坏箱内货物。集装箱运输还可减少被盗、潮湿、污损等引起的货损和货差,可降低货物的保险费用,深受货主和船公司的欢迎,并且由于货损货差率的降低,减少了社会财富的浪费,也具有很大的社会效益。

(3)减少营运费用,降低运输成本

由于集装箱的装卸基本上不受恶劣气候的影响,船舶非生产性停泊时间缩短,又由于装卸效率高,装卸时间缩短,对船公司而言,可提高航行率,降低船舶运输成本,对港口而言,可以提高泊位通过能力,从而提高吞吐量,增加收入。

2. 高效率的运输方式

传统的运输方式具有装卸环节多、劳动强度大、装卸效率低、船舶周转慢等缺点。而集装箱运输完全改变了这种状况。

首先,普通货船装卸,一般每小时为 35 吨左右,而集装箱装卸,每小时可达 400 吨左右,装卸效率大幅度提高。同时,由于集装箱装卸机械化程度很高,因而每班组所需装卸工人数很少,平均每个工人的劳动生产率大大提高。

其次,由于集装箱装卸效率很高,受气候影响小,船舶在港停留时间大大缩短,因而船舶航次时间缩短,船舶周转加快,航行率大大提高,船舶生产效率随之提高,从而提高了船舶运输能力。在不增加船舶艘数的情况,可完成更多的运量,增加船公司收入,这样高效率导致高效益。

最后,集装箱船一般比普通杂货船大,运输批量大,降低单位货物运输成本,缩短船舶在港时间,节省港口费用和燃油费用,从而提高运输效率。

3. 高投资的运输方式

集装箱运输虽然是一种高效率的运输方式,但是它同时又是一种资本高度密集的运输方式,必须有足够的资金才能开展集装箱运输。

首先,船公司必须对船舶和集装箱进行巨额投资。根据有关资料表明,集装箱船每立方英尺的造价约为普通货船的 3.7～4 倍。集装箱的投资相当大,开展集装箱运输所需的高额投资,使得船公司的总成本中固定成本占有相当大的比例,高达 2/3 以上。

其次,集装箱运输中港口的投资也相当大。专用集装箱泊位的码头设施包括码头岸线和前沿、货场、货运站、维修车间、控制塔、门房,以及集装箱装卸机械等,耗资巨大。

最后,为开展集装箱多式联运,还需有相应的内陆设施及内陆货运站等,为了配套建设,这就需要兴建、扩建、改造、更新现有的公路、铁路、桥梁、涵洞等,这方面的投资更是惊人! 可见,没有足够的资金,开展集装箱运输,实现集装箱化是困难的,必须量力而行,逐步实现集装箱化。

4. 高协作的运输方式

集装箱运输涉及面广、环节多、影响大,是一个复杂的运输系统工程。集装箱运输系统包括海运、陆运、空运、港口、货运站以及与集装箱运输有关的海关、商检、船舶代理公司、货运代理公司等单位和部门。如果互相配合不当,就会影响整个运输系统功能的发挥,如果某一环节失误,必将影响全局,甚至导致运输生产停顿和中断。因此,要求做到整个运输系统各环节、各部门之间的高度协作。只有这样,才能保证集装箱运输系统高效率地运转,发挥集装箱运输的优势。

5. 适于组织多式联运

由于集装箱运输在不同运输方式之间换装时,勿需搬运箱内货物而只需换装集装箱,这就提高了换装作业效率,适于不同运输方式之间的联合运输。在换装转运时,海关及有关监管单位只需加封或验封转关放行,从而简化了海关手续,提高了运输效率。因此,通过集装箱多式联运,货物从发货人的工厂或仓库装箱后,中途不必倒载,也无需开箱检验,一直送到收货人的工厂或仓库,实现"门到门"运输。

6.1.6 集装箱运输货物交接

1. 集装箱运输的关系方

集装箱运输的主要关系方有集装箱实际承运人、无船承运人、集装箱租赁公司、集装箱堆场和集装箱货运站等,当然还包括货主。

(1)实际承运人(Actual Carrier)

实际承运人是掌握运输工具,并参与集装箱运输的承运人,主要包括经营集装箱运输的船公司、公路集装箱运输公司、航空集装箱运输公司、联营公司等。通常它们拥有运输工具,能与托运人签订运输合同,同时还拥有大量的集装箱,以利于集装箱的周转、调拨、管理以及集装箱与车船机的衔接。

(2)无船承运人(Non-vessel Operating Common Carrier)

无船承运人本身不拥有船舶,专门经营集装货运的揽货、装箱、拆箱、内陆运输及经营中转站或内陆站业务。他们接受托运人委托,签发提单或多式联运单证,再将集装箱货物转交给船公司运输。他们在实际承运人与托运人之间起着中间桥梁作用,对实际货主来讲,他们是承运人,对实际承运人来说,他们又是托运人。

（3）集装箱租赁公司（Container Leasing Company）

它是指专门经营集装箱出租业务的公司。集装箱租赁对象主要是一些较小的运输公司、无船承运人以及少数货主。这类公司业务包括出租、回收、存放、保管以及维修等。

（4）集装箱堆场（Container Yard，CY）

集装箱堆场是集装箱码头的组成部分，是整箱货交接的场所，包括集装箱前方堆场和集装箱后方堆场，主要办理集装箱重箱或空箱装卸、转运、保管、交接等。

（5）集装箱货运站（Container Freight Station，CFS）

集装箱货运站是处理拼箱货装箱和拆箱服务的场所，它办理拼箱货的交接、配箱积载后，将箱子送往 CY，并接受 CY 交来的进口货箱、进行拆箱、理货、保管，最后拨交给各收货人。同时也可按承运人的委托进行铅封和签发场站收据等业务。

2. 集装箱货物装箱方式

（1）整箱（Full Container Load，FCL）

整箱是指货方自行将货物装满整箱以后，以箱为单位托运的集装箱。这种情况在货主有足够货源装载一个或数个整箱时通常采用，除有些大的货主自己置备有集装箱外，一般都是向承运人或集装箱租赁公司租用一定的集装箱。空箱运到工厂或仓库后，在海关人员的监管下，货主把货装入箱内、加锁、铅封后交承运人并取得站场收据，最后凭收据换取提单或运单。整箱货的拆箱，一般由收货人办理，但也可以委托承运人在货运站拆箱。可是承运人不负责箱内的货损、货差。除非货方举证确属承运人责任事故的损害，承运人才负责赔偿。承运人对整箱货，以箱为交接单位。只要集装箱外表与收箱时相似和铅封完整，承运人就完成了承运责任。整箱货运提单上，要加上"委托人装箱、计数并加铅封"的条款。

（2）拼箱（Less Than Container Load，LCL）

拼箱是指承运人（或代理人）接受货主托运的数量不足整箱的小票货运后，根据货类性质和目的地进行分类整理。把去同一目的地的货，集中到一定数量拼装入箱。由于一个箱内有不同货主的货拼装在一起，所以叫拼箱。这种情况在货主托运数量不足装满整箱时采用。通常由承运人分别揽货并在承运人码头集装箱货运站或内陆集装箱转运站进行分类、整理、集中、装箱（拆箱）、交货等工作，而后将两票或两票以上的货物拼装在一个集装箱内；同样要在目的地的集装箱货运站或内陆站拆箱分别交货。对于这种货物，承运人要负担装箱与拆箱作业，装拆箱费用仍向货方收取。

3. 集装箱货物交接方式

集装箱货物的交接方式，根据贸易条件所规定的交接地点不同一般分为：

①门到门（Door to Door）：从发货人工厂或仓库至收货人工厂或仓库；

②门到场（Door to CY）：从发货人工厂或仓库至目的地或卸箱港的集装箱堆场；

③门到站（Door to CFS）：从发货人工厂或仓库至目的地或卸箱港的集装箱货运站；

④场到门（CY to Door）：从起运地或装箱港的集装箱堆场至收货人工厂或仓库；

⑤场到场（CY to CY）：从起运地或装箱港的堆场至目的地或卸箱港的集装箱堆场；

⑥场到站（CY to CFS）：从起运地或装箱港的集装箱堆场至目的地或卸箱港的集装箱货运站。

⑦站到门(CFS to DOor):从起运地或装箱港的集装箱货运站至收货人工厂或仓库;

⑧站到场(CFS to CY):从起运地或装箱港的集装箱货运站至目的地或卸箱港的集装箱堆场;

⑨站到站(CFS to CFS):从起运地或装箱港的集装箱货运站至目的地或卸箱港的集装箱货运站。

6.2　港口集装箱进出口业务

6.2.1　集装箱出口业务流程

集装箱货物运输的出口业务与传统的班轮运输的货物出口业务大体相同,所不同的是增加了发放和接受空箱和重箱、集装箱的装箱作业等环节,改变了货物的交接方式,制定和采用了适应集装箱作业和交接的单证。集装箱货物运输出口业务的主要环节主要包括以下内容。

1. 订舱或托运

货主或者货运代理人根据货物的数量、性质、适箱情况、航线、船期、运价、箱位和集装箱类型等,填制集装箱货物托运单,向船公司或其代理人在其所营运的船舶截单期前办理托运订舱,以得到船公司或其代理人的确认。托运单的主要内容有:

①装箱港以及承运人收到集装箱的地点;

②卸货港以及货运目的地;

③发货人以及发货人的代理人;

④货名、数量、吨数、货物外包装、货类以及特种货情况的说明;

⑤集装箱的种类、规格和箱数;

⑥集装箱的交接地点及方式;

⑦填明内陆承运人由发货人还是船公司安排;

⑧货物交接时应注明装箱地点、日期及抵达堆场的承运人和日期;

⑨拼箱货中如有超长货,应注明规格及尺寸。

2. 承运

船公司或其代理人审核托运单,确认无误可以接受订舱后,在装货单上签章,以表明承运货物的"承诺",同时填写船名、航次、提单号等信息,然后留下船代留底和运费通知(一)、(二)共三联,将其余各联退还给货代理人作为对该批货物订舱的确认,以备向海关办理货物出口报关手续;而船公司或其代理人则在承诺承运货物后,根据集装箱货物订舱单的船代留底联缮制集装箱货物清单,分送集装箱堆场和集装箱港务公司(或集装箱装卸作业区),据以准备空箱的发放和重箱的交接、保管以及装船。

利用集装箱运输货物,需要进行正确的配载。配载时需要正确掌握货物的知识,这不仅要选择适合于集装箱的货物,而且也要选择适合于货物的集装箱。因此,在提取空箱之前应全面考虑,编制好集装箱预配清单,按预配清单的需要提取空箱。

3. 提取空箱

通常,集装箱是由船公司无偿借给货主或集装箱货运站使用的。船公司或其代理人在接受订舱、承运货物后,即签发集装箱设备交接单交给托运人或其货运代理人,据此到集装箱堆场或内陆集装箱站提取空箱。而在承运人的集装箱货运站装箱时,则由货运站提取空箱。不论由哪一方提取空箱,都必须事先缮制出场设备交接单。提取空箱时,必须向箱站提交空箱提交单,并在箱站的检查桥或门卫双方在集装箱设备交接单上签字交接,并各执一份。应该特别注意的是,在交接时或交接前应对集装箱外部、内部、箱门、附件和清洁状态进行检查。

4. 报检、报关

(1)报检

发货人或其货运代理人依照国家有关法规并根据商品特性,在规定的期限内填好申报单,分别向商检、卫检、动植检等口岸监管检验部门申报检验。经监管检验部门审核或查验,视不同情况分别予以免检放行或经查验、处理后出具有关证书放行。如果托运危险品,还需凭危险品清单、危险品性能说明书、危险品包装证书、危险品装箱说明书、危险品准装申报单等文件向港务监督办理申报手续。

(2)报关

发货人或其货运代理人依照国家有关法规,于规定期限内持报关单、场站收据五至七联(七联单是二至四联),商业发票、装箱单、产地证明书等相关单证向海关办理申报手续。根据贸易性质、商品特性和海关有关规定,必要时还需提供出口许可证、核销手册等文件。经海关审核后,根据不同情况分别予以直接放行或查验后出具证书放行,并在场站收据第五联(装货单)上加盖放行章。

5. 货物装箱

货物装箱应根据货运代理的集装箱出口业务员编制的集装箱预配清单,在集装箱货运站或发货人的仓库进行。

整箱货由发货人或其货运代理人办理货物出口报关手续后,在海关派员监装下自行负责装箱,施加船公司或货运代理集装箱货运站铅封和海关关封。若在内陆装箱运输至集装箱码头的整箱货,应有内地海关关封,并应向出境地海关办理转关手续。

拼箱货由货主或其代理人将不足整箱的货物连同事先缮制的场站收据,送交集装箱货运站,集装箱货运站核对由货主或其代理人缮制的场站收据和送交的货物,接受货物后,在场站收据上签收。如果接收货物时,发现货物外表状况有异状,则应在场站收据上按实际情况作出批注。集装箱货运站将拼箱货物装箱前,须由货主或其代理人办理货物出口报关手续,并在海关派人的监督下装箱,同时还应从里到外按货物装箱的顺序编制装箱单。

6. 交接和签收

港口根据出口集装箱船舶班期,按集装箱货物的装船先后顺序向海上承运人或其代理人发出装船通知,海上承运人应及时通知托运人。托运人或其代理人在收到装船通知后,应于船舶开装前5天开始,将出口集装箱和货物按船舶受载先后顺序运进码头堆场或指定货运站,并于装船前 24 小时截止进港。

不论是由货主自行装箱的整箱货物,还是由货运代理人安排装箱的整箱货物,或者是由承运人以外的集装箱货运站装运的整箱货物,经海关监装并施加海关关封后的重箱,随同装箱单、设备交接单(进场),以及场站收据,通过内陆的公路、铁路或水运送交港口的集装箱堆场,集装箱堆场的检查桥或门卫同送箱人对进场的重箱检验后,双方签署设备交接单,集装箱堆场业务人员则在校对集装箱清单、场站收据和装箱单后,接收货物并在场站收据上签字,然后将经过签署的场站收据的装货、收货单两联留下,场站收据正本退还送箱人。集装箱入港站堆场等待装船。

7. 换取提单

港站集装箱堆场签发场站收据以后,将装货单联留下作结算费用和今后查询之用,而将大副收据联交理货人员送船上大副留存。货运代理人收到签署后的场站收据正本,到船公司或其代理人处,交付预付运费,要求换取提单。船公司还要确认在场站收据上是否有批注,然后在已编制好的提单上签字。

8. 集装箱装船

集装箱进入港区集装箱堆场后,港务公司根据待装集装箱的流向和装船顺序编制集装箱装船计划,在船舶到港前将待装船的集装箱移至集装箱前方堆场,按顺序堆码于指定的箱位。

集装箱船舶配载应由海上承运人或其代理人负责编制预配图,港口据此编制船舶配载图,并经海上承运人确认。船舶到港后,港口按集装箱装船计划和船舶配载图,组织按顺序装船,装船完毕后,由外轮理货公司编制船舶积载图。

船舶代理人应于船舶开航前 2 小时向船方提供提单副本、舱单、集装箱装箱单、集装箱清单、集装箱积载图、特殊货物集装箱清单、危险货物说明书等完整的随船单证,并于开航后采用传真、电传、邮寄等方式向卸货港或中转港发出必要的有关资料。

集装箱装船后,货运代理人应发货人的委托及时向买方或其代理人发出装船通知,以便对方准备付款、赎单、办理进口报关和接货手续。如 CFR 或 FOB 合同条款,便于买方及时办理投保手续。

9. 离港及结算

船舶离港后,集装箱货物运输的货运代理人抓紧退证,办理退关、费用结算,做好航次小结;船公司与货主进行航次费用清算,货方进行结汇、收汇核销、退税等业务。

集装箱出口业务流转图如图 6-1 所示。

6.2.2　集装箱进口业务流程

1. 确认到港信息

收货人接到客户的全套单据后(正本提单或电放副本、装箱单、发票、合同),要提前与船公司或船舶代理部门联系,确定船到港时间、地点,如需转船应确认二程船名,并了解确认换单费、押箱费、换单的时间。同时,联系好场站,确认好提箱费、掏箱费、装车费、回空费等费用。

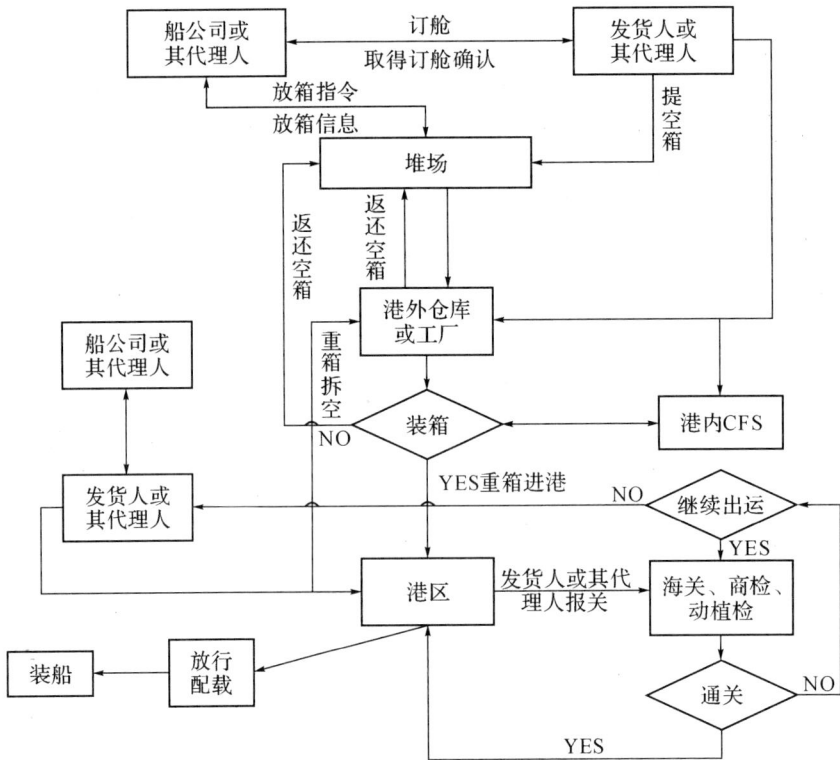

图6-1 集装箱出口业务流转图

2. 换单

凭带背书的正本提单(如是电报放货,可带电报放货的传真件与保函)去船公司或船舶代理部门换取提货单和设备交接单。换单时要注意以下几点:

①正本提单的背书有两种形式,如果提单上收货人栏显示"TO ORDER",则由发货人与提单持有人背书;如果收货人栏显示某一特定的收货人,则需收货人背书。

②保函是由进口方出具给船舶代理的一份请求放货的书面证明。保函内容包括进口港、目的港、船名、航次、提单号、件重尺及进口方签章。

③换单时应仔细核对提单或电放副本与提货单上的集装箱箱号及封号是否一致。

④提货单共分五联,分别为白色提货联、蓝色费用账单、红色费用账单、绿色交货记录、浅绿色交货记录。

⑤设备交接单是集装箱进出灌区、场站时,用箱人、运箱人与管箱人或其代理人之间交接集装箱及其他机械设备的凭证,并兼管箱人发放集装箱凭证的功能。当集装箱或机械设备在集装箱码头堆场或货运站借出或回收时,由码头堆场或货运站制作设备交接单,经双方签字后,作为两者之间设备交接的凭证。集装箱设备交接单分进场和出场两种,交接手续均在码头堆场大门口办理。出码头堆场时,码头堆场工作人员与用箱人、运箱人就设备交接单上的以下主要内容共同进行审核:用箱人名称和地址,出堆场时间与目的,集装箱箱号、规格、封志号以及是空箱还是重箱,有关机械设备的情况,正常还是异常等。进码头堆场时,码头堆场的工作人员与用箱人、运箱人就设备交接单上的下列内

容共同进行审核：集装箱、机械设备归还日期、具体时间及归还时的外表状况，集装箱、机械设备归还人的名称与地址，进堆场的目的，整箱货交箱货主的名称和地址，拟装船的船次、航线、卸箱港等。

3. 报关

用换来的提货单（一）、（三）联并附上报关单据前去报关。海关放行后，在白联上加盖放行章，发还给进口方作为提货的凭证。报关单据还有正本装箱单、正本发票、合同、进口报关单一式两份、正本报关委托协议书、海关监管条件所涉及的各类证件。报关中当海关要求开箱查验货物时，应提前与场站取得联系，调配机力将所查箱子调至海关指定的场站。

4. 报检

若是法检商品应办理检验检疫手续。如需商检，则要在报关前，拿进口商检申请单（带公章）和两份报关单办理登记手续，并在报关单上盖商检登记在案章以便通关。验货手续在最终目的地办理。如需动植检、卫检，也要在报关前拿箱单发票合同报关单去代报验机构申请报验，在报关单上盖放行以便通关。

5. 办理提货手续

报关报检手续办理后，根据海关放行盖章的提货单以及船公司或其代理人签发的设备交接单，到港区办理提箱手续，并交纳相关的港务港建费、港杂费等费用。费用结清后，港方将提货联退给提货人供提货用。

6. 提货

所有提货手续办妥后，可通知事先联系好的堆场提货。提货时须注意：

①首先应与港池调度室取得联系安排计划并做好相应提货记录。

②根据提箱的多少与堆场联系足够的车辆尽可能在港方要求的时间内提清，以免产生转栈堆存费用。

③提箱过程中应与堆场有关人员共同检查箱体是否有重大残破，如有，要求港方在设备交接单上签残。

7. 返还空箱

重箱由堆场提到场地后，应在免费期内及时掏箱以免产生超期。如若超期则需收取滞箱费。返还空箱后，收货人需向船公司或船舶代理部门取回押箱费。

集装箱进口业务流转图如图 6-2 所示。

6.2.3　集装箱进出口单证

在集装箱运输中，从办理货物托运手续开始，到货物装船、卸船直至货物交付的整个过程，都需要编制各种单证。这些单证是在货方（包括托运人和收货人）与船方之间办理货物交接的证明，也是货方、港方、船方等有关单位之间从事业务工作的凭证，又是划分货方、港方、船方各自责任的必要依据。在这些单证中，有的是受国际公约和各国国内法规约束的，有的则是按照港口当局的规定和航运习惯而编制使用的。尽管这些单证种类繁多，而且因各国港口的规定会有所不同，但主要单证是基本一致的，并能在国际航运中

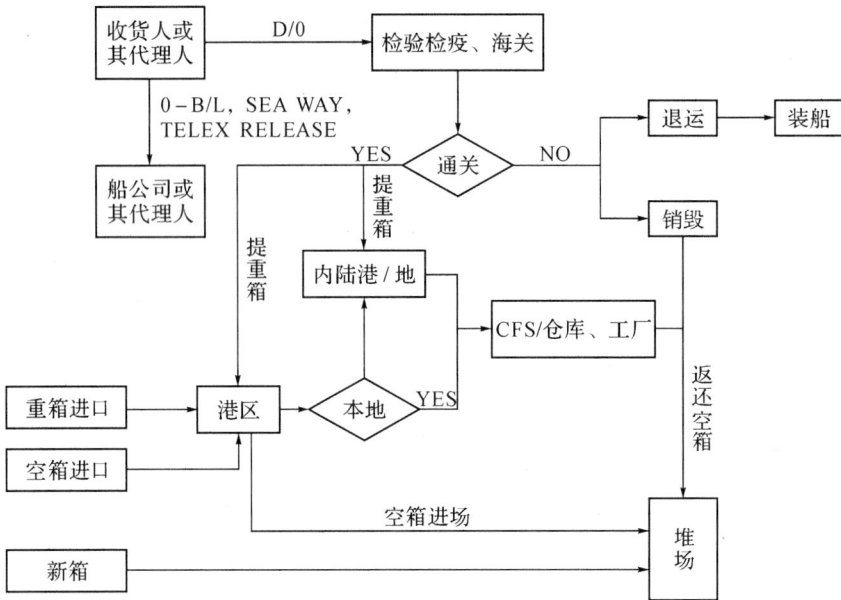

图 6-2 集装箱进口业务流转图

通用。

1. 托运单(Booking Note,B/N)

托运单也称订舱委托书,是指由托运人根据买卖合同和信用证的有关要求向承运人或其代理人办理货物运输的的书面凭证。本来,在班轮运输的情况下,托运人只要口头或订舱函电向班轮公司或其代理人预订舱位,而且班轮公司对这种预订表示承诺,则表明运输关系建立,并不需要什么特定的形式。但是按照国际航运惯例,托运人或其代理人与班轮公司或其代理人约定所需的舱位后,再以书面形式向班轮公司或其代理人提交托运单,加以确认。

2. 装货单(Shipping Order,S/O)

装货单是作为承运人的班轮公司或其代理人在接受托运人的托运单后,签发给托运人或其代理人的确认承运货物的证明。承运人签发装货单,表示已接受托运人提出的托运申请,同意承运托运单上所列货物。装货单一经签订,表明运输合同已经生效,船、货双方都应受到一定约束。装货单又是承运人通知码头仓库或装运船舶接受货物装船的命令。托运人将货物运至码头仓库或承运船边时必须同时提交装货单。

3. 集装箱发放通知单(Container release order)

集装箱发放通知单又称空箱提交单,是船公司指示集装箱堆场将空箱及其附属设备提交给本单持有人的书面凭证。

4. 集装箱设备交接单(Equipment Receipt,E/R)

集装箱设备交接单,简称设备交接单,是集装箱在流转过程中有关单位或个人进行设备交接的凭证,主要内容是记载集装箱箱体、状态、封志、危险品类别等状况,以便作为发生箱损责任及费用划分的依据。设备交接单在国际上已被广泛用于集装箱运输过程中,但国际上并没有统一的单证。我国最早比较正规的设备交接单是由中国外轮代理总公司参考国外的单证格式设计印制的。

设备交接单是集装箱进出港口、场站时用箱人或运箱人与管箱人或其代理人之间交接集装箱及设备(底盘车、台车、冷藏装置、电机等)的凭证。它既是管箱人发放/回收集装箱或用箱人提取/还回集装箱的凭证,也是证明双方交接时集装箱状态的凭证和划分双方责任的依据。箱管单位系指集装箱所有人。用箱人系指货方或货方代理人,或与箱管单位签订集装箱使用合同的责任方。运箱人系指接受货方或货方代理人以及其他委托方委托的内陆承运人。此单据通常由管箱人(租箱公司或代理人、船公司或其他类型的集装箱经营人等)发给用箱人,用箱人据此向场站领取或送还集装箱或设备。设备交接单分进场设备交接单和出场设备交接单,各三联,即第一联为箱管单位留底联;第二联为码头、堆场联;第三联为用箱人、运箱人联。各联采用不同颜色,以示区别。

5. 装箱单(Container Load Plan,CLP)

集装箱装箱单是装箱人按照装箱顺序详细记载货物名称、数量、尺寸、重量、标志和其他货运资料的单据。每个载货的集装箱都要制作这样的单据,不论是由货主装箱,还是由集装箱货运站负责装箱,装箱单是详细记载每个集装箱内所装货物情况的唯一单据。装箱单内容记载准确与否,对保证集装箱货物的安全运输有着密切的关系。集装箱装箱单的主要作用有:

①在装货地点作为向海关申报货物出口的代用单据;

②作为发货人、集装箱货运站与集装箱码头堆场之间货物的交接单;

③作为向承运人通知集装箱内所装货物的明细表;

④在进口国、途经国家作为办理保税运输手续的单据之一;

⑤单据上所记载的货物与集装箱的总重量是计算船舶吃水差、稳性的基本数据。

6. 出口货物报关单证

根据集装箱运输的特点,国际上有许多国家的海关手续被简化到最低限度,集装箱货物只要在启运国内陆地点经海关检验后,在箱子加注海关封志就可以一直运到进口国家最终交货地点,由目的地海关检验放行。在运输过程中所经国家的海关仅对集装箱作一记录,并不检查箱子内货物的实际情况。我国海关对进出口集装箱及所装货物的规定:凡进口的集装箱货物直接运往内地设有海关的地点,则由口岸货运代理向海关申请办理转运(转点)手续,口岸海关将有关申报单证转交承运人负责带交内陆地海关,由内陆地海关查验放行。凡出口的集装箱货物,如果是在内地设有海关地点装箱的,则由当地发货人或货运代理向海关申报,由海关将有关申报单证转交承运人负责带给出境地海关凭以监督装船。

报关时报关员必须出具的单证有海关申报单、外汇核销单、代理报关委托书、装箱单、发票、合同、信用证副本等;可能需要出具的其他单证有出口许可证、免税手册、商检证明、产地证明等。

7. 场站收据(Dock Receipt,D/R)

场站收据是由发货人或其代理人编制,由承运人签发,证明船公司已从发货人处接收了货物,并证明当时货物状态,船公司对货物开始负有责任的凭证。它相当于传统运输中的大副收据。

承运人在签署场站收据时,应仔细审核收据上所记载的内容与运来的货物实际情况是否一致,如货物的实际情况与收据记载的内容不同,则必须修改。如发现货物或箱子有损伤情况,一定要在收据的备注栏内加批注,说明货物或箱子的实际情况。场站收据的作用如下:

①船公司或船代确认订舱,并在场站收据上加盖有报关资格的单证章后,将场站收据交给托运人或其代理人,意味着运输合同开始执行;

②是承运人已收到托运货物并开始对其负责的证明;

③是托运人向承运人换取正本提单的凭证;

④是船公司、港口组织装卸、理货和配载的凭证;

⑤是托运人与承运人运费结算的依据。

8. 集装箱出口十联单

第一联:集装箱货物托运单(货主留底)(B/N)。

第二联:集装箱货物托运单(船代留底)。

第三联:运费通知(1)。

第四联:运费通知(2)。

第五联:场站收据(装货单)(S/O)。

第五联副本:缴纳出口货物港务费申请书。

第六联:大副联(场站收据副本)。

第七联:场站收据(D/R)。

第八联:货代留底。

第九联:配舱回单(1)。

第十联:配舱回单(2)。

9. 提单(Bill of Lading,B/L)

提单是船公司或其代理人签发给托运人,证明货物已经装上船并保证在目的港交付货物的凭证。托运人到船公司或其代理人处预付运费并凭场站收据换取正本已装船提单。托运人取得正本提单后,可持提单及其他有关单证到银行办理结汇,取得货款。如果场站收据附有关于货物状况的大副批注时,船公司或其代理人要将大副批注如实转批在提单上。

提单在班轮运输中是一种非常重要的单证,它既具有运输合同的作用,规定了船公司作为承运人的权利、义务、责任和免责,又是表明承运人收到货物的货物收据,也是提单持有人转让货物所有权或以此提取货物的物权凭证。

10. 货物积载图(Stowage Plan)

货物积载图是用简图形式形象地表示每一票货物在船舱内放置的具体位置。货物装船前,大副根据装货清单所列货物的装载要求和船舶性能等因素绘制货物积载图,这样港口和装卸公司、理货人员可按积载图安排装船作业,使货物堆放在合理位置上。货物积载图不仅是货物装船的重要资料,也是运输途中货物保管和目的港卸货作业的重要依据。

11. 理货单证

理货业务是随着水上贸易运输的出现而产生的,理货其最初的含义是统计船舶在港口装卸货时的货物数量。现在的理货已不仅是单纯的计数了,而且还包括核对货物标志、检查货物残损、监督装船积载、办理交接签证、提供理货证明等内容。理货过程中所涉及的单证也很多,主要有计数单、现场记录、日报单、待时记录、货物溢短单、货物残损单、过驳清单、理货证明书等。

12. 提货单(Delivery Order,D/O)

提货单是收货人凭正本提单或副本提单随同有效的担保向承运人或其代理人换取的可向港口装卸部门提取货物的凭证。承运人发放提货单时应做到:

①正本提单必须为合法持有人所持有;

②提单上的非清洁批注应转上提货单;

③当发生溢短残情况时,收货人有权向承运人或其代理人获得相应的签证;

④运费未付的,应在收货人付清运费及有关费用后,方可放提货单。

6.3 集装箱货运站业务

6.3.1 集装箱货运站的功能

集装箱货运站(Container Freight Station,CFS),是集装箱码头对拼箱货进行收发交接、装箱、拆箱、配载、保管等业务操作的场所。集装箱货运站和传统的件杂货码头的库场有很大的区别。杂货码头的库场与码头装卸有直接的联系,相当于集装箱码头的箱区堆场;而集装箱货运站主要负责集装箱拼箱货的相关装箱、拆箱、保管、收发等业务,规模比件杂货码头的库场要小。集装箱货运站一般都设有仓棚、仓库、堆场,便于车辆出入、疏运和操作,还应有海关和检验机构等办公地点以及必要的装卸设备,如叉车、龙门吊、装卸平台、集装箱牵引车等。

集装箱货运站的功能主要有:

①拼箱货的理货和交接;

②拼箱货的配箱积载和装箱;

③进口拆箱货的拆箱和保管;

④对库存货物的统计和保管;

⑤对口岸单位提出要查验的集装箱进行移箱、查箱、捣箱及归位作业;

⑥代承运人加铅封并签发场站收据等各项单证。

6.3.2 集装箱货运站出口货运业务

1.办理货物交接

办理货物交接的步骤如下：

①送货人将货物送至集装箱货运站，货运站工作人员根据送货单所提供的委托代理、进仓编号、进仓件数、进仓货名、包装类型、送货单位及送货车号等信息进行受理，根据进仓货物情况及库内货位情况，合理安排进仓预订货位。

②理货员根据收货记录要求及货物具体特性督促装卸工及铲车司机按有关货运质量标准进行卸货作业，并填写收货记录。卸货结束后，理货员在在收货记录上签字并与送货人办理货物交接手续。

③货运站工作人员一一核查收货记录上的进仓件数及货物唛头和有关残损记录等单证，确认无误后，将收货记录的回执联盖章或签字交送货人。

④仓库管理员根据桩脚牌显示的进仓编号、总关数/总件数及对应货位等进行核查校对。

2.积载装箱，制作装箱单

具体步骤如下：

①业务员根据委托货代提供的预配清单、设备交接单等单证信息安排出口装箱。

②业务员及时安排空箱到位，仔细核查装箱单对应进仓编号货物的进仓件数、货号、唛头等与装箱单数据的一致性。按照清单要求进行出口货物配箱，并打印预配装箱单，将预配装箱单、对应的收货记录及对应的铅封一一装订好，交调度员。

③调度员根据装箱单证要求详细了解装箱货物的特性、货物的积载因素等，及时安排装箱理货员及相关作业人员到位合理地进行装箱作业。

④ 装箱完毕，业务员根据调度员反馈的交接单证进行核对，编制装箱单等相关单证，并整理归档。

3.将出口重箱运至码头堆场

已经装箱完毕的重箱，由业务员安排转移至集装箱码头的前方堆场，准备装船。

6.3.3 集装箱货运站进口货运业务

1.拆箱交货准备工作

集装箱货运站在船舶抵港前，应从船公司或船代处获得有关单证，包括提单副本、货物舱单、装箱单、货物残损的报告和特殊货物表等。在船舶进港时间、卸船和堆场计划确定后，货运站应与码头堆场联系，确定提取拼箱集装箱的时间，并制订拆箱交货计划，做好拆箱交货的准备工作。

2.发出交货通知

货运站应根据拆箱交货计划，及时向各收货人发出交货日期的通知。

3.从堆场领取载货的集装箱

与码头堆场联系后，货运站即可从堆场领取载货集装箱，并办理设备交接单或内部交接手续。

4.拆箱及还箱

具体步骤如下：

(1)业务员根据委托拆箱申请,落实收取相关费用,按照客户作业要求和货物特性,开据开箱作业单并通知调度安排相应作业计划。

(2)装卸人员及理货人员配合进行拆箱作业,从箱内取出货物,一般按装箱单记载顺序进行,取出的货物应按票堆存。

(3)拆箱完毕,业务员根据拆箱计数单、拆箱作业单、收货记录、交货记录等进行计算机拆箱及进库确认,并将单证整理归档。

(4)拆箱后应将空箱尽快还给堆场,并办理设备交接单或内部交接手续。

5.交付货物

货运站代表承运人向收货人交付货物。收货人领货时,应出具船公司或其他运输经营人签发的、海关放行的提货单。货运站核对票、货无误后,即可交付货物。交货时,应与收货人在交货记录上签字,如有异常,应在交货记录上注明。

6.收取有关费用

交付货物时,货运站应查核所交付的货物在站期间是否发生保管、再次搬运等费用,如发生,则应在收取费用后交付货物。

7.制作交货报告与未交货报告

集装箱货运站在交货工作结束后,应根据货物交付情况制作交货报告和未交货报告,并寄送给船公司或其他运输经营人,作为他们处理损害赔偿、催提等的依据。

6.3.4　集装箱货运站仓储管理

1.集装箱堆垛

集装箱货物在货运站仓库内按一定的形式和要求进行堆放存储,这叫集装箱堆垛,也叫堆码、码垛。集装箱堆垛的好坏直接关系到货物和人身的安全,而且直接影响理货计数工作效率以及仓库的场地利用率,因此对集装箱的堆垛有一定的要求,具体如下：

①堆垛整齐牢固,成行成线,做到标准化；

②成组货物定量上垛,能点清组数,不成组货物能点清件数；

③按单堆码,标志朝外,箭头向上,重箱不压轻箱,木箱不压纸箱,残损另堆；

④堆垛时先里后外,先算后堆；

⑤堆垛时要考虑出货的方便,不同票的货不相压,大票货不围小票货；

⑥要根据不同的货物性质,包装形式堆成不同的垛型；

⑦要注意有包装储运指示标志及危险品标志的货物应按其要求堆码；

⑧在每一关货物上醒目的位置栓挂货垛(桩脚)牌,清楚标明日期、委托货代、进仓编号(提单号)、货名、总件数、关号、货位、理货员签名等内容。

2.集装箱保管

货物进仓后,集装箱货运站就要开始对货物进行保管,承担货物的安全责任,确保不

发生货损、货差等事故,所以必须做好以下几项工作:

①台账健全,定期盘点。有货有账,货账相符。货物入库、出库及时登账或销账。同时,根据实际情况进行定期盘点。

②防盗。仓库值班员尽职尽责,把好仓库大门,人员进出登记,无关人员不得进出仓库。

③做好防火、防汛、防台工作。在明显的地方设置配备消防器材,清除火灾隐患,杜绝火种入库,不准在仓库内吸烟。明火作业必须按相关的安全操作规程,配备好灭火器。在台风季节、多雨季节,做好仓库的防水排水工作,如发现仓库的外表结构出现破裂等不安全因素,及时修理。

④地脚货、超期货、危险品货物的管理。地脚货是指货物外包装破损而散漏出来的货物。及时修复破包装,减少地脚货,漏出的地脚货及时清理。对无主货应及时联系发货人,超期货及时和收发货人联系,如超过一定时间,应根据海关的有关规定进行处理。

⑤货物的整理。定期对零散的货物进行归、并、转,使得堆垛整齐,提高货位的利用率。

6.3.5 集装箱装箱技术

1.普通货物的装箱要求

具体要求如下:

①不同包装的件杂货混装在同一箱内时,应根据货物的性质、重量、外包装的强度、货物的特性等情况,将货区分开。将包装牢固、重件货装在箱子底部,包装不牢、轻货则装在箱子上部。

②货物在箱子内的重量分布应均衡稳定,做好绑扎衬垫。如箱子某一部位装载的负荷过重,货物在箱子里的移动会使箱子底部结构、侧板发生弯曲或破损;在吊机和其他装卸作业时,箱子会发生倾斜,致使作业不能进行。此外,在海上或陆上运输时,货物的移动都可能造成安全事故。

③进行货物堆码时,则应根据货物包装强度,决定集装箱的堆码层数。另外,为使底层箱内货物不致被压坏,应在集装箱堆垛之间垫入缓冲材料。

④货物与货物之间,也应加隔板或隔垫材料,避免货物之间相互擦伤、沾湿或污损。

⑤货物的装载要严密整齐,货物之间不应留有空隙。这样不仅可充分利用箱内容积,也可防止货物相互碰撞而造成损坏。

⑥装箱完毕,关箱前应采取系固措施,防止箱口附近货物的倒塌。如果没有对箱口附近货物采取系固措施,那么在目的地拆箱时可能会发生货物倒塌,造成货物损坏和人身伤亡的事故。

⑦使用清洁、干燥的垫料(胶合板、草席、缓冲器材、隔垫板)。

⑧根据货物的不同种类、性质、包装,选用不同规格的集装箱。选用的箱子应符合国际标准,同时须经过严格的检查,并具有检查部门发给的合格证书。

2.超尺度货物的装箱要求

所谓超尺度货物,是指装箱货物的尺度超出了国际标准集装箱的尺寸。能装载超尺度的集装箱一般指的是那些不全固定封闭的集装箱,如开顶箱、框架箱等。集装箱船的箱格结构和装箱集装箱的机械设备是根据集装箱标准来设计的,因此,如果货物的尺寸超过了这一标准规格,则无论是对于集装箱船的积载还是集装箱的装卸作业,都会带来一定的困难。超尺度货物一般包括超高货和超长超宽货。

(1)超高货

通常,20ft 和 40ft 的标准集装箱的内高为 2393 毫米左右,如货物超过这一高度,则属于超高货。超高货的装载运输,对内陆运输、车站、码头、装卸机械、船舶装载等带来许多问题,影响较大的是船舶的积载和码头集装箱的装卸作业。由于集装箱码头堆场和车站使用的装卸机械设备,如桥吊、跨运车、龙门吊等都是按标准集装箱设计的,没有考虑超高货的特殊情况,因此无法利用专用吊具装卸超高较严重的集装箱。如对超高货进行装卸,必须在装卸机械上临时安装一定的附属工具才能进行。另外,超高货会影响到船舶积载,集装箱积载超高箱时,如果货物高度超过顶侧梁最上端所在平面时,该箱上面不能再积载任何集装箱。如果重量较轻,且在舱内积载时超高尺度距舱盖有安全距离,可以放在最上一层;如果重量较重,在舱内超高尺度距舱盖不足安全距离,且必须放在较下面层时,则必定会造成亏舱。集装箱船的设计高度一般是以 8ft6in 的高度为标准,而 IC 型集装箱通常的高度为 8ft,因此在舱内装载 8ft 高的集装箱时,舱内垂直方向将留有一定的空隙,如舱内堆 6 层高,则会出现 3ft 的空隙。

(2)超长超宽货

集装箱运输不允许货物在横向、纵向有突出的距离,首先是受到集装箱船箱格结构和集装箱箱位之间距离的限制,不能在船舱内积载。在甲板上积载时,超长超宽货尽量积载在上层,减少占用的仓位,以降低海运费和减少亏舱,同时在超长超宽的方向相邻的位置上不能再积载集装箱。在陆上运输时,其超宽的限制不如超高那么严格。关于超宽的限制则根据所使用的机械设备种类而定,如跨运车,一般对每边超宽 10 厘米以内的集装箱可从底盘车上卸下,但如超过了 10 厘米,跨运车则无法作业。

3.液体货的装箱要求

散装的液体货可以利用罐式集装箱运输,这样可以节约大量的包装费用和装卸费用。采用罐式集装箱运输液体货物时应注意:

①罐式集装箱本身机构、性能、箱内面的涂料是否满足货物的运输要求;

②查明集装箱的容量与所允许载重量的比例和货物比重是否接近一致,当货物比重较大而只装载半罐的情况下,在装卸和运输过程中有损罐的危险;

③查明排灌时是否具有必要的设备,这些设备是否适用于箱子的阀门等,并检查安全阀是否有效;

④了解货物的特性,在运输和装卸过程中是否需要加温以及装卸地是否具有蒸汽源和电源。

4.冷藏货的装箱要求

冷藏集装箱所装载的货物可分为冷却货物和冷冻货物两种,前者是指一般选定不冻结的温度,或是货物表面有轻微结冻的温度,其温度范围在 $-11℃\sim1℃$。冷却货物的目的是为了维持货物的呼吸和防止箱内出汗,比如一些新鲜的蔬菜、水果。后者是指将货物冷冻起来运输,其温度范围通常在$-20℃\sim-11℃$,比如肉类、鱼类等。

对冷藏货在运输途中应保持的温度,或者在托运时相关的单证上都有明确注明,承运人在运输过程中应严格尽到保管、照料之责,保证温度在所要求的范围之内。双方都应保管好有关该票货物所需要的文件,以便发生纠纷后就温度问题引起的争执有据可依。

冷藏货在装箱前,对集装箱和货物都应进行检查。对以下事项需特别注意:

①检查冷冻装置的起动、运转、停止是否正常,同时做好装箱前的预冷工作;

②检查通风孔开、关状态,冷冻机的排水管是否堵塞,集装箱本身的气密性,冷藏货是否达到规定的温度等;

③装箱时,应注意货物不要堵塞冷气通道,天棚部分留有一定间隙;

④装卸期间,冷冻装置应停止运转。

5. 动植物的装箱要求

动植物货物一般指的是牛、马、羊、猪及其经过屠宰后的皮、毛、肉等。运输该类货物的集装箱有两种,一种是非密闭性的,另一种是密闭性的。装箱时应根据具体的动植物情况,注意集装箱的适货性、装箱时的环境、货物所需的备料、活动物的饲料、饲养槽、水槽、货物的装箱量等情况。

动植物的检疫应根据出口国的规定进行。同时,一些国家规定动植物的进口一定要经过检疫人员的检查,并得到许可后才能进口,如得不到许可,则会强制处理,如杀死、烧毁等。

6. 散装货的装箱要求

用集装箱积载运输散装货可节省包装费用和装卸费用。散货集装箱主要用于装载运输小麦、麦芽、大米、树脂、铅粉、矿砂、矿石等货物,在该类货物装箱时应注意:

①装卸地的装卸设施选用;

②箱型的选用及清扫;

③防止因货物的自然特性而造成的货损、箱损;

④装箱时箱子应清洁、干燥、无味等。

7. 危险货物的装箱要求

危险货物的物理特性、化学特性与普通货物不一样,在运输的安全提出了更高的要求,所以危险货物的装箱要求也相对较高,具体为:

①不符合包装要求的危险货物,或已有破损、渗漏情况的不得装入箱内;

②危险货物的任何部分不得突出到箱外,装箱后箱门应完全封闭;

③不应将危险货物与不相容的货物装载同一箱内,特殊情况必须由主管当局同意并根据《国际危规》的隔离要求进行隔离;

④危险货物只有按规定包装后才能装载集装箱运输,某些干燥的散装危险货物,可装载该种货物运输的特种集装箱内;

⑤液体货物和非冷藏的压缩气体的装载应得到主管部门的批准;

⑥箱内货物和其他任何物质的包件必须固定;

⑦当一票危险货物只构成集装箱内所装货物的一部分时,最好将其装载在箱门

附近；

⑧对托运人来说，应在货物托运单上或单独的申报单上保证他所托运的货物已正确申报货名、加以包装、作出标志，并具有适运的条件；

⑨负责将危险货物装入集装箱内的工作人员，因提交"集装箱装运危险货物装箱证明书"，以证实危险货物已正确装箱并符合相关规定；

⑩装有危险货物的集装箱，应在箱体外表贴有规格不少于 2500 毫米×2500 毫米的《国际危规》类别标牌，至少有 4 幅这种标牌，并将其贴在箱体的前、后、左、右侧面醒目的位置。集装箱一经认为无危险性，所有危险标志应立即从箱体上除去。装载危险货物的集装箱卸空后，应采取措施保证集装箱没有污染，使集装箱不具有危险性。

6.4 集装箱码头的检查桥业务

集装箱检查桥(Container Gate House)是集装箱码头的出入口，是进出码头的集装箱进行立体检查和交接的场所，是区别码头内外的一个责任分界点。其主要负责对公路集装箱的信息录入、箱体检查工作，并对相关单证进行审核与交接，是码头与内陆承运人进行集装箱设备交接的重要环节。在这里，集卡车司机与码头进行提箱或者进港业务的交接，向集卡车司机打印行车指南，安排其到指定箱区提箱或者将集装箱运到指定箱区，同时向堆场控制中心发出作业指令，安排吊机放箱或者提箱。

6.4.1 检查桥业务的主要内容

集装箱检查桥的业务主要包括箱体检查、重箱进场、空箱进场、重箱出场、空箱出场、单证审核与整理、场地核箱、特种箱操作等。

1. 箱体检查

检查桥的验箱员应和集卡车司机一起，对所有进出港区的集装箱进行箱体检查，并做好相关记录。

(1)核对基本情况

核对集卡车牌号、进港牌号是否与设备交接单上登记的内容相符，核对集装箱箱号、箱型、尺寸、铅封号是否与设备交接单、装箱单等一些单证相符。

(2)外部检查

检查集装箱外表面是否有损伤，如发现表面有弯曲、凹痕、摺痕、擦伤等痕迹时，则应在这些损伤处的附近严加注意，要尽量发现其破口在何处，并在该损伤处的内侧也要特别仔细地检查。在外板连接处，若铆钉松动和断裂，容易发生漏水现象；箱顶部分要检查有无气孔等损伤，由于箱顶上有积水，如一有破损就会造成货物毁损事故，而且检查时往往容易把箱顶的检查漏掉，因此要严加注意。对于已进行过修理的部分，检查时应特别注意检查其现状如何，有无漏水现象。

（3）内部检查

人进入箱内,把箱门关起来,检查箱子是否漏光,同时要注意箱壁内衬板上有无水湿痕迹,如发现有水迹时,则在水迹四周要严加检查,必须追究产生水迹的原因。对于箱壁或箱底板上突出的钉或铆钉头,内衬板的压条曲损,应尽量设法除去或修补,如无法去除或修补,应用衬垫物遮挡起来,以免损坏货物。如箱底捻缝不良,则集装箱在底盘车上雨中运行时,从路面上溅起来的泥水会从底板的空隙中渗进箱内,污染货物,检查时应予以注意。

（4）箱门及附件的检查

检查箱门能否顺利关闭,关闭后是否密缝,门周围的密封垫是否紧密,能否保证水密,还要检查箱门把手动作是否灵便,箱门能否完全锁上。检查固定货物时用的系环、孔眼等附件安装状态是否良好,板架集装箱上的立柱是否备齐,立柱插座有无变形。开顶集装箱上的顶扩伸弓梁是否齐全,有否弯曲变形,还应把板架集装箱和开顶集装箱上使用的布篷打开,检查其有无破损,安装用的索具是否完整无缺。另外,还要检查通风集装箱上的通风口能否顺利关闭,其储液槽和放水龙头是否畅通,通风管、通风口有否堵塞等。

（5）清洁状态的检查

检查集装箱内有无垃圾、恶臭、生锈,有无被污脏,是否潮湿,如这些方面不符合要求就应向集装箱提供人提出调换集装箱,或进行清扫、除臭作业。如无法采取上述措施时,则箱内要铺设衬垫或塑料薄膜等以防货物污损。另外,箱内发现有麦秆、草屑、昆虫等属于动植物检疫对象的残留物时,即使箱内装的与动植物检疫完全无关的货物,也必须把这些残留物彻底清除。

2．重箱进场

重箱进场包括出口装船的重箱和中转出口重箱即转码头的重箱。转码头的重箱,是因为进口船舶所靠的码头与中转出口的船舶所靠的码头不是同一个,因此需借助陆路运输完成转码头的操作。

检查桥的工作人员在收到验箱员所批注的信息后,必须认真检查该批注和审核集卡司机提供的文件、单证的有效性,测定集装箱的重量,然后对箱号、箱型、车牌号、箱状态、船名、航次、卸货港、中转港、提单号、货物件数、重量等信息进行核对。不同的港口其操作不同,对一般出口重箱进场需持的单证也有所不同,有的是根据设备交接单,有的是根据装箱单,有的则两者都需要。

重箱进场超过一定的重量,则不能进场。箱子太重不仅容易对箱体结构造成损害,同时对港口的装卸机械也埋下了安全隐患。不同的港口根据自己港口机械的安全负荷有不同的重量规定。

转码头的重箱进场,集卡司机凭盖有海关验讫章的集装箱转码头海关申报单及设备交接单到检查桥办理手续,检查桥输单员输入车号、箱号,码头操作系统会自动显示其他信息。

3．空箱进场

空箱进场时需持船公司或船代签发的集装箱设备交接单,如果该空箱只是重箱进口经过拆箱后,返回码头堆场堆存而已,则仅需对其箱号、箱型、车牌号、箱状态、箱主输入计算机。如果是空箱装船出口的话,则在进场之前,必须预先将计划通知码头,及时安排堆场场地和装卸机械,取得预约受理凭条,进场时检查桥工作人员审核集卡车司机提供的集装箱设备交接单内容,并将箱号、箱型、车牌号、箱状态、船名航次、箱主、卸货港等信息录入系统。

4. 重箱出场

重箱出场包括进口重箱、中转箱及退关箱出场。

进口重箱提箱需持有效提货单和设备交接单。提箱时应严格审核提货单,如海关放行章、检验检疫章等,若不齐、不清、不符,不得提箱。如果代理公司与码头费用无托收协议的,应先到受理台办理预约,付清相关费用后再到检查桥提箱。

中转箱出场,一般指的是转码头的重箱,提箱时集卡车司机凭盖有海关验讫章的集装箱转码头海关申报单及设备交接单到检查桥办理手续。退关重箱提箱需持设备交接单、预约受理凭条和退关箱出卡口证明。

5. 空箱出场

根据集装箱箱主的指令接受驳箱车队的提箱申请,并提供作业受理凭条。出场时,集卡车司机需要出具箱主或其代理签发的设备交接单及预约受理凭条。

6. 单证审核和整理

检查桥所涉及的主要单证有设备交接单、装箱单、提货单、交货记录联、集装箱残损记录等,这些记录都是码头与内陆承运人进行集装箱设备交接时的原始资料,也是交接时对集装箱破损责任划分的原始证据。

7. 场地核箱

根据堆场控制中心提供的核箱单证进行场地核箱,并根据该箱实际情况进行箱位调整。需要核对的内容有集装箱箱号、箱型、尺寸是否与核箱单或电脑上的记录相符等。发现箱体有残损的,在核箱结束后向堆场计划员反馈。核箱完毕后,要及时准确地进行相应调整,并在做好书面记录的同时,及时上报。对所辖堆存场地实行动态管理,对已核集装箱堆存质量和外围集装箱堆存质量、场地附属设施进行巡查。检查冷藏箱的插头、电缆线、接插电源、箱体、发电机运转状况是否正常,检查温度记录,并将冷藏箱在进场时的实际温度信息做相应的记录。

8. 特种箱操作

特种箱主要是危险品箱和冷藏箱。

高温季节应加强对危险货物集装箱的保护工作,室外温度超过30℃时,要对集装箱外表进行定期喷淋降温工作。如发现异常情况,应及时与控制中心联系,必要时需和船公司或货主联系。

冷藏箱在从集卡车卸下进入堆场接通电源后,检查确认集装箱外部的冷冻机运行是否正常,有故障应立即根据实际情况及时对外联系处理或者进行修理。定期检查温度并记录检查结果,仔细核对相关资料中的设定温度与在场温控箱所显示的设定温度及记录温度是否相符。对于冷藏箱在装船后或者卸船前发生机器故障,应立即上船确认,安排维修,同时做好相应记录。

6.4.2 检查桥的工作流程

检查桥的工作流程主要包括提箱和进箱的操作流程,其详细流程如图 6-3 所示。

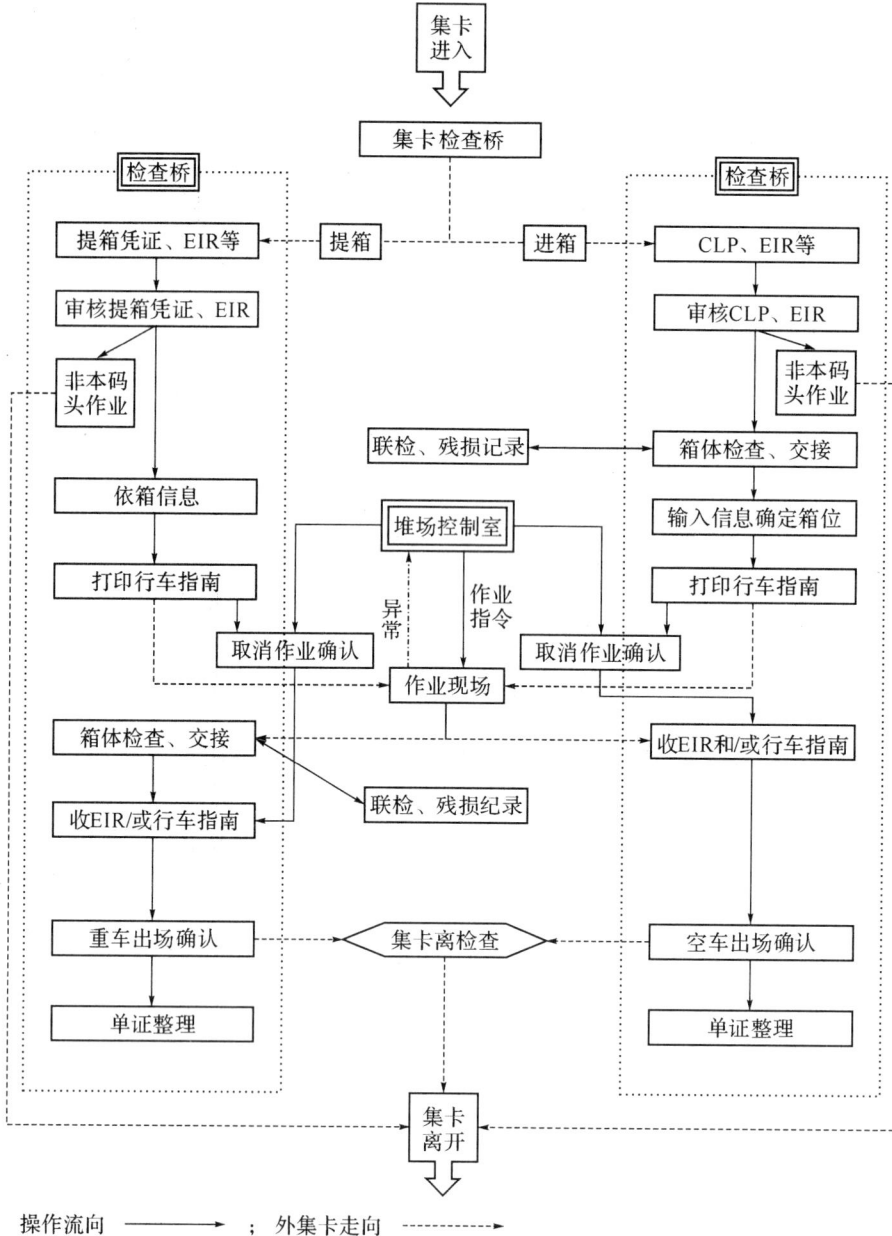

图 6-3 检查桥的工作流程

6.5 集装箱箱务管理业务

集装箱的箱务管理是国际集装箱运输系统中极其重要的环节,也是十分重要的工作。做好集装箱的箱务管理,有利于降低集装箱运输总成本,减少置箱投资,加快集装箱的周转,提高集装箱货物的装载质量和货运质量,提高企业经济效益和竞争能力。集装箱箱务管理主要包括集装箱堆场的箱务管理和船公司的箱务管理等内容,如集装箱的备箱、调运、保管、交接、发放、检验及维修等。

6.5.1 集装箱堆场箱区管理

箱区是指集装箱堆场堆放集装箱的区间位置。集装箱堆放在堆场,一般都用一组代码来表示其在堆场内的物理位置,这个位置就是场箱位。场箱位一般由箱区、位、排、层组成,箱区的编码一般有两种方法:一种是用一个或两个英文字母表示;另外一种是用两位数字表示,第一位是码头泊位号,第二位是表示堆场从海侧到陆侧后方堆场的顺序号。

1. 箱区的分类

集装箱堆场是由多个箱区组合而成的,每块箱区根据其类别都有专门名称:

①按进出口业务分为进口箱区、出口箱区和中转箱区;

②按集装箱种类分为普通箱和特种箱区,特种箱区包括冷藏箱区、危险品箱区、超限箱区、残损箱区等;

③按集装箱状态分为空箱区和重箱区;

④按装卸工艺分为龙门吊箱区、正面吊箱区和堆高机箱区等。

2. 箱区的规划原则

箱区规划是堆场计划的基础,首先要根据港区堆场箱区分布使用情况、码头装卸效率、到港船舶密度、船舶运量大小、进出口箱量比例、空重箱堆存比率等情况,对港区堆场进行总体规划,并根据进出口箱量与空重箱箱量的变化对港区堆场进行适时调整,利用计算机系统实行堆场有效管理,使港区堆场得到充分利用。所以,对港区进行规划必须遵循以下原则:

①进、出口箱要分堆;

②空、重箱要分堆;

③不同尺寸的箱子要分堆;

④中转箱要单独堆放;

⑤冷藏箱、危险品箱、超限箱等有特殊要求的集装箱应放入专门场地专门堆放;

⑥不同箱主的空箱按不同箱型尺寸分堆;

⑦出口重箱按船名航次、中转港、目的港、重量等进行分堆;

⑧残损箱应留有一定的堆存位置。

3.出口箱区的规划

不同码头的对出口集装箱进场都有不同的相关规定,这要根据码头的实力和堆场的大小而定。比如有些码头对出口集装箱进场时间的有关规定是:支线船在船舶开装日期前 4 天的零时,干线船在船舶开装日期前 5 天的零时。开始进场前,必须安排箱区进行堆放。考虑在船舶配载时,减少翻箱,箱区安排得是否科学合理,直接影响到装船时的发箱速度,继而影响装船效率。需要安排进场的船舶都体现在近期计划里,在安排进箱同时应有具体的进箱时间及危险品进箱时间。在计划箱区和安排集装箱进场时,应考虑以下几点:

①按位堆放:同一位,堆放同一港口同一重量等级的箱子。

②按列堆放:同一列内,堆放同一港口同一重量等级的箱子,但在同一位内不同的列可以堆放不同港口不同重量等级的箱子。重量等级是指按集装箱箱量划分的区域值,比如 10—15 吨为一个级别。

③按卸货港或者中转港、重量等级堆放在于同一位或同一列中。

④对于船型较大的船舶,要考虑多路作业安排场地,对于同一港口数量较多而多路作业的,也要考虑多路作业安排场地。

⑤多路作业的干线船,在规划的箱区分散堆放。

⑥一路或两路装船作业的支线船,堆场尽量安排集中堆放。

⑦干线船的出口箱位置按几个箱区轮流依次逐个位置安排进箱,一般是在一个位置进箱完后,再安排下一个箱区位置。在堆场位置宽松的条件下,可按照交替进箱的方式。在某种集装箱集中进场时,也应按照交替进箱的方式。

⑧提前进场箱与延迟进场箱进场均是在计划外的操作,须在受理中心预约后方能进场。

⑨延迟进场箱若为本航次加载箱,可安排至本航次出口箱区,与其他本航次已放行的出口箱区合并放在一起。若非本航次出口箱,则安排至该航次出口箱区即可,注意要与本航次出口的集装箱分开堆放。

4.进口箱区的规划

在收到进口的集装箱清单和详细的摘要后,进行堆场安排。进口摘要中,必须含类别、尺寸类型、箱主、危险品箱、温控箱等具体信息。安排进口空箱位置时,堆场计划员应根据不同船名、航次、箱子尺寸、危险品、冷藏箱等不同类型分开堆放,并考虑具体的卸船箱量及场地的已堆存情况进行安排。安排场地时应尽量考虑船舶靠港的船期先后、泊位、作业路数、场地已有作业机械、卸入箱的疏港情况等。对于中转箱,既按中转类别安排堆场,也可按工作点和箱主来安排堆场。在规划时需要注意:

①空、重箱分开堆放;

②空箱按箱主、类别尺寸分开堆放;

③冷藏箱、危险品箱、超限箱、残损箱进专用箱区堆放;

④需插电的温控重箱、危险品箱区最高堆放三层;

⑤货物超限的框架式、平台式或开顶箱,堆放一层高度,且箱货与箱货之间的间距至少保持 50 厘米;

⑥罐式集装箱禁止堆在靠近车道的一列。

6.5.2 集装箱堆场整理

集装箱堆场的整理工作主要是对场内的箱子进行归位、并位和转位。

归位是指堆场内箱子状况发生变化后，从变化前的箱区，归入状态变更后的指定箱区的作业过程。最常见的是由于该港箱子的目的地或目的港的更改，导致箱区的变化。

并位是指同一堆场箱区内将零星分散的集装箱整理合并在一起的作业过程。集装箱进出码头非常频繁，在频繁的操作后，集装箱的堆放就会显得有些零散，因此要进行并位调整箱位，以腾出箱位用于接下次的计划。

转位是指同一堆场不同区间，或同一箱区不同箱位之间集装箱整理转移的作业过程。

集装箱堆场内箱子的归位、并位、转位，主要目的是为了提高堆场的利用率，提高箱区的作业效率、船舶的装卸效率，减少码头作业出差错的可能性，减少翻箱的情况。

1. 出口箱整理

出口船舶开装前，根据船舶已进场集装箱所在的箱区，将箱区中只有少量该船的集装箱集中归并到较多集装箱所在的箱区。比如上航次的一些退关箱，应该将这些集装箱归并到本航次出口的集装箱箱区，方便配载、装船作业，提高效率，避免少配漏装。

出口船舶开航后，必定有些出口集装箱由于种种原因没转船，比如出口报关不成功、商检没通过、客户已装箱进港但货物不合格还需加工等。对于这些集装箱应及时安排在装卸船作业较空的情况下，进行退关箱等的归并。将同一船名航次的集装箱分尺寸类型、港口等归并在一起。

2. 进口箱整理

空箱在进口卸船后，船公司会尽早进行安排，要么中转出口，要么驳箱出场。一般来说，船公司是不可能将空箱在码头堆存比较长的时间，进口后必定会用于中转出口或本地用箱。但也有一些特殊情况，比如发生了一些海损事故，或者空箱在码头发生一些重大事故不得不到保险勘验结束或者共同海损理算结束后，才能作相应安排。这样，就需要对这些空箱按箱主、尺寸类型、堆存状态、进口船名航次等进行分类归并。

重箱进口卸船后，有些货没有及时拉出港区拆箱并将空箱还给船公司，比如清关出了问题、箱子被海关查验了、有关货物的资料不全不让进口、提单没有及时收到、货主找不到了等。这也就导致箱子进口后不久，就一两个集装箱占了一个箱区，所以应该及时归并这些超期箱，集中安排移到堆放集装箱较多的区域，使场地得到高效利用。

3. 疏港

集装箱堆场是运输过程中的周转性堆场，不能用于中、长期储存。码头为了保证船舶装卸作业的正常进行，保证堆场进场畅通，根据国家关于集装箱疏运的有关规定，往往结合码头实际情况和海关监管的情况，将进口集装箱疏运到港外堆场，实务中简称疏港。疏港主要分为以下几种情况：

①废纸、废金属等废品箱，根据口岸的要求对其进行专门管理而进行疏港。

②超期重箱的疏港。由于堆场的堆场量有限,为了确保码头生产效率,对于港区堆场超过规定时间的进口重箱采取转栈疏港的措施,即将超期堆存的集装箱疏至后方堆场进行堆存,并收取一定的转栈费用。通过此办法,既缓解了集装箱在港堆存的压力,又对超期提箱的货主采取了一定的惩罚措施,监督其尽早提箱。

③直卸疏港。为了缓解堆场紧张情况,码头对于一些船舶的卸船采取直接卸箱至后方堆场的方式,即直卸疏港。在实际应用中,直卸疏港的概念是很广的,其中包括集装箱卸下后的转场。

6.5.3 在场集装箱管理

1. 重箱管理

(1)进场重箱管理

进口重集装箱:码头理货员在船边核对箱号、尺寸类型,检查铅封、箱体。若有箱号不符,铅封与实际情况积载不符、灭失或断裂,箱体残损,冷藏箱的温度与记载的不符等情况,都要进行记录,大副签字确认。在港区堆存超过规定天数的,比如 10 天、15 天,视为超期箱,移到指定的场地。

出口重集装箱:检查桥工作人员审核单证,核对箱号、箱型尺寸、检查铅封、箱况,正确记录,交接双方签字。

(2)出场重箱管理

进口重集装箱:凭船公司或其代理签发的设备交接单和海关放行的 D/O,付清在港区的相关费用后,进行放箱。

出口重集装箱:凭船公司或其代理签发的设备交接单以及海关签发的退关箱出卡口证明放出口退关箱。装船配载前,堆场员核实集装箱的堆场位置,然后船边理货员核对装船。

2. 空箱管理

(1)空箱进场管理

进口空箱:理货员在卸船时检查验收,并安排进入计划的场地。

出口空箱:出口空箱通过检查桥进场。在得到船公司的出口计划时,该计划应该包括所装空箱的船名、航次、数量、箱型、计划进港时间、船舶预计进港时间、目的港(如有中转港也应注明)、安排驳箱进港的公司或车队名称。根据上述信息合理安排场地。进场时,检查桥审核 EIR,检查情况将箱子安排到计划的出口箱区。

(2)空箱出场管理

对于本地/中转出口装船的空箱,所有装船的空箱按船公司计划配载装船,理货员在船边确认装船。

对中转的空箱,船公司会有不同的安排,根据本地和其他港口的用箱情况,可以安排本地出口用箱,船公司会安排车队驳空箱,也可以安排装船到其他不同的港口。在得到船公司的计划后,明确所出口箱的箱主、船名、航次、尺寸类型、数量等,将堆场里的空箱进行合理分配。同一情况下安排应尽量选择堆放区域集中的集装箱,且最好不要有翻箱。

在有空箱装船出口计划时,结合该计划的箱型、数量、航次,选择相应的在港空箱配载上船。比如安排装同一船名航次同一卸货港的中转出口空箱。由于舱位、船期、空箱的需求量等不稳定因素的存在,船公司的计划随时都有可能改变,所以不仅堆场里的空箱安排要随时更改、合理安排,对于箱区的计划也要作相应的安排。

箱主提空箱出场时,检查桥根据箱主签发的设备交接单进行放箱。

3.冷藏箱的管理

(1)进口冷藏重箱

①在船舶卸船前,堆场计划将冷藏箱信息及时通知冷藏箱场地工班,卸船时安排专门的冷藏箱箱区。

②船边理货员在卸船前先检查制冷温度和箱体情况,发现异常应会同船方做好签证工作。

③堆场控制员在堆场检查箱体状况时,如有问题应立即通知船边理货员和控制室。如箱体状况正常,则进计划内的场地,接通电源。

④冷藏箱出场时应提前切断电源,堆场员收妥电线和插头,指挥吊机司机装车。

(2)出口冷藏重箱

①出口冷藏重箱在进检查桥时,即必须对冷藏集装箱进行严格检查,箱况、箱号、冷冻机、控制箱外表、PTI标贴、商检合格标贴、巡查记录表温度与集装箱单温度要求一致,如果发现问题,不得安排入场;待问题解决后,再安排进场,将箱子放到指定的箱位。

②集卡车到指定箱位后,接通电源,确认冷冻机工作正常后再将箱子吊下,放到指定的箱位。如果冷冻机工作不正常,应拒绝接收或者根据客户的指示安排合理的修理。

③进场后,定期对冷藏箱的温度、冷冻机工作状态进行巡查,并做好记录。

④装船时,应提前切断电源,收妥电线和插头,指挥吊机司机装车。

4.危险品集装箱管理

危险品集装箱是指箱内装有《国际危规》中列明的危险品货物之日起,直到该集装箱拆箱、清洗妥当为止的集装箱。

(1)危险品货物的确认

凡经码头进出的危险货物(除《国际危规》中列明第6、8类非冷冻危险货物外),货主、船公司或其代理人事先都须向港方申报,获得同意后船方才能承运。同时须填报船舶载运危险品集装箱安全适运申报单,批准后方可装卸船。

(2)危险品集装箱交接

危险品集装箱卸船前,码头理货员仔细检查箱体、铅封和箱体四周张贴与箱内货物相应的危险品标志,并仔细核对箱号,发现不符或异常,通知船方并记录。

出口危险品集装箱在进入码头时,承运人需持港监签署的集装箱装运危险货物装箱证明书。检查桥工作人员仔细检查箱体、铅封和箱体四周张贴与箱内货物相应的危险品标志,如有不符应拒绝接收。

(3)危险品集装箱的装卸

每个港口的规定和情况有所不同,比如有些港口对装有《国际危规》中列明第1、2、7类及冷冻危险品的集装箱必须采用车→船、船→车直取直装的方式,对装有《国际危规》

中列明的第 3、4.2、4.3、5.1、5.2 的集装箱尽量采取直取直装方式。

危险品集装箱卸船前,要布置落实安全操作防范措施及急救办法。

(4)危险品集装箱的储存

危险品集装箱堆垛根据危险货物的不同,一般只许堆两层,并根据《国际危规》的隔离要求对不同性质的危险货物进行有效的隔离。危险品集装箱堆放在专用的危险品箱区,应设有隔离栏和喷淋装置,在高温季节对一些可喷淋的危险品集装箱喷淋降温。

5.超限集装箱管理

超限集装箱是指装载有超高、超宽、超长货物的开顶箱、平板箱框架箱。超限集装箱限堆高一层,在专用的箱区堆放。一般超宽超过 30 厘米,相邻列不得堆放集装箱;超长超过 50 厘米,相邻位不得堆放集装箱。

6.5.4 船公司集装箱的箱务管理

1.集装箱空箱调运及管理

船公司箱务管理的核心工作就是对集装箱空箱的调运与管理。集装箱空箱调运与管理关系到集装箱的利用程度、空箱调运费的开支、适箱货物的及时发送以及企业的经济效益。在集装箱运输航线货源不平衡的情况下,空箱调运在所难免。通过合理的空箱调运,可以降低船公司航线集装箱需备量和租箱量,从而降低运输成本,提高船公司的竞争能力和经济效益。据统计,仅美国每年因空箱调运而产生的各种费用高达 35 亿美元,如按每个标准箱 2400 美元购置费计算,可以购买 145 万个标准箱。因此,必须研究合理调运空箱,同时可考虑租箱策略,以求最大限度地节约空箱调运费。

(1)产生空箱调运的原因

产生空箱调运的原因很多,主要有以下原因:

①由于管理方面的原因产生空箱调运。如由于单证交接不全,流转不畅,影响空箱的调配和周转;又如货主超期提箱,造成港口重箱积压,影响到集装箱在内陆的周转,为保证船期,需要从附近港口调运空箱。

②进、出口货源不平衡,因而造成进、出口集装箱比例失调,产生空箱调运的问题。

③由于贸易逆差,导致集装箱航线货流不平衡,因而产生空箱调运。

④由于进出口货物种类和性质不同,因而使用不同规格的集装箱,产生航线不同规格集装箱短缺现象,需要调运同一规格的空箱,以满足不同货物的需要。

⑤其他原因。如出于对修箱费用和修箱要求考虑,船公司将空箱调运至修费低、修箱质量高的地区去修理。

(2)完善空箱调运的策略

由于客观货物流向、流量及货种的不平衡,产生一定数量的空箱调运是必然的。通过加强箱务管理,实现箱务管理现代化,减少空箱调运量是完全可以实现的。

①组建联营体,实现船公司之间集装箱的共享。联营体通过互相调用空箱,可减少空箱调运量和航线集装箱需备量,从而节省昂贵的空箱调运费和租箱费。

②强化集装箱集疏运系统,缩短集装箱周转时间。通过做好集装箱内陆运输各环节

的工作,保证集装箱运输各环节紧密配合,缩短集装箱内陆周转时间和在港时间,以提供足够箱源,不至因缺少空箱而从邻港调运。

③强化集装箱跟踪管理系统,实现箱务管理现代化。通过优化集装箱跟踪管理计算机系统,采用 EDI 系统,以准确的快速方式掌握集装箱信息,科学而合理地进行空箱调运,最大限度地减少空箱调运量及调运距离。

2. 滞箱费的收取

为了更有效地控制集装箱,缩短周转时间,弥补由于周转时间长而造成的集装箱运费收入和租金损失,对于客户在超过船公司规定的免费用箱期后,船公司往往按一定的计费方式收取滞箱费。客户的用箱时间一般为进口后到返还空箱时间和出口提箱后到返还空/装船时间。因为每个港口实际情况不同,客户的用箱时间有所差别,这就要看相关业务的主动权是由客户控制还是由承运人控制。这样通过控制客户的用箱时间,使客户尽快安排进口重箱的拆箱或者出口货物的装箱、清关和及时装船,从而提高集装箱的周转效率。如果客户提空箱之后取消出口计划,那也应该及时将空箱还回承运人。

3. 集装箱的修理与维护

根据国际集装箱安全公约(CSC)规定,新箱在出厂后 24 个月内要进行内箱检验,5年时要进行箱体检验,并在以后每 30 个月检验一次。因此,船公司的箱管部必须对公司内所有集装箱统筹计划和组织实施,做好维护保养工作,确保集装箱满足 CSC 规定要求。

另外,集装箱在运输、装卸、搬运、堆存过程中由于种种原因总会造成许多缺陷。集装箱的缺陷分为损坏、自然损耗和不合理修理。损坏是指有单个或者多个事件如撞击、磨损、污染等造成的单个或者多个集装箱的物流缺陷;自然损耗是指在正常使用的情况下,如在海上航行中暴露在海水中,不断的消耗磨损而造成的一个或者多个的物流缺陷。不合理修理是指并没有按照国际集装箱出租者协会(IICL)推荐的修箱方法对坏箱进行的修理。

对于在 IICL 的验箱标准下需要进行修理的,应根据船公司的要求及时将修理估价单报船公司审批,如果船公司对箱子坏损有必要进行联合检验或者退租、全损等作进一步处理的,那么堆场应再等船公司的进一步指令后再做安排。在修箱的时候应根据船公司对集装箱适货的要求,结合 IICL 的验箱标准和推荐的修箱方法进行修理。及时将修理完毕的箱子进行归位,从坏箱状态更改为好箱状态,以表明箱子已修复,可以放箱出场。

6.6　国际集装箱多式联运

国际集装箱运输是一种先进的现代化运输方式。与传统的件杂货散运方式相比,具有运输效率高,经济效益好及服务质量优的特点。正因为如此,集装箱运输在世界范围内得到了飞速发展,已成为世界各国保证国际贸易的最优运输方式。尤其是经过几十年的发展,随着集装箱运输软硬件成套技术日臻成熟,到 20 世纪 80 年代集装箱运输已进入国际多式联运时代。

国际多式联运是一种利用集装箱进行联运的新的运输组织方式。它通过采用海、陆、空等两种以上的运输手段，完成国际连贯的货物运输，从而打破了过去海、铁、公、空等单一运输方式互不连贯的传统做法。如今，提供优质的国际多式联运服务已成为集装箱运输经营人增强竞争力的重要手段。

6.6.1 国际多式联运的基本概念

1. 国际多式联运的定义及特征

国际多式联运（Multimodal Transport）是一种以实现货物整体运输的最优化效益为目标的联运组织形式。它通常是以集装箱为运输单元，将不同的运输方式有机地组合在一起，构成连续的、综合性的一体化货物运输。通过一次托运、一次计费、一份单证、一次保险，由各运输区段的承运人共同完成货物的全程运输，即将货物的全程运输作为一个完整的单一运输过程来安排。然而，它与传统的单一运输方式又有很大的不同。根据1980年《联合国国际货物多式联运公约》（简称"多式联运公约"）以及1997年交通部和铁道部共同颁布的《国际集装箱多式联运管理规则》的定义，国际多式联运是指"按照多式联运合同，以至少两种不同的运输方式，由多式联运经营人将货物从一国境内接管货物的地点运至另一国境内指定地点交付的货物运输"。根据该定义，结合国际上的实际做法，可以得出，构成国际多式联运必须具备以下特征或称基本条件：

①必须具有一份多式联运合同。该运输合同是多式联运经营人与托运人之间权利、义务、责任与豁免的合同关系和运输性质的确定，也是区别多式联运与一般货物运输方式的主要依据。

②必须使用一份全程多式联运单证。该单证应满足不同运输方式的需要，并按单一运费率计收全程运费。

③必须是至少两种不同运输方式的连续运输。

④必须是国家间的货物运输。这不仅仅是为了区别于国内货物运输，主要还涉及国际运输法规的适用问题。

⑤必须由一个多式联运经营人对货物运输的全程负责。该多式联运经营人不仅是订立多式联运合同的当事人，也是多式联运单证的签发人。当然，在多式联运经营人履行多式联运合同所规定的运输责任的同时，可将全部或部分运输委托他人（分承运人）完成，并订立分运合同。但分运合同的承运人与托运人之间不存在任何合同关系。

由此可见，国际多式联运的主要特点是，由多式联运经营人对托运人签订一个运输合同统一组织全程运输，实行运输全程一次托运，一单到底，一次收费，统一理赔和全程负责。它是一种以方便托运人和货主为目的的先进的货物运输组织形式。

2. 国际多式联运的优越性

国际多式联运是一种比区段运输高级的运输组织形式。20世纪60年代末美国首先试办多式联运业务，受到货主的欢迎。随后，国际多式联运在北美、欧洲和远东地区开始采用；20世纪80年代，国际多式联运已逐步在发展中国家实行。目前，国际多式联运已成为一种新型的、重要的国际集装箱运输方式,受到国际航运界的普遍重视。1980年5月在日内瓦召开的联合国国际多式联运公约会议上产生了《联合国国际多式联运公约》。它的生效对国际多式联运的发展产生了积极的影响。

国际多式联运是国际运输发展的方向,因为开展国际集装箱多式联运具有许多优越性,其主要表现在以下几个方面:

(1)简化托运、结算及理赔手续,节省人力、物力和有关费用

在国际多式联运方式下,无论货物运输距离有多远,由几种运输方式共同完成,也不论运输途中货物经过多少次转换,所有一切运输事项均由多式联运经营人负责办理。而托运人只需办理一次托运,订立一份运输合同,支付一次费用,办理一次保险,省去了托运人办理托运手续的许多不便。同时,由于多式联运采用一份货运单证,统一计费,因而也可简化制单和结算手续,节省人力和物力。此外,一旦运输过程中发生货损货差,由多式联运经营人对全程运输负责,从而也可简化理赔手续,减少理赔费用。

(2)缩短货物运输时间,减少库存,降低货损货差事故,提高货运质量

在国际多式联运方式下,各个运输环节和各种运输工具之间配合密切,衔接紧凑,货物所到之处中转迅速及时,大大减少了货物的在途停留时间,从根本上保证了货物安全、迅速、准确、及时地运抵目的地,也相应地降低了货物的库存量和库存成本。同时,多式联运是通过集装箱为运输单元进行直达运输,尽管货运途中须经多次转换,但由于使用专业机械装卸,且不涉及槽内货物,因而货损货差事故大为减少,从而在很大程度上提高了货物的运输质量。

(3)降低运输成本,节省各种支出

由于多式联运可实行门到门运输,因此对货主来说,在货物交由第一承运人以后即可取得货运单证,并据以结汇,从而提前了结汇时间。这不仅有于加速货物占用资金的周转,而且可以减少利息的支出。此外,由于货物是在集装箱内进行输的,因此从某种意义上来看,可相应地节省货物的包装、理货和保险等费用的支出。

(4)提高运输管理水平,实现运输合理化

对于区段运输而言,由于各种运输方式的经营人各自为政、自成体系,因而其经营业务范围受到限制,货运量相应也有限。而一旦由不同的经营人共同参与多式联运,经营的范围可以大大扩展,同时可以最大限度地发挥其现有设备的作用,选择最佳运输线路,组织合理化运输。

(5)其他作用

从政府的角度来看,发展国际多式联运有利于加强政府各部门对整个货物运输链的监督与管理,保证本国在整个货物运输过程中获得较大的运费收入配比例,有助于引进新的先进运输技术,减少外汇支出,改善本国基础设施的利用状况,通过国家的宏观调控与指导职能保证使用对环境破坏最小的运输方式,达到保护本国生态环境的目的。

6.6.2　国际多式联运的运输组织形式

国际多式联运是采用两种或两种以上不同运输方式进行联运的运输组织形式。这

里所指的至少两种运输方式可以是海陆、陆空、海空等。这与一般的海海、陆陆、空空等形式的联运有着本质的区别。后者虽也是联运,但仍是同一种运输工具之间的运输方式。众所周知,各种运输方式均有自身的优点与不足。一般来说,水路运输具有运量大,成本低的优点;公路运输具有机动灵活,便于实现货物门到门运输的特点,铁路运输的主要优点是不受气候影响,可深入内陆和横贯内陆实现货物长距离的准时运输;而航空运输的主要优点是可实现货物的快速运输。由于国际多式联运严格规定必须采用两种和两种以上的运输方式进行联运,因此,这种运输组织形式可综合利用各种运输方式的优点,充分体现社会化大生产大交通的特点。

由于国际多式联运具有其他运输组织形式无可比拟的优越性,因而,这种国际运输新技术已在世界各主要国家和地区得到广泛的推广和应用。目前,有代表性的国家多式联运主要有远东/欧洲,远东/北美等海陆空联运,其组织形式包括以下几种。

1.海陆联运

海陆联运是国际多式联运的主要组织形式,也是远东/欧洲多式联运的主要组织形式之一。目前,组织和经营远东/欧洲海陆联运业务的主要有班轮公会的三联集团、北荷、冠航和丹麦的马士基等国际航运公司,以及非班轮公会的中国远洋运输公司、中国台湾长荣航运公司和德国那亚航运公司等。这种组织形式以航运公司为主体,签发联运提单,与航线两端的内陆运输部门开展联运业务,与大陆桥运输展开竞争。

2.陆桥运输

在国际多式联运中,陆桥运输(Land Bridge Service)起着非常重要的作用。它是远东/欧洲国际多式联运的主要形式。所谓陆桥运输,是指采用集装箱专用列车或卡车,把横贯大陆的铁路或公路作为中间"桥梁",使大陆两端的集装箱海运航线与专用列车或卡车连接起来的一种连贯运输方式。严格地讲,陆桥运输也是一种海陆联运形式,只是因为其在国际多式联运中的独特地位,故在此将其单独作为一种运输组织形式。目前,远东/欧洲的陆桥运输线路有西伯利亚大陆桥和北美大陆桥。

(1)西伯利亚大陆桥(Siberian Landbridge)

西伯利亚大陆桥(SLB)是指使用国际标准集装箱,将货物由远东海运到俄罗斯东部港口,再经跨越欧亚大陆的西伯利亚铁路运至波罗的海沿岸,如爱沙尼亚的塔林或拉脱维亚的里加等港口,然后再采用铁路、公路或海运运到欧洲各地的国际多式联运的运输线路。

西伯利亚大陆桥于1971年由原全苏对外贸易运输公司正式确立。现在全年货运量高达10万标准箱(TEU),最多时达15万标准箱。使用这条陆桥运输线的经营者主要是日本、中国和欧洲各国的货运代理公司。其中,日本出口欧洲杂货的1/3、欧洲出口亚洲杂货的1/5是经这条陆桥运输的。由此可见,它在沟通亚欧大陆,促进国际贸易中所处的重要地位。

西伯利亚大陆桥运输包括"海铁铁"、"海铁海"、"海铁公"和"海公空"等四种运输方式。由俄罗斯的过境运输总公司(SOJUZTRANSIT)担当总经营人,它拥有签发货物过境许可证的权利,并签发统一的全程联运提单,承担全程运输责任。至于参加联运的各运输区段,则采用"互为托、承运"的接力方式完成全程联运任务。可以说,西伯利亚大陆桥是较为典型的一条过境多式联运线路。

西伯利亚大陆桥是目前世界上最长的一条陆桥运输线。它大大缩短了从日本、远东、东南亚及大洋洲到欧洲的运输距离,并因此而节省了运输时间。从远东经俄罗斯太平洋沿岸港口去欧洲的陆桥运输线全长 1.3 万公里。而相应的全程水路运输距离(经苏伊士运河)约为 2 万公里。从日本横滨到欧洲鹿特丹,采用陆桥运输不仅可使运距缩短 1/3,运输时间也可节省 1/2;此外在一般情况下,运输费用还可节省 20%～30%,因而对货主有很大的吸引力。

由于西伯利亚大陆桥所具有的优势,因而它的声望与日俱增,也吸引了不少远东、东南亚及大洋洲地区到欧洲的运输,使西怕利亚大陆桥在短短的几年时间中就有了迅速发展。但是,西伯利亚大陆桥运输在经营和管理上存在的问题如港口装卸能力不足、铁路集装箱车辆的不足、箱流的严重不平衡以及严寒气候的影响等在一定程度上阻碍了它的发展。尤其是随着我国兰新铁路与中哈边境的土西铁路的接轨,一条新的"欧亚大陆桥"形成,为远东至欧洲的国际集装箱多式联运提供了又一条便捷路线,使西怕利亚大陆桥面临严峻的竞争形势。

(2)北美大陆桥(North American Landbridge)

北美大陆桥是指利用北美的大铁路从远东到欧洲的"海陆海"联运。该陆桥运输包括美国大陆桥运输和加拿大大陆桥运输。美国大陆桥有两条运输线路:一条是从西部太平洋沿岸至东部大西洋沿岸的铁路和公路运输线;另一条是从西部太平洋沿岸至东南部墨西哥湾沿岸的铁路和公路运输线。北美大陆桥于 1971 年底由经营远东/欧洲航线的船公司和铁路承运入联合开办"海陆海"多式联运线,后来美国几家班轮公司也投入营运。目前,主要有 4 个集团经营远东经美国大陆桥至欧洲的国际多式联运业务。这些集团均以经营人的身份,签发多式联运单证,对全程运输负责。加拿大大陆桥与美国大陆桥相似,由船公司把货物海运至温哥华,经铁路运到蒙特利尔或哈利法克斯,再与大西洋海运相接。

北美大陆桥是世界上历史最悠久、影响最大、服务范围最广的陆桥运输线。据统计,从远东到北美东海岸的货物有大约 50%以上是采用双层列车进行运输的,因为采用这种陆桥运输方式比采用全程水运方式通常要快 1～2 周。例如,集装箱货从日本东京到欧洲鹿特丹港,采用全程水运(经巴拿马运河或苏伊士运河)通常约需 5～6 周时间,而采用北美陆桥运输仅需 3 周左右的时间。

随着美国和加拿大大陆桥运输的成功营运,北美其他地区也开展了大陆桥运输。墨西哥大陆桥(Mexican Land bridge)就是其中之一。该大陆桥横跨特万特佩克地峡(Isthmus Tehuantepec),连接太平洋沿岸的萨利纳克鲁斯港和墨西哥湾沿岸的夸察夸尔科斯港,陆上距离 182 海里。墨西哥大陆桥于 1982 年开始营运,目前其服务范围还很有限,对其他港口和大陆桥运输的影响还很小。

在北美大陆桥强大的竞争面前,巴拿马运河可以说是最大的输家之一。随着北美西海岸陆桥运输服务的开展,众多承运人开始建造不受巴拿马运河尺寸限制的超巴拿马型船(Post-Panamax Ship),从而放弃使用巴拿马运河。可以预见,随着陆桥运输的效率与经济性的不断提高,巴拿马运河将处于更为不利的地位。

（3）其他陆桥运输形式

北美地区的陆桥运输不仅包括上述大陆桥运输，而且还包括小陆桥运输（Minibridge）和微桥运输（Microbridge）等运输组织形式。

小陆桥运输从运输组织方式上看与大陆桥运输并无大的区别，只是其运送的货物的目的地为沿海港口。目前，北美小陆桥运送的主要是日本经北美太平洋沿岸到大西洋沿岸和墨西哥湾地区港口的集装箱货物。当然也承运从欧洲到美西及海湾地区各港的大西洋航线的转运货物。北美小陆桥在缩短运输距离、节省运输时间上效果是显著的。以日本/美东航线为例，从大阪至纽约全程水运（经巴拿马运河）航线距离9700海里，运输时间21～24天。而采用小陆桥运输，运输距离仅7400海里，运输时间16天，可节省1周左右的时间。

微桥运输与小陆桥运输基本相似，只是其交货地点在内陆地区。北美微桥运输是指经北美东、西海岸及墨西哥湾沿岸港口到美国、加拿大内陆地区的联运服务。随着北美小陆桥运输的发展，出现了新的矛盾，主要反映在：如货物由靠近东海岸的内地城市运往远东地区（或反向），首先要通过国内运输，以国内提单运至东海岸交船公司，然后由船公司另外签发由东海岸出口的国际货运单证，再通过国内运输运至西海岸港口，然后海运至远东。货主认为，这种运输不能从内地直接以国际货运单证运至西海岸港口转运，不仅增加费用，而且耽误运输时间。为解决这一问题，微桥运输应运而生。进出美、加内陆城市的货物采用微桥运输既可节省运输时间，也可避免双重港口收费，从而节省费用。例如，往来于日本和美东内陆城市匹兹堡的集装箱货，可从日本海运至美国西海岸港口，如奥克兰，然后通过铁路直接联运至匹兹堡，这样可完全避免进入美东的费城港，从而节省了在该港的港口费支出。

3. 海空联运

海空联运又被称为空桥运输（Airbridge Service）。在运输组织方式上，空桥运输与陆桥运输有所不同：陆桥运输在整个货运过程中使用的是同一个集装箱，不用换装，而空桥运输的货物通常要在航空港换入航空集装箱。不过。两者的目标是一致的，即以低费率提供快捷、可靠的运输服务。

海空联运方式始于20世纪60年代，但到80年代才得到较大的发展。采用这种运输方式，运输时间比全程海运少，运输费用比全程空运便宜。20世纪60年代，将远东船运至美国西海岸的货物，再通过航空运至美国内陆地区或美国东海岸，从而出现了海空联运。当然，这种联运组织形式是以海运为主，只是最终交货运输区段由空运承担，1960年底，苏联航空公司开辟了经由西伯利亚至欧洲航空线；1968年，加拿大航空公司参加了国际多式联运；20世纪80年代，出现了经由中国香港、新加坡、泰国等至欧洲航空线。目前，国际海空联运线主要有：

① 远东—欧洲：目前，远东与欧洲间的航线有以温哥华、西雅图、洛杉矶为中转地，也有以香港、曼谷、海参威为中转地。此外，还有以旧金山、新加坡为中转地。

② 远东—中南美：近年来，远东至中南美的海空联运发展较快，因为此处港口和内陆运输不稳定，所以对海空运输的需求很大。该联运线以迈阿密、洛杉矶、温哥华为中转地。

③远东—中近东、非洲、澳洲:这是以香港、曼谷为中转地至中近东、非洲的运输服务。在特殊情况下,还有经马赛至非洲、经曼谷至印度、经香港至澳洲等联运线,但这些线路货运量较小。

总的来讲,运输距离越远,采用海空联运的优越性就越大,因为同完全采用海运相比,其运输时间更短;同直接采用空运相比,其费率更低。因此,从远东出发将欧洲、中南美以及非洲作为海空联运的主要市场是合适的。

6.6.3 国际多式联运经营人

1. 国际多式联运经营人的含义及其法律特征

关于国际多式联运经营人(Combined Transport Operator,CTO)的含义,有关国际公约、法律法规和惯例均对此作了相应的规定。国际商会1975年制订的《联合运输单证统一规则》指出,国际多式联运经营人对托运人的关系是本人的关系,作为一个本人,他应对运输的全程进行负责,也应对在整个联合运输过程中,无论在何地发生的货物灭失或损害承担责任;在1980年制定的《联合国国际货物多式联运公约》中,国际多式联运经营人是指本人或通过其代表订立国际多式联运合同的任何人,他是事主,必须负有履行合同的责任;我国交通部与铁道部于1997年联合颁布了《国际集装箱多式联运管理规则》,该规则规定,国际集装箱多式联运经营人是指本人或者委托他人以本人名义与托运人订立一项多式联运合同并以承运人身份承担完成此项合同责任的人。从这些定义中可以看出,国际多式联运经营人具有相同的性质与法律特征:

①国际多式联运是"本人"而非代理人,对全程运输享有承运人的权利,承担承运人的义务。

②国际多式联运经营人在以"本人"身份开展业务的同时,并不妨碍他同时也以"代理人"身份兼营有关货运代理服务,或者在一项国际多式联运业务中不以"本人"身份而是以其他诸如代理人、实际承运人等身份开展业务。在一项国际多式联运服务中,他可根据实际业务需要,以本人、代理人、居间人等身份中的一种或几种与货主发生业务关系。

③国际多式联运经营人是"中间人"。国际多式联运经营人具有双重身份,他既以契约承运人的身份与货主签订国际多式联运合同,又以货主的身份与负责实际运输的各区段运输的承运人(通常称为实际承运人)签订分区运输合同。

④国际多式联运经营人既可以拥有运输工具,也可以不拥有运输工具。当国际多式联运经营人以拥有的运输工具从事某一区段运输时,他既是契约承运人,又是该区段的实际承运人。

2. 国际多式联运经营人的责任

国际多式联运经营人的责任是指国际多式联运经营人按照法律规定或运输合同的约定对货物的灭失、损坏或延迟交付等所造成损失的违约责任,它主要有责任期间、责任基础、责任形式、责任限制、免责等内容组成。

(1)多式联运中的责任期间

在各种国际公约和国内法规中,关于多式联运的责任期间具有很高的一致性。国际多式联运公司明确规定:多式联运经营人对多式联运货物的责任期间为接受货物时起至交付货物时止。这一规定表明不论货物的接收地和目的地是港口还是内陆,不论多式联运合同中规定的运输方式如何(但其中之一必须是海上运输),也不论多式联运的经营人是否将部分或全部运输任务委托给他人履行,他都必须对全程货物运输负责,包括货物在两种运输方式交换的过程。

这个规定与我国《海商法》以及《汉堡规则》关于承运人责任期间的规定完全相同。在国际集装箱多式联运中,这使海上承运人在很多情况下演变成了契约承运人,即与货物托运人订有多式联运合同的人,与此相对应的是陆上的承运人有时也充当了多式联运经营人的角色。在这两种经营人中,业务范围的扩大使他们的责任期间也随之延长了。具体的表现是有船承运人作为多式联运经营人在接收货物之后,不但要负责海上运输,还要安排汽车、火车或者飞机的运输。为此,经营人往往再委托给其他的承运人来运输,对交接过程中可能产生的装卸和包装储藏业务也委托有关行业办理,但是这整个范围都是他必须负责的责任期间。同样的道理,无船经营人对货物在海上运输的过程也要负同样的责任。因此,我国《海商法》第 104 条第 1 款进一步强调:多式联运经营人负责履行或组织履行多式联运合同,并对全程运输负责。

(2)多式联运经营人的责任基础

责任基础是指多式联运经营人对于货物运输所采取的赔偿责任原则。对于承运人赔偿责任基础,目前各单一运输公约的规定不一,但大致可分为过失责任制和严格责任制两种。严格责任制是指排除了不可抗力等有限的免责事由外,不论有无过失,承运人对于货物的灭失或损坏均负责赔偿。国际铁路货运公约、公路货运公约等都采用了该种责任制。过失责任制是当承运人和其受雇人在有过失时负赔偿责任。这种责任制为《海牙规则》和 1929 年的《华沙航空公约》所采用。但海运过失责任制并不是完全过失,它附有一部分除外规定,如航行过失(船舶碰撞、触礁、搁浅);1978 年通过的《汉堡规则》则实行过失推定原则,这才实现了较完整的过失责任制。

多式联运公约对多式联运经营人规定的赔偿责任基础包括:

①多式联运经营人对于货物的灭失、损坏和延迟交付所引起的损失,如果造成灭失、损坏或延迟交付的事故发生于货物由其掌管期间,应负赔偿责任,除非多式联运经营人证明其本人、受雇人或代理人或其他人为避免事故的产生及其后果已采取一切符合要求的措施。

②如果货物未在明确议定的时间交付,或者无此种协议,但未在按照具体情况对多式联运经营人来说所能达到的合理要求的时间内交付,即为延迟交付。

③如果货物未在按照上述条款确定的交货日期届满后连续 90 日内交付,索赔人即可认为这批货物业已灭失。

从上述规定可以看出,多式联运公约在赔偿责任基础上仿照了《汉堡规则》也实行推定过失责任制。

此外,如果货物的灭失、损坏或延迟交付是由多式联运经营人、其受雇人、代理人或有关其他人的过失或疏忽与另一原因结合而产生的,根据多式联运公约规定,多式联运经营人仅对灭失、损坏或延迟交货可以归之于此种过失或疏忽的限度内负赔偿责任。但公约同时指出:多式联运经营人必须证明不属于此种过失或疏忽的灭失、损坏或延迟交货的部分。在国际货物运输中,一般的国际货运公约对延迟交货均有相应的规定。如铁路货运公约、公路货运公约、华沙航空货运公约等,对延迟交货的规定较明确,但有的对此则无明确规定。如海上运输,由于影响海上运输的因素很多,较难确定在什么情况下构成延迟交货,因而,《海牙规则》对延迟交货未作任何规定。相形之下,多式联运公约的规定是明确的。

（3）多式联运经营人的责任形式

在货物多式联运情况下,多式联运经营人通常将全程或部分路程的货物运输委托给他人,即区段承运人去完成。在多式联运的两种或两种以上的不同运输方式中,每一种方式所在区段适用的法律对承运人责任的规定往往是不同的,当货物在运输过程中发生灭失或损坏时,由谁来负责任,是采用相同的标准还是区别对待,这就必须看经营人所实行的责任制形式。从目前国际集装箱多式联运的实际来看,主要有统一责任制和网状责任制两种。

1）统一责任制

统一责任制即由经营人对所承运的集装箱在运输全过程中向货主承担全部的责任。统一责任制制度下的经营人在整个运输中都使用相同的责任制对货主负责,只要发生货损事故,无论是明显还是隐蔽的、发生在海上还是在内陆段,都按照统一的责任制度由经营人统一进行赔偿。这样便消除了承运人相互推卸责任带来的隐患。统一责任制是合理的、科学的,而且手续简化,但对经营人来说具有较大的风险,在全球范围内还不多采用。

2）网状责任制

集装箱多式联运经营人在组织分段运输中.通过与多个运输部门签订合同、协议为货主代办各种运输服务,但在运输全过程中则由各运输部门按照各自的规定对自己运输区段内发生的货运事故负责,实际上是在分段接送、各自负责的基础上完成的。就货主而言,各个运输环节中的衔接工作由经营人负责组织完成,获得了很大的便利,但是当运输过程中发生货运事故时,只能通过联运经营人来敦促有关运输部门进行赔偿,而不能采用统一的方法进行解决,因此这是不太成熟的多式联运责任制类型。在当前国际集装箱多式联运中,由于法规不健全,也没有相应的管制,所以有近90％实行分段运输责任制。

（4）多式联运经营人的责任限制

在现有的国际货运公约中,对于承运人的赔偿责任限制（Limitation of Liability）采用的赔偿标准都不尽相同。《海牙规则》采用的是单一标准的赔偿方法,即只对每一件或每一货运单位负责,而不对毛重每千克负责。这种规定方法在实际应用中存在较大缺陷,不符合国际贸易和运输业发展的需要。为此,1968年制订的《维斯比规则》将双重标准的赔偿方法列入公约,即既对每一件或每一货运单位负责,又对毛重每千克货物负责。同时,对集装箱、托盘或类似的成组工具在集装或成组时的赔偿也作了规定,1978年制订的《汉堡规则》也采用了这种赔偿方法。

国际多式联运公约仿照了《汉堡规则》的规定,也将这种双重赔偿标准列入了公约中。不同的是,多式联运公约不仅规定了双重标准的赔偿方法,同时也规定了单一标准的赔偿方法。多式联运公约按国际惯例规定多式联运经营人和托运人之间可订立协议,制定高于公约规定的经营人的赔偿限额。在没有这种协议的情况下,多式联运经营人按如下赔偿标准赔偿:

多式联运经营人对每一件或每一货运单位的赔偿按 920 个特别提款权(SDR),或毛重每千克 2.75 个特别提款权,两者以较高者为准。

关于对集装箱货物的赔偿,多式联运公约基本上采用了《维斯比规则》规定的办法。因此,当根据上述赔偿标准计算集装箱货物的较高限额时,公约规定应适用以下规则:

①如果货物是采用集装箱、托盘或类似的装运工具集装,经多式联运单证列明装在这种装运工具中的件数或货运单位数应视为计算限额的件数或货运单位数。否则,这种装运工具中的货物视为一个货运单位。

②如果装运工具本身灭失或损坏,而该装运工具并非为多式联运经营人所有或提供,则应视为一个单独的货运单位。

多式联运公约的赔偿标准中还包括了延迟交付赔偿限额的计算方法。根据公约的规定,不管多式联运是否包括海上或内河运输,经营人对延迟交货造成损失所负的赔偿责任限额,相当于被延迟交付的货物应付运费的两倍半,但不得超过多式联运合同规定的应付运费的总额。同时,延迟赔偿或延迟与损失综合赔偿的限额,不能超过货物全损时经营人赔偿的最高额。

(5)国际多式联运经营人的免责

目前,对于承运人可以免除责任的所谓免责条款,除了《汉堡规则》及《联合国国际货物多式联运公约》未采用列举法外,其他国际公约、惯例及国内法律法规大都采用列举方式列举了若干免责事项。有关具体内容,可参阅相关规章。

⮕ 案例分析

某国际货运代理企业经营国际集装箱拼箱业务,由于他签发自己的提单,所以它是无船承运人。2007 年 9 月 15 日,该无船承运人在宁波港自己的 CFS 将分别属于六个不同发货人的拼箱货装入一个 20 英尺的集装箱,然后向某班轮公司托运。该集装箱于 2007 年 9 月 18 日装船,班轮公司签发给该无船承运人 CY/CY 交接的提单一套;无船承运人然后向不同的发货人分别签发了 CFS/CFS 交接的提单共六套,所有的提单都是清洁提单。2007 年 9 月 23 日,载货船舶抵达提单上记载的卸货港。第二天,无船承运人从班轮公司的 CY 提取了外表状况良好和铅封完整的集装箱(货物),并在卸货港自己的 CFS 拆箱,拆箱时发现两件货物损坏。2007 年 9 月 25 日,收货人凭无船承运人签发的提单前来提货,发现货物损坏。

案例问题:

1. 收货人向无船承运人提出货物损坏赔偿请求时,无船承运人是否要承担责任? 为什么?

2. 如果无船承运人向班轮公司提出集装箱货物损坏的赔偿请求时,班轮公司是否要承担责任? 为什么?

3. 无船承运人如何防范这种风险?

⇨ 思考题

1. 整箱货与拼箱货在操作中有什么不同之处?

2. 集装箱进出口业务中各种单证是如何流转的?

3. 船公司应该如何完善空箱调运的相应策略?

4. 集装箱标志中的三组标记分别代表什么意思?

5. 根据作用分类,集装箱主要有那些类型?

6. 面对不同的集装箱状况,如何完善装箱技术?

7. 国际上多式联运经营人主要有哪两种责任形式?

第7章

船舶理货业务管理

⊡> **本章要点**

①了解理货业务的演变过程,掌握现货业务范围。

②熟悉并掌握现货工作程序与要领及相关问题的处理。

③了解并掌握各种主要的现货单证相关知识。

7.1 理货业务的演变

理货是随着水上贸易运输的出现而产生的,英文叫 Tally,其含义为计数用的筹码。这是因为船舶在港口装卸货物时,人们最早是用木、竹制的筹码来计算货物数字的,故最早的理货工作就是计数。

国际贸易成交后,商品要通过运输来实现交换,也就是说,卖方的货物要交到买方的手中必须经过一系列的搬运和交接工作。货物在搬运过程中,只要有交接就有理货。

交接一般可分为物权转移交接和责任(运输保管)划分交接。而外轮理货是专指国际贸易货物在承、托双方发生物权转移时的货物交接所需的第三者公正理货。

外轮理货人员现在不仅要记录船舶在港口卸货的数字,还要核对货物标志,检查货物残损,指导和监督货物的装、卸和装舱积载,绘制积载图,办理货物交接签证手续,提供有关理货等内容,并以此划分承运人与收、发货人之间在货物数字、残损等方面的责任。这些工作通常是由设在港口的理货机构来办理的。

在古代,国际的商品交流是买、卖双方以货换货,后来发展到双方签订贸易合同,卖方根据合同,亲自随船押运货物到目的港,将货物当面交给买方,办理货物交接手续。

18 世纪初,随着欧洲工业革命的发展,机器生产取代了手工操作,蒸汽机船代替了木船、帆船,国家间的贸易规模不断增大,世界航运事业也得到了迅速的发展。这时候的卖方已不能完全随船交货,要求船方(承运人)对货物的安全、数量负责,并负责与收货人办理货物交接。船方的货物交接工作开始是由船员兼做的,后来在班轮配备了专职的理货员。在船舶到达港口装卸时,就由船上的理货员与买方办理货物交接手续。

经过长期实践,远洋船舶航行时间长,在港装卸时间短,各船公司从经营和管理上考虑,认为每条船上配齐专门理货员是不经济的。随船理货人员食宿不便,且付费又高,因而在港口出现了一种专门为航行于国际航线船舶服务的理货机构来为船舶装卸货物服务,代表船方办理理货业务,并提供有关理货证明。船方支付一定的报酬。由此产生了外轮理货这样一种机构和工作。各船公司就此也开始了委托港口的理货机构理货。

我国的理货历史悠久,这与我国古代的昌盛和漫长的历史是分不开的。据历史记载,隋炀帝开挖运河,产生漕运时就有了理货工作,距今已有 1300 多年的历史。在港口设置专业的理货机构,还是 20 世纪才有的。以上海为例,1920 年前后,上海各码头都设有自己的理货部,较著名的有蓝烟囱码头、公和祥码头等。而为船方理货的专业公司仅两家,一家是鲍力生·大卫公司(上海帮),专为英商轮船公司理货;另一家是贺合记(广东帮),专为美商轮船公司理货。1935 年,上海已经成为世界第七贸易大港。专业理货公司发展到六家,除上述两家外,又增加了陈德林公司、鸿记公司、朱惠记公司和金太生公司,其中朱惠记公司专为日商轮船公司理货。这些公司的规模都不大。当时那些组织都是私人开办的,所以都被称为私人公证行。

1945 年初,在华东地区海员工会领导下,来自各理货公司的 212 名理货人员,由上海港务局接收,分配到各装卸区担负船舶理货或仓库工作。

1949 年新中国成立后,国家将私人的公证行改造成为国营的理货机构,但在全国没有统一的组织。当时对外开放港口的理货业改造是在 1956 至 1958 年完成的,在这以前,外轮理货均隶属于外轮代理公司,代理公司内设理货科,具体负责理货业务。直到1959 年,理货才开始从外代划出,作为一个专门公司。

由于当时我国没有自己的远洋运输船队,外贸进、出口货物都是靠租用外籍船舶或国外收、发货人自己派船来运输。因此,各港口的理货公司就成了专门为外籍船舶理货的机构,故称为外轮理货公司。

1961 年,随着我国外轮理货队伍的不断壮大以及对外联系的需要,在交通部的督促下,全国建立了统一的理货组织,其名称仍沿用习惯叫法,称为中国外轮理货公司。总公司设在北京,在对外开放的港口设立分公司或办事处,在北京设立理货部,承担集装箱装拆箱的理货业务。

在"文化大革命"中,外轮理货公司遭到了严重破坏。各港口的分公司有过几次波动,有的被解散,与港口的仓库或调度合在一起,有的与外轮代理公司合在一起。随之,出现了非专业人员理货、无人理货的局面,严重降低了理货队伍的素质,影响了理货质量的提高,连续发生了多起重大差错事故,对外造成了极坏的影响,也给国家造成了不应有的经济损失。

1971 年,交通部决定,重新恢复各港口的理货分公司。各分公司独立后,对组织机构、企业管理等进行了整顿,使理货机构逐步健全了职能。

1976 年,外轮理货总公司对各港分公司在实际理货工作中的一些规划进行了调整,充实了内容,制定了正式的理货规则。1982年,外轮理货总公司又制定了新的《中国外轮理货公司业务章程》和《中国外轮理货公司规程》,从而改变了理货工作无章可循的局面。

之后,外轮理货的安全质量有了很大提高,经济效益大幅度增长,各项基础工作都得到了加强,企业管理达到新的水平,各级理货人员素质亦有了很大的提高。外轮理货工作为我国对外贸易运输事业和港口管理的重要环节,为建设有中国特色的社会主义作出了应有的贡献。

2003年,为了打破外轮理货垄断经营的局面,交通部批准成立了第二家理货机构——中联理货,从而形成了公正、公平、公开的竞争市场,促进了理货行业服务质量的全面提升,使其更加健康有序地发展。

7.2　理货的业务范围

理货业务范围是随着外贸运输的发展而逐步扩大的,从最初的计数、挑残,发展到现在的服务于海上货物运输所涉及货物交接的各个领域。

各国理货机构的理货业务范围大同小异。所谓大同,就是都对货物进行计数、分票、理残、交接和出证;所谓小异,就是在验舱、计量、丈量、检验等业务方面有所不同。理货机构的理货业务范围也是在不断变化的,它是根据外贸运输关系人的需要,逐步发展自己的理货业务范围。40多年来,我国理货机构的业务范围也发生了很大的变化。

1.理货业务类型

按理货对象分,可分为船方理货、货方理货、保险方理货、其他方理货等。

按货类和船舶分,可分为成件货物理货、集装箱理货(含理箱和理货)、载驳船理货和散装船理货等。

按工作地点分,可分为国内港日理货、随船理货、出国理货(去国外合资或独资理货)和内地理货等。

按货物性质分,可分为外贸货物理货、内贸货物理货、行李包裹理货、海外货物理货和转口、过境货物理货等。

按理货规则分,可分为强制性理货和委托性理货等。

2.理货业务内容

理货业务内容包括:

①点清货物数字,剔清货物残损,分清货物标志、批次和件号;

②点清集装箱数字,剔清集装箱残损,分清集装箱箱号和铅封号;

③点清集装箱箱内货物数字,剔清箱内货物残损,分清箱内货物标志、批次和件号;

④集装箱的验封和施封;

⑤绘制积载图,制作分舱单;

⑥办理散装货物单证、手续业务;

⑦货物甩样、分规格、挑件号;

⑧货物丈量、计量；

⑨监装、监卸；

⑩办理交接、签证手续，提供有关单证。

7.3 理货的工作程序

7.3.1 装船理货程序

1.装船前的准备工作

在船舶装货前 24 小时，船舶代理人将载货清单、装货清单、危险品清单和经船方确定的货物配载图等有关单证资料送交理货机构。发货人或其代理人将经港口仓库确认并批准货物堆放位置的装货单附页和经海关核准放行的装（收）货单一起送交理货机构。理货机构收到这些单证资料后，要进行整理和登记。如发现问题，及时联系解决。然后将有关单证资料交给指派登轮的理货人员使用。

理货人员收到单证资料后，要立即着手进行下列准备工作：

（1）核对装货单和载货清单

装货单是理货人员验收货物和装船理货的凭证。载货清单全称是"国际航行船舶出口载货清单"，习惯称为"出口舱单"或"舱单"，是船舶代理人根据装货单按卸货港顺序汇总编制的，以供理货人员了解和掌握全船所载货物的总件数和总重量之用。核对装货单和载货清单，应以装货单上记载内容为准。如发现两者内容不一致，应按装货单修正载货清单。

核对内容有：①港口名称。港口名称包括货物的卸货港和目的港。有的货物的卸货港和目的港是一致的，有的货物的卸货港不是目的港，而是转口港或选择港。②标志、货名、包装。标志包括主标志和副标志。③件数和重量。件数和重量是核对的最重要内容，不能有丝毫的差错。④对未到货物的处理。由于发货人未将货物送到港口库场，或海关验货未放行，或发货人没把货备齐，或发货人和港口库场对货物件数有争议等原因，使装货单未到理货人员手中。此时，理货人员应在载货清单上表明未到的装货单，或另外列一张未到货的清单以便下一班理货人员掌握。

（2）编制舱口装货计划表

舱口装货计划表是理货长根据货物配载图和装货单，按舱口分层次编制的全船装货顺序计划表，俗称"进度表"。

编制舱口装货计划表的要求是：①将装货单按编号顺序排列。②根据货物配载图和装货单，按卸货港顺序可分为舱口和层次圈配载图上的装货单号，同时在装货单上填明装舱位置。③将同舱口、同层次、同装货港的装货单，按不同货类、不同性质、不同积载要求、不同包装式样、不同货物来源加以分开；同货类、同性质、同包装式样的零星小票货物集中在一起。④将转口货和选港货的装货单按不同的转口港和选择港分开。⑤将危险品、贵重品、使馆物资、重大件等特殊货物的装货单单独分开。⑥在完成上述工作的基础上,按不同舱口、不同卸货港编制进度表。⑦大宗货、大票货和散装货,应在进度表上分别注明装入各舱的货物数量。⑧加载、退关货物,应在进度表上注明加载、退关的货物件数和重量。⑨在进度表上计算出装入各舱口和层次的货物总件数和总重量,各卸货港(包括转口港和选择港)的货物总件数和总重量。然后,计算出全船装货的总件数和总重量。最后,把计算出来的各项数字与载货清单计算出来的各项数字相核对,务必两者完全一致。如有不致的地方,必须找出原因,直到两者数字完全相同为止。

(3)准备所需物品

准备登轮工作所需的单证、资料和理货用品。

(4)与大副联系有关事宜

①了解和核对卸货港顺序。配载图上的各卸货港是由船方确定的,为了确保卸货港顺序的正确无误,理货人员有必要仔细地进行检查,且与大副当面核对一次。如发现有不妥之处,应与大副磋商,进行适当调整。

②修正配载图上错配、漏配、重配的装货单。配载图上标明装货单编号用来表明每票货物的装舱位置。理货人员在编制进度表时,可能会发现货物配载图上有错配、漏配和重配装货单的现象。

错配,是指将不同卸货港的货物,或性质互抵的货物混配在一起。

漏配,是指部分货物没有配置在配载图上。

重配,是指同票货物重复出现在配载图上。

理货人员要把错配、漏配、重配的装货单送交大副,由他重新确定装舱位置。

③纠正配载图上存在的问题。由于船方对货物的实际情况不了解,因此在编制配载图的过程中,难免存在一些问题,如货物轻重,大小搭配不合理等。理货人员发现问题后,应向大副提出,以便及时纠正。

④了解衬垫隔票要求。对衬垫隔票总的要求,船方在配载图上备注栏内已经表明。但在装货过程中,还会遇到许多具体情况,如衬垫隔票的物料来源,对某种货类衬垫隔票的具体要求等,都需要理货人员联系船方解决。

⑤装卸方面的问题。向船方了解船舶吊杆的安全负荷量,重大件的起吊设备,冷藏舱打冷气的时间,夜间作业舱内安装灯光,外档作业提供绳梯等。向船方介绍装卸作业时间、工班作业舱口等。

⑥理货方面的事宜。商定与大副联系工作的地点、时间,夜班作业发生问题如何处理,船方值班人员安排等。介绍我国理货的概况、理货方法、征求对理货工作的要求等。

理货长应将与船方洽谈的有关事项记录在交接簿内,供接班人员掌握。

2.装船过程中的理货工作

(1)熟悉装货单,准备理货

装货单是理货的依据,要注意:

①掌握本舱口所装货物的种类、卸货港顺序。

②掌握货物积载的位置和要求,尤其是特殊货物。

③了解货物衬垫隔票的要求和物料的来源。

④了解直装或现装货物的来源、操作过程和交接方法。

将装货单附页抽出,按卸货港顺序、货物种类和性质、包装式样、积载要求,排列好装货的先后顺序,同时根据附页上注明的货物来源、堆放地点,尽可能把同一货位的装货单排列在一起,以便于仓库发货和工人装货。

对不同卸货港、转口港和选择港的装货单,应分别单独排列,防止发生错装。

对重大件、危险品的装货单,应先查看货物装舱条件和货物实际情况,以便指导工人装船。如发现货物不宜装在该处,应及时通知理货长。

对冷藏货装船时,应事先通知船方停止打放冷气,以保证工人安全操作,同时要求船方准备好隔垫物料,以备使用。

对直装、现装货物,应先了解驳船和车辆停靠位置,记下车、驳号,然后通知海关人员到现场验放装货单。

(2)凭单装船理货

从港口库场装船的货物,装船前,理货员凭装货单先到港口库场检查核对货物,然后,再将附页交给库场员,凭以发货装船;或将附页交给装卸工组凭以到库场提货装船。直装、现装货物,凭装货单收货装船。

在装船过程中,理货员在船上或船边凭装货单逐票逐钩核对货物标志,点清件数,检查包装。

核对标志,主要是核对货物的主标志和卸货港名称。如发现标志不符,应通知库场员,待解决后,方能装船。

理清件数,指对杂货,要逐票点清件数;对大宗货物,工人必须要坚持做到定量画钩,理货人员逐钩复查,点清数字;对直装、现装的货物,要在船上或船边与发货人或驳船船员画钩计数,按钩交接清;对船方有特殊要求的货物,装船前,应通知船方共同进行点交点接,理清数字。

检查包装,重点是检查货物包装是否完整,保障货物完整无损地装船。如发现下列情况,原则上不能装船:

①木箱、木桶等硬包装发生变形。

②包装外表加的铁带、铁箍出现松弛、断裂或脱落。

③包装内货有晃动或破碎的声响。

④包装外表有渗漏、污染痕迹。

⑤袋装货的袋口松散。

⑥桶装货的塞、盖脱落。

⑦各种包装发生破损。

⑧动植物、食品出现腐烂、发霉气味。

⑨其他明显的包装异常、损坏等。

(3)监督装舱

在装货过程中,要指导和监督工人装舱积载和衬垫隔票。

装舱积载,主要是指导每批或每票货物的积载位置和堆码要求,尤其是班轮装货,更要严格按照船方要求指导装舱积载。在装舱位置比较紧的情况下,要控制发放附页的数量,尽量做到整票装清。在装船过程中,如遇上突然下暴雨,要特别注意舱内货物是否被雨淋湿和破票货物未装船的件数以及它们所在位置。对在船边交接的货物,要经常检查舱内积载情况,防止工人随意变更积载位置和乱堆乱放。对船方提出的要求要及时转告工人和有关部门。

衬垫,主要是根据船方的要求和理货人员的布置,将衬垫要求和衬垫物料来源通知工人。如事先需要船方验看的,应通知船方验看后再装船。

隔票,是理货人员直接指导装卸工人进行的。凡下列情况需要进行隔票:

①不同卸货港的货物装完后,需要进行隔票,然后才能装其他卸货港的货物。

②不同转口港或选择港的货物装完时,需要进行隔票后才能装其他转口港或选择港的货物。

③同包装不同票的货物装完时,需要进行隔票后才能装其他票的货物。

④船方要求隔票其他货物,隔票后才能继续装船。

(4)编制单证

在装船作业过程中,理货人员应按钩填制计数单,整票货物装上船时,应如实批注装货单。如发生理货待时,应填制待时纪录。

(5)复核计数单和装货单

核对内容包括:

①核对计数单上填写的装货单编号、标志、包装、件数是否与装货单相符合。

②复核计数单上填写的总件数和总重量是否正确。

③对直装、现装货物,要核对计数单与随车清单或驳船清单是否相符。

④整票货物未装完,要核对计数单上填写的计数与装货单附页上签注的件数是否相符。

⑤复核已装船的装货单编号和份数与计数单上填写的是否相符。

(6)销账进度表和载货清单

在复核计数单和装货单的基础上圈销进度表,俗称销账。这是装船理货工作中很重要的一环,因为它是全船装货进度的综合反映,是绘制积载草图的依据,也是确定出口总数的基础。

根据已装船的装货单,在载货清单的件数栏上,画一个圆圈,在发货人栏上注明装舱位置,以表明该票货物已装船,发给理货人员的装货单已收回。通过圈销载货清单,可随时了解装船动态,掌握货物未装船的存余票数,以便与发货人核对装货单已装船数和存余数,船舶离港后可作为核查船公司查询单的原始资料。

(7)交接班

理货人员的交接班有时是在装船作业过程中进行的,因此交接班的两个理货人员应在理货岗位上进行交接。这就要求接班理货人员应提前到理货岗位,交班理货人员在接班人未到前,不能擅自离开理货岗位。

3.装船结束时的理货工作

一般要求在装船结束后两小时内,完成全船的所有理货工作,特殊情况除外。这对理货人员来说,是一项艰巨的任务,时间短,收尾工作多,受客观因素影响比较大,因此要求理货人员要提前作好结关准备工作。在两小时内要完成一般事务、编制单证和船方签证三项任务。

（1）一般事务

①检查和整理好所有理货单证和其他有关单证资料。

②检查和处理好最后一批装货单。

③复核装船货物的总件数和总重量，复核装船货物的分港数和分舱数。

④复核退关的装货单编号和货物数量。

⑤向港口库场了解有否遗漏货物，残损货物是否全部装上船。

⑥向各舱理货员了解装货结束时间和其他有关事宜。

（2）编制单证

①填制最后一份日报单和待时记录。

②编制完货物分舱单和理货证明书。

③完成货物积载图的绘制工作。

（3）船方签证

在完成上述各项工作的基础上，提请船长或大副签认最后一批装货单、理货证明书和货物积载图等单证。

签字结束后，理货人员应携带所有单证资料及理货用品离船。然后将全船的单证资料整理好，交主管部门，并汇报有关情况。

7.3.2　卸船理货程序

1. 卸船前的准备工作

船舶到港前 24 小时，船舶代理人应将进口舱单、分舱单、积载图、危险品清单、重件清单等有关单证资料送交理货机构。货方代理人应将进口货物的详细资料送交理货机构。理货机构根据进口舱单和进口货物有关资料制成若干份分标志单（又称分唛单）、一份销账进度表和一份流向单，交给登轮的理货长使用。

理货人员收到单证资料后，着手进行下列准备工作：查阅和整理单证资料，联系港口调度和库场，了解船舶停靠泊位、时间，卸船作业计划，货物流向或库场货位安排。着重掌握以下情况：

①船舶性质和国籍。

②货物的来源和装货港；各舱货物的种类、性质、数量和积载情况。

③卸船作业计划，货物现提数量和流向，进港口库场的数量和堆存地点。

④对成套设备、重大件、危险品、贵重品等特殊货物的卸货安排、装卸工艺、安全措施、注意事项和对理货工作的要求等。

⑤主管部门对理货工作的指示和要求。

⑥在交班簿上填写各舱的重点货种、注意事项、交接方法和验残要求等内容。

船舶靠泊后，理货人员登轮向船方大副了解有关情况：

①装货港装货时的天气情况、装卸工艺、操作方法、理货方法，有无数字争执和退关，

有无残损批注和保函等。

②船舶在航行途中的天气情况,有无海事报告等。

③船舶在中途港的装卸、理货情况,过境货的隔票情况,备用袋的存放位置。如装有车辆,要索取钥匙。

④了解舱内货物的积载、隔票情况。

⑤商定原残货物的验残方法和要求。

⑥征求对理货工作的要求和卸货注意事项。

⑦尽可能借阅装货单和装货港的理货单证。

理货人员要将向船方了解的情况,记录在交接簿内,对重大问题,应及时向主管部门汇报。

2.卸船过程中的理货工作

(1)与装卸人员协调

①介绍舱内货物的种类、性质、票数和积载隔票情况。

②介绍残损货物的验残要求,要求工人发现原残货物应立即通知理货员,未经理货员处理,不得随意搬动;要求对工残货物,能实事求是地签认理货员编制的工残记录。

③要求装卸工组必须按票起卸,配合理货人员做好分票工作。

④要求装卸工组在卸精密仪器、使领馆物资、展览品等贵重货物时,要轻拿轻放,注意货物倒置标志;卸大宗货物,要做好定量钩。

⑤要求发现混票或隔票不清现象,要及时通知理货员,经理货员处理后,再起卸。

(2)理货作业

①凭分票标志单进行分票、理数。

②处理原残和工残货物。

③处理理货与港口库场或收货人及其代理人办理货物交接手续等。

④将船方提出的合理要求及时通知装卸指导员。

⑤协助工人联系船方解决起落吊杆、起货机故障、安装照明设备、舷梯等问题。

⑥协助工人联系船方指导起卸重大件、危险品和困难作业的货物。

(3)交接班

①交资料。交班理货人员要将所有单证资料向接班理货人员交接清楚。

②交情况。主要交卸货进度、全船理货数字、货物残损情况、向船方了解的情况、卸船理货注意事项等内容。

③交要求。交分票、理数、验残要求。交指导工人按票起卸要求,交办理货物交接手续要求等。

④交问题。交工作中发生的各种问题和处理情况、交接情况。

上述交接内容,除了口头交代清楚外,还要将一些重要内容记录在交接簿上。

3.卸货结束时理货工作

卸船结束时,一般也要求在两小时内完成全船的理货工作,特殊情况除外。在这短短的两小时要完成一般事务、编制单证和船方签证三项任务。

（1）一般事务

①检查和整理好所有理货单证和其他有关单证资料。

②复核卸船货物的总件数和残损货物数量和内容。

③了解有否漏计和漏卸货物，了解卸货结束时间等。

④与港口库场核对全船理货数字，与收货人或其代理人核对现提货物数字。

⑤最后确定卸船货物的溢短数字和残损货物数字和内容。

（2）编制单证

①填制最后一份日报单和待时记录。

②编制理货证明书、货物残损单和货物溢短单。

（3）船方签证

在完成上述各项工作的基础上，提请船长或大副签认理货证明书、货物残损单和货物溢短单。

签证结束后，理货人员应携带所有单证资料以及理货用品离船。然后整理好全船的单证资料，交主管部门，且汇报有关情况。

7.4　理货过程中的相关问题处理

7.4.1　衬垫

1.衬垫的含义

在船舶受载部位和舱内四周处以及货物之间铺放木板、草席等物料，以减轻船舶受载部位的压力，使货物不直接接触舱底板和船舱四周的舱壁，减少货物受损，从而达到保证船、货安全的作业，称为衬垫。

2.衬垫的方法

（1）舱底及各层甲板衬垫

在底舱及各层甲板装载包、捆货物和怕潮货物时，一般可铺垫木板一、二层。如铺一层，要横向铺，即左右向铺垫；如铺两层，下层要横铺，上层要纵铺，即首尾向铺垫。在污水沟处要留出空挡，以便污水畅通。对易发热、腐烂的货物，最好在木板上面加一层席子或帆布。舱口边缘、横梁下面要铺几层席子或帆布，以防汗湿货物。

为了防止货物移动，可用木楔、撑木加固货物；为了防止甲板受力集中，可铺垫木板或方木。

（2）舱壁及舷壁衬垫

一般可用席子、草片、帆布、木板等物料来衬垫，以防浸湿货物，保护壁板，但要防止阻塞污水下流和舱内通风。对于安装护货板的船舶可不加衬垫。

7.4.2　隔票

1.隔票的含义

将不同装货单(提单)的货物分开装船积载使之不想混淆,称为隔票。

2.隔票的方法

(1)不同港口货物的隔票

①件杂货可用席子、帆布、木板、纸张等物料进行隔票。

②钢板、钢管、钢材等可用涂料、钢丝绳进行隔票。

③袋、捆、包装的货物可用网络、席子、帆布等物料进行隔票。

④桶装货可用木板、草片等物料进行隔票。

⑤散装货可用席子、帆布等物料进行隔票。

(2)同港口不同包装物的隔票

对这类货物,包装是明显不同的,可以采用自然隔票,但每票货物堆积必须集中,以便卸货和理货工作。

对同港口相同包装的不同票货物必须按票同隔票物料加以隔清。

7.4.3　分票

1.分票的含义

分票就是依据出口装货单或进口舱单分清货物的主标志和归属,分清混票和隔票不清货物的运输标志和归属。

2.分票的方法

(1)装船分票

①按票核对货物上的主标志,保证与装货单上标志相一致。

②按票核对货物上的副标志,如卸货港名称、批号、重量等。

③对标志模糊不清、脱落或无标志的货物,应及时联系发货人处理,否则不予装船。

④必须按票装舱积载,做到一票一清,票票分隔,防止混装和隔票不清的现象发生。

(2)卸船分票

①对同包装、同票的货物,可采取抽查的方法,核对主标志。

②对同包装、不同票的货物,要着重检查其主标志的差异部分。

③对不同包装、不同票的货物,要逐件检查它们的主标志。

④对标志不符、不清或无标志的货物,要联系收货人确认可否归入同票货物中,以减少溢短签证。

⑤对散件或抽件的货物,要尽量归入原票货物中,以减少短件溢支签证。

7.4.4　理数

1.理数的含义

理数是理货人员的一项最基本的工作,是理货工作中的核心内容,也是鉴定理货质量的主要尺度。

理数就是在船舶装卸货物过程中,记录起吊货物的钩数,点清钩内货物细数,计算装卸货物的数字,亦称计数。

2.理数的方法

(1)发筹理数

对每钩货物发一支筹码,凭筹码计算货物数字,称为发筹理数。这一种原始的理数方法,目前已极少使用。发筹理数的前提条件是每钩货物件数必须相等,每支筹码代表每钩同等数字的货物。这种方法适用于定量包装和定钩码货物的大宗货物。

(2)划钩理数

逐钩点清货物数字,称为划钩理数。这种方法适用于各种货物。

(3)挂牌理数

对每钩货物挂一只小牌,凭牌计算货物数字,称为挂牌理数。这是一种发筹理数的演变形式。这种方法适用于定量包装和定钩码的大宗货物。

(4)小票理数

按每钩货物数字填发小票,交接双方各执一联,凭票计算货物数字,称为小票理数。小票是一种有顺序编号的两联单。这种方法适用于各种货物。

(5)点垛理数

按垛点清货物数字,称为点垛理数。垛是指在码头库场按一定要求堆码成型的货物。这种方法一般不适用于外贸运输货物,但在特定条件下,如对舱内、船边不易按钩点清数字的货物,而从货垛外表能点轻数字的条件下,可作为一种辅助的理数方法。

(6)抄号理数

记录每件货物的号码,据以计算货物的数字,称为抄号理数。一般货物的包装上都印有件号,一个号码代表一件货物,尤其是成套设备,因此这种方法更适用于成套设备和有特殊要求的货物。

(7)自动理数

这是一种用科学仪器作为计数工具的理数方法。目前在世界各港口最普遍使用的计数工具,就是在输送带上安装一个自动计数器。这种方法主要适用于定量包装的货物。

7.4.5　理残

1.理残的含义

理残是理货人员的一项重要工作。其工作内容主要是对船舶承运货物在装卸时,检查货物包装或外表是否有异常状况。凡货物包装或外表出现破损、污损、水湿、锈蚀、异常变化现象，可能危及货物的质量或数量，称为残损。但木材干裂，货物自然减量等除外。

理货人员为了确保出口货物完整无损，进口货物分清原残和工残，在船舶装卸过程中，剔除残损货物，记载原残货物的积载部位、残损情况和数字，称为理残，亦称分残。

2.货物残损原因

货物残损的原因包括：

①货物包装不固或包装质量不符合要求。

②货物本身的潜在缺陷或自然特性。

③船舶设备不良。

④货物装舱积载不当。

⑤船舶发生海事。

⑥装卸作业不当。

⑦气象原因。

3.理残的方法

(1)查明残损货物的受损情况。

理货人员在理残时，一旦发现残损货物，首先根据装货单或进舱单核对残损货物的标志、件号和包装，查明其归属哪一票。其次仔细检查残损货物包装外表受损情况。最后确定残损货物的受损范围和程度。

(2)理清残损货物的数量。

由于货物受损原因各不相同，因此会带来不同受损情况。不管货物受损程度如何，理货人员必须理清残损货物的数量，这是理货人员的工作职责。尤其是对受损面积比较大的货物，一定要区分清好货和残货，理清残损货物的数量，以供有关部门办理海事理算时作为参考。

(3)明确残损货物的责任方。

通过理货人员的理残工作，查明残损货物发生的时间和地点界限，明确残损货物的责任方。

7.5 各种主要的理货单证

目前国际上还没有统一的理货单证，各国理货机构使用的理货单证种类、格式差异比较大，但几种基本的理货单证还是大同小异。下面介绍我国使用的几种理货单证。

1.理货委托书(Application For Tally)

理货委托书是委托人委托理货机构办理理货业务的书面凭证。由于我国对国际航线的船舶实行强制性理货，故此类船舶不需要提出理货委托书，理货机构就与船方自动产生了委托与被委托的关系。在国内沿海运输中，有的船公司与理货公司签定了长期委托理货协议书,也就没有必要按航次再提出理货委托书。

理货委托书由理货机构用中文和英文印刷两种文本,中文本供国内委托方使用,英文本提供给国外委托方使用。

2. 计数单(Tally Sheet)

计数单是理货人员理货计数的原始记录。在计数单的计数栏内,通常是按钩填写货物的数字。对于不同舱口的货物以及进口和出口的货物,都不能合编一张计数单。

计数单是判断卸船货物数字是否有溢、短,装船货物数字是否准确的唯一根据,是填写装货单/大副收据实装件数的依据。船方对计数单比较重视,在理货过程中,要经常检查理货员编制的计数单是否准确。

为了便于理货员提供计费的依据,在计数单的备注栏内印有计费项目。

3. 现场记录(On-The-Spot Rrcord)

现场记录是理货人员记载货物异常状态和现场情况的原始凭证。如发现进口货物在船上有原残、混装、隔票不清等情况以及船方原因造成的翻舱等,均应编制现场记录。现场记录是汇总编制货物残损单的依据。

4. 日报单(Daily Report)

日报单是理货长向船方报告各舱货物装卸进度的单证。进口和出口货物不能合制一张日报单。日报单上的货物吨数为参考数,因为理货人员很难准确地计数出装、卸货物的吨数,但一票货物如发生溢、短,其重量应根据舱单或装货单作相应的更改。日报单上的货物件数是准确数,它是根据当班的计数单填写的。

5. 待时记录(Stand-by Time Record)

待时记录是记载由于船方原因造成理货人员停工待时的证明,即非装卸工人责任造成的船舶吊机故障、电源中断、舱内打冷气、开关舱、铺垫舱、隔票、拆加固等情况,致使理货人员停工待时,均应编制待时记录。

6. 货物溢短单(Overlanded/Shortlanded Cargo List)

货物溢短单是记载进口货物件数溢出或短少的证明。当整船进口货物件数无溢短时,仍需编制货物溢短单,在通栏内填写英文"NIL"字。货物溢短单由理货长累计计数单,对照进口舱单汇总编制。

货物溢短单的编制,关系到船方的经济利益,必须经大副或船长签字。货物溢短单是收货人向船公司或保险人提赔的重要凭证。

7. 货物残损单(Damaged Cargo List)

货物残损单是记载进口货物原残情况的证明。由理货长根据现场记录汇总编制。

货物残损单的编制,关系到船方的经济利益,必须经大副或船长签字。货物残损单是收货人向船公司或保险人提赔的重要凭证。

8. 分港卸货单(Discharging Report In Separate Ports)

分港卸货单记载两港分卸的同一票货物在第一卸货港卸货件数的证明,由理货长编制,作为第二卸货港理货的依据。

9. 货物分舱单(Cargo Hatch List)

货物分舱单是分港分舱记载每票货物装舱部位的清单。一个卸货港编制一份,由理货长根据装货单编制。

货物分舱单对卸货港制定卸船作业计划,安排车、驳衔接、库场堆存等,对卸货港理货,对船方掌握舱内货物情况都有重要作用。

10.货物积载图(Stowage Plan)

货物积载图是出口货物实际装舱部位的示意图,由理货长根据装船过程中的变化,随时修改货物配载图而绘制而成。

货物积载图对船方了解货物装船情况和货物在舱内的积载部位,对卸货港安排卸船作业和卸货港理货工作,都有重要作用。

11.复查单(Rechecking List)

复查单是理货机构对原理货物经过复查后出具的凭证,复查是船方或其他方要求进行的。复查的结果有两种:一种是与原结果相同,一种是与原结果不同。两种复查结果,都要对外出具复查单。

12.更正单(Correction List)

更正单是理货机构更改原理货物结果的凭证。更正与复查的区别是更正理货机构发现本身理货工作失误,主动地对外更正理货结果,而复查是应他方要求进行的,如证明原理货结果错误,则就主动地对外更正理货结果。理货机构对外出具更正单或复查单,一方面表明承认理货工作有失误,另一方面也表明理货机构的实事求是精神。

13.分标志单(List Of Marks-Assorting)

分标志单是在卸船后分清混装货物标志的凭证。

边卸货边分清混装货物标志,或船舶离港前分清混装货物的标志,皆不编制分标志单。

14.查询单(Cargo Tracer)

查询单是向对方调查货物情况的单证。

查询单通常是在货物发生溢短现象时,由船公司或理货机构编制查询单,向船舶停靠港口调查货物有无错卸、漏卸、错装、漏装等情况,以澄清事实,挽回损失。

15.货物丈量单(List Of Cargo Measurement)

货物丈量单是记载丈量货物尺码的单证。

丈量货物尺码,计算出货物体积,有两种情况:一种是理货机构为了准确收费的需要,主动地对货物进行尺码丈量;另一种是理货机构受委托方要求,开展对货物进行尺码丈量的业务活动。我国规定货物的 1 立方米体积为一尺码吨。理货机构是按货物重量吨和尺码吨择大计费。

对货物的重量和体积,一般是按照进口舱单和出口装货单上的数字。但对有疑问者,理货机构可以进行实际丈量,并以丈量的数字为准。

16.理货证明书(Tally Certificate)

理货证明书是委托方确认理货工作的凭证。

理货证明书是理货机构向船公司或其代理人结算各项费用的依据。由于理货证明书上列明了进口或出口货物的总件数,因此它在客观上又起到了船舶实际装卸货物总数量的交接作用。为了便于理货人员填写理货工作项目,在理货证明书上印制了各项内容。

案例分析

"特拉蒙塔那"轮短卸货物扣租金争议案裁决书

期租船"特拉蒙塔那"轮 1978 年 4 月 13 日自康斯坦萨港装载尿素和硝铵开往上海，1978 年 5 月 12 日抵达上海卸货。5 月 25 日卸货结束后，根据上海理货公司出具的、经大副确认的货物溢短单，短少尿素 2671 袋和硝铵 640 袋。租方从应付的租金中扣留了 24900.83 美元，作为货差损失的补偿，船方不承认责任，要求租方退还此数并加计利息。

船方提出，"特"轮所载货物在上海全部卸净，中途未停靠任何港口；货物是袋装，每袋重 50 公斤，不可能发生错交或偷窃。租方认为，船方的上述理由并不能说明船方已经履行了其按提单数量交货的义务。

船方提出，装卸港理货数字不一致，可能是装港或卸港，或两港理货差错造成的。在"康"港装货时，理货员长时间在船上餐厅逗留，有时一个理货员同时照看两个甚至三个舱口，而且他们工作也不认真。这样，他们就不可能将装船的包数记录准确或者未从已装船袋数中扣除根据船长命令卸下的湿包数字；对上海港的理货工作，大副曾要求在短卸单上批注："因装卸港的理货工作是由岸上人员进行的，船方不能负责"，但被拒绝了。

租方认为，租船合同第 20 条规定，船长按照大副收据或理货单相符的数字签发提单。在本案中，船长签发的是清洁提单，这就证明对提单数字并无异议。船东未按清洁提单数字交货，发生短卸，船东应负赔偿责任。

船方指出，租船合同第 21 条规定理货人员由租方安排，该条的真正含义是租方应对理货人员的疏忽负责。船长对于装港的理货工作不满意，但不可能改变那种情况，也不能更换理货人员以保证理货准确。船方并提出英国法院关于"SINOE"轮的判例主张租方应对理货人员的行为负责。

租方认为，根据租船合同第 21 条，理货人员是作为船东的雇员并听从船长的命令和指示行事。因此对于理货人员所进行的工作，船东作为雇主应该负责。

根据双方 1978 年 3 月 10 日签订的"中租 1976 年"定期租船合同中仲裁条款的规定，向海事仲裁委员会提出了仲裁申请。

与本案有关的租船合同条款如下：

第 20 条规定：在船舶使用、代理或其他安排方面，船长根据租船人的命令行事。船长应按大副收据或者货单的记载签发提单；如经租船人要求，船长应当授权租船人或其代理签发提单。

第 21 条规定：装卸港的装卸人员和理货人员由租方安排，他们应视为船东的雇员并依照船长的命令和指示行事。租方对于装卸人员的过失……以及引航员、拖轮或装卸人员的过失……造成的船舶损坏不负责任。

第 33 条规定：船东或其经营人作为承运人，应对船长或船长依租船合同第 20 条规定授权的租船人或其代理人所签发的提单项下所承运的货物的短少、灭失或损坏，按照 1924 年 8 月 24 日于布鲁塞尔通过的海牙规则第 3 条（第 6 款除外）和第 4 条负赔偿责任。

案例问题:

仲裁庭应如何进行仲裁?

➯ 思考题

1. 理货业务范围包括哪些内容?

2. 理货过程中有哪些注意问题?

3. 装船理货程序有哪些内容?

4. 卸船理货程序有哪些内容?

5. 理货单证主要有哪些?

第8章

港口商务管理与口岸管理

▷ 本章要点
　　① 理解港口市场的概念、要素及其特点，了解我国港口市场的竞争格局，掌握港口市
　　　 场营销策略与方法。
　　② 了解并掌握货运事故及其处理程序与方法。
　　③ 了解港口费用的构成，掌握港口费收的计算方法。
　　④ 了解我国口岸管理制度，理解口岸检验检疫、海关监管在口岸管理中的作用。

8.1　港口市场及港口市场营销

8.1.1　港口市场的概念与特点

　　市场是指那些具有特定的需要或欲望，愿意并且能够通过交换来满足这种需要或欲望的全部消费者和潜在消费者及其相关要素的集合。一个市场的大小，取决于那些有某种需要、拥有使别人感兴趣的资源，并愿意通过交换来换取其需要的东西的人数（包括买方与卖方）。

　　港口市场是指对港口设施及其物流增值服务有需求的所有消费者和潜在消费者（如船公司、货主、旅客、各类相关代理公司等）及其相关要素的集合。港口市场有市场主体、市场客体、市场行为和市场秩序等相关要素。港口市场主体，包括港口服务提供者（如港口经营者）和港口服务的接受者（如船方、货主、旅客）；港口市场客体主要是指由港口经营人提供的港口服务，即产品，是港口市场交易赖以存在的物质基础；港口市场行为主要包括市场交易行为和竞争行为，可以说港口市场所有经济活动的进行，都是通过各种现实的和具体的市场行为来实现的；港口市场秩序包括港口市场机制和港口市场规则。只

有在合理的市场秩序下,港口的市场主体即港口经营人和货主、旅客之间才能通过一定的市场行为,实现对市场客体的最终交易。

港口市场的特点包括:首先,港口市场所提供的产品不同于一般的有形产品,它是一种服务。所以,港口的竞争实质上就是服务的竞争。港口市场的确定与其所提供的服务有关,服务的成本与效益以及质量水平最终决定了港口经营者在港口市场上的竞争力。其次,从投资成本和规模经济的角度出发,港口市场呈现垄断特性,存在进入壁垒,不是完全竞争的市场。由于受到地理因素的限制,加之国家政策的有关规定以及港口具有规模经济特性,使得在这样的市场中竞争的港口数量不是非常多。港口市场进入的门槛很高,无论是集装箱方面,还是在港口管理设施设备方面,都需要巨额投资。但如果没有得到政府、银行的支持,往往就面临着投融资困难,而无法开展正常的生产活动,最后也就失去了真正参与市场竞争的能力。再次,港口市场不同于一般商品的国内市场,它在很大程度上是跨国、跨地区的国际市场。随着经济全球化的不断深入,不管是港口市场主体还是港口市场客体,都呈现国际化的趋势。特别是随着跨国港口经营集团开展对港口的投资和经营以及增加对国际航线的开辟,使得越来越多的港口为国际船舶和货物提供服务,所以说,港口市场具有国际化的特性。在认识了港口市场具有的这些特性后,各国、各地区从本国、本地区的利益出发,建造并支持下属港口,使其在国际港口市场上占据主导地位,而不是如同对待国内普通商品市场那样通过打击垄断来促进自由竞争。结果,港口市场就出现了"地方保护主义"的形形色色的政府行为,从而造成同一国家或同一地区出现多家港口竞争同一腹地货源的局面。这种"地方保护主义"显然违背了自由竞争原则,其后果往往是促进寡头垄断市场的进一步集中。

随着我国沿海港口业务量的迅速增长,港口市场容量不断扩展,市场各种要素发生着较大变化,再加上我国港口管理体制改革刚刚完成不久,目前我国整个港口市场呈现出不少问题:港口市场局部存在少许港口企业(包括理货、拖带等)处于相对垄断的状态;港口市场管理不够规范,明为"政企分开",实则"以政护企"或"以企代政",港口管理部门管理过程中出现了管理盲点、重复点等现象;市场规则及相关法律法规仍不完善等。这些问题降低了整个港口市场的运作效率,使现有的港口基础设施得不到充分利用,最终降低了我国港口参与国际市场的竞争力。

8.1.2　我国港口市场的竞争格局

在经济全球化、一体化的时代,国际贸易高速增长,横跨亚美欧的货量,尤其是集装箱货运量也急剧上升,这在相当程度上影响着我国沿海港口的发展。目前,我国沿海已形成五大港口群,分别是环渤海地区港口群、长江三角洲地区港口群、东南沿海地区港口群、珠江三角洲地区港口群、西南沿海地区港口群,正在崛起以上海港、深圳港、青岛港、宁波—舟山港、大连港、天津港、厦门港和广州港为代表的世界级港口。我国大陆沿海的这些港口,特别是上海港和深圳港,无论从腹地集装箱生成量,还是码头能力和条件来看,都已具备了国际中转港的能力。但随着货主和船公司的实力变得更强。再加上跨国港口经营集团,如英国铁行港口公司、新加坡港务集团、中国香港和黄港口集团等在我国投资建设和经营的港口码头数量日渐增多,使我国港口面临着更加激烈的市场竞争。

根据港口竞争主体的不同,港口市场的竞争可分为不同港口群之间的竞争、同一港口群内不同港口之间的竞争、同一港口内不同港口企业之间的竞争。在这三个层次的竞争中要数同一港口群内不同港口之间的竞争最为激烈。由于同一港口群各港口服务的腹地市场基本相同或交叉,使得港口只能通过提高服务质量和降低服务成本来吸引腹地货源和中转货源,参与市场竞争。如上海港与宁波—舟山港,同属长三角港口群,有着交叉的经济腹地,但由于行政区域的分割和港口管理体制的地方化以及自身利益最大化的驱动,造成两地港口之间竞争远大于合作。由此造成资源浪费和港口物流不畅,破坏港口资源的统一使用,制约港口群整体作用的发挥。

无可否认,港口之间的适度竞争可以降低港口物流成本,提高港口服务效率和水平,有利于整个国际港口市场的完善。但是港口之间一旦形成过度竞争,其危害将相当严重。不但不利于港口物流的健康发展,而且会造成国家资源的不合理利用。因此,既要开展港口间的适度竞争,又要加强港口之间的合作尤其是港口集群内部的合作。通过竞争合作,促使港口经营者不断提高其管理水平、服务质量,从而吸引更多的船舶挂靠。只有这样,才能使我国港口市场在公平、公正、公开、合理的环境下运行,才能提高我国港口市场的整体运作效率,加强国际竞争力。

此外,面对当今新的时代特征,我国港口如果想在国际市场中获得胜利,除了开展港口间的合作竞争外,还必须确立创新的港口市场经营宗旨和经营观念,顺应市场结构发展态势,提升港口的物流服务能力。

8.1.3　港口市场营销策略

开展市场营销是港口自身发展的需要。港口要发展必须有充足可靠的货源保证,随着我国改革开放的不断深入及市场经济体制的不断完善,港口已由原来的计划调配资源转变为自行开发货源。也就是说,港口已经不能如以前那样坐等货主上门,而是要采取吸引货源的各种措施和手段,这一切都离不开港口的市场营销管理。港口市场营销和技术创新是港口扩大市场占有率的两大支柱。对港口经营者来讲,在加大自身投资、加快港口基础设施建设的同时,要把市场营销工作放在非常重要的位置。

在当今港口产业国际化的趋势下,开展港口市场营销,首先,必须了解港口市场营销的环境:港口企业外部宏观环境、行业环境、企业内部环境。其中宏观环境包括政治法律环境、经济环境、科技环境、自然环境、社会文化环境等五个方面;行业环境主要包括港口生产经营企业的供应商、营销中介、港口服务对象、竞争者、公众(如群众团体等);港口企业内部环境是指港口生产经营企业组织结构、竞争能力、员工素质、经营管理、对货物及其运载工具的服务活动状况等。港口市场营销环境是港口企业营销职能外部不可控制的因素和力量,这些因素和力量是影响港口企业开展营销活动并实现其目标的外部条件。其次,要开展港口市场营销,必须培养与建立全球化的营销思维方式,合理定位港口腹地的范围。现代物流理念下的港口,其质量的高低不仅决定于船只进出的速度、码头处理货物的速度和质量,而且更多地取决于港口与腹地联系的程度、所提供增值服务的质量等。因为港口腹地就是港口货源的主要区域，也是港口集散货物的通道。是否拥有一定范围的具有经济发展潜力的港口腹地，是一个港口能否取得市场竞争力并保持持续发展的首要条件。港口必须采取各种措施拓展腹地的范围，开发更多的货源，如通过提供更好更多的增值服务，运用"一票到底"的多式联运模式，使港口物流的效率与效益得以最大程度的发挥。同时，针对不同客户的个性需求提供个性化的服务，以提高客户的满意度，吸引更多的货流量。只有在充足的货源支撑下，港口才能吸引船公司开辟新的远洋航线和加大航班密度，以保障港口在综合运输网络中的枢纽地位。

在正确认识港口市场营销环境以及确立全球化的营销思维后，港口应采取符合自身特点的市场营销策略，以谋得市场竞争力的提高。成功的港口市场营销有赖于服务（service）、价格（price）、地点（place）、促销（promotion）等营销组合因素的综合运用，也有赖于是否能够提供比竞争者更完善的服务体系。以下是现代港口经营中通常采取的四种市场营销策略。

1. 价格策略（price-oriented strategy）

价格策略是港口经营中通常采取的市场营销策略之一。在几个港口拥有相同的腹地或者各港口的腹地之间相互交叉的情况下，如果货源距各港口之间的距离相差不大，且到达各港口的内陆运输条件和内陆运输成本也相接近，那么价格就成为港口之间竞争的主要手段。价格营销策略关系到港口的装卸收入、货物吞吐量和库场周转速度。港口应实施所有客户统一的标准费率，还是客户协议费率或者大批货物折扣优惠费率，有赖于港口是否具有市场前瞻性和系统分析能力。

一般情况下，港口企业应根据其目标市场和市场定位的要求，选择利润、吞吐量等为定价目标。在定价前，应以成本计算为前提，包括核算每类货物装卸的单位总成本、固定成本以及单位可变成本。一般可采取差别费率定价法（主要针对外贸货和内贸货）、竞争导向定价法（主要依据竞争形势和竞争对手价格）、成本加成定价法（对处于垄断地位的腹地货流）、增量分析定价法（实质就是降价促销）以及功能折扣定价法（主要针对将港口库场作为"仓库"来用的货物）等定价方法和定价技巧。

2. 渠道策略（place-oriented strategy）

营销渠道是由生产商、中间商和顾客等要素组成的。港口企业经营活动不应仅限于港区范围内，而应充分发挥其在供应链上的作用。港口是供应链上的一个环节，如果港口所依托的供应链被切断，港口的生存和发展将会受到影响。因此，为了维护供应链的完整性和牢固性，港口应该通过联合其他供应链渠道成员，以修补供应链上可能出现的缺环。如选择合适的船舶代理公司或货运代理公司等作为自己的分销商，与港口调度、商务、货运部门一起形成营销机构，研究货方市场，利用这些分销商自身的优势为港口企业广揽货源；借助于港航企业传统上的联系，与航运企业建立较紧密的联盟关系，以巩固自己的供应链结构。

3. 促销策略（promotion-oriented strategy）

港口促销目标应是港口的形象认知和信誉维持。换句话说，港口促销的是港口整体形象，而不是具体地促销某种服务产品。常用的促销工具有广告、人员推销、销售促进、公共关系与宣传、直接营销等。公共关系是港口营销工作的一个重要方面。港口企业一般通过召开有关本港发展研讨会、举办展览、定期走访顾客、邀请有关单位的代表参观本港、召开新闻发布会等途径宣传自身。并运用各种灵活手段与海关、边防、海事局、商检局、直接或间接主管业务部门等政府部门进行营销公关。

4. 服务综合策略（customer-oriented strategy）

在新的港口市场营销理念中，综合物流服务是一个核心。目前港口的竞争已经从过去的成本差异竞争开始转向服务竞争。服务关系到港口集疏运效率和船公司的营运成本，关系到港口客户最终获得多少价值。服务营销可以说是超越价格营销的价值营销，是符合当前港口市场发展需求的一种营销策略。能否提供更为便利、快捷、低成本、安全、可靠的全方位物流服务成为现代港口激烈竞争的焦点。

港口市场营销的成功实施不仅在于赢得客户，最重要的还在于留住客户。而要留住客户，港口就必须在客户细分的基础之上，了解客户随时随地不断变化的需求，确定客户所需的服务种类和服务水平，并通过有效延伸服务来满足这些需求，提供诸如货物的集散、转运（联运）、分拨、配送、流通加工以及海关、商检、动植物检、卫生检疫等增值服务。

现代港口既是实现流通中商品空间位置变化的场所，又是流通领域交易市场的汇集中心，扮演着国际物流集成商的角色。港口应充分利用这一优势，最大化地发挥港口作为综合物流中心的作用，以功能的拓展带动港口市场的开发。此外，港口还必须建立一套能够让客户满意的服务综合体系作保障，不仅要加强港口内部各项服务流程之间的衔接，还应取得政府机关（如海关、港务监督、检验检疫等）的监督和支持，以保证港口服务活动的顺利进行，使港口在市场上具有持久竞争力。

8.1.4 港口服务及合同管理

港口服务（产品）是指港口企业向运输经营人和货主或其代理人提供货物装卸、堆存仓储、租赁场地和设备以及其他有偿服务产品活动的过程。港口服务主要涉及装卸运输、堆存仓储及各种增值服务。

装卸运输是港口的核心服务。港口提供装卸设备和劳动力对到港船舶、车辆进行货物装卸作业。装卸船舶时进行开关舱盖，连接拆除管道，货物起落舱作业，货物堆舱、平舱、绑扎作业，清舱扫舱作业；装卸货车时进行堆积、积载、绑扎、遮盖、拆除固定、卸货搬离等作业。港口装卸作为交通运输业的一个组成部分，其产品有别于其他一般工业企业，它并不提供实物形态的产品，而只完成货物空间位置的转移，使货物从一种运输工具转移到另一种运输工具或在运输工具与库场之间转移，这种产品在其生产过程中即被消费。

货物从运输工具卸下后，港口可将货物堆存在堆场或仓库（以下简称库场），等待提货或转运。库场的货运作业包括货物的入库作业、出库作业、保管作业三个部分。货物入库作业，是指货位安排、验收、计数、堆码、票据处理以及库场的记录与统计等。货物出库作业包括货物出库检查与复核、发货、装船、装车出库及货物交付出库作业。货物保管作业是指在建立货物保管和安全检查制度基础上，运用必要的安全设备和护货设施，对库场堆放的货物进行保护和管理，以确保安全和货运质量。

　　随着现代物流的发展,港口功能也在不断拓展,现代港口的服务已经延伸到综合物流中心领域。除继续涵盖传统的装卸运输和堆存仓储服务外,港口产品呈现供应链节点特色,如流通加工、配送、包装、销售、信息与资金服务等。港口利用其在物流网络中的区位优势,正在成为现代物流的中心。

　　港口服务合同就是港口在提供上述服务时,由港口服务提供者(港口经营人)与服务接受者(船公司、货主或其代理)依据公平、诚实信用的原则订立的关于所提供服务活动的合同。港口服务提供者收取合同规定的相关费用,服务接受者获得合同规定的相关服务。

　　港口服务合同主要包括港口货物作业合同、费用结算协议等。港口货物作业合同,主要是关于港口经营人接受作业委托人委托,为货物及其运输工具提供装卸运输、堆存仓储及各种增值服务的具体项目安排,并明确合同双方的权利和义务以及违约责任和解决争议的处理方法等;而有关服务费用的规定一般在费用结算协议中明确。根据《合同法》规定,合同可以采取书面形式、口头形式和其他形式。港口服务合同也可以采取相应的各种形式。但从港口服务的实践来看,大多数港口经营人基于港口货物量大、保管时间长、涉及面广的特点,通常采取订立书面形式的合同。

　　港口服务合同管理是港口企业经营管理的一项重要内容。2001年1月1日,交通部依据《合同法》出台了《国内水路货物运输规则》和《港口货物作业规则》。其中《港口货物作业规则》将港口经营人的独立法律主体加以进一步明确,并对发生在不同阶段的货物作业所涉及的合同当事人的权利和义务进行强制性的规定。目前,我国大多数港口都以《港口货物作业规则》中推荐的合同格式文本为基础,普遍实行了合同化管理。

　　在装货港,一般由托运人将货物交给港口经营人,有时托运人也将货物直接交给承运人。因此,在装货港,主要有两种合同:一种是托运人与港口经营人之间的港口作业合同,另一种是港口经营人与承运人之间的港口作业合同。在托运人与港口经营人订立港口作业合同情况下,港口经营人负有及时受领货物,按约定进行理货、保管等货物作业,并将货物及时交给承运人的义务。托运人则负有按约定的时间、地点将货物交给港口经营人的义务,并交付与港口作业有关的费用,如货物堆存费、理货费等。在港口经营人与承运人订立港口作业合同的情况下,承运人则是港口作业合同的当事人,负有及时从港口经营人处接受货物的义务和支付港口费用的义务。

　　在卸货港,港口货物作业合同和装货港情况相似,只不过由收货人代替了托运人。其主要也有两种合同:一种是港口经营人与收货人之间的港口作业合同,另一种是港口经营人与承运人之间的港口作业合同。对于前者,港口经营人负有将货物交给收货人的义务,而收货人需及时提取货物,及时支付港口费用。对于后者,承运人需支付港口费用。

8.2 货运事故及其处理

8.2.1 货运事故的概念

货物在运输和作业过程中发生溢余、灭失、短少、变质、污染、损坏即为货运事故。在实际工作中货运事故一般表现为货损及货差两方面。货损,是指由于火灾、爆炸、落水、海损等原因而造成货物残损,以及在装卸、运输、保管过程中由于操作不当、保管不善而引起货物破损、变形、受潮、变质、污染等货物损失;货差,是指由于货物在装卸、运输、交接、保管中发生错装错卸、漏卸、错交、错转,以及在办理商务手续时失误如单货不符、记数不准、交接不清等原因所造成的件数不符、重量短少。

发生货运事故一般会涉及承运人、托运人、收货人、港口经营人和作业委托人的责任。《海商法》和《合同法》对于货物交付时的当事人的权利和义务都作了相应的规定。如果货运事故发生在港口作业时,承运人或港口经营人应当负赔偿责任。

为防止货运事故的发生,承运人或港口经营人必须采取积极的货运事故防御措施,加强货运质量的管理,为客户提供安全、高质量的服务,提高在货运市场上的竞争力。货运质量是检验港口企业、运输企业的标志。货运质量与其他物质生产部门的质量不同,其根本标志是维护货物的原有使用价值,而不是创造新的使用价值。因此,在整个港口服务过程中,必须要求货物迅速及时且完好无损地通过港口,保证货运质量,以提高港口市场的竞争能力。

8.2.2 货运事故的处理程序

货运事故处理工作是港口物流管理的重要组成部分,影响着港口的信誉和质量。货运事故处理工作是一项复杂、繁琐且政策性较强的工作。从事货运事故的处理,不仅需要具有较强的业务能力、丰富的实践经验、较强的应变能力,还必须有为货主全心全意服务的意识。发生事故不是好事,但通过事故的良好处理,可以赢得货主的信任,而且通过对事故的分析和总结,能够不断改进工作并树立良好形象。也就是说货运事故的处理,不仅是有过失时的一项补救措施,更重要的是搞好港口市场营销的一个过程。如果能以"短、平、快"的态度积极主动地处理货运事故,而非"推、拖、赖"的做法,就能以优质服务赢得货主的信赖,扩大港口市场的占有份额。

发生或发现货运事故时,应按照《水路货物运输规则》和《港口货物作业规则》的规定,编制货运记录,进行事故原因的调查研究,最后根据事实和调查结果,按规定处理货运事故。

货运事故处理的主要程序有索赔、理赔和赔偿。

1. 货运事故索赔

未投保货运事故,由索赔人(托运人或作业委托人)向承运人或港口经营人提出;已投保货运事故,按《水路货物实行保险与负责运输相结合的补偿制度的规定》向保险公司索赔,再由保险公司向承运人或港口经营人追查。

2. 货运事故理赔

承运人或港口经营人接到索赔人提出的货运事故索赔书后,予以受理。经认真审核索赔单证后提出书面意见通知索赔人。索赔人收到书面处理意见后可向承运人或港口经营人提出异议。

3. 货运事故赔偿

承运人或港口经营人对由其责任造成的货物损失进行赔偿。赔偿价格的计算,按《货物运输事故赔偿价格计算规定》办理。

在索赔和理赔操作过程中,应该充分运用好操作流程,以将事故损失降到最低。一旦发生货运事故,即刻通知事故受损方、保险公司等有关部门,到现场确定货损事实。如果在该事故中,港口被确定为事故的责任方,那就应按事故责任的比例进行赔偿;如果事故类别属于港口责任保险范畴,港口应编制索赔报告,将赔偿金额的损失向保险公司提出补偿。

8.2.3　货运事故的记录

货运事故的记录是分析责任和处理事故的依据。货运事故发生时,应按照现场实际情况及时编制货运记录。

如果货运事故涉及承运人、托运人、收货人、港口经营人和作业委托人之间责任的,应根据货运事故发生的不同阶段,由不同当事人编制货运记录。在货物进港时发现或发生货运事故,由起运港港口经营人会同作业委托人编制;在装船前和装船时发现或发生的,由承运人会同起运港港口经营人或托运人编制;在卸船时发现或发生的,由承运人会同港口经营人或收货人编制;在货物交付时发现或发生的,由到达港港口经营人会同收货人编制。

另外,承运人、港口经营人可会同托运人或作业委托人编制普通记录,即承运人向托运人或收货人提供证明事实的记录,但并不涉及承运人、托运人之间的责任。普通记录的编制一般在出现以下情况之一时:

①托运人按舱封或装载现状与承运人进行交接以及其他封舱运输的货物,发生非承运人责任的灭失、短少、变质、污染、损坏和内容不符;

②托运人随附在货物运单上的单证丢失;

③托运人派员押运和甲板货物发生非承运人责任造成的损失;

④承运人提供的船舶水尺计量数;

⑤货物包装经过加固整理;

⑥收货人、作业委托人要求证明与货物数量、质量无关的其他情况。

8.3　港口费收管理

8.3.1　港口费收概述

　　港口作为交通运输枢纽,拥有设备、设施和人力,能为船舶和货物提供各种服务,并根据有关规定标准,向服务对象收取相关费用,即称为港口费收。港口费收的构成,主要是费收规则的构成。港口费收规则是港口的重要法规,许多国家的港口费收规则与诉讼法结合起来,从而保护了港口的根本利益。如美国奥克兰港、德国汉堡港等均在港口费收规则中详细明确地规定了相关保护条款。

　　我国港口费收规则,即《中华人民共和国交通部港口费收规则》(以下简称《港口费收规则》)分为内贸部分和外贸部分,简称为《内规》和《外规》。《内规》适用于国内水路货物运输的船舶和货物的港口费用计收;《外规》适用于国际运输船舶和国际贸易货物的港口费用计收。交通部制定的《港口费收规则》是我国港口生产经营企业费收业务的主要依据。也就是说,目前我国主要港口的装卸费率仍实行政府指导价或政府定价。但是随着形势的变化,港口费收低等问题已成为阻碍我国港口发展的重要因素。特别是目前港口人力、燃料、原材料等成本上升的形势以及在港口企业体制由政企合一到政企分开转变的情况下,港口企业要增强其在国际上的竞争力,其自身必须具有一定的盈利和扩大再生产的能力。目前,我国南方部分港口企业已随着集装箱运输迅猛发展的趋势,开始自行确定费用。

　　港口费收是港口商务活动的重要组成部分。制定合理、规范的港口使用费,既能提高航运业的经营效益,又能增加港口的接卸能力,满足不断增长的吞吐量需求,特别对集装箱港口而言,关系尤其重大。一般来说,国内外集装箱码头及其大型装卸机械的资金投入都十分昂贵,且投资回收期长,而集装箱装卸费是集装箱港口的主要营业收入。因此,制定合理的码头费率对能否及时回收高昂的投资、并取得扩大再生产的能力,持续提高集装箱港口通过量和通过率至关重要。

8.3.2　港口费收的主要种类

　　港口费用包含港口费目和港口费率,港口费目是收取港口费用的项目,而港口费率是收取每项港口费用的费用标准或单价。《外规》中规定的港口费目涉及船舶港务费、引航费、移泊费、拖船费、系解缆费、停泊费、开关舱费、货物港务费、装卸费、工时费、集装箱装卸包干费、货物保管费、起货机工力费等。

　　按港口费用的性质,港口费收可分为港口劳务费和港口规费。港口劳务费是指港口企业向船舶或货物提供劳务和服务而征收的相关费用,包括引航费、移泊费、拖船费、系解缆费、停泊费、开关舱费、货物装卸费、货物保管费/堆存费、货物换装包干费、起货机工力费等;港口规费是政府规定的船舶和货物必须交纳的费用,包括船舶港务费、货物港务费、航道养护费、港口建设费等。

按收费对象分,港口费收可分为船舶费用和货物费用两类。

8.3.3　货物港口费收计算

货主在接受进口货物或发送出口货物时,应按规定交纳货物港口费用。通常情况下,货物港口费用主要涉及货物港务费和港口建设费、货物装卸费、货物保管费/堆存费及其他港口服务费等。

1. 货物港务费和港口建设费

货物港务费主要用于港口水域的维护保养,保持相关水道的经常畅通。货物港务费是货主因装卸货物使用了港口水域,而必须交纳的规费,由港口生产经营企业代国家征收。经由港口吞吐的货物,根据交通部制定的《港口费收规则》中的货物港务费率表,确定货物计费单位和费率。

$$货物港务费 = 货物重量 \times 港务费率 \tag{8.1}$$

港口建设费主要用于港口的新建和扩建,由港口生产经营企业代国家征收,针对进出口开放的口岸港口辖区范围的所有码头、浮筒、锚地及从事水域过驳等装卸作业的进出口货物。

2. 货物装卸费

货物装卸费是指进出港口的货物由港口工人和机械设备进行装卸作业所发生的费用。目前我国主要港口的货物装卸费率分为两类:一类用于国际贸易进出口货物,另一类用于内贸货物。沿海内贸的港口装卸费是以国内价格因素为基础的,是考虑了各方面的物价水平形成的价格标准,主要以保本为原则。但随着各种价格因素的不断变化,沿海内贸已趋于亏本经营。外贸装卸船作业是一种国际性劳务活动,其费收标准参照国际上的标准,所以一般情况下装卸作业外贸货物的费用要高于沿海内贸的费用。但即便如此,我国的外贸港口费率标准还是远远低于国际上一般国家的港口费率标准。

港口装卸费率计费单位有重量吨(W)、体积吨(M)和择大计费(W/M)。现外贸进出口货物装卸一般以重量吨作为计费吨(理货计费除外)。在沿海运输及陆地作业的货物,则实行了"择大计收"的计费方法,"择大计收"是在货物的重量吨和体积吨之间,择大作为计量标准的一种计费方法。

按现行规定,装卸船费根据作业船舶不同,分别按《港口费收规则》的"内贸部分"和"外贸部分"分别计收。计算货物装卸作业费,先可根据货物名称、包装种类、作业过程查《外贸进出口货物装卸费率表》或《内贸货物费率表》以及部分港口企业自行确定的装卸费率表,将货物所要经过的作业过程的费率相加,确定货物的总装卸费率和计费单位,即

$$货物装卸费 = 货物重量 \times 总装卸费率 \tag{8.2}$$

3. 货物保管费/堆存费

货物保管费是指货物在港口内存放,除规定的免费保管期外应收取的保管费用。由于港口库场是周转性库场,只有加速库场周转和畅通,才能为更多的进出口货物堆存服

务。因而对超过免费保管期仍未被提取的货物,有必要收取货物保管费,以促使收货人尽早提货,避免造成港口的经济损失。

根据货物种类、入库时间,确定货物保管费收费时间,并按照港口关于保管/堆存费规定,确定货物保管/堆存费率,即

$$货物保管/堆存费=货物重量×保管/堆存费率 \tag{8.3}$$

4. 其他港口服务费

随着港口服务内容的不断丰富,港口向货物收取的相应服务费用也越来越多,如集装箱装拆费、检验费、维修保养费等。

8.3.4 船舶港口费收计算

船舶进出港口时,港口向船方征收与船舶有关的费用,称为船舶港口费收。

为了及时地结算船舶港口费用,船方应及时向港口计费部门提供下列资料:船舶性质(指船舶属于外轮、租船、国轮或中外合营船舶)、吨位、舱单、货物积(装)载图等。各种所提供的资料应准确无误,避免发生错收、漏收现象;并在规定时间内及时以书面形式提供给港口费收核算部门,以加速港口费收的结算速度,减少船舶在港时间。

船舶港口费用包括船舶港务费、引航费、检验费、拖轮费、停泊费、系解缆费、开关舱费等。

《港口费收规则》中,对进整单位和计费单位进行了如下规定:"船舶以净吨(无净吨按总吨,无总吨按载重吨)为计量单位的;不满一吨按一吨计;以马力为计量单位的,不满一马力按一马力计。船舶无净吨、总吨和载重吨,则按 500 吨计收港口费用。以日为计费单位的按日历日计,不满一日按一日计;以小时为计费单位时,不满一小时按一小时计。"

1. 船舶港务费

船舶港务费是港口用以维修、保养港口建筑物和疏浚航道,以利于船舶和货物安全进出港口和使用便利而向船舶所征收的费用。船舶按净吨(拖轮按马力)以次数计收,进港和出港分别计算。外贸船舶的港务费费收标准是 0.71 元/吨,沿海船舶港务费标准为每净吨 0.25 元。按现行有关规章规定,凡遇难和避难船舶,非营运的军事、公安、边防、海关、检疫、捕鱼及港内工作船舶,非运载旅客或货物的船舶均免征船舶港务费。

2. 停泊费

向停泊在港口码头、浮筒的船舶所征收的费用称为停泊费。停泊分为生产性停泊和非生产性停泊。生产性停泊是指港口码头、浮筒进行装卸作业时的停泊。非生产性停泊有以下几种情况:装卸完毕(指办妥交接)4 小时后,因船方原因继续留泊的船舶;非港方原因造成的等修、检修的船舶(等装、等卸和装化物过程中的等修检修除外);因避难来港的船舶;专积进港加油加水,加完后继续留泊的船舶;国际旅游船舶。

3. 引航费与移泊费

引航费是指由引航员引领船舶进港或出港,根据《港口费收规则》规定,按船舶净吨(拖轮按马力)以次计收的费用。移泊费是指引航员引领船舶在港内移泊,按船舶净吨

(拖轮按马力)以次计收的费用。引航费的起码计费吨为 500 净吨(马力)。移泊费的起码计费吨为 500 净吨(马力)。

因船舶责任不能按原定时间起引时,应计收引航员滞留费。滞留时间在 1 小时以内的免收,超过 1 小时的连同开始的 1 小时在内,按每人每小时计收滞留费。

4. 系、解缆费

船舶在港口码头、浮筒靠离或移泊时,由港口工人进行船舶系、解缆绳,根据规定,按每系缆一次或解缆一次计收系、解缆费。船舶在港口码头、浮筒停泊期间,每加系一次缆绳计收一次系缆费。

5. 开、关舱费

根据规定,由港口工人开、关船舶舱口,不分船舶大小、层次和开、关次数,分别按卸货计收开、关舱费一次,装货计收开、关舱费一次。另外,港口工人单独拆、装、移动舱口大梁,视同开、关舱作业,计收开、关舱费。大型舱口(又称 A、B 舱)中间有横梁的(包括固定横梁和活动横梁)按两个舱口计收开、关舱费。设在大舱外的小舱口,四个按一个大舱口计算(四折一)计算,不足四个按一个大舱口计算。

6. 拖轮费

船舶进出港口时因引航或移泊使用港方拖轮,按拖轮出租费率、拖轮的功率和使用时间计收拖轮费。

8.4 港口口岸管理

口岸是为人员、货物和交通工具合法出入国境的港口、机场、车站等跨境通道,具有基础设施和查验、监督机构,是联结国际经济和国内经济必不可少的通道及窗口。

口岸管理是政府监督管理中的一项重要职能。通过口岸管理,保证国家安全,提高货物运转速度,实现经济效益最大化。

口岸是港口物流的重要节点。口岸管理制度直接影响港口物流的功能实现。

8.4.1 我国口岸管理制度

目前,我国口岸管理实行政府和地方专项管理和各边境口岸职能机构执法行政的制度。国家口岸管理办公室负责研究提出各类对外开放口岸的整体规划及口岸规范的具体措施,指导和协调地方政府口岸工作。各级地方政府设立的口岸管理委员会或口岸办公室,负责本地口岸的管理和协调工作。各地口岸检验检疫机构和海关,作为口岸查验和监管机构,负责对出入境的货物、交通运输工具、人员进行查验和监管。

口岸作为国家的重要基础设施以及对外开放的门户和窗口,其管理水平和运作效率的高低,是影响开放型经济发展的一个重要因素。口岸的软硬环境、工作效率是影响港口物流加快发展的一个重要因素。多年的实践证明,口岸环境越好,港口物流发展就越快;反之,将滞缓港口物流的进一步发展。近年来,中国经济快速发展,尤其是港口经济的发展更是名列前茅,这与我国不断完善口岸管理体制有着密切关系。全国大部分口岸特别是重点口岸的通关程序已经获得了相当的改善,所需的各种单证大幅减少,通关效率不断提高。港口口岸也随之迅猛发展起来。以宁波—舟山港为例,港口建设和港口经济以超常规的速度实现了跨越式发展,港口吞吐量从 2000 年首次突破亿吨增加到 2007 年的 4.7 亿吨,集装箱达到 943 万 TEU。这其中一个重要因素就是,宁波—舟山港已形成通过陆路、水路、铁路、空运、海铁联运等方式进行转关的便捷跨关区通关网络,极大地提高了口岸的通关效率,提高了口岸竞争力。

从 1990 年的第一个保税区到 2007 年国家批准设立的保税港区,是我国口岸特定监管区域功能的不断深化和监管手段的不断创新的过程。特别是保税港区的设立,标志着我国口岸管理制度改革又上了一个新的台阶。保税港区是开放层次最高、功能最齐全的海关特殊监管区域[①],可叠加享受我国保税区、出口加工区、保税物流园区等各项优惠政策,是真正的"境内关外"。目前,已获得国务院批准设立的保税港区有洋山保税港区、天津东疆保税港区、大连大窑湾保税港区、海南洋浦保税港区、宁波梅山保税港区和广西钦州保税港区。

可以说,改革开放以来,我国在口岸管理体制的改革上已取得很大成就。但不容忽视的是,与发达国家和地区的口岸管理相比,我国口岸管理总体水平仍然较低,口岸物流管理费用较高,物流组织环节较多,口岸管理和运行效率与现代物流发展的要求还有很大差距。

因此,还必须进一步深化我国口岸管理制度的改革,提高口岸工作效率,以适应国际贸易和货物运输发展的需要。具体措施有:改善口岸物流发展环境,进一步完善口岸物流相关的法律、法规;积极研究信息化在口岸管理中的运用,实现口岸物流信息资源共享;加快实现大通关主要业务流程在电子口岸的全程贯通,扎实推进电子口岸建设;在提高口岸管理职能的同时,强化职能部门的服务意识,尽量简化手续,提高效率,以吸引周边国家和地区的中转货源。另外,还要加强港口口岸的良性发展,除了要具备国际化的航运市场、强大的腹地经济、整合的集装箱物流、先进的港口设施和深水航道以及完备的后方集疏运系统外,还需有完善的服务管理系统,具备能够提供一流服务的海关和检验检疫等口岸查验机构。

8.4.2　口岸检验检疫

口岸检验检疫,是指检验检疫部门和检验检疫机构依照法律、行政法规和国际惯例等的要求,对出入境的货物、交通运输工具、人员等进行检验检疫、认证及签发官方检验检疫证明等监督管理工作。按照规定,列入《出入境检验检疫机构实施检验检疫的进出境商品目录》的出入境货物,必须由国家指定的检验检疫机构根据确定的检验检疫实施

[①]　目前我国设立的海关特殊监管区域保税区为保税仓库、出口海关监管仓库、保税区、保税物流园区、保税物流中心、保税港区。

方案进行检验检疫,最后出具检验检疫结果,并根据实际检验检疫项目计算收取费用。

口岸检验检疫是口岸管理的重要组成部分,其目的是保护国家经济的顺利发展,保护人民的生命和生活环境的安全与健康。检验检疫包括动植物检疫、卫生检疫、货物及运输工具的检验检疫和适载鉴定等。国家出入境检验检疫局与海关总署从 2000 年 1 月 1 日起实施新的检验检疫货物通关制度,通关模式为"先报验、后报关"。同时,进行"三检合一"(三检指商检、动植检、卫检),全面推行"一次报检、一次取样,一次检验检疫,一次卫生除害处理,一次收费,一次发证放行"的工作规程和"一口对外"的国际通用的新检验检疫模式。

为进一步提高进出口货物通关效率,促进对外贸易持续、协调、健康发展,2008 年 7 月 18 日,国家质检总局发布了《关于实施进出口货物检验检疫直通放行制度的公告》,宣布自公告之日起,进出口企业可向所在地出入境检验检疫机构提出直通放行申请。

检验检疫直通放行制度,是指检验检疫机构对符合规定条件的进出口货物实施便捷高效的检验检疫放行方式,包括进口直通放行和出口直通放行。其中,进口直通放行是指对符合条件的进口货物,口岸检验检疫机构不实施检验检疫,货物直运至目的地,由目的地检验检疫机构实施检验检疫的放行方式。出口直通放行是指对符合条件的出口货物,经产地检验检疫机构检验检疫合格后,企业可凭产地检验检疫机构签发的通关单在报关地海关直接办理通关手续的放行方式。

"直通放行"形象地说,就是把过去口岸、内地两道关口变为一道关口,真正实现一次报检、一次检验检疫、一次放行,通检效率大大提高。另外,由于货物在口岸不再实施卸货查验,一方面,减少了相应压港、掏柜等费用的支出,较大幅度降低了口岸通关成本;另一方面,货物滞港时间也相应减少,通关效率得以大幅提高,出境货物装运船期以及进境货物到货时间变得更加可控。

8.4.3 海关货运监管制度

海关货运监管是指海关对进出国境货物和运输工具的监督管理,是海关的主要任务之一。根据我国《海关法》规定,进出境货物必须通过设有海关的地点进入或离开国境,并接受海关的监管,收、发货人凭海关盖有放行章的单据方可办理提货或托运手续。

我国海关采取前期管理、现场监管、后续管理相结合的货运监管制度。海关主要通过"申报审核、查验检查、结关放行"和"监装、监卸"制度来实现货运监管。对一般进出口货物,海关依据我国对外经济贸易部及其授权的机关发给的进出口货物许可证进行监管。对加工装配、中小型补偿贸易等贸易方式的进出口货物,海关依据有关主管部门发给的批准文件,即许可证件进行监管。所有的进口货物在未办妥海关手续之前、出口货物在运入海关监管区域之后以及它们在卸装过程中都必须在海关的监管之下。只有经海关办结海关放行手续后,进出口货物方可解除海关监管,办理提货、运输手续;出境运输工具才准予驶往境外。

海关监管职能的实施,要求进出口货物以及运载工具必须办理海关通关手续,从海关规定的地点进出境。这对于国际运输服务来说,意味着运输服务的中止和服务提供者的更换。作为国际运输服务重要组成部分的港口服务,同样也直接受到海关监管制度的影响。我国保税港区等特殊海关监管区域的设立,其实质就是海关在关境内划出特定区域,在该区域内实行特殊的监管制度,提供方便的进出境手续或低税率,以吸引国际服务提供者聚集于港口,经营存储、包装、加工、交易等活动。其结果不仅大大降低了国际服务贸易的成本,促进了国际服务贸易的发展,也对港口市场的完善起到很大的推动作用。

现代港口物流正在发生重大变革。通过供应链内部整合,实现港口物流的低成本、无阻碍运作,成为现代港口企业保持竞争优势的重要手段之一。海关作为国家进出境监督管理机关,处于整个国际物流服务过程中的关键环节。海关对外贸货物监管是否合理,通关效率是否高,对港口物流的发展影响非常大。但另一方面,海关在努力实现国际物流的无障碍通关的同时,要加强物流的监控力度,以维护正常的进出口贸易秩序,有效实现口岸管理的目标。

⮞ 案例分析

梅山保税港区的产业功能定位

2008 年 2 月 24 日,国务院正式批准设立宁波梅山保税港区。这是继上海洋山、天津东疆、大连大窑湾、海南洋浦之后的中国第五个保税港区。

梅山保税港区的总体功能定位为:以国际采购、国际中转、国际配送和国际转口贸易等保税港区功能为主导,以商品服务交易、投资融资保险等金融贸易功能为辅助,以法律政务、中介鉴证、休闲文化、生活居住等服务功能为配套,具备生产要素集散、重要物资中转等功能的国家重要区域性资源配置中心。具体如表 8-1 所示。

表 8-1 梅山保税港区的总体功能定位

功能层次	主要功能	功能内涵和发展重点
核心功能	国际中转	国际集装箱装卸、堆存、中转、拆拼箱,国际集装箱多式联运和国内外贸货物中转
	国际配送	开展入区货物的分拣、分配、分销、分送等分拨配送业务以及进行商业性简单加工批量转换后向境内外配送功能。重点是建立宁波口岸主要进出口商品或口岸腹地具有较大国际影响力商品的国际配送中心;加快与保税物流园区的配送功能对接,建设长三角重要的进口物流分拨中心
	国际采购	开展外贸商品保税展示、商品订货交易、出样、集运的综合处理并向国内外分销等业务。重点是吸引跨国公司在梅山岛设立区域采购中心或采购办事机构;做大几个在全国具有领先地位的专业性国际采购品牌;促进保税港区国际采购中心与东部新城会展核心区的功能对接、资源共享
	出口加工	开展加工制造、再制造、保税维修和产品研究开发等业务

续表

功能层次	主要功能	功能内涵和发展重点
配套功能	物流服务功能	为国际采购、国际配送、出口加工、国际中转功能提供基础支撑。重点是大力引进国际著名的物流经营巨头;加快整合保税区、保税物流园区的保税物流功能;提高水水联运、海铁联运能力
	航运服务功能	促进船货代理、航运保险、港航咨询、船舶服务等企业的集聚;争取成为我国"第二船籍制度"的船舶登记地
	金融服务功能	积极争取在宁波开办离岸金融业务试点;建立具有国际影响的石油、铁矿石、天然气等大宗物资的新型交易市场
	管理服务功能	建立一体化、高效便捷的口岸服务管理和通关系统;构建综合经济管理服务体制
	生活休闲服务功能	积极开发国际游轮基地;开发"农家乐"等各种旅游休闲活动;探索在保税港区附近建设新城区
	中介和信息服务功能	培育和引进技术研发、融资辅助、检验检测、涉外法律咨询、知识产权代理等中介服务机构;建立与世界主要港口联网的港航信息系统;建立健全商品交易信息平台

案例问题:

1. 保税港区与保税区的本质是不是一致?
2. 梅山保税港区的设立会给浙江、宁波带来什么?

思考题

1. 怎样理解港口市场的基本要素及特点?
2. 目前我国港口市场已形成了怎样的竞争格局?
3. 如何成功开展港口市场营销?
4. 如何提高货运质量,减少货运事故的发生?
5. 如何理解港口费收的构成?
6. 目前我国口岸管理制度取得了哪些成就?
7. 口岸检验检疫与口岸管理的关系是什么?
8. 怎样理解我国海关货运监管制度?

第9章

港口设备管理

➬ 本章要点

① 了解集装箱码头、散货码头主要设备的基本功能与性能参数。

② 了解港口装卸工艺的内容、作用及其对港口设备配备的影响。

③ 理解并掌握港口设备维修与保养的内容、程序与方法。

9.1 集装箱码头主要设备

9.1.1 集装箱码头概述

集装箱码头,是专供停靠集装箱船、装卸集装箱的港口作业场所,是在集装箱运输过程中,水路和陆路运输的连接点,也是集装箱多式联运的枢纽。集装箱码头企业是指使用集装箱专用机械系统,遵循一定的操作工艺,以集装箱装卸为主要业务的生产经营型企业。除此之外,还同时经营库场堆存、装拆箱业务、修(洗)箱业务、货运代理业务、船务代理业务、车(驳)运输业务、电子数据交换业务、信息咨询及其他延伸业务。

一般集装箱码头主要有三个职能:集装箱码头是集装箱运输系统的集散站;是提供集装箱堆存,作为转换集装箱运输方式的缓冲池;是水路集装箱运输和陆路集装箱运输的连接点和枢纽。

集装箱码头的高度机械化和高效率的大规模生产方式,要求集装箱码头同船舶共同形成一个不可分割的有机整体,从而保证高度严密的流水作业线高效运转,充分发挥集装箱码头的三个主要职能。集装箱码头通常应具备的必要设施有泊位、码头前沿、集装箱堆场、货运站、控制室、行政楼、检查桥、维修车间等。

1. 泊位(Berth)

泊位是指在港内为了进行装卸,给船舶停泊靠岸,并有一定长度岸壁线的地方。泊位的长度和水深要求随停泊船舶的大小而不同。目前世界上集装箱码头泊位的长度一般为 300 米左右,水深在 11 米以上。

2. 码头前沿(Quay Surface)

码头前沿是指沿码头岸壁线堆场之前的码头面积。码头前沿既装有集装箱桥吊,又是进出口集装箱进行换装的主要地点,其宽度根据集装箱起重机的跨距和装卸机械的种类而定,一般为 30～60 米。码头前沿主要由三部分构成:

①从岸壁线到集装箱桥吊第一条轨道(靠海侧)的距离部分,一般 2～3 米;

②桥吊的轨道间的距离部分,一般 15～30 米;

③从桥吊第二条轨道(靠陆侧)到堆场前的距离部分,一般 10～25 米。

集装箱码头前沿除安装了集装箱桥吊和铺有桥吊轨道外,一般还备有高压和低压电箱、船用电话接口、桥吊电缆沟、灯塔等设施。码头前沿应始终保持畅通,以确保集装箱桥吊的装卸效率。

3. 堆场(CY)

堆场是指集装箱码头内所有堆场集装箱的场地,有前方堆场和后方堆场两部分组成。

(1)前方堆场

前方堆场位于码头前沿和后方堆场之间,是为加快船舶装卸作业效率,用以短时堆放集装箱的场地。它的主要作用是:船到港前,预先堆放待装船出口集装箱;卸船时,临时堆存进口集装箱。其面积占堆场总面积的比例较大,其大小根据集装箱码头所采用的装卸工艺系统不同而定。

(2)后方堆场

后方堆场是指储存和保管空、重箱的场地,是码头堆场中除前方堆场之外的部分。包括中转集装箱堆场、进口重箱堆场、空箱堆场、特种集装箱堆场等。

事实上,前方堆场和后方堆场并没有十分严格的分界线,仅仅是地理位置上的相对概念。堆场的场地上都有画有存放集装箱的长方形格子,并编有号码,也就是场箱位,以对堆存的集装箱进行位置标识。堆场上要求有照明设备、道路交通标牌、排水明沟、电源插座等设施,并要求不能有妨碍码头作业或降低码头作业效率的任何障碍物。

4. 集装箱货运站(CFS)

集装箱货运站是集装箱码头对拼箱货进行收发交接、装箱、拆箱、配载、保管等业务操作的场所。它同传统的码头仓库不同,集装箱货运站是一个主要用于装拆箱作业的场所,而不是主要用于保管货物的场所。集装箱货运站一般建于码头后方,侧面靠近码头外公路或铁路的区域。这样可尽可能保证陆运车辆不必进入码头堆场内,而直接进出货运站。随着集装箱码头吞吐量的增加,为了充分利用码头的堆场面积,也可将集装箱货运站移至港外。

5. 检查桥(Gate House)

集装箱检查桥是集装箱码头的出入口,是进出码头的集装箱进行立体检查和交接的场所,是区别码头内外的一个责任分界点。由于检查桥是集装箱进出码头的必经之口,因此在大门处不但要检查集装箱的有关单证,而且还要对集装箱的有关箱号、铅封号及外表状况等进行检查。检查桥一般设置在集装箱码头的后方,出于保证码头机械和船舶积载的安全性,还设有地磅,配有计算机、IC卡机等设备。

6. 控制室(Control Tower)

控制室又称控制中心,是集装箱码头各项作业的指挥调度中心。它的作用是监督、调整和指挥集装箱码头作业计划的执行。其地理位置一般设置在可看到这个码头上各个作业现场的地方,比如港口行政办公楼的最顶层。控制室内装有电子计算机系统、测风仪及气象预报系统,并配有用于指挥码头现场作业的无线对讲系统,用于监控码头作业现场的闭路电视、望远镜,用于对内对外联系的电话、传真机等通讯系统。控制室是集装箱码头作业的中枢机构。

7. 集装箱维修车间(Maintenance Shop)

集装箱维修车间是集装箱装卸机械进行检查、修理和保养的地方。集装箱维修车间对于确保装卸机械的维修质量,使各种机械处于完好备用状况,对提高集装箱码头效率和充分发挥集装箱运输的优越性都起着十分重要的作用。一般设置在不影响集装箱码头作业的码头后方或在保养区附近。

9.1.2 集装箱装卸机械

1. 集装箱专用吊具

(1)固定式吊具

集装箱专用吊具是用于起吊集装箱的属具,而固定式吊具则是只能起吊一种集装箱的吊具。其优点是结构简单、自重轻、价格便宜;缺点是对箱体类型的适应性较差,更换吊具往往要占用较多的时间。

(2)自动式吊具

这种吊具利用油压操作使吊臂能自行伸缩,以满足起吊不同尺寸集装箱的要求。其优点是变换起吊不同集装箱所花时间少,使用灵活;缺点是自重较多,一般为9～10吨。这是目前在集装箱桥吊上使用最为普遍的一种集装箱专用吊具。

(3)组合式吊具

这种吊具针对起吊不同尺寸的集装箱的组合使用。其优点是结构简单,实用性强,自重较自动式小,一般为4～7吨。组合式吊具主要用于跨运车等堆场作业机械。

(4)双箱吊具

这种吊具可以同时起吊连个20ft的集装箱。在双箱吊具的中部增加可接受的4只旋锁,当吊具伸到40ft位置时,可同时起吊两只20ft集装箱。采用这种起吊方法要求集装箱桥吊的起重量要达到60ft左右。双箱起吊方法大大提高了船舶的装卸效率。

2. 岸壁式集装箱装卸桥

集装箱的标准化和集装箱船的专用化,为港口码头装卸机械高效化提供了良好的作业条件。在现代化的集装箱码头上,目前从事码头前沿集装箱装卸作业的主要设备是岸壁式集装箱装卸桥,简称桥吊。装卸桥是一种体积庞大、自重非常重、价格十分昂贵的集装箱码头专用装卸设备。

桥吊主要由带行走机构的门架、连接吊具的臂架以及承担臂架重量的拉杆三部分组成。臂架可分为海侧臂架、陆侧臂架和门中臂架三个部分。臂架的主要作用是用来承受带升降机构的小车重量,而升降机构又是用来起吊集装箱吊具和集装箱重量的。海侧臂架一般都是可俯仰的,以便集装箱装卸桥移动时与船舶的上层建筑不会发生碰撞。

集装箱装卸桥按框架结构的外形可分为 A 型框架式和 B 型框架式。桥吊作业时,由于集装箱专用船舶的船舱内设有箱格,舱内的集装箱作业对位非常方便,无需人工协助,因此在作业中没有像件杂货哪样的舱内作业工序。

根据世界上集装箱码头的营运经验,一般情况下,几个集装箱泊位可配备桥吊 1～3 台。配备桥吊时主要考虑的技术参数有以下几个。

(1)起重量

集装箱桥吊的起重量是额定起重量加集装箱吊具的重量。由于集装箱桥吊的吊具种类繁多,重量不一,且受作业条件的影响,因此世界各国集装箱桥吊的起重量并不一致。确定桥吊的起重量一般要考虑:①起吊集装箱船舱盖板的需要。舱盖板的重量一般不超过 28 吨。②考虑装卸非国际标准箱的需要。③有可能采用同时起吊两个 20ft 型集装箱的作业方式。两个 20ft 型集装箱的最大重量一般约为 40.6 吨。④兼顾装卸其他重大件杂货的需要。

(2)起升高度

桥吊的起升高度由两部分组成,即轨道以上的高度和轨道以下的高度。它取决于集装箱的型深、吃水、潮差、甲板上装载集装箱层数、码头标高以及船体倾斜等因素。目前,世界各国设计制造的岸壁式集装箱装卸桥,一般都取轨道面上起升高度为 25 米,轨道面下起升高度为 12 米。

(3)外伸距

外伸距是指集装箱装卸桥海侧轨道中心线向外至集装箱吊具铅垂中心线之间的最大水平距离。外伸距主要取决于到港集装箱的船宽,并考虑在甲板上允许堆放集装箱的最大高度,当船舶向外横向倾斜 3° 时,仍能起吊甲板上外舷侧最上层的集装箱。

(4)内升距

内升距是指集装箱装卸桥内侧轨道中心线向内至吊具铅垂中心线之间的最大水平距离。确定内升距主要考虑连个问题:一是能否放置集装箱,二是能否放置舱盖板。

(5)轨距(跨距)

轨距是指桥吊两条行走轨道中心线之间的水平距离。轨距的大小影响到装卸桥的整机稳定性。考虑到装卸桥的稳定性和为了更有效的疏运岸边的集装箱,轨距内最好能安排三条接运线。

(6)横梁下的净高

横梁下的净高度是指横梁下面到轨顶之间的垂直距离。一般取决于最大搬运集装箱机械的最大高度。目前,集装箱装卸桥横梁下面净高为 10 米。

9.1.3　集装箱堆场作业机械

1.龙门起重机

龙门起重机简称龙门吊,是一种水平桥架设置在两条支腿上构成门架形状的桥架型起重机。龙门吊系统工艺是荷兰阿姆斯特丹港建码头时最先采用的,又称"集装箱海上运输公司方式",是一种在集装箱堆场上进行集装箱堆垛和车辆装卸的机械。龙门吊由于跨度大,所以起重机运行机构大多采用分别驱动方式,以防止起重机产生歪斜运行而增加阻力,甚至发生事故。为适应港口码头的运输需要,龙门吊的工作级别较高。起升速度为 8～10 米/秒;跨度根据需要跨越的集装箱排数来决定,最大为 60 米左右,相应于20ft、30ft、40ft 长集装箱的起重量分别约为 20 吨、25 吨和 30 吨。

(1)龙门吊的类型

龙门吊一般有轮胎式(又称无轨龙门吊)和轨道式(又称有轨龙门吊)两种形式。轮胎式龙门吊主要特点是机动灵活、通用性强。它不仅能前进、后退,而且还能左右转向90°,设有转向装置,可从一个堆场转向另一个堆场进行作业。轮胎式龙门吊的跨距是指两侧行走轮中心线之间的距离。跨距大小取决于所需跨越的集装箱列数和底盘车的通道宽度。根据集装箱堆场的布置,通常标准的轮胎式龙门吊横向可跨六列集装箱和一条车道,可堆 3～4 层。

轨道式龙门吊是集装箱码头堆场上进行装卸、搬运和堆垛作业的专用机械。一般轨道式比轮胎式龙门吊跨度大,堆垛层数多。最大的轨道式龙门吊横向可跨 19 列集装箱和 4 条车道,可堆 5～6 层高。轨道式龙门吊是沿着场地上铺设的轨道行走的,因此只能限制在所设轨道的某一个场地范围内进行作业。轨道式龙门吊确定机械作业位置的能力较强,故较易实现全自动化装卸,是自动化集装箱码头比较理想的一种机械。

(2)龙门吊的优点

龙门吊的优点包括:

①运行时稳定性好,维修费用较低,即使初始投资稍大,但装卸成本还是较低的。

②堆垛集装箱时箱列间可不留通道,紧密堆存,因此在有限的场地面积内可堆存大量的集装箱,场地面积利用率较高。

③在堆场作业中运行方向一致、动作单一,故容易采用电子计算机控制,实行操作自动化。

(3)龙门吊的缺点

龙门吊的缺点包括:

①由于堆存层数较高,如需取出下层的集装箱时就要经过多次倒载才能取出,在操作上带来许多麻烦。

②堆场上配置数量一般是固定的,故不能用设备数量来调整场地作业量的不平衡,因此,当货主交接的车辆集中时,可能会发生较长的待机时间,如搬运起重机发生故障,就会迫使装卸桥停止作业。

③搬运起重机自重较大,轮胎式搬运起重机的轮压一般为 20 吨,轨道式搬运起重机

的轮压更大,而且堆装层数多,故场地需要重型铺着。

④大跨距的搬运起重机由于码头不均匀下沉,可能会产生轨道变形,有时会影响使用。

2.跨运车

跨运车是一种具有搬运、堆垛、换装等多功能的集装箱专用机械,跨运车方式又称"麦逊公司方式"。跨运车采用旋锁机构与集装箱结合或脱开;吊具能够升降,以适应装卸和堆码集装箱的需要。吊具也能够侧移、倾斜和微动以满足对位的需要。

(1)跨运车的主要功能

跨运车工艺系统在欧洲应用比较广泛。在集装箱码头,跨运车可以完成许多作业任务,比如集装箱装卸桥与前方堆场之间的装卸与搬运,前方堆场与后方堆场之间的装卸和搬运,后方堆场与货运站之间的装卸和搬运,对底盘车进行换装等。

跨运车一般被认为是一种故障率比较高的设备,在有些国家使用时,故障率高达30%～40%,由此造成维修费用上升,但是随着技术进步以及操作管理得当,使跨运车在一些码头上使用得相当成功,不过在我国,采用跨运车方式相对较少。

同时,跨运车是一种价格昂贵的集装箱专用机械,为了减少码头上跨运车的使用量,节省码头设备投资,降低装卸成本,目前有许多采用跨运车方式的码头从码头前沿到堆场这一段搬运过程的操作改用场地运输车来拖带。这样,跨运车就只负责在堆场上的堆垛作业了。

(2)跨运车的优点

跨运车的优点包括:

①由于集装箱从船上卸下时,采用落地方式接运,故不能象底盘车接运费方式那样要对准底盘车上的蘑菇头才能放箱,由此提高了集装箱装卸桥的工作效率。

②集装箱在堆场可重叠堆存,堆放层数根据箱种而不同,重箱最高可堆放三层,但从实际作业情况来看,一般出口集装箱堆两层,而进口集装箱因箱内货物不明通常只能堆一层,但与底盘车方式相比,还是节省了一定的堆场面积。

③跨运车是一种多用途机械,它以24千米/小时以上的速度在场地上进行各种作业,故向薄弱环节调配机械的灵活性较大。

④在码头每天作业量不平衡时,可根据作业量的大小随时自由地增减机数,而不会使装卸作业混乱。

(3)跨运车的缺点

跨运车的缺点包括:

①跨运车本身的价格比较贵,采用跨运车进行换装和搬运时可能会提高装卸成本。

②跨运车采用液压驱动,链条传动,容易损坏,故修理费用高,完好率低,这是跨运车方式中最突出的问题。

③跨运车的轮压比底盘车大,一般轮压以10吨计,故要求较厚的场地垫层。

④在进行"门到门"的内陆运输时,需要用跨运车再一次把集装箱装上底盘车,比底盘车方式多了一次操作。

3.底盘车

底盘车方式又称"海陆公司方式",是由陆上拖车运输发展起来的。集装箱堆场上采用的底盘车方式是指将集装箱连同运输集装箱作业的底盘车一起存放在堆场上。这种集装箱的堆存方式机动性最大,随时可以有拖车将集装箱拖离堆场,而无需借助于其他机械设备。因此,底盘车方式比较适合于门到门的运输方式。目前,美国西海岸的主要港口较多使用这种方式。

(1)底盘车的优点

底盘车的优点包括:

①除铁路换装作业外,码头上所有作业只使用结构简单的底盘车,不需要其他辅助机械,因此装卸过程中发生机械故障而影响装卸作业的可能性很小。

②由于底盘车不能重叠堆放,集装箱处于随时提取的状态中,实现门到门运输十分方便。

③便于装卸桥实现往复装载式的作业方法。

④在装卸船舶时,码头上只需要使用场地牵引车就可以了,不需要其他搬运设备,故对场地结构的要求低,一般考虑轮压时以 6 吨计,对各种地面的适应性较强。

⑤运输速度快,即使集装箱堆场的位置离码头前沿较远,也不会影响集装箱船的装卸效率。

⑥装卸船舶作业时,码头上不需要有作业人员的协助。

⑦吊箱次数少,集装箱损坏率低。

⑧便于与货主交接,减少交接时的差错。

(2)底盘车的缺点

底盘车的缺点包括:

①全部集装箱都放在底盘车上,不能堆装,故需要巨大的堆场面积。

②每一个集装箱需要一台底盘车,故需要备有大量的底盘车,因此初始投资费用很高。

③作业时一般内陆运输人员直接把车辆拖进场地内,如堆场发生事故时,通常难以明确事故责任。

④如果一个码头上有两个以上的船公司使用时,各公司所提供的底盘车混杂在一起,在业务上将产生困难。

⑤每个集装箱用装卸桥卸到底盘车上时,都需要对位,故装卸桥的作业效率不高。

4.集装箱叉车

集装箱叉车是集装箱码头上常用的一种装卸机械,主要用于在吞吐量不大的综合性码头上进行集装箱的堆垛、短距离搬运和车辆的装卸作业,也有用于大型集装箱码头堆场的辅助作业,它是一种多功能的机械。叉车搬运集装箱一般采用两种方式:一种是吊运方式,即采用顶部起吊的专用吊具吊运集装箱;另一种是叉运方式,利用集装箱底部的叉孔用货叉起运,一般这种方式主要是搬运 20ft 的集装箱或空箱。任何一种方式的集装箱叉车都应符合以下作业需要:

①起重量应保证能装卸作业所需的各种箱型;

②起升高度应符合堆垛层数的需要;

③荷载中心(货叉前臂至货物重心之间的距离)取集装箱宽度的一半,即 1220 毫米;

④为了便于对准箱位,货架应能侧移和左右摆动。

5.正面吊

正面吊是一种目前在集装箱码头堆场上得到越来越频繁使用的专用机械。虽然这种集装箱堆场设备由于其运行方向与作业方向垂直而需要占据较宽的通道,但是它堆箱的层数较高,并且可以为多排集装箱作业,设备的灵活性较强,因此很受码头堆场的欢迎。采用正面吊可以堆存3～4层重箱,或7～9层空箱,因此堆场场地的利用率较高。目前,正面吊主要还是作为集装箱堆场的辅助作业机械,但其确实是一种很有前景的集装箱装卸专用设备。

9.2 散货码头主要设备

9.2.1 散货装船机械

1.固定式装船机

固定式装船机械是一种整机不能沿码头岸线移动的装船机型。为了适应装船的需要,扩大物料的抛撒面,这类机型的悬臂可作旋转、俯仰和伸缩的动作,所以这种装船机也称为悬臂转动式皮带装船机。有的装船机的悬臂还可作摆动,因而也陈之为摆动式装船机。由于这类装船机的性能全面,装船效率高,对码头的承载能力要求低,可节约码头的建造费用,因此成为国内外煤炭和矿石码头的主要装船机型之一。

(1)固定转盘式装船机

这是一种我国长江中下游煤炭和矿石出口码头上传统的、应用效果较好的装船机械。固定转盘式装船机可作200°旋转,悬臂的伸缩距离为7米以上;并可以作上下20°～60°的俯仰,以适应装载1000～5000吨级的驳船。

该系统的装船作业如下:从锚地送到码头前的空驳系缆后,机头对正舱口,顺次由前到后开动皮带机,将堆场或卸车线的物料,经过一系列中间皮带机传递到悬臂皮带机,通过溜筒装入舱内,装船过程中为满足船舶平衡和驳船强度方面的要求,悬臂要经过几次水平方向的摆动和伸缩,将物料均匀地分配到各舱内。

这种装船机的装船效率较高,在装载重量小的驳船时,驳船容易过载。因此,在装船过程中要注意驳船吃水的变化。当驳船装满后由拖船或绞盘将重驳拖出,并再次送入空驳。在低水位时,应该将悬臂降下,使投送物料的高度降低,避免物料的冲击和粉尘的飞扬。在高水位时,为避免悬臂碰撞驳船的上层建筑和拖船的桅杆,在驳船靠离时,应将悬臂转向一边。

(2)摆动式装船机

这种装船机由绕中心转动的桥架装置和桥架上前后移动的臂架装置所构成。桥架借助于前端回转台车,沿栈桥上的轨道运行和桥架本身绕后端墩柱的支承中心回转而摆动,而整机不沿码头线移动。装船机的臂架装置是由伸缩架前端设有臂架的构架所组成,内设皮带机,伸缩架下有轨轮,可沿桥架上的轨道移动。悬臂的俯仰和伸缩架的前后移动,是分别通过各自的绞车和钢丝绳的牵引来实现的。摆动式装船机按前端栈桥轨道的形式不同,分为两种:一种是弧线式装船机,另一种是直线式装船机。

弧线式装船机的前端栈桥轨道呈弧线形,装船机的前端回转台车的中心与后端墩柱中心距离不变,物料靠来回摆动的装船悬臂内的皮带机装船。这种装船机所需码头岸线的长度和码头前沿皮带输送机的长度比移动式装船机明显减少,因而可节省码头建设费用。同时对船型的实用性也较转盘式装船机好,装船效率高,所以被大型的煤炭或矿石码头采用。

直线式装船机又是一种整机不沿码头岸线移动的固定式装船机。它与弧线式装船机的主要区别是:装船机的前端栈桥的轨道呈直线形,也就是装船机的桥架沿支线轨道摆动。这种装船机具有其独特的优点,如它采用大跨距的回转桥架,由于前端有支承轨道,所以避免了巨大的悬臂倾覆作用,有利于加大回转半径,在较小的伸缩变幅的情况下,完成船舶舱口的覆盖面积。这样就可以采用单机头,充分发挥皮带机高效率的特点;水工建筑也只受竖向载荷,使水工建筑的投资减少。但这种装船机的臂架支点的结构很复杂,不仅要能旋转,而且要能伸缩,并要求这些动作同步进行,所以直线式装船机的技术要求较高。直线式装船机一般适用 15 万吨级以上的大型散货码头,这种装船机在我国也有采用。

2. 移动式装船机

移动式装船机是一种整机可沿泊位前沿轨道全长行走的装船机械。这类装船机性能完善,可适应在各种煤炭和矿石码头的任一船舱装载,但构造比较复杂。为了供料,需要沿码头设置高架栈桥和皮带机,配备可与装船机一起移动的卸料车和供料皮带机等设备,因此对码头结构强度的要求较高。

移动式装船机具有灵活、机动、工作面大、对船型变化的适应性强的优点,所以是国内外煤炭、矿石码头最常用的一种装船机械。选用这种装船机进行装船一般都采用定船移机工艺。

9.2.2　散货卸船机械

散货卸船机械按机械工作特点分,可分为间歇型卸船机和连续型卸船机两类。间歇型散货卸船机主要有船吊、带斗门机、装卸桥等,其特点是利用抓斗抓取物料卸船,因为在抓斗卸船的工作循环周期中有一个空返回程,因此称为间歇型卸船机。散货卸船机除可用作煤炭、矿石卸船外,还可作为散粮、散盐、沙等散装货卸船之用。抓斗卸船随主机的不同,分为双索抓斗和船吊抓斗两种形式。

1. 散货卸船抓斗

(1)双索抓斗

双索抓斗是一种专为各种起重机配置的散货装卸吊具。所谓双索抓斗,即抓斗上有两根钢丝绳分别栓在起重机的两个卷筒上,其中一根钢丝绳固定在抓斗的上承梁上,称为支持绳,其作用是承受抓斗重量,另一根钢丝绳绕过下承梁的滑轮后,也固定在头部,称为开闭绳,其作用为开闭抓斗。

当抓斗下落到货堆上时,开闭绳和支持绳皆松,抓斗张开,准备抓货。然后开闭绳渐紧,抓斗抓货,抓斗慢慢关闭,抓获结束。开闭绳和支持绳皆紧,抓斗上升,卸船机吊臂旋转至卸货点。支持绳紧,开闭绳松,抓斗张开,卸货结束,吊臂旋转至货堆,抓斗下降。开闭绳和支持绳皆松,准备抓货,重复卸货循环。由此可见,借助起重机吊臂的旋转功能,双索抓斗开闭自如,可任意完成船舶的卸货任务。

(2)船吊抓斗

船吊抓斗是一种专门与双杆船吊配套使用的双索抓斗。船员抓斗与岸机配置的双索抓斗是有区别的,这是因为船舶吊杆在装卸作业过程中不能变幅旋转,所以船吊抓斗的开闭索除了完成抓斗开闭动作外,还在抓斗变换货位时起定位作用,但如将起重机的双索抓斗用于船吊时,其关闭索在回空时会将抓斗关闭,也没有定位功能,不能使抓斗迅速落入货堆上抓取货物,所以起重机用的双索抓斗不能用于船吊。

双吊杆船舶吊杆卸货时,抓斗以张开的形式落于货堆上,支持索处于松弛状态,方形环自由平落在上横梁上,此时提升开闭索关闭抓斗,锥形球碰不到方形环上的疏齿。在卸货点因支持索受力,方形环处于翘起状态,当开闭索卸货时,锥形球的尖头可滑过方形环的疏齿的下方,当回行拉紧开闭索时,由于锥形球卡在疏齿内而不会把抓斗关闭。由此完成卸货的循环。

2.间歇型卸船机械

(1)船舶吊杆

船舶吊杆的工作特点有以下几点:

①为了装卸作业的安全,船舶吊杆工作时,抓斗起升高度不能太高;

②船舶吊杆的起重量较小,卸货效率较低;

③清仓量大;

④在采用船舶吊杆抓斗卸船方式时,不需要在码头上配备卸船机械,因此可节约码头的建设费用,同时港口的装卸成本也可降低。

(2)带斗门机

这是一种在门机的门架下设置可伸缩漏斗的散货卸船专用机械,带斗门机的工作特点是:卸船效率高,这是由于一方面门架下的漏斗可根据抓斗行程调节伸缩,使抓斗带货运行的行程缩短;另一方面是因为带斗门机的起升、变幅速度比普通门机高 40%~50%,从而提高了装卸效率。带斗门机适用于船型不超过 5 万吨级的中型散货船进口码头,卸船效率在 700 吨/小时以下。世界上最大的带斗门机卸船效率可达 1050 吨/小时。

(3)装卸桥

装卸桥也称桥式卸船机,是国外大型散货码头最主要的卸船机械,一般适用于 5 万吨级以上的散货专用船,卸船效率在 700 吨/小时以上。装卸桥抓斗的行程路线简单,起重量大,同时装卸桥还可以承受较大的动量载荷,所以其装卸小车的工作速度比较快,抓斗的工作周期大为缩短,从而提高卸船的效率。装卸桥在国外大型散货码头得到了普遍使用。

3.连续型卸船机

链斗式卸船机和斗轮卸船机是两种常见的散货连续型卸船机。这两种卸船机主要由垂直提升的斗式提升机和水平输送的皮带机两大部件组成。

（1）链斗式卸船机

链斗式卸船机的工作过程如下：物料由链斗提升机提取，卸到回转转盘附近的料槽内，由臂架皮带机送进大车中的中心料斗，再经过下面的双料斗直接卸到汽车或火车内，或者流到皮带机火车上，经坑道皮带机转库场堆存。链斗式卸船机主要的优点有：

①使用范围广。就货物而言，可用于从磷酸盐、煤（粒度在 100 毫米以下）、矾土等轻物料直至铁矿、石灰石等重物料的卸船作业。就船舶而言，可适用从河驳到大、中型海轮的卸载。

②卸船效率高，工作稳定，卸船时的物料损失量低于抓斗起重机的 2%，能量消耗也比用抓斗机低 1%～2%。

③易于实现卸船作业自动化。

④防污染问题解决较好。

（2）斗轮卸船机

斗轮卸船机的作业特点是由双排斗轮取料，物料落入中间皮带机上，输送到链斗提升机将物料提升到悬臂皮带机，转送到岸上。斗轮和链斗可以由舱内操纵转动 240°。由于驾驶员易于观察物料的抓取情况，机动性较好，抓取效率较高，也可以减少整机移动和悬臂转动的次数。从发展趋势来看，连续型的各式卸船机是一种可提高卸船效率的、很有发展前途的专用卸船机械。

9.2.3 散货堆场机械

散货堆场机械是指用来完成物料的进、出场和堆料作业的专用机械。物料品种、特性和堆存量是决定选用堆场机械设备的主要因素，而应用的机械设备不同也会影响物料进、出场和堆存形式，两者要相互适应。

1. 堆料机

堆料机是国内外散货堆场常用的专用机械。散货堆场使用较大型的堆料机的有美国康捏恩特矿石码头、加拿大温哥华罗伯茨码头、我国秦皇岛煤四期码头等。堆料机有单悬臂、双悬臂、旋臂式三种机型。堆料机与堆场皮带机系统可以组成不同的堆场装卸工艺形式。

2. 取料机

取料机是专用于堆场取料的机械，常见的是与水平固定式皮带机配合使用的取料机，但也有流动式取料机。如美国明尼苏达州双港球团矿码头采用履带式斗轮取料机。取料机通常与堆料机配合使用来完成物料进出堆场的作业，这种堆取分开作业的营运费用较低，但土建部分的投资大，所以在一般情况下适用于堆场外形尺寸长而宽的堆场。取料机的特点是两端支承在轨道上，中间是皮带机和滚斗桥架，整机可跨堆场移动，滚斗也可沿桥架移动。由滚斗从货堆上取料，再将物料转到上部桥架上，最后卸入平行轨道设置的固定皮带机上。

3. 皮带输送机

皮带输送机是散货装卸作业线连接装卸船、装卸车、堆场机械和各种储存给料作业环节之间的水平运输的转运工具。随着装卸船效率和煤炭、矿石装卸工艺的现代化发展，皮带输送机已具有固定式、大容量、长距离和高效率等特点。目前世界最新型皮带机系统的输送效率已达 4 万吨/小时。高效率的皮带输送机对皮带的强度要求高，对皮带的带宽和带速也提出更高的要求。皮带输送机效率的选用要与装船机和卸船机相适应。

9.3　港口装卸工艺

9.3.1　港口装卸工艺概述

所谓工艺，是指社会生产中改变劳动对象所采取的方法。工艺是达到目的的一种手段，工艺的效用是在整个生产过程中表现出来的。在制造业中主要指的是加工方法。在港口企业中，港口装卸工艺是指在港口实现货物从一种运载工具(或库场)转移到另一种运载工具(或库场)的空间位移的方法和程序。

1. 港口装卸工艺的性质

社会生产的劳动对象可分为物质、能、信息等若干形态。运输业所从事的则是物质在空间上的位移。港口的主要任务是货物装卸和储存。对港口来说，装卸工艺就是港口的生产方法。研究装卸工艺，就是分析和改进装卸方法，使通过港口的物流更经济、更合理，从而达到安全、优质、高效、低成本地完成装卸任务的目的。

装卸工艺是港口生产的基础，属于工业工程的范畴。工业工程学着重研究以生产流水线为中心的整个企业的现场管理，其追求的目标在于杜绝生产中的一切浪费、提高劳动生产率，降低成本。正因为如此，加强科学管理必须从工艺管理抓起。由于工艺对货物装卸、搬运、堆存提出了安全、质量、效率、经济的全方位要求，因此实现工艺规范化既是现场管理的基本要求，又是文明生产的主要内容。

装卸工艺分析和劳动定额、激励制度等结合起来，又是劳动管理的重要内容。先进的装卸工艺、合理的劳动定额以及能激发工人劳动热情的激励制度，这三者的有机结合是提高劳动生产率的重要手段。劳动定额必须在先进的装卸工艺基础上制定，而先进的装卸工艺必须通过合理的劳动定额和能激发工人劳动热情的激励制度才能巩固和提高。

装卸工艺现代化是港口现代化的关键，是提高劳动生产率和内涵扩大再生产的主要手段。因此，改进装卸工艺往往是港口挖潜、革新、改造的主要目标。

作为研究方法合理化的装卸工艺既是一门技术性学科，又是一门管理艺术，它与组织及经济密切相关，甚至在某些方面工艺本身就包含着组织和经济的因素。例如，工艺合理化的重要原则之一，是作业线各环节的生产率要互相协调。而要实现这个原则，必然要考虑各环节的配工和配机问题，这也就包含了生产组织的因素。又如，工艺方案总是要和一定的经济指标相联系的，根据这些经济指标，才可以从众多方案中筛选出最优的。可见，装卸工艺又是与经济紧密联系在一起的。

2. 港口装卸工艺的主要内容

在港口，装卸工艺工作主要包括两个方面，即日常装卸工艺工作和港口装卸工艺设计工作。

(1)港口日常装卸工艺工作

这一工作是以港口现有的工艺系统与装卸设备伟基础,通过挖潜、技术创新和有效的组织,合理运用现有的人力、物力,以达到安全、优质、高效、低消耗来完成港口装卸任务的目的,这是属于港口内涵式的扩大再生产能力的工作。具体包括:工属具的改进和创新、装卸工艺线的再设计、作业线改进、工程心理学研究、装卸作业技术标准的制定与修改等。除此之外,港口日常工艺管理工作还包括货物在运输工作与库场内的堆码方式,各种辅助作业的完成方法等。

(2)港口装卸工艺设计工作

港口装卸工艺设计属于外延的扩大再生产范畴,是港口工程设计的一个重要组成部分。装卸工艺设计往往对港口工程设计的其他环节提出设计要求,对整个设计起到总揽全局的约束作用。装卸工艺设计是港口规划发展中的主要决策内容之一。在设计装卸工艺方案时,必须根据货物的种类、流向、流量、包装、理化性质等因素,以及车型、船型、码头的交接方式,港口的自然条件,运输组织等方面的具体情况,拟定一系列可供比较的、有价值的方案,并经过详尽的分析和比较,找出一个较为合理且可行的方案。一个成熟、合理、可行的工艺方案的产生,必须经过反复修正与比较,使所选方案完善合理。如果工艺方案决策错误,即使港口具体工作做得再多再好,企业也是难以取得成效的。计算机仿真技术的应用使装卸工艺方案的选择过程更为科学。

从上述几个方面的分析可知,港口装卸工艺主要涉及以下几方面的内容:

①装卸机械设备类型的选择和吊货工具的设计;

②工艺流程的合理化;

③货物在运输工具和库场的合理配置和堆码;

④驾驶员和工人的先进操作方法;

⑤工艺规程的制定和修改。

3.港口装卸工艺的作用

港口的主要任务是进行货物在不同运输工具之间的换装,在装卸过程中并没有材料的消耗,只有机械的磨损及燃料的消耗。因此,装卸成本主要决定于机械的折旧修理费、燃料费、机械驾驶员及装卸工人的工资等。所以,降低装卸成本就是要降低上述几种费用,这样通过合理使用装卸机械及装卸工艺来达到。另外,保证装卸过程中的安全与质量也必须寻找合理的装卸工艺。其他如装卸效率的高低、劳动强度的大小等,也与装卸工艺有密切关系。因此可以说,港口装卸工艺工作在港口技术管理工作中是头等重要的工作,是港口生产的基础。另一方面,港口装卸总是按某种方式进行的,然而不同的方式会产生不同的效果。这就是说,港口装卸工艺是客观存在的,我们的任务是应该主动地研究它、改造它,使之更合理。这也就是必须大力开展研究装卸工艺的原因所在。

港口装卸工艺在港口生产管理中具有重要的作用,概括起来有以下几个方面:

①港口装卸工艺是港口生产的基础。港口装卸工艺是通过装卸作业线具体实现的,而作业线实际上就是装卸工艺线。

②港口装卸工艺是劳动管理的重要内容。港口装卸作业的方式选择直接影响到作

业的时间、定额以及奖惩制度。

③港口装卸工艺现代化是港口生产技术进步的标志之一。长期以来,有一种倾向,就是重码头建设、轻设备的有效应用。致使我国集装箱码头虽然建了不少,但是单泊位通过能力却普遍较低,大大影响了码头应有能力的正常发挥。

④港口装卸工艺直接影响港口的生产绩效。港口装卸工艺选择是否合理,直接影响到港口的生产绩效。合理的装卸工艺选择并不是主张设备采用得越先进越好,而是要根据港口的实际生产情况和货种货流情况进行合理选择。

9.3.2 影响港口设备配备的因素

装卸工艺和装卸机械化系统是两个关系密切,但又互不相同的概念。装卸工艺是指货物装卸的方法,装卸机械化系统则是用来实现装卸工作机械化的各种装卸机械及辅助设备的集成。例如,在件货装卸时,门座起重机可以与叉式装卸车配合组成一个机械化系统,但同一个"门座起重机—叉式装卸车"系统可以有几个不同的工艺方案,即成组运输、成组装卸及堆存、散件装卸。

但必须指出,现代化的装卸工艺是以先进的装卸机械化系统为基础的,而且机械化系统一经采用,更换比较困难,因此必须根据港口的具体营运状况和自然条件,合理地设计机械化系统,特别要注意构成机械化系统主体的装卸设备类型的选择。影响装卸机械设备类型选择的因素大体包括货物、运输工具、自然条件、港口建筑物和运输组织等几方面。

1. 货物方面

(1)货物特性

货物的不同在以下几个方面影响着机械设备的选择:

①货物的尺寸、重量、容重、形状和包装形式影响着起重量的选择。例如件货组的大小往往受舱口尺寸、构成货组的方便性和货物在运输及保管时的稳定性等条件制约,因此对积载因素大的"轻泡货"来说,选择起重量过大的起重机就会因起重量得不到充分利用而影响经济效果。

②货物品种的多样性要求机械具有通用性和灵活性,要求能同时从船舶和车辆装卸多个品种的货物,要求库场内有众多的货堆。在分票多、货堆小的时候往往要影响货堆的高度,影响库场面积和机械对高性能的充分利用。

③货堆的脆弱性和包皮的牢固性会影响装卸方法和货堆高度,要求港口在装卸货物时选用最少"接头"的输送机系统,避免采用刮运或抛掷的原理来运移货物。受震易坏的货物,如收音机等不能用滑板装卸,焦炭不宜用抛射式平仓机;怕压的件货在库内堆场时要用货架。

④货物的冻结性和凝结性对设备的有效应用具有重大影响,如果设计时考虑不周,有时甚至会使整个设备无法使用。例如盐、化肥散运时会因凝结而结壳,煤炭、矿石在冬季运输时会冻结,而且水分越大,越易冻结。由于冻结的货物不能自流,影响到开门车和露天地下坑道的有效应用。为使货物不冻,或使已冻的货物松碎,需要根据不同情况对

散货进行脱水、加防冻剂、加热、用机械松碎等方法。

⑤货物的磨损性和腐蚀性会加速机件的损坏,因此需要特别的防护与维修。

⑥货物的易燃、易爆、扬尘性要求在设计装卸机械化系统时从安全、环保的角度采取有效措施。

此外,在设计机械化系统时,还需要考虑因特定货物引起的某些辅助作业设备的需要,如干燥、净化、精选、粉碎、分票、选材、称量、计件等设备。

（2）吞吐量

吞吐量大小关系到是否需要设置专用化泊位和采用专用化机械。港口的专用化生产是社会化大生产的产物,也是现代化大工业发展的客观规律和基本特性。

专用化生产能否取得良好的经济效果,关键的因素是要具备一定的产量。如果产量不足,专用化生产反而会因设备利用不足而提高成本。同样的道理,吞吐量大小也关系到机械设备应具有的生产能力,从而影响到所需配备的机械设备的类型和数量。吞吐量大时,应设置生产能力较高的机械设备以获得较高的港口通过能力;当吞吐量较小时,最好采用构造简单,造价低廉,而又能保持相当生产能力的机械化系统。对生产任务显著不均衡的、受季节影响大的货物,则要考虑泊位在空闲季节的充分利用问题。

（3）货物流向

货物流向是影响机械设备选择的又一重要因素,水运货物是经铁路还是水路转运,是双向货流还是单向货流,货物是全部需要经过库场还是有很大比重直接换装,这些对机械设备选择都有很大影响。双向货流要求机械在装船与卸船的两个方向都能进行工作。在这方面起重机系统较输送系统优越。

货物是否经过仓库对机械化系统也有重大影响。货物完全不经过仓库,当然可以使机械化系统简单、经济,但是促使货物经过仓库的原因很多:如货物的特殊要求（木材的分类和加工,件货的分票,谷物的精选、干燥和熏蒸等）;水陆同时装卸的货物品种不同;各种运输方式的工作期不相一致;水陆运输工具未能同时到港以及它们的载重量相差悬殊等。而且船舶装卸效率越高,组织直接换装越困难。

除此之外,货物方面还要考虑流量、流向的稳定程度,因为这关系到是否适宜采用专用化装卸设备。

2.运载工具方面

（1）船舶类型

泊位长度主要根据船长决定,船宽关系到岸上机械的臂幅。船舷及上层建筑高度决定起重机门架及输送栈桥的高度和岸上机械具备升降式或伸缩式悬臂的必要性。舱口数影响岸上机械的数量,舱口尺寸影响作业方法和装卸效率,舱口面积与货舱面积之间比例的大小影响舱内作业效率,而舱内作业往往成为限制装卸效率的主要因素。船舱结构影响舱内机械的采用。舱口位于上层建筑里面的客货船要求采用特殊的装卸方法。

在进行机械化系统的技术经济指标计算时,传统上根据设计任务中提高的设计代表船型,但工艺上往往不能满足于设计代表船型。一般来说,专用化的车型和船型有利于采用专用机械,有利于提高装卸效率。但由于我国车船类型比较负责,存在着各种车船类型到港作业的可能性,因此设计机械化系统时通常需要考虑一定的灵活性。

（2）车辆类型

关于车型,除特定的情况外(如用自卸车运散货),我国目前还很少用某一种车型装运一种货物。因此,除有特殊要求者外,一般只需了解是否有篷车或有篷货车装运散货的情况。

3.自然条件方面

（1）水位与潮汐

我国海港的潮差一般不大,内河港口的水位差则很不相同,有的港口变化较小,有的则变化很大。水位变化过大会使直立式码头的造价昂贵,使水工建筑投资增加;在斜坡式码头条件下,船舶与岸线相对位置变化很大,要求机械化系统能够灵活适应,既要保证高水位,又要保证低水位时的车辆与船舶装卸作业。

如需要地下建筑物,则须了解地下水位高度。地下水位高的港口在建造地下坑道时会增加施工方面的困难,影响地下坑道的经济合理性。水流方向决定着船舶靠码头的首尾方向。

（2）地质和地形

地质条件对码头形式、结构、造价及机械设备的选用都有重大影响。例如,在地质条件不好的情况下,安装重型机械或建造高大的储货舱和油罐会遇到技术上的困难。即使技术问题可以解决,地基处理的费用也将大大增加,从而影响设计系统的经济性。在土质太坚硬(如钢渣填土)的情况下,挖掘工程量太大会给机械化系统施工造成困难。在设计工艺方案时应尽量利用原有地形条件,根据高站台、低货位、滑溜化等原则,利用位能进行货物装卸。

（3）气象条件

在经常下雨的港口,为解决雨天装卸问题,应研制和按照防雨的设备。北方港口要防止货物在严寒季节冻结,为此应采取相应的措施。对冬季要封冻的港口,应考虑冰棱对码头形式和机械设备的影响。

4.港口建筑物方面

（1）岸壁形式和码头结构

岸壁形式有三种:直立式、混合式和斜坡式。混合式中又因直立段的位置而分为半斜坡式和半直立式。

直立式岸壁造价高于混合式,混合式岸壁造价则又高于斜坡式。直立式岸壁和斜坡式岸壁造价的差额随着高度的增加而显著增加。在地质条件不好时差额更大,因为地质条件对斜坡式岸壁的影响远较直立式岸壁小。

海船泊位一般用直立式岸壁,因为如用斜坡式或混合式岸壁,船舶吊杆和起重机都会因海船吃水深,船岸间距离大而难以作业。但散货专业泊位也常用斜坡式和混合式岸壁。除岸壁形式外,码头本身结构的强固程度对机械的选择也有巨大影响。我国港口旧码头一般承载能力小,在这些码头上使用重型机械设备就非常困难。在分析和设计我国港口旧码头上的机械化系统时,对这方面的情况必须予以注意。

（2）库场类型及位置

库场地面的允许负荷和平坦程度、仓库的高度、支柱的多少、库门的尺寸等都影响着流动机械类型的选择。库场的平面尺寸和形状影响到某种特定情况下选某种类型的机械是否恰当。库场和码头的相对位置决定着货物的搬运距离,影响着各种机械的使用效果。

(3)铁路线和公路与码头的相对位置

铁路线与地面的高度差影响着流动机械的应用。铁路线和公路与码头平面相对位置对机械设备的选择也有影响。在设计机械化系统时,要尽可能避免陆上运输工具对装卸工作的干扰。

5.运输组织方面

车船运输组织的特点是选择装卸机械类型,因而其是决定工艺方案的又一重要因素。例如有的港口船舶要候潮进出港,船舶作业时间和装卸船机械的生产率因而和潮汐的周期相联系。同理,铁路的成组编解或成列到发等运输组织方面的要求也都要照顾到。

除以上所述的条件外,还要注意港口作业频繁、对生产要求高等特点,同时机型选择还受到我国港机生产和维修水平的制约。

9.3.3 港口装卸工艺合理化原则

国内外港口生产实践表明,合理的装卸工艺应该符合一些基本的原则。揭示这些原则将有助于人民去解释为什么这样的工艺要比那样的工艺合理。原则的存在无疑将激励人们对现行生产方法进行不断地深入分析、思考,其结果将促成设备和人力的更好利用。

1.安全质量原则

安全质量原则是指在港口生产过程中,防止货物损坏和差错,保护人员的生命以及设备、设施的正常运行的基本原则。

没有安全不可能有经济高效的生产,任何质量事故都意味着对港口企业、货主以及国家和地区经济造成损害,甚至影响国家对外信誉。尽管人人都认为安全是必要的,但很多人并不始终能在生产中保持安全意识。港口货物装卸,特别是船舶作业,潜伏着很大的不安全因素。管理人员和工人必须坚决贯彻"安全质量第一"的方针,认真执行有关的安全质量操作规定。

在质量方面,装卸工艺的设计和安排必须保证货物的搬运和储存质量。从全面质量要求,上道工序还应满足下道工序的需要,装货港要考虑卸货港的要求。质量是企业信誉所在,必须高度重视。当然,在强度质量的同时也应该指出,任何质量都是和费用的支出联系在一起的。装卸和堆场标准的确定要实事求是,防止形式主义。避免过剩质量是工业上提高劳动生产率、降低生产成本的重要措施之一。

2.充分利用机械设备原则

充分利用机械设备原则是对于劳动强度大、工作条件差、搬运和装卸频率、动作重复等环节,尽可能采用有效的机械化作业方式。

港口装卸作业,劳动强度很大,因此,用机械代替人力从事装卸作业具有特别重要的意义。装卸工艺机械化不仅是减轻体力劳动繁重程度的根本途径,同时也是保证作业安全,提高劳动生产率的重要手段。随着教育的普及和文化程度的提高,年轻一代的装卸工人越来越不能忍受落后的体力装卸方式,作为港口现代化的注意标志之一的装卸作业机械化将有力地推动港口生产走向文明,提高装卸工人的社会地位,稳定装卸工人队伍,促进港口繁荣。

3. 专用化和适应性原则

专用化原则是指尽可能采用专门的工艺,专用的设备进行货物的装卸、搬运和储存。专用化,是社会化大生产的产物,是现代化大工业发展的客观规律和基本特征。从世界范围来说,由于海运生产规模的急剧扩大,为了寻求更大的经济效果,海运生产的专用化有了更深入的发展。运输船舶发展出集装箱船、滚装船、油船、矿石船、液化气船等多种专用船型。港口装卸工艺也大大提高了专业程度。

适应性原则是指采用的工艺方案或者装卸设备应尽可能地满足不同种类的货物的装卸作业要求。当设备的适应性增强的时候,它的应用范围就可以相应扩大,使用比较方便。适应性原则对港口装卸设备来说,具有重要意义。因为港口装卸的货种杂、变化多,采用适应性强的设备便于应付各种各样的变化情况,但这条原则又不能盲目滥用,因为这条原则是和专用化原则相对立的。

究竟是采用专用化设备有利,还是采用适应性大的设备有利,关键在于对货物和车船类型等作业条件以及未来变化的可能进行调查和预测,对经济效益作出科学的评估。在这基础上,由高层管理者凭借其本身的经营和智慧作出决策。

4. 高效作业原则

高效作业原则是指装卸工艺的设计应保证船舶和车辆的装卸能力得到充分的发挥,以缩短车船在港停留时间。

港口装卸工艺的重要特点之一,是不仅要使货物在港口的换装最经济,而且要尽量缩短运输工具在港口的停留时间。因此,在货运量一定的情况下,要以较低的库场机械生产率保证较高的车船装卸效率。在实现同样作业需求的前提下,尽可能采用工序数少的作业方案;协调好作业线各环节,平衡前后工序的作业能力;充分利用人、机作业时间,减少可能出现的空闲时间,避免装卸工艺的中断。在路线设计时,尽力走直线,缩短货物位移的空间和时间。在堆场方面,应充分利用库场允许的空间高度,发挥最大的堆存能力,尽可能使用安全、简便的工属具,以提高直线搬运的作业效率。

5. 标准化原则

标准化原则是指在装卸工艺方案以及直线设备的选择时,应尽可能采用标准化的成熟方案和设备系列以及标准化的货物单元。

设备标准化是符合经济原则的,设备标准化可以大大减少备件的数量,提高维修人员的技术熟练程度和维修质量,降低维修费用。当前我国港口严重存在机型杂的问题,迫切需要根据标准化进行调整和整顿。

便于维修固然是设备需要标准化的重要原因,而当把运输作为系统来看待的时候,标准化具有更重要、更深远的意义。标准化是专用化协作必不可少的条件,是现代化运输系统的基础。

标准化既指设备设计制造的标准化,也指装卸作业的标准化。前者,通过标准化可以减少备件,从而降低成本,后者则可以提高工人操作的熟练程度。

6. 环境保护原则

环境保护原则是指在装卸工艺的时间和改造中,应采取有效措施,防止在作业过程中对周围环境产生的有害影响。

我国的《环境保护法》规定,环境保护的任务是,合理利用自然环境,防止环境污染和生态破坏,为人民创造清洁适宜的生活和劳动环境,保护人体健康,促进经济发展。

装卸某些货物时会因为货物的性质不同而产生各种不同的污染,如尘污染、油污染、毒性污染、噪声污染等。为了消除污染,保护人民健康,要认真找出造成污染的原因,积极采取措施。在散货装卸过程中可以根据不同情况采用吸尘、喷水等方法解决尘雾飞扬问题。油船装卸时周围要用围油栏拦住,以免油污扩散。

9.4 港口设备的维修与保养

9.4.1 港口设备的正确使用

1. 正确使用设备与设备工作能力的关系

港口设备的使用过程同时也是设备工作能力下降的过程,影响这一过程的主要因素有使用方法、工作规范、连续工作时间和环境条件等。控制这一阶段的设备技术状态就是要掌握正确的使用方法,选用设计允许的工作规范,不允许超出容许范围的连续不停机工作,创造适合设备工作的环境条件(温度、湿度、含尘量、含腐蚀性介质、震动等)。在这一阶段最重要的是重视人的因素,因为是使用设备的人在操作设备,确定工作规范,并且操作者最先接触到设备工作能力的耗损情况(感受到设备功能的衰退或丧失、输出参数变化在产品参数上的反应等)。设备效能的发挥以及能否持久工作而不出或少出故障,与人的质量(熟练程度、责任感、劳动兴趣和生理状况等)有直接关系。因此,正确使用设备是控制设备技术状态变化和控制故障的重要步骤,不仅是企业连续生产的需要,也是开展计划修理的前提。因为不正确使用设备所造成的设备损坏将导致计划外的紧急修理,这会打乱正常的修理计划。

2. 保证港口设备正确使用的措施

(1)严格按照规程操作设备

设备操作规程规定了设备的正确使用方法和注意事项以及对异常情况应采取的行动和报告制度。只有严格按照规程进行操作,才能够减少对设备的损坏和损耗,延长设备的使用寿命。

(2)实行使用设备的各级技术经济责任制

操作者按规程操作,按规定交接班,按规定进行维护保养。班组、车间、生产调度部门和企业领导都应对设备的正确使用承担责任,不允许安排不符合设备规范和操作规程的工作。

(3)严格实行程序化、标准化管理

严格实行定人定机、教育培训、操作考试、凭证操作、执行交接班制度、严肃处理设备事故等管理措施,实施标准化管理。

(4)开展维护保养和竞赛评比活动

实行设备维护的奖励办法,开展相关竞赛活动,把提高使用人的积极性同物质奖励结合起来,加强员工对港口设备正确使用的重视程度。

9.4.2　港口设备的检查和修理

1.检查

检查港口设备的目的是判断和确定设备的技术状态是否在规定范围内,据以作出继续使用、采取预防措施或停机修理的结论。因此,检查结果是计划修理的主要依据之一。统计一个单位设备检查的结果,可以判断这个单位总的设备技术状态水平。

港口设备技术检查包括:

(1)日常点检

由设备使用人按点检卡上的要求进行检查。

(2)巡回检查

由维修值班人员按规定的巡回路线,对所负责的设备和检查点,进行日常的检查,掌握设备日常运行状况。

(3)定期检查

定期检查又可分为定期功能检查和定期参数检查。定期功能检查的对象主要是重点设备。以机械设备为例,一般不拆卸、不刮研、不检查精度,只打开盖子检查和调整间隙,排除小的故障隐患,修补小缺陷,修除毛刺和划痕等。定期参数检查主要是针对精密、大型和关键设备所进行的检查。在进行参数检查前,应先做功能检查,然后再检查设备主要参数,例如精密设备的精度、锻压设备的最大工作能力,动力设备的功率以及重负荷受压设备的安全性等。

(4)状态监测

对使用状态下的设备进行不停机的在线监测,这种方法能够确切掌握设备的实际特性,有助于判定需修复或更换的零部件和元器件,使设备和零件潜力得到充分利用,避免过度维修,能够最大限度地节约维修费用。并且由于及时发现和更换了处于故障边缘的零件,避免了故障停机所造成的生产损失,对流程式、流水式生产和关键设备,作业更为突出。状态监测要利用传感器和仪器连续地或定期地从监测部位取得信号,进行波形、频谱和数值分析,并有专门人员负责信号和数据的记录、分析和处理。

(5)修前检查

修前检查是指在设备修理之前,以维修人员为主进行的深入检查。修前检查要拆卸零部件和元器件,进行检验和测量,目的是确定修理内容和修理方法。此外,还有对一个单位设备技术状态的完好率检查,对维护质量的优劣情况检查等。

2. 修理

修理的作用是恢复设备已失去的工作能力,使设备回复到良好的技术状态。设备工作能力的下降和设备技术状态的劣化是逐渐发生的过程,而设备的修理却是间断发生的过程。根据修理内容、工作量和维修理论不同,修理作业可以划分为不同的类型。

(1)大修

大修旨在全面恢复设备工作能力的修理工作,其特征为设备全部或大部分拆卸分解,修复基准件,更换或修理所有不宜继续使用的零件,整新外观,使设备精度、性能等达到原出厂要求。为了改进和提高设备工作能力,可以对需要改进的部位(部件或项目)或整机结合大修进行现代化改装。

(2)项目修理

项目修理简称为项修,整理的项目是指设备部件、装置或某一项设备的输出参数。项目修理是在设备技术状态管理的基础上,针对设备技术状态的劣化程度,特别是在已判明故障的情况下所采取的有针对性的修理活动。

9.4.3　港口设备的保养

在设备维修中,经过长期实践,以预防为主的观点已为世界各国普遍接受。我国亦一贯强调这一观点,以维护保养为基础就是这一观点的体现。对港口企业来说,把重点放在维护保养上,致力于预防和延缓设备工作能力的下降和技术状态的劣化,既是保证生产有秩序、有节奏进行的需要,也是港口企业进行成本控制的需要。

在港口企业中,港口设备的保养是设备状态维修方法的基础,为了进一步突出设备保养的全面性和强制性,港口一般采用"日常保养"和"定期保养"相结合的二级保养制度。日常保养工作的具体内容已融入到港口的日常生产、管理工作之中,下面主要介绍一下港口设备的定期保养。

1. 定期保养的定义

港口设备的定期保养是指港口装卸机械运行一定时间间隔后,由操作人员和保养人员按规范有计划地强制保养,是对装卸机械的全面性维护工作。定期保养是装卸机械运行管理和状态维修管理的重要组成部分,是使装卸机械能经常保持良好技术状态的预防性措施。该定义主要突出以下四项要求:

①定期保养是由操作人员和专业保养人员按各自的职责分工,相互合作共同完成的。

②定期保养是按一定的运行时间间隔制订出保养作业计划。这个计划是状态维修管理计划的组成部分。计划必须按计划顺序管理,执行计划必须具有严肃性。

③定期保养是一项强制性管理措施。

④定期保养是对装卸机械进行全面性维护,使其保持应有的技术状态。

2. 定期保养的特点

(1)定期保养是状态维修的基础

装卸机械在使用过程中,由于存在运动、摩擦等物理化学变化过程,必然会导致技术状态的不断劣化,并且通过机械零部件松动、温升异常、异响等现象表现出来。简单地讲,就是通过点检、保养、检测等手段,把上述现象信息及时采集起来,通过分析后作出维修决策,实施有针对性的维修。这就是以状态为基础的维修管理模式,所采用的就是状态维修方式。

定期对港口设备进行保养,可以使其运转情况得以及时改善。消除可以避免的磨损和损坏,取得保持和减缓设备的劣化趋势,实质上也就是延长了设备修理周期,减少了修理工作量,所以执行定期保养是推行状态维修的基础。没有保养的基础保证,也就无法推行状态维修。

(2)定期保养具有强制性

从定期保养的目的可以得知,它贯穿在设备运行的全部过程中,使设备运行状态得到及时的改善,消除可以避免的磨损和损坏,所以定期保养伴随着设备运行的全过程,不是可有可无的作业行为,而是对设备必须进行的强制行为。

(3)定期保养具有全面性

一台装卸机械是由各个系统总成部件组合而成的,总成部件运转状态的正常与否直接对整机的技术状态产生影响。整机的技术状态如何也是通过总成部件反映出来的,所以对装卸机械必须实施全面性的定期保养。实施全面性定期保养的项目不宜过多,根据港口装卸机械的复杂程度和结构特点,抓相互关联的总成部件及影响安全的部件装置为重点,以重点兼顾全面,达到对机械全面保养的目的。

3.定期保养的基本内容

定期保养的基本内容包括:

①对机械设备进行清洁和擦洗;

②检查、调整、紧固各操纵、传动等连接机构的零部件;

③对各润滑点进行检查、注油或清洗换油;

④调整和检查安全保护装置,保证其灵敏可靠;

⑤使用相应的检测仪器和工具,按规范对机械主要测试点进行检测,并做好检测记录。

⑄ **案例分析**

港口设备管理中的几种不良倾向

港口设备是港口企业生产的物质基础,对于一个港口来说,仅拥有现代化的设备而无科学的管理是不可能获得良好的设备技术效能和经济效益的。在企业中,设备管理是一个重要的管理领域,在这个领域中避免不良的管理倾向是十分重要的。目前,在港口装卸设备管理中有如下几种不良倾向,应引起我们的注意。

1.重视设备技术管理,忽视经济管理

设备管理本质上是设备运行过程的管理,设备的运行过程有两种形态:一是实物形态,二是价值形态。两种形态形成设备的两种管理:技术管理与经济管理,它们分别受技术规律与经济规律的支配,一方面要求经常保持设备良好的技术状态,另一方面要求节约设备维修与管理费用的支出,也就是使设备的寿命周期费用达到最佳化。现行的传统设备管理考核指标中,突出设备完好率及其他技术指标,而忽视设备经济指标考核,这对提高设备的经济效益是十分不利的。

设备是港口企业重要的和数额最大的固定投资,而且为了保证设备的正常运转和良好性能,还应追加维修费用。作为一个港口企业来讲,支付这些资金必须取得良好的经济效益,才能维持港口企业的生存和发展,才能满足各种需求和为国家创造、积累财富。同时,在社会主义市场经济中,设备也是商品,也有价值和使用价值两重性。因此,我们必须认识到,要取得设备的使用价值,从事生产活动,就必须垫付设备的价值和支付维护、修理及改造设备的费用。国务院颁布的《国有企业设备管理条例》中明确规定:"企业设备管理主要是对设备管理进行综合管理,保持设备的有效性,取得良好的投资效益。"要达到上述目标,就要求设备管理与维修人员不仅要对设备进行各项技术管理,还要对设备进行经济管理。

2.重视设备状态维修方式,忽视其他维修方式

(1)故障类型决定了所应采取的维修方式

实践证明,重视某一种维修方式,忽视其他维修方式是片面的、不科学的,也是非常有害的。此外,故障分类不是固定不变的,随着检测技术的发展,一些原来认为不可监测的故障可能转变为可监测的。

事实上,决定设备的最佳维修方式主要有三个因素:设备因素、经济因素和安全因素。通常决定维修的准则主要是经济因素,即以维修费用最少为原则,同时要满足安全规程等限制。

(2)各种维修方式的特点

①事后维修。它不控制维修时机,是在设备、机械发生故障或技术性能下降到合格水平以下时采取的非计划性维修。这种维修方式不需要做任何监测,不需做维修计划,无过剩维修;但有时可能由于故障而影响生产。另外,由于故障的发生有偶然性,我们不知道故障发生的时间,因此也就无法做好维修技术准备,可能造成停机的时间较长。

②定期维修。它是以机械磨损的一般规律为基础,只要设备使用到预先规定的时间就进行维修的方式。这样可以在一定程度上消除设备运行隐患,做到维修技术准备充分。但因零件的实际寿命与想象状态不完全一致,使这种维修会有较多的过剩维修,同时常发生未发现故障隐患而产生拆装和设备性能下降的现象。

③状态维修。它是设备在运行过程中,以技术状态的实际劣化程度来确定维修时机,靠不断监测机件的某些量数或性能的状态数据而决定的。这种维修能在适当的时候安排维修工作,即提高设备的有效利用率,不但能充分发挥零部件的效能,而且使维修技术准备充分。但这种维修方式对设备的技术条件和管理水平要求较高,对监测手段、工具、仪器要求也较高,同时增加了维修的组织机构。另外,由于定期进行状态监测,在一定程度上减少了作业时间。

总的来讲,港口设备维修方式应是多样的,因为各种零部件、设备都有不同的故障类型,且每种维修方式都各有利弊,所以具体问题要具体分析、具体对待;要根据港口生产特点以及港口设备作业的实际情况选用维修方式,以达到维修技术合理、增加经济效益

的目的。

3. 重视客观状态监测,忽视主观状态监测

状态监测就是对零部件或整台设备的工作状态进行监测,根据监测结果,对其工作状态进行判断,如有故障迹象产生,立即写出待修报告,安排计划进行修理。目前,状态监测技术对我们来说比较陌生,一听到状态监测就会联想到需要高级的、复杂的检测仪器,其实这是一个相当错误的概念,这对开展状态维修极为不利。其实大多数状态监测只需要一些极其简单的工具就可以实现,当然某些状态监测确实需要特殊的仪器。

状态监测分主观状态监测和客观状态监测。主观状态监测人员(大多由操作人员实施)靠五种感觉:视觉、听觉、感觉、嗅觉、触觉来判断异常状态。但是由于监测人员经验不一,监测结果解释也不一样。例如门座起重机的起升减速箱齿轮啮合,不同的装配调整就会有不同的啮合间隙,在一定程度上影响齿轮啮合工况。所以,主观状态监测的可靠性在很大程度上取决于执行监测人员的技术素质和经验。客观状态监测,即为了取得零部件、设备的状态信息,用一些不同用途的仪器或一些简单的辅助工具对其进行状态监测,这种监测不取决于人的经验。因此,可靠性和监测准确率较高。

4. 建议

设备管理应该对设备从工程技术、财务经济和经营管理三个方面进行综合管理和研究。要管好、用好、修好设备,既需要掌握多种科学技术,又要掌握有关设备管理的经济规律,提高设备管理的经济效益。只有具备这些条件,才能有效发挥现代化设备的技术效能和经济效益。

①目前港口设备的维修不能走向误区,应根据各类型设备作业特点,从三种维修方式即事后维修、定期维修、状态维修中对照选择合理的维修方式,使各类设备都能得到经济合理的维修,从而达到技术和经济的最佳值。

②设备状态监测工作手段应采取主、客观监测相结合的方式,既要重视主观状态监测,又要重视客观状态监测,特别是在设备状态监测仪器配备还未跟上的情况下,应对主观状态监测予以足够的重视。此外,加强设备油液监测工作,将有效地提高港口设备的可靠性,节约维修成本,延长设备的使用寿命。

③在重视设备技术管理基础上,要充分利用经济手段,加强技术管理,不能仅仅停留在设备完好率及其他技术指标上,要有所突破,要健全和完善机械成本核算制度,着重考核单机创造的效益和运行成本的比值,建立一套合理、科学的单机成本核算制度,从而使设备寿命周期费用达到最佳化,以便为将来的设备选型工作提供依据。

④加强对维修工人的技术培训,提高维修能力,是节约设备修理费用、提高设备经济效益的重要条件。

⑤抓好设备技术改造,对促进港口经济效益的提高有着重要的作用。对于在技改工作中作出贡献的工程技术人员及技工,在晋级、住房、学习深造等方面应给予优先考虑,形成激励机制,从而调动广大员工的积极性,使他们能够全心全意地投入到工作中去。

案例问题:

请根据本章所学知识,谈谈您对文中观点的看法。

☞ **思考题**

1. 衡量岸壁式集装箱装卸桥的性能参数主要有哪些？
2. 集装箱码头包括哪些主要设施？
3. 分析各种集装箱堆场设备的优缺点。
4. 如何理解港口装卸工艺的性质？
5. 港口为什么要采用"日常保养"与"定期保养"相结合的二级保养制度？
6. 为什么港口设备的定期保养具有强制性？

第 10 章

港口库场管理

📑 **本章要点**
①了解港口库场管理的功能、类型及主要内容。
②掌握港口库场堆存作业与计划的基本程序与方法。

10.1 港口库场管理主要内容

10.1.1 港口库场的定义、功能与类型

1. 港口库场的定义

从一般意义上说,港口是水上运输和陆上运输的衔接点和枢纽,只有通过它的换装作业,才能完成水陆运输的转换。然而,不论是起运港、中转港还是到达港,由于车船衔接、货物数量、发货密度以及自然条件等客观因素影响,必然会产生不相衔接的情况。于是,要求港口具备货物的集散和短期保管的功能,以解决或缓冲这种不衔接、不均衡现象。港口中起着路、港、航衔接的纽带作用的场地和设施就是港口库场。

港口库场是指港口为保证货物换装作业正常进行,防止进、出口货物灭失、损坏而提供的用于储存与保管货物的仓库、货棚、堆场、货囤、筒仓和其他建筑物的总称。它是港口的极其重要的组成部分之一,也是整个运输过程中不可缺少的重要环节。

不同港口的库场建筑物的类别和需要的面积不同,其中集装箱港口需要大量堆场和少量后方仓库进行装拆箱作业;杂物港口需要使用仓库、货棚、堆场等多种建筑物与较大的占地面积;油港只要油槽和管道,其占地面积往往较小。

港口库场与港口泊位、装卸、疏运能力一起构成港口生产能力设施。

2.港口库场的功能

在现代港口物流系统中,大批货物要从各地发货人那里运送到港口。由于货物种类繁多,运往的地点不同,因此这些到港等待装船的货物事先要在港口不同仓库、堆场进行集中和组合;进口货物抵港卸载,许多货物来不及由铁路、公路或水路中转出去,这些货物也需要在港口库场储存。因此,港口库场在现代运输组织中是不可缺少的,具有重要的作用。

港口库场的功能主要有以下几个方面。

(1)货物的集散功能

从宏观角度来讲,港口是水路运输的衔接点,需要海上运输的货物从陆地或内河向港口集中后装船,再由船舶运往各地;经海上进口的货物在港口卸货后,再通过内河、陆地运输向腹地扩散。

从微观角度来讲,为了把小批量的货物集成足够的船舶一次载货量,出口货物必须在港口库场集中;为了能按正确顺序装载,需按积载图进行堆装,出口待运货物必须在港口库场重新组合;为了提高货物的装卸效率,小件包装货可能需要组成较大的单元,货物也留在港口库场集中组合;为了使船舶卸货作业顺利进行,许多进口货物需先经过库场,再通过各种运输工具向不同方向及时运出。因此,港口是货物水陆运输的必经集散地,除了少量直接转换的直取作业之外,绝大多数的货物的换装作业都在港口库场展开。

(2)调节与缓冲功能

由于货流的不平衡和运输生产的不平衡,到港货物和船舶会呈现出非均衡性,导致船货衔接难以做到直接对口。此外,在不同运输工具之间的换装过程中,由于不同运输工具在技术条件、运行组织及载货量上的差异,有可能出现不协调现象。

港口库场将各种运输工具的衔接截然分开,在船、货之间和运输工具之间,起到调节和缓冲作用。

(3)实施货运作业的功能

出口的货物,由于货物性质各异、种类繁多,包装形式各式各样,运输条件不同,港口在承运时,需要检查货物及其包装。承运后要根据货物的不同理化性质和包装进行配、积载、成组、装箱(集装箱拼箱)等。有的中转货物需要在港口库场进行灌包、捆包业务。进口的货物,由于分属许多不同收货人,必须卸入库场进行分票、点数、拆箱等。此外,对进出口外贸货物,还要在港口库场办理各种海关的结关业务及检疫等手续。损坏的货物需要在港口库场进行检查、修补、重包等工作。总之,港口库场又是进行进、出口货运作业的重要场所。

(4)保管货物的功能

当进、出口货物卸入港口库场,库场与交货方办妥交接手续后,就对货物的数量、质量承担起责任。为保证入库场货物的完整无损,必须针对货物的不同特性将其储存在最合适的仓库或堆场,配备必要的设施,采用科学的管理方法,使入库货物处于良好状态。这也是港口库场的功能之一。

港口库场的保管货物的功能不同于以保存货物为目的的仓储业务,货物仓储时间可长可短,而港口库场则以集散为目的,它的主要任务是保证进出口货物畅通无阻,加速库场的周转,为货物的装船与卸船服务,不适合货物的长期存放。

由于种种原因,港口库场的储存性对于港口特别是外贸港口来说是必不可少的。在港口向货主提供长期堆存服务前,港口经营者必须完全把握以下几个因素:港口有足够的储存能力;储存作业管理质量高、效率高;货物在港的长期储存不会干扰货物装卸作业和中转储存;货物的仓库保管费用高于港口支出的成本。另外,作为具有长期堆存功能的那部分库场设施,必须建于远离码头前沿的地方,最大限度地减少对码头日常生产活动的干扰。

3.港口库场的类型

每个港口都拥有一定数量及不同种类的仓库和货场,港口库场的种类可以从建筑特征、库场所处的位置和所保管的货物类别等方面来进行分类。

(1)按建筑特征可分为露天货场、货棚、仓库、货囤等

露天货场是用来堆存适于露天保管的货物,按地面条件可分为:自然地面、一般加工地面、砌石地面及混凝土地面等。自然地面是仅在自然的土地上加以平整后用于堆放货物的货场,一般仅适于堆存不怕水湿与日晒的货物,如矿建材料中的沙、石等。一般加工地面是对自然的地面进行了一般加工而形成的货场,如经填土整实、敷设排水设施等。这是一种简易货场,一般用于堆存不怕水湿的堆装货物,如煤炭等。砌石地面是用石块铺砌地面的货场,在有铺垫和遮盖的条件下,可以堆存普通的件货,如袋装的盐等。混凝土地面的货场是比较好的露天货场,凡适用于露天堆放的各类货物均可使用。在有铺垫和遮盖的条件下,混凝土地面可以堆存普通的件杂货。

货棚又称为半露天库房,只有棚顶,四周不围闭。货棚主要用于遮挡雨水和日间直射的阳关。货棚是一种简易建筑物,可用于临时性或短期的堆存货物。货棚具有较好的通风条件和极为方便的搬运堆装操作,适合于有挥发危险气体的货物和重大件货物的存放,港口较多存放和作业这类货物则可以建造固定式的货棚;而季节性使用的港口则可以设计成流动或可拆装的货棚,供雨季使用。由于货棚保管货物的条件不如仓库,方便作业又不如露天货场,港口往往较少使用。

仓库一般为封闭的建筑物,有单层仓库及多层仓库两种形式,主要有砖木结构和钢筋混凝土结构两种,库内设有必要的通风、防火设备,可用于堆存件杂货。仓库具有防风雨、雪、潮、日晒的功能,用于存放需防潮、防湿、防晒的货物。对于一些有特殊功能的仓库如冷藏仓库、油库、粮食筒仓、危险品仓等,就是针对货物保管和作业条件专门设计和建造的仓库,这些专门仓库的用途都很单一。仓库是港口库场的最重要的设施。

货囤,是一种水上仓库,一般有铁质的或水泥制成的有顶盖的平板驳船,也有用废旧船舶改建成的,既可以停靠船舶进行装卸,也可以在舱面及舱内堆存货物。由于港口陆地用于建造仓库的地方不多,在水面上以漂浮的方式或在水中围闭水域的方法建造水上仓库,可以增加港口的存货能力。对于水陆周转的货物,通过水上仓库的临时存放最方便换装。近年来,由于国际运输油轮的超大型化,许多港口因水深限制不能直接进港卸油,往往采用在深水区设立大型水面油库作为仓库转驳运油。

(2)按库场所处的位置可分为前方库场、后方库场等

前方库场是指设置在接近码头前沿的仓库或货场,它能缩短货物搬运的距离,提高

港口的装卸效率,同时也能减少泊位与库场间流动机械运行的干扰。特别是水位差落特别大的斜坡式码头泊位,在低水位时,从陆上库场搬运货物装船或将货物从船上卸到陆上库场,坡度陡,搬运距离长,势必延长船舶作业时间。若能尽量开辟水上库场,将木材之类的能在水面储存的货物放在水上库场,或者利用货囤,临时增放一部分装船、卸船的货物,为陆上库场与船舶之间长距离搬运方式提供缓冲条件,无疑将有效地压缩船舶装载和卸载时间。前方库场都是用于堆存期较短的货物,为配合快装快卸,这类库场应该保持较高的周转率。对于那些保管期超过发船间隔时间的货物,有必要予以转栈,使前方库场保持畅通。

后方库场是指在吞吐量大的码头泊位设置足够大面积的库场,可以为前方库场分担堆存压力。虽然有充足的前方库场是装卸船能否高效进行的关键,但是如果没有足够的后方库场作为前方库场的补充,则前方库场可能会被堵塞。设置在离码头前沿较远的后方库场可以堆放不直接影响装卸船效率的货物,如货主要求预先进场的货物,前方库场短期内未提走以及收货人要求不提走的货物等。当然,在吞吐量较小的港口是否需要设置后方库场,除要根据吞吐量、前方库场的容量、能力和疏运条件等综合考虑外,也应考虑港口的功能、商业仓储服务的需要,再进行全面权衡,方能确定。

(3)对大型港口可考虑设置进口库场、出口库场及中转库场。

考虑到货物通过港区库场有几种形式,如进口、出口、中转等,为了取得较好的经济效益及便于组织管理,对大型港口还可考虑设置进口库场、出口库场及中转库场

进口库场是为进口货物及卸船服务的库场,对于大型港区还可以考虑进一步划分杂货进口库场,大宗货进口库场,南方进口、北方进口及远洋进口库场等。

出口库场是为出口货物及装船服务的库场,在需要的情况下也应像进口库场一样作进一步划分。

中转库场是对于联运换装港口,设置专为中转货物服务的库场,为了适应需要,还可以按水陆中转或水水中转分别设置。水陆中转库场设置的位置主要根据水陆换装货物入库量占港口货物总入库量的比重大小决定:如果水陆换装的入库量占总入库量的比重较大,陆路接运衔接的条件又较好,为了提高换装效率可将水陆中转库场设置在靠近码头前沿的位置;反之,当换装入库量占总入库量的比重不大,车辆接运间隔时间较长或接运能力较小,应将水陆中转库场设置在距离码头前沿较近的位置。有的港口水水中转货物入库量较大,为了适应需要,可设置水水中转库场。当水水中转的货物进、出口均需通过码头泊位时,一般不宜将水水中转库场设置在远离码头前沿的地方,除非接运船舶的发船间隔时间长,而且前方库场面积紧张。

除了以上分类方法,按所保管的货物类别,还可分为普通库场及煤场、矿石堆场、仓库、油库、冷藏库、危险品仓库等。

10.1.2 港口库场管理的主要内容

1.港口库场的任务

港口库场具有的货物集散、调节与缓冲、实施货运作业、保管货物的作用和功能,使

得港口在库场管理中需要承担货物交接保管、保持库场通畅的基本任务。

（1）负责货物的收发、承担货物的保管

货物进港由库场负责作业指导，在港货物的收发也由库场承担，未提货物就由库场负责保管。库场收发货物要坚持高度的责任心和科学的工作态度，做好货物的交接验收；要对不同的货物采取合理、科学和正确的方法堆放、保管，保证货物的良好状态。

（2）加强库场的疏运，确保库场通畅

港口库场是港口货物周转的集散地，库场货物的周转速度决定了港口的货物周转能力。港口库场要加强疏运，挖掘库场容量，确保库场满足港口货物周转的需要。

2.港口库场管理的基本目标

为了使港口库场在运输生产中充分发挥它的作用，适应港口年货运量不断增长、货物种类的不断增多、包装形式的不断多样化、装卸技术的不断提高、货主对港口库场的储存要求不断增加的需要，港口需要不断加强对库场的储存作业管理。

库场管理的基本目标有以下几个方面：

①建立切合实际的有效管理制度，对库场实行计划管理、标准化管理，使整个库场处于良好的管理状态；

②使用科学的管理方法，以充分利用库场的堆存能力，加速库场周转，扩大库场的通过能力，确保进出口货物畅通无阻；

③完善库场的货运作业，按照货运规章的要求，正确处理有关票证和单证，做好信息储存、查询和统计工作；

④采取正确的技术措施，完善库场的护货设施，以保证入库货物的完好无损。

3.港口库场管理的基本工作

为了实现上述库场管理的基本目标，把业务管理范围十分广泛而又繁杂的库场管理工作做好，必须做好以下几个方面的具体管理工作：

①库场堆存定额指标管理。包括库场有效面积定额、仓容量定额、堆存技术定额、堆存使用定额等。

②库场计划管理。制定切实的库场年工作计划，根据堆存能力和准存需要情况编制月度、旬度及日常堆存作业计划等。

③货物入库作业管理。建立入库货物的验收制度和办法，规定签发入库票据及台账登记的办法等。

④堆码管理。推行堆码标准化管理，根据堆码的要求，对堆码的形式、堆码的技术、方法予以标准化，规定堆码注意事项，使库场处于科学管理状态。

⑤库场货物的保管。完善护货设施的管理，根据货物不同的理化性质，确定正确的防湿、防霉、防虫害、防锈蚀等技术措施。对于冷藏仓库、危险品仓库制定特殊的技术管理措施等，以保证仓库货物的完好无损。

⑥货物出库作业管理。规定提货的手续，制定货物出库的放行办法，更新台账内容，做好信息储存工作，为统计、查询和编制计划提供依据和信息。

⑦库场的安全管理。库场的安全管理是其他一切管理工作的基础和前提，具有十分重要的意义。做好库场的安全工作，是库场工作中的头等重要大事，也是每个库场工作

人员的重要任务。

⑧其他方面的管理。包括各种统计资料、报表的管理、查询等工作。

10.2 港口库场堆存计划与作业

10.2.1 库场堆存面积的计算

如果港口库场有足够的面积来接纳将要入库的货物,那么编制堆存计划只需将每票货物分配到货位即可。

但是在许多情况下,库场不能提供充裕的堆存场地,特别是前方堆场和仓库的面积更为紧张。这样,计划者就必须将库场可使用的面积与入库货物所需要的面积进行比较,然后作出安排。由于每单位重量的入库货物所需要的面积不是一个常数,它是随货物的种类、包装与装卸保管方式等的变化而变化的,所以计算每票货物所需库场堆存面积是编制堆存计划者经常要做的一项重要工作。

1.堆存能力

库场的堆存能力,就是库场所能容纳的最大货物堆存量。库场面积是其堆存能力的主要因素,而货物本身也是一个重要因素,如货物的装卸特性,即货物的尺码、包装,货物的体积与重量比,可堆到多高,每票货物之间应怎样分隔等。

库场堆存能力不仅受库场堆存面积大小的影响,而且也受库内堆存货物的自然特性和装卸特性的影响。前方仓库和堆场的堆存能力主要取决于:可用堆存面积、货物的堆垛高度、货物的积载因素和亏仓情况。下面就这四个因素分别进行阐述。

2.可用堆存面积

在计算仓库的堆存容量时,首先要计算出它的可用堆存面积。仓库的可用堆存面积并不是仓库的地面总面积,而是实际能用于堆货的地面面积。实际用于堆货面积,是从库场的地面总面积中扣除一系列不能使用的面积,如货堆间的通道、支柱、仓库围墙周围的安全空间、办公室,设备的通道以及预防火警和其他突发事件时用作通路的安全空间等。

库场面积利用率是在扣除了一系列不能用于堆存的面积后,可用于堆存的面积占总面积的比例。典型的前方杂货仓库库场面积利用率通常在59%~69%。当库场面积利用率低于这个数字,就说明库场面积的使用情况不佳。

增加前方仓库可用堆存面积可增加仓库的堆存容量。增加前方仓库可用堆存面积的通常方法是:减少仓库门数、减少通路和主要通道的宽度、减少办公室的面积或把办公室移到仓库之外等。但必须注意,谨防过度提高库场面积利用率,这会导致堆存作业的困难。

3.堆垛高度

有效地利用垂直空间常常是增加库场堆存能力的最简单、最经济的方法之一,垂直堆垛不足是库场能力未能达到应有指标的一个主要原因。在保证货物堆垛是安全的、库场地面承受的载荷不超过许可限度情况下,尽可能提高货物堆垛高度是提高库场堆存能力的最有效的方法之一。

然而,货物的堆垛高度常常要受到一些因素的限制,如入库货物的尺度、货物的承压能力、使用的堆垛机械设备的能力和安全因素等;又如货物的票数多、批量小,就不可能将货物堆得很高。在堆存小批量的松散货物时最好的方法是把轻、泡货堆放在重货上面,把松散货放在码头托盘上,使用贮存货架系统等,这样可以最佳地利用垂直空间。

4. 积载因素

货物积载因素是货物的体积与重量之比。

如果库场只堆存一种货物,则根据该种货物的积载因素,便可计算出所需的堆存面积。然而一个库场内往往是堆存多种不同的货物,这几种货物的积载因素又各不相同,要计算堆存面积就必须先计算出这几种货物的平均积载因素,可用下列公式进行计算:

$$\bar{\mu} = \frac{\sum\limits_{i=1}^{n} \mu_i}{n} \tag{10.1}$$

式中: $\bar{\mu}$ ——平均积载因素(m³/t);

μ_i ——某种货物的积载因素(m³/t);

n ——堆存货物种类。

在许多情况下,各种货物的入库量是不同的,即各种货物的入库量占总入库量的比例不同,则不能用上述公式计算平均积载因素,而应用下列公式计算:

$$\bar{\mu} = \sum\limits_{i=1}^{n} \mu_i \times q_i \tag{10.2}$$

式中: q_i ——某种货物占总入库量的百分比。

5. 亏仓

亏仓是堆存的每票零星货物之间和周围留出的空间。根据港口的经验,采用紧密堆存的大批量袋装货的亏损百分比很小,只有5%左右,而形状不规则的包装货物与批量小的货,亏损百分比可能达到20%,甚至30%。

产生亏仓的主要原因是:在实际堆存货物时,需留出分隔各票货物的空间;货物包装不规则,货物不能堆放到允许高度或不能紧密堆放,都要放弃一些堆存空间;堆存货物使用衬垫、托盘等物料占用堆存空间等。这对港口来说,就产生了仓容的损失。亏仓大小取决于票数的多少、体积及其包装的形状。

亏仓因素考虑可通过采用亏损系数的办法,亏损系数为:

$$K = 1 + \xi \tag{10.3}$$

式中: K ——亏损系数;

ξ ——亏损百分比。

亏损百分比是指由于受上述诸因素影响而减少堆放货物的体积与计划堆存的该种货物的体积之比,用公式表示为:

$$\xi = \frac{V'}{V} \times 100\% \tag{10.4}$$

式中:V'——少堆放货物的体积(m^3);

V——计划堆存的该种货物的体积(m^3)。

由于亏损百分比取决于各票货物的数量、体积、包装形状以及是否需用垫板、托盘等物料,因此编制堆存计划者应积累经验,准确地判断亏损百分比的值。

6. 货物所需堆存面积的计算

利用下面公式,可以较准确地计算出每票货物的实际所需的堆存面积:

$$S = \frac{W \times \mu(1+\xi)}{H} \qquad (10.5)$$

式中:S——货物所需的堆存面积(m^3);

W——计划堆存货物的重量(t);

H——允许堆高(m)。

10.2.2　港口库场堆存计划管理

编制库场堆存计划的目的是根据进出口货物的需要,结合港区现有各类库场的条件和堆存能力,合理地安排货物的入库时间、入库数量和堆存位置。

为入库货物合理地安排堆存计划,满足进出口货物的需要,充分利用库场通过能力和加速库场的周转,对提高装卸效率、缩短船舶在港时间和保证货运质量有重要作用。

1. 库场堆存计划的作用

库场堆存计划分为月度、旬度及昼夜计划,是在库场使用中对货物入库时间、数量、堆存位置等事先所作的安排。它是港口生产作业计划的分解和实施计划,用于指导和安排库场的使用和作业。库场堆存计划既是库场现场管理人员安排工作的依据,又是现场操作人员开展工作的依据。

对需要入库的货物合理地安排堆存计划,满足货物周转的需要,充分利用库场的通过能力和加速库场周转,提高港口整体装卸、周转效率,缩短船、车在港停留时间,保证港口作业质量,防止货物损失,充分利用港口整体资源具有重大的意义。当今由于港口装卸作业的效率不断提高,库场通过能力越来越成为港口的制约因素,因而做好库场的堆存计划,充分利用库场容量,是提高港口通过能力的重要手段,有着重要的意义。

2. 编制库场堆存计划的要求

堆存计划是对月度、旬度及昼夜入库货物在时间、数量和货位方面的安排。

堆存计划是港区生产计划的一个组成部分,它与装卸作业计划有着密切关系,堆存计划必须依靠装卸作业计划来实现,而装卸作业计划应根据堆存计划的需要来编制,各自从不同角度来保证港区生产计划的实现和进出门货运任务的完成。

堆存计划应以满足入库货物的需要为前提,充分利用库场的堆存能力,使库场保持畅通。堆存计划必须以现有的仓容量为依据,各类库场由于专业化分工、设备条件及使用情况等不同,可供使用的仓容量有很大差异,应根据这些情况作出合理安排,使堆存计划能全面实现。

在具体安排堆存计划时,应满足下列要求:

（1）最佳搬运路线

除了码头前沿的库场可以直接用装卸船设备进行堆货而无需搬运外，货物进出库场都要经过水平搬运过程。搬运过程对港口作业效率有着重大的影响，搬运过程受阻，就会使得整个作业过程停止。入库货物来自不同方向，有进口、出口和中转，有来自水路、铁路和公路，有必要使卸船入库货物和入库装船的货物，在能满足最佳搬运路线的条件下安排堆存计划，以减少操作环节，避免交叉作业，提高装卸效率。

（2）最短的距离

无论是货物入库或出库，都必须进行必要的搬运，但是这种搬运应该是尽可能直接的和距离最短的，货物的存放点应该能保证这一要求的实现，避免迂回的和远距离的搬运。

（3）最少的装卸和搬运，降低作业劳动强度

在编制库场作业计划时要充分考虑货物的流向、装卸要求，避免不必要的操作，使货物的装船和卸船以及入库和出库所发生的装卸和搬运，操作次数最少，工作量最小。应根据货物的流向、品种、包装及装卸搬运要求，选择适当的货位，以避免不必要的翻倒仓作业。

（4）满足库场内作业的需要及方便货物进出库场

库场堆存计划是库场安排作业的依据。在制定库场作业计划时一定要考虑到作业的顺利进行，保证有足够的作业回旋余地，避免发生交叉作业和过分集中作业相互影响的现象发生。港口库场在生产过程中货物的进出是很频繁的，有时进与出同时进行。应该恰当地安排进与出的秩序，在确定入库货物的货位时，要按入库便于出库的要求进行，保持足够的通道并使其畅通。

（5）便于理货和符合安全要求

理货工作要求分票、分标志和便于清点，入库货物的货位安排应适应理货的需要。此外，在制定库场堆存计划时就要充分考虑到各种因素，如货物的特性、库场的保管条件、库场管理人员的业务水平和素质，使得库场符合货物保管的各项要求，保证入库货物的安全。

（6）确保装卸计划的执行，充分利用仓容量和库场设备

库场堆存计划的制定必须确保装卸作业的货物中需要入库的货物都能够进入库场，使装卸作业顺利进行和完成。制定库场堆存计划是以现有的库场可用空容量为依据进行计划，要综合各种因素，将可用的库场充分并合理利用。为了提高仓容量利用程度，更好地满足进出口货物的需要，在可能的情况下还应兼顾到充分利用仓容量和库场设备。

3. 堆存计划的编制

只有在掌握足够和准确的资料的基础上才能制定出科学、合理、有效的计划。在制定库场堆存计划之前，计划人员必须收集和掌握库场现有货物空仓量、出入库货物的情况以及港口对货物作业的计划安排等。货物堆存计划的计划期越长，在库场安排就越笼统。日常堆存计划安排到具体作业共班、具体仓库或堆场，甚至安排到货位。月度堆存计划则只安排到区位。

(1)编制月度、句度堆存计划

①要掌握港口或装卸公司在计划期内的库场堆存能力,即可以使用的仓库和露天堆场在计划期内共能堆存多少货物。

②根据下月(或下句)将在港口或装卸公司靠泊的船舶到港计划表,估计出非直取方式的货运量,并且根据下月(或下句)将在港口或装卸公司出口的货运计划,估计出需预先进入库场集中待运的货运量。

③利用上述资料进行需求与能力的平衡。平衡不仅要使总入库量与总堆存能力相适应,而且要使入库货物的种类、流向和数量,与各类专业化库场的能力相适应。为此,应按货物的不同特征,分别列出各类货物入库量;同时,也要按各类专业化仓库的能力,分别统计出来,并使相应的货类及流向的入库量分别与相应的专业化库场能力相适应。

④根据平衡的情况,对港口或装卸公司每个堆存区域编制出堆存计划。

(2)编制日常堆存计划

如果没有堆存计划,工班组长和仓库员就无法知道该票货物的堆放位置,同时货物堆放的位置是否正确将在很大程度上影响库场管理目标的实现。因此,需要在装卸作业开始前就编好堆存计划,并将计划分送到工班组长和库场管理员手中。

当一艘船的泊位确定后,便可开始编制堆存计划。编制堆存计划主要确定三个方面的内容:入库量、出库或入库路线和各票货物的堆存货位。

1)确定入库量

为即将到达的卸货船舶制定堆存计划,需取得如下资料:船舶卸货量,可使用的库场位置以及可堆货的面积,入库货物的数量、品种及批量大小,装载这些货物的舱口号码及装舱位置,托运人员是否有特殊要求,货物将预计堆存多长时间,换装接运的工具、货物的流向等。

为即将到达的装货船舶制定堆存计划,需取得如下资料:承、托双方约定的货物集中日期;该船将装载的货物品种和数量,其中船边直接装船所占比重;每票入库货物所需的库场面积;可使用的库场位置以及可堆货的面积;每票货物装船的舱口号码及货物的配积载情况。

在取得了上述全部资料后,就可对一艘船的进出口货物堆存做出计划。

2)做出进、出口货物堆放库场的方案,确定货物的入库和出库路线

计划的编制者可利用上述资料初步确定哪些地方用来集中出口货物,哪些地方用来接受船舶卸下的进口货物。各个计划编制者在安排出、入库路线上,可视泊位和库场的布局、条件等做出不同的堆存方案。

①进出合一的堆存方案。在每次靠泊时既卸又装的泊位,较为可取的作业方案是在同一前方仓库或堆场内把进出口货分开,出口货放在靠码头一侧的货位上,进口货放在靠陆地一侧的货位上,以便与内陆运输衔接。这样,装卸双方的搬运距离都相当短,而且货物分离使搬运道路畅通,相互干扰小。当然,这要求泊位后面的库场面积较大,一个库场就能够满足进、出口货物的堆存需要。

②进出分开的堆存方案。有些港口的习惯是指定专门的前方仓库和露天堆场分别堆放进口货和出口货,即进口库场与出口库场分开。虽然这样做可以有很好的货物分

隔,但亦会导致操作上的问题。如果一艘船在同一泊位上既装又卸,那末两个作业中必定有一个搬运循环时间很长,因为设备需要在该泊位与其他泊位的库场或港口其他地方的库场之间来回运行。如果卸货应在装货开始之前完成,最理想的是船应在专卸进口货的泊位和专装出口货的泊位之间移动,但这在实际上是较难做到的。

在实际工作中,泊位的作业情况比较复杂,这就要求编制出明智的堆存方案,并且要求经常检查码头搬运作业,确保作业遵循如下基本要求:前方库场内堆存的进口货和出口货只要有可能,就要按流向分开;以将搬运距离缩到最短为原则确定各批货物的堆存场地;正确选择库场大门的数量和位置,库门最好与开工舱口相对应;进、出库场的交通路线应分道,选好交叉道口,减少设备作业时的相互干扰,确保危险地段的保持措施,必要时,应采用单行道方案;应清除港区道路一切障碍,确保设备在码头前沿和堆存地之间的运行通畅无阻。

3)计算堆存面积,确定各票货物的堆存货位

计划的编制者要详细计算各票货物所需的堆存面积。如果面积充裕,计算就比较简单;但如果面积紧张,计算就要详细,并作出合理的安排。

10.2.3　港口库场的货物堆存作业管理

库场的货物堆存作业由三部分组成,即货物的入库作业、货物的出库作业和货物的保管作业。

1. 货物的入库作业

入库作业包括入库前准备、货物入库验收、货物堆码、单据处理。

(1)入库前准备

货物入库前先要做好收货的准备。

首先,应摸清入库货物情况,一般先要从出口货物的装船通知单入库联(内贸)、装船预报表附页(外贸)、进口货物的分舱单取得入库货物的包装、规格、数量等详细资料,对出口货物还应了解装船舱别、到货港和货物的来源(如是本地区出口货还是中转联运货);对进口货物还应了解出港的流向、在港堆存时间以及卸船作业顺序、进度等情况。

其次,是安排货位,做到先算后堆。一般做到:进口货按入库顺序,出口货按到港顺序及配舱顺序,从里边货位开始逐渐向外开垛脚,不能从外向里堆垛,把门堵死;大票货先确定货位,小票零星货机动安排;大票货不堵小票货,轻泡货不堵重件货,近港货不堵远港货,缓发货不堵围急发货;同一收货人的货物集中堆放;在安全前提下,货垛尽量堆高,利用空间,提高堆存量。货物入库前要匡算每票货所需的货位面积,再根据货位纵深确定开脚数。货位预先安排好后应向作业工人及有关人员交底,讲清要求。

(2)货物入库验收

货物入库验收是指库场在货物正式入库前,按照一定的程序和手续,对到库货物进行数量和外观质量的检查。货物验收实质上是一种责任交接。

由于到货的来源复杂、渠道繁多、产地和厂家不同,又都经过不同的运输方式和运输环节的装卸搬运等原因,有可能使到货商品在数量、质量上发生变化,这就决定了对入库

货物进行验收的必要性。验收的主要任务是查明到货的数量和质量状态,为入库和保管打基础,防止库场和货主遭受不必要的经济损失,同时对供货单位的货物质量和承运部门的服务质量进行监督。

库场应凭单收货,没有单据的货物不能验收入库,单据和货物要全面核对。

货物验收的基本内容包括质量验收和数量验收。

货物质量的验收主要是对包装的验收。通常是在初验时进行的,检验包装有无被撬、开缝、污染、破损、水渍等不良情况。同时,还要检查包装是否符合有关标准要求,包括选用的材料、规格、制作工艺、标志、打包方式等。国家或国家主管部门未规定标准的应按交通《水路、公路运输货物包装基本要求》的规定验收。没有标准和要求的应在保证运输安全和货物质量的原则下进行包装。对不符合标准要求的,应该拒收,或由托运人负责加固、整修,并编普通记录随货同行(内贸货物)。当然也应注意包装内货物的异常情况,采用"验、看、听、嗅、问"等不同方法进行验收。

货物数量验收是保证货物数量准确不可缺少的重要步骤,是在初验的基础上做进一步的货物数量验收,即所谓的细数验收。在进行数量验收时,必须注意同供货方采取相同的计量方法。采取何种方式计数要在验收记录中做出记载,出库时也按同样的计量方法,避免出现误差。货物数量的验收主要是件数的验收,凡按件交接的货物一定要认真点清件数,成组货物既要点清关数,又要注意每关细数。通常情况下,国内商品只检查外包装,不拆包检查,而进口商品则按合同或惯例办理。按重量供货或以重量为计量单位的货物,做数量验收时,有的采用检斤称重的方法,有的则采用理论换算的方法。按体积供货或以体积为计量单位的货物,做数量验收时要先检尺,后求积。

(3)货物堆码

应按照货物性质、作业要求和堆码标准化要求进行堆码。

货物堆码是根据货物的特性、形状、规格、重量及包装质量等情况,同时综合考虑地面的负荷、储存的要求,将货物分别叠堆成各种码垛。科学的货物堆码技术及合理的码垛,对提高仓容利用率、提高收发作业及养护工作的效率,都有着不可低估的重要作用。

堆码操作的要求:首先是安全。堆码的操作工人必须严格遵守安全操作规程,使用各种装卸搬运设备,严禁超载,同时还须防止建筑安全负荷量。码垛必须不偏不斜、不歪不倒,牢固坚实,以免倒塌伤人、摔坏货物。其次是合理。不同货物的性质、规格、尺寸不相同,应采用各种不同的垛形。货垛的高度要适度,不压坏底层的货物和地坪,与屋顶、照明灯保持一定距离;货垛的间距、走道的宽度、货垛与墙面、梁柱的距离等,都要合理、适度。垛距一般为 0.5～0.8 米,主要通道为 2.5～3 米。再次是方便。货垛行数、层数,力求成整数,便于清点、收发作业。若过秤货物不成整数时,应分层表明重量。第四是整齐。货垛应按一定的规格、尺寸叠放,排列整齐、规范。货物包装标志应一律朝外,便于查找。最后是节约。堆垛时应注意节省空间位置,适当、合理安排货位的使用,提高仓容利用率。

库场货物堆码应实行标准化,把货物堆码工作置于严密的标准基础之上是实行科学管理的基本要求。货物堆码的规范要求主要是指"五距",即垛距、墙距、柱距、顶距和灯距。叠垛时,不能依墙、靠柱、碰顶、贴灯;不能紧挨旁边的货垛,必须留有一定的间距。

要设计一种货物的堆码标准,必须考虑该种货物的性质、包装种类、包装材料、数量、成组方式等条件。同一种货物在不同的库场可能有不同的堆码标准,这是因为各港口库场的结构不同,使用的装卸、码垛机械和存放地的自然条件(如温度、湿度)也有所不同,因而码垛标准可以因地制宜、多种多样,只要堆码的形式能符合保证货物质量、合理利用仓容、便于理货和有利于快装快卸等条件,就是合理的堆码形式,各库场应根据本港的情况予以标准化。

对于包装货物,堆码形式有:

平台垛——底层件数与上层件数相同,成长方形或正方形,常见于库内堆存箱装货物。其特点是整齐,计数方便,占用库场面积少。

起脊垛——底部堆成平台,接近顶部堆码成屋脊形,特点是加盖油布后便于排泄雨水。这种形式多用于露天堆场存放袋装货物。

行列垛——有单行垛、双行垛等。进口的小票杂货多采用行列垛形式堆放。这种码垛形式的优点是便于分票、计数和提货;缺点是占用库场面积大。

对于散装货物,其堆码可根据货种、场地条件、通道位置等情况,堆放成有规则的几何台形体,这样便于理货计数。货堆的倾斜角要小于货物的自然倾角,以保持货堆平稳和不倒塌。

（4）单据处理

库场收货入库,是一种责任转移,库场从货主或船方接过货物就要对接收货物的数量、质量负责。因此,需要填写和鉴证有关的交接单据。

内贸出口货物,库场可以在入库联、运单上签收;外贸出口货物,可以在附页上签收。进口货物则大多填制理货交接计数单。除了交接单据签证外,还要填制收货报表,登账入册。对单证处理的要求是及时、正确和清洁;按规定内容、要求、方法填制、批准;字迹清楚,改动处盖章;在规定时间内完成,并投入流转。

2. 货物的出库作业

货物出库作业是库场根据货物出库凭证(提货单、领料单、调拨单),按其所列的货物名称、规格、数量和时间、地点等项目,组织货物出库,登账、配货、复核、点交清理等一系列工作的总称。货物出库必须依据货主开出的货物出库凭证进行。不论在任何情况下,库场都不得擅自动用、变相动用或者外借货主的库存货物。

货物出库作业从业务性质上可分为向收货人交付和由车、船转运出港两种,但对库场来说实质上是一样的。

（1）发货前准备

发货前应查看存货账和货堆实物,数量是否相符,有无质量问题,做到心中有数。一票大宗货堆几个货垛的,应根据库场使用要求,确定出货桩脚,出剩残堆应优先出清。对于易弄错的货垛,应在货垛旁做出明显记号,对作业工组交待清楚。

货主持提货凭证来提货时,应先对提货凭证进行审核,弄清是否办过提货手续,货物品名、规格、件数是否相符等。支付现金的提货凭证应核对提货日期。

对接运的车、驳,应询问核对,防止错装错发。

（2）发货与交接

发货交接应注意做到如下各点：

①出库凭证和手续必须符合要求。出库凭证的格式不尽相同，但不论采用何种形式必须真实、有效。出库凭证不符合要求，仓库不得擅自发货。特殊情况发货必须符合仓库有关规定。

②发货前双方商定交接计数办法，坚持当面交接。一般货物入库检验与出库检验的方法应保持一致，以免造成人为的库存盈亏。

③港口只凭标志相符、包装完整发货，对箱内货物一般不负责任。如包装残损、内货状况不明时，不能贸然开给记录，让其提走件货，而是应暂时将货留下，内贸货双方在场开箱验货，外贸货应由商检局开箱鉴定。

④按车、按驳办理交接签证，一般不开总交接单，也不要预先开单，以防更改。除非是点垛交接可以一次办总交接。

⑤空袋地脚货应随原批货同行。

⑥发现短缺，不能随便用同品种规格的货物抵补。即使同一收货单位的，也要货主开具抵补证明，并在提货凭证上写明抵补情况，出仓日报上也应写清抵补情况。

⑦发货完毕，应检查库场，道路注意有否漏发、错发和掉件。

⑧提高服务质量，满足用户需要货物出库要求、做到及时、准确、保质、保量地将货物发放给收货单位，防止差错事故发生；工作尽量一次完成，提高作业效率；为用户提货创造各种方便条件，协助用户解决实际问题。

（3）单据处理

库场发完货应立即与接货方办理交接手续，签证有关交接单据。

交接签证单据是双方交接的凭证，库场凭此作为货物账册付账的原始依据。车辆提货的交接单据，同时又是出门通行证。船驳装运的货物交接单据叫库场一船驳交接计数单。交接计数单由发货库场员填写，内容要详尽具体，在装好后填妥，交船驳方签证。

除了填签交接单据外，还要在提货凭证上做出记录，写明日期、操作过程、提取数量与结存量。如果提货证记录栏已记载满，或者提货凭证港口要收回，则应另填提剩单给货方作为下次提货凭证。开出提剩单后，原提货凭证上应作记录并收回。

货物出库后，还要填制出仓报表，并在货物账册上付账。

3. 货物的保管作业

货物在库场堆存保管期内，港口要对货物的安全质量承担责任，确保不发生货损、货差事故。

具体来讲，货物保管要做好以下工作：

①防止盗窃破坏事件发生。仓库员应坚守岗位，离开时应锁门。库门钥匙要专人保管，上班领取，下班缴回。进出仓库人员应进行登记，与仓库作业无关人员，不能进入仓库。

②做好消防工作。库场应按堆放货物种类配备消防器材，消防器材应放置固定地点，不能挪作他用，并定期检查更换。对火种、电源要进行严格管理。仓库内不准使用电炉、煤炉，不得带火种入库，明火作业应经派出所（消防部门）批准，同时进行监护，车辆进

入港区应安装"火星熄灭装置",铁路机车进入港区不得通炉。

③做好防汛、防台风工作。防台汛措施应落实,器材配足,有专人负责,加强检查督促。水管下水道要保持畅通。屋面漏雨、门窗破裂要及时修复。若盖油布要经常检查,破洞要及时补好。堆场盖油布要扣牢网绳,以防被风吹开。质量不好的仓库,低洼堆场所堆货物,在台汛期间要催货主快些提走或联系运力转出,不能运出港区,就在港内转栈。防汛墙外的货物要特别注意。要随时掌握气象情况,防止天气突变造成湿损事故。

④健全货账制度,定期盘点。库场堆放货物必须建立货账制度,做到有货有账,货账相符。货物入库应及时登账,货物出库及时销账。库场堆存货物应定期盘点、一搬杂货每月一次;煤炭等大宗散货每季或半年一次。盘点发现数量溢缺,应查明原因、报告有关部门更正账面。杂货仓库每月盘货后,填制月结报表,可作为存货的账册。

建立保管责任制,交接班制度和经常性的安全检查制度,保证以上各项措施、制度落实到位。

案例分析

上海国家储备棉库突发火灾近万吨进口棉花受损[①]

上海闵行区一座建筑面积约2万平方米,储存有近万吨进口棉的巨型国家储备棉仓库,2000年11月13日凌晨0时45分发生火灾。至当晚10时左右,经市消防局出动52辆消防车、近500名消防战士连续扑救,火势基本得到控制,但棉花阴燃现象仍在发生。

中国农业生产资料上海储运部棉花仓库位于上海闵行区通海路275号,在13日0时45分,值班人员发现仓库三楼有火情,但并未立即报警,而是先向值班领导作了汇报后才拨打"119"报警,延误了火灾初期紧要的20分钟时间。

据目击者称,火灾现场浓烟滚滚,一公里外就能看见,仓库三、四、五层均被火龙包围。下午三四时,大火烧穿了仓库楼顶,由于承受大量的消防用水,仓库墙壁出现裂缝,有倒塌的危险,但无人员伤亡事故发生。

据市消防局有关人员介绍,中国农资棉花仓库存在重大火情隐患。按规定,储存棉花的仓库面积不得超过4000平方米,每个防火分区的面积不得超过1000平方米。但农资公司仓库总面积达2万平方米,防火分区面积近1800平方米;同时,仓库消防用水不足,消防泵房被擅自改为储藏室,进水管道直径仅10厘米,远未达到应有20厘米的基本要求,无法维持水枪喷射,近10辆消防车被迫到黄浦江边抽水应急;仓库内未装火警报警装置,没有喷水灭火器,且消防栓仅有2个,是规定应有最低限度的1/3。更严重的是,只有四五千吨储存量的仓库竟存放有近万吨棉花,严重违反了有关消防安全防火的规定。据消防人员介绍,这个棉花仓库三个楼面起火,而且两侧窗户紧闭,不易透风,对灭火不利。消防队员到场后,先是用高压水枪包围、喷射,控制火情后,再将玻璃打碎,让烟雾及时排放。而后,再派出突击队,分赴各楼面进入房间内部灭火。上午10时,仓库二至五层明火已得到控制。11时,仓库四层再度火光冲天。指挥员解释,棉花表层火虽不

---

① 中国纺织报,2000-11-15.

难扑灭,但隐藏在棉花中心的高温暗火极易复燃。记者在截稿前得知,为彻底灭火,13日晚有超过 300 名消防战士坚守火线彻夜作战。

案例问题:

    1. 库场安全管理的重要意义是什么?

    2. 库场安全管理的任务有哪些?

    3. 库场安全管理的措施是什么?

➯ 思考题

    1. 论述港口库场在港口中的重要地位。

    2. 论述库场管理包括哪些主要内容。

第 11 章

港口物流信息管理

▷ **本章要点**

①了解港口物流信息的基本知识,了解典型的港口物流管理信息系统并掌握其功能原理。

②理解并掌握港口物流信息管理支持技术的基本原理与作用。

11.1 港口物流信息概述

11.1.1 港口物流信息

1. 港口物流信息的定义

信息是指通过一定的载体形式反映出来的,表征客观事物变化特性的,由发生源发生,经过加工与传递,可以被接收者接收、理解和利用的消息、数据、资料、知识等的统称。

物流信息包含的内容有狭义和广义之分。从狭义的范围来看,物流信息是指与物流活动有关的信息。从广义的范围来看,物流信息不仅指与物流活动有关的信息,而且包括与其他流通活动有关的信息,如商品交易和购买信息等。

港口物流信息则是指与港口物流活动(如装卸、堆存、船舶代理等)相关的信息。

2. 港口物流信息的特点

(1)信息量大

港口物流信息由于港口物流活动以及交易活动的展开而大量发生。随着中国的亿吨大港的不断增加以及由之产生的大量货代、船代业务,促使港口物流信息呈现爆发性的增长。

（2）更新快

港口物流信息的更新速度快、多品种货物的运输、拼箱货物运输以及多式联运使得各种作业活动频繁发生，从而要求物流信息不断更新，而且更新的速度越来越快。

（3）来源多样化

港口物流信息不仅包括港口的物流信息（如装卸、堆存等），而且包括岸上企业的物流信息和政府部门的信息。

3.港口物流信息的作用

港口物流信息是港口物流的功能要素之一。港口物流信息的功能可以从不同的角度进行描述。港口物流信息在发挥港口物流系统整体效能上的功能主要体现在以下几个方面：

（1）港口物流信息是港口物流系统整体的中枢

港口物流系统是一个有规律的统一体。整个港口物流活动的系统决策都要以港口物流信息收集、加工处理后的结果为依据。一旦信息错误，信息系统故障，那么整个港口物流活动将陷入瘫痪。

（2）港口物流信息是港口物流系统变革的决定因素

随着信息技术的日新月异，社会经济的生产、消费系统正在不断地改变。港口物流属于第三产业的服务业。社会经济系统的变革必然要求其随之变革。港口物流信息化既是这种变革的动力，也是这种变革的实质内容。

（3）支持交易系统

交易系统是用于启动和记录个别的物流活动的最基本的层次。交易活动包括记录订舱内容、安排舱位任务、装货程序选择、装船、定价、开发票以及货主咨询等。

（4）支持管理控制

管理控制以可估价的、策略上的、中期的焦点问题为特征，它涉及评价过去的功能和鉴别各种可选方案。港口物流信息系统可以通过其处理过程，鉴别出异常情况。管理控制的例外信息对于鉴别潜在的顾客或订单问题也有不小的作用。

（5）支持决策分析

决策分析主要是集中精力在决策应用上，协助管理人鉴别、评估经比较物流战略和策略后的可选方案。典型分析包括船舶到港停泊计划，港口机械配置等。港口物流信息系统的决策分析趋向于更多地强调系统的有效性。

（6）支持制定战略计划

战略计划决策往往是决策分析层次的延伸，但更加抽象、松散，并且注重于长期。港口物流信息系统的制定和战略层次，必须把较低层次的数据结合进范围很广的交易计划中去，以及结合进有助于评估各种战略的概率和损益的决策模型中去。

11.1.2　港口物流信息管理平台

随着经济的全球化、信息化和网络化发展，作为多种运输方式交汇点的港口，在综合运输体系中发挥着越来越重要的作用。现代物流理念的普及以及现代物流实践的要求，使得现代港口从交通运输枢纽转变为内涵更广、层次更高的综合物流运作的中心环节，其功能也正朝着提供全方位的增值服务方向发展。发展现代物流已成为港口经济新的增长点，给港口带来了更大的发展空间。为了适应现代物流市场的发展，拓展和完善港口服务功能，世界上许多国家都十分重视港口现代物流系统的建设。

港口物流信息管理平台将实现政府、港口、物流企业三方的电子数据交换，为物流信息交换诸多环节中的各种用户提供一个综合的服务操作平台，使港口信息化建设进一步提高。港口物流信息平台结构图如图11-1所示。

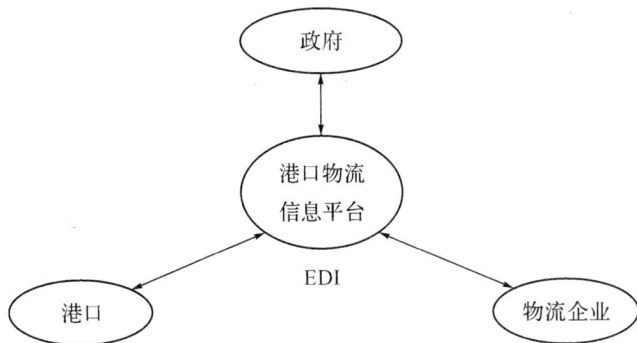

图 11-1　港口物流信息平台结构

通过港口综合物流信息服务平台的建设，与港口有关的政府部门可以履行行政管理职能，加速了口岸贸易的通关速度、物流速度，有利于港口城市向外向型经济发展，促进外贸出口的增加，从而带动港口城市整体的经济繁荣。港口物流信息平台将整合港口、船公司、船代、检验检疫局、海关、海事局等用户的信息资源，建立"一站式"对外信息服务窗口。建立面向全球的物流信息服务网络，为货主、船公司、贸易伙伴等客户提供优质、全面的信息服务。同时，将进一步提高海关的通关效率、降低交易成本、增加贸易机会，大大促进港口经营环境的改善。

11.2　典型的港口物流管理信息系统

11.2.1　货运代理信息管理系统

国际货运代理协会联合会对货运代理的定义是：根据客户的指示，为客户的利益而揽取货物的人，其本人并非承运人。货代也可以凭这些条件，从事与运送合同有关的活动，如储货、报关、验收、收款等。

我国国际货运代理业管理规定实施细则的定义是：国际货物运输代理企业可以作为进出口货物收货人、发货人的代理人，也可以作为独立经营人从事国际货代业务。

国际货代企业作为代理人从事国际货运代理业务，是指国际货运代理企业接受进出货物收货人、发货人或其代理人的委托,以委托人或自己的名义办理有关业务,收取代理费或佣金的行为。国际货运代理企业作为独立经营人从事国际货运代理业务,是指国际货运代理企业接受进出货物收货人、发货人或其代理人的委托,签发运输单证,履行运输合同并收取运费和服务费的行为。

国际货运代理管理信息系统(international freight forwarder management information system,IFFMIS)是对托运单、操作(订舱、派车、报关)、提单、财务结算、EDI 的信息数据进行分析和处理的管理信息系统。

1.国际货运代理系统的目标

(1)能够实现规范化的操作流程

应用系统的规范化操作,可以使分析报告和内部信息能够在一定范围内共享;提供详细准确的业务数据,及时为客户提供高水平的咨询服务。

(2)能够自动进行数据采集

除了系统提供采用代码帮助输入方式和资料复制功能外,主要能够自动进行数据采集和处理。灵活的出口明细单和提单复制功能,能使输入人员方便完成明细单或提单的输入。输入内容包括:

①输入出口明细单和订舱资料后,自动生成场站收据、提单、预配清单。

②输入每票货的装箱时间、地点后,自动生成每天的装箱计划表。

③输入实际装箱资料后,自动生成出运表。

④科学的费用管理。系统可以让用户自己定义客户费用计算方案,并根据预先定义好的方案自动计算费用,费用输入后,自动打印发票,生成未达账报表和未付账报表。

⑤传真和 E-mail 的自动完成功能。能够把提单或其他单据送到传真服务器上,自动分发传真,显示传真状态,传真还可以在夜间无人值守的情况下自动发送,节约通信费用。自动 E-mail 功能可以实现任意报表(如托单、提单等)的发送,节约时间。

⑥提示和全程监控的功能。操作可以每日提示、每周提示,提高了服务水平,能对单证的流转实现全程监控。

(3)能在安全的权限管理下对往来账进行控制管理

输入费用后,经审核费用,软件自动调出全部往来单位的未达账清单和未付账清单,或某个往来单位的未达账清单和未付账清单。

①费用计算。输入船名、航次后,系统能列出这个航次的所有票货,根据列出的业务资料采用用户计算费用输入功能并自动计算费用。

②费用审核。费用计算后,审核人员输入船名、航次后,系统列出这个航次的所有票货以及每票货的往来费用。审核人员可以对照业务资料和列出的费用,检查是否正确。审核后的费用不能再修改。

③应付款处理。船公司、卡车队或其他单位将账单送来时,财务人员只要输入公司代码和日期,或船名、航次,系统自动列出应付该公司的账单,财务人员只要将发票上的金额和系统列出的资料比较,在列出的费用上打钩确认。财务人员准备付款时,输入付款申请,经管理人员审核后即能自动付款。

④应收款处理。系统可以根据欠款单位打出某个单位的欠款,或根据业务员打出某

个业务员的所有客户欠款,或一次打出所有公司的欠款,催账人员可以根据这些未达账清单向客户催款。收到应收款后,财务人员在往来账上标记。

⑤成本利润表。随时可以看任何时间的成本利润表,输入日期范围后,列出这段时间内每票货的业务资料、收入、成本及利润。

⑥方便的查询功能。随时可以按船名、航次或运输编号或提单号查看任一票货的业务资料、应收应付、实收实付,方便快捷。

(4)与其他软件无缝连接

能够与不同财务系统、EDI 无缝连接;能提供与物流系统中的车队管理、仓储管理、分销配送等的衔接;能够与企业自身的电子商务平台实现信息的实时互动,实现货物动态跟踪,提高客户服务的即时度和满意度。

(5)能够完全无纸化办公

实现无纸化办公后,出口明细单输入后,除了给客户的提单和发票需要打印外,其他的单据(如计算费用的单据)、报表都不需要打印,管理人员打开计算机就能看到最新的报表和资料。无论是业务资料还是费用情况,系统都能提供查询功能,当客户来查询某票货的处理进度或对费用有所疑问时,系统立即可以查出详细的资料,回答客户。

2.国际货运代理系统的功能

国际货运代理的功能模块如图 11-2 所示。

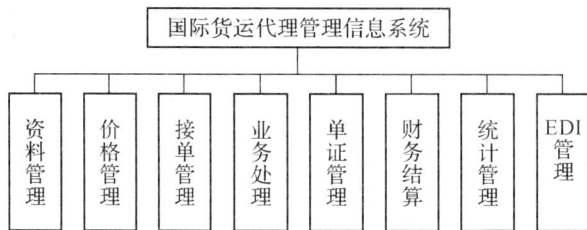

图 11-2　国际货运代理的功能模块

主要功能模块功能说明:

①资料管理。对多项标准代码项目的维护管理,如客户、国家、港口、运输方式、运输条款等基本资料信息,自动提供标准的代码项目。

②价格管理。对合作公司的底价管理及对客户采用多式联运的对外报价管理。

③接单管理。对托运单信息的维护管理,确定业务模式(如出口或进口)及确定服务条款和增值服务内容,系统可根据对外报价自动生成应收/应付费用,确认。

④业务处理。向船公司订舱管理、委托派车、委托报关、委托仓储,并自动生成各种单证。

⑤单证管理。主要是提单的维护管理。

⑥财务结算。对应收/应付账、对账单和发票(D/N,C/N)、结算单(收/付款)、财务核销的管理。

⑦统计分析。对业绩、经营的统计分析报告。

⑧EDI。通过 EDI 向船公司、海关等合作公司进行数据交换。

3.国际货运代理系统的应用

下面以深圳市汇骤科技有限公司的软件产品——货代管理信息系统及解决方案为例。其产品和解决方案重点为向船东、船代、货代、第三方物流企业、运输企业、仓储企业等提供服务,并延伸至货主企业的物流部门(包括制造业、供应商和零售商等)。提供面向企业业务全过程的供应链管理的纵向平台和面向企业一体化运作的资源整合的横向平台。

国际货运管理系统按系统逻辑功能模块可以分为用户管理、资料管理、客户服务、海运操作、空运操作、财务结算、统计分析七大功能,其结构如图 11-3 所示,国际货运管理系统七个主要模块的功能说明如表 11-1 所示。

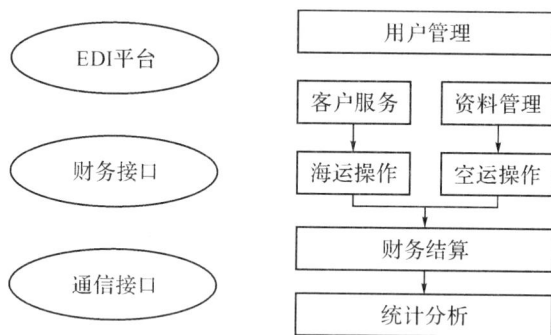

图 11-3　国际货运管理系统结构

表 11-1　国际货运管理系统的功能概述

功能模块	功能特点
资料管理	系统初始化设定、业务规则、可选数据项、客户详细资料、合作单位详细资料等,该模块为系统的正常运转和其他模块操作提供标准化信息
客户服务	可以查看客户资料、跟踪客户当前状态、制作客户报价单、规划市场计划及记录、处理客户的投诉等
海运操作	海运出口、海运进口以及海运进出口中关联到的陆运服务、仓储服务、报关服务及三检业务等业务功能;可输出各类标准单证;实时反映各类委托的操作状况;提供灵活的业务环境设置功能,提供文件跟踪功能
空运操作	针对空运进出口操作提供订舱、总分运单制作、接货送货委托、出入仓通知、报关(委托/预录入报关单)等功能,可在客户自定义流程、状态的情况下进行全程跟踪,并以各种方式输出操作过程中的各类单证
财务结算	费用维护、单票审核、收付账单制作、货代发票制作、费用核销等操作;查看跟踪文件,进行费用统计。输出各类报表清单。支持应收应付核算管理,包括费用审核、对账、核销、实际收付管理等,提供财务结算监视器功能
统计分析	统计公司的业务、财务情况和业务员的工作业绩等。提供自定义统计与分析、支持"所见即所得"报表输出。输出方式包括直接打印输出、图形化统计结果显示,带格式导出至 HTML 或 Office、Lotus Notes 等
用户管理	提供用户、密码设置,支持角色定义和权限分配

11.2.2　水路运输管理信息系统

水路运输通常表现为沿海运输、近海运输、远洋运输和内河运输四种形式。其主要优点有：运量大，能够运输数量巨大的货物；通用性较强，客货两宜；越洋运输大宗货品，海洋运输是发展国际贸易的强大支柱；运输成本低，能以最低的单位运输成本提供最大的货运量，尤其在运输大宗货物或散装货物时，可采用专用的船舶运输；可以取得更好的技术经济效果、劳动生产率高和平均运输距离长。其缺点有：受自然气象条件因素影响大。由于季节、气候、水位等的影响，水运受制的程度大；营运范围受到限制；航行风险大；运送速度慢，准时性差，在途中的货物多，会增加货主的流动资金占有量，增加经营风险；搬运成本与装卸费用高，装卸作业量大。

水运主要承担以下作业任务：大批量货物，特别是集装箱运输；原料、半成品等散货运输；远距离、运量大、运货负担能力相对较低的货运任务。

1.业务流程和系统目标

海运出口运输工作，在以 CIF 或 CFR 条件成交的情况下，由卖方安排运输，其主要业务流程如下：

①审核信用证中的装运条款。为使出运工作顺利进行，在收到信用证后，必须审核有关的货运条款，如装运期、结汇期、装运港、目的港、是否能转运或分批装运以及是否指定船公司、船名、船籍和船级等，有的要求提供各种证明，如航线证明书、船籍证等。

②备货报验。根据出口成交合同及信用证中有关货物的品种、规格、数量、装等的规定，按时、按质、按量地准备好应交的出口货物，并做好申请报验和领证工作。在我国，凡列入商检机构规定的"种类表"中的商品以及根据信用证、贸易合同规定由商检机构出具证书的商品，均需在出口报关前，填写"出口检验申请书"申请商检。

③托运订舱。编制出口托运单，即向货运代理办理委托订舱手续。货运代理根据货主的具体要求按航线分类整理后，及时向船公司或其代理订舱。货主也可直接向船公司或其代理订舱。当船公司或其代理签出装货单，订舱工作即告完成，就意味着托运人和承运人之间的运输合同已经缔结。

④保险。货物订妥舱位后，属卖方保险的，即可办理货物运输险的投保手续。保险金额通常是以发票的 CIF 价加成投保。

⑤货物集中港区。当船舶到港装货计划确定后，按照港区进货通知并在规定的期限内，由托运人办妥集运手续，将出口货物及时运至港区集中，等待装船，做到批次清、件数清、标志清。

⑥报关工作。货物集中港区后，把编制好的出口货物报关单连同装货单、发票、商检证、外销合同、外汇核销单等有关单证向海关申报出口，经海关官员查验合格放行后，方可装船。

⑦装船工作。在装船前，理货员代表船方，收集经海关放行的货物装货单和收货单，经过整理后，按照积载图和舱单，分批接货装船。装船过程中，托运人委托的货运代理应有人在现场监装，随时掌握装船进度并处理临时发生的问题。装货完毕，理货组长要与

船方大副共同签署收货单,交与托运人。

⑧装货完毕。托运人向收货人发出装船通知后,即可凭收货单向船公司或其他代理换取已装船提单。

水路运输信息管理系统的目标主要是努力使水运安全与低成本。

2.系统的功能

水路运输系统的功能模块如图11-4所示。

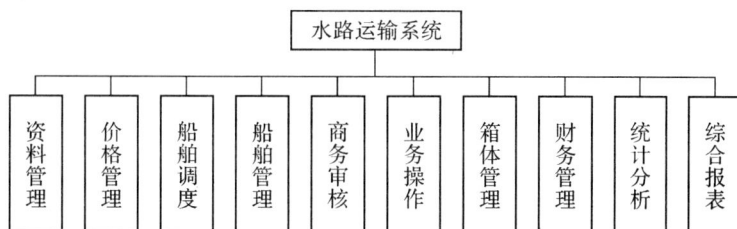

图11-4 水路运输系统的功能模块

①基本资料管理,包括以下几种。

• 基本代码管理:区域、船公司区域、国家、省份、港口、码头、计量单位、泊位。

• 人事资料管理:部门、员工、职务、船员信息。

• 业务资料管理:报关方式、运输方式、运输条款、提单类型、保险条款。

• 合作公司类:公司性质、合作公司基本资料、合作公司的资信、协议类型、协议(合同)。

• 财务类:结算方式、付款方式、货币(汇率)、计费单位、费用项目。

• 船务类:船舶类型、航线、租船方式、船舶规范、船东资料。

• 箱体类:箱体类型、箱体尺码、箱体性质。

②报价管理,包括底价管理、报价管理。

③船舶调度,包括港口柜量测算、历史航线平均箱量、下周船期表制作、配载规则的定义、配载、配载的调整、船期表的调整、配载计划的核销、应收/应付款的录入等。

④船舶管理,包括船舶起租、退租记录、船舶动态、船舶供给记录、船舶出租登记、船舶的及时分布图、船舶的证件管理等。

⑤商务审核,包括应收/应付的账目审核、合作公司账单的审核、实收/实付的审核、成本的核算。

⑥业务操作,包括放舱、订舱、派车、报关、提单打印、舱单打印、装卸事实记录。

⑦箱体管理、财务管理,包括箱体管理、财务管理。

⑧统计分析、综合报表,此部分具体格式项目及各项目的计算方式留待下一步确认,包括已提供的报表,需要新增的报表均在此列,报表的格式及增加新的报表在开发期前的30天内均可以修改(新增报表的数据项目必须是数据库有的,或者是可以计算出的项目)。

⑨系统功能,包括编码规则、日志管理、工作计划表、内部信息发送及选择、数据导人导出、EDI转换。

3.系统的应用

南京伊康计算机工程公司为了适应水运管理部门水路运输管理的基本业务需求,开发了包括系统管理、航运企业管理、运输船舶管理的水路运输系统。该系统对审批、登记、报备和告知四种管理方式进行设计。系统在管理路径设置、管理权限设置和管理方式设置方面准备采用可调节的操作方式,以适应有关管理部门管理权限适当调整。开发工具采用 Microsoft Visual Studio. Net,编程语言采用 VB. Net 编写 asp. net Web 客户端。DBMS 采用 SQL Server 2000 数据库,其功能组成如表 11-2 所示。

表 11-2   国际货运管理系统的功能概述

功能模块	功能组
登录页	登录页
航运企业管理	企业筹建、企业开业、企业变更、企业档案整理,企业年审
船舶运输管理	船舶新增、船舶变更、船舶档案管理、船舶年审
系统管理	角色维护、岗位维护、材料维护、材料设置、流程维护、管理事项维护、部门维护

11.2.3   船务信息管理系统

船舶代理是指船舶代理机构或代理人接受船舶所有人、船舶经营人、承运人或货主的委托,在授权范围内代表委托人办理与在港船舶有关的业务、提供有关的服务或完成与在港船舶有关的其他经济法律行为的代理行为。而接受委托人的授权,代表委托人办理在港船舶有关业务和服务,并进行与在港船舶有关的其他经济法律行为的法人和公民,则是船舶代理人。

船舶代理企业可以接受与船舶营运有关的任何人的委托,业务范围广泛,既可以接受船舶公司的委托,代办班轮船舶的营运业务和不定期船舶的营运业务,又可以接受租船人的委托,代办其所委托的有关业务。由于船舶的营运方式不同,而且在不同营运方式下的营运业务中所涉及的当事人各不相同,各个当事人所委托代办的业务也有所不同。

船务管理是船舶代理业务的核心业务。

1.船务管理作业流程

船务信息管理系统是对船舶的进出口申报、船舶委托方、船舶装卸货、船舶的各种动态、船舶基础资料及有关船舶的各种数据进行管理的综合信息管理系统。在实务操作中船务管理业务的作业流程如图 11-5 所示。

(1)船舶资料管理及委托方管理

①登记、管理委托方基本信息、资料;

②登记、管理船舶规范、船舶基本资料;

③登记预抵船舶的船名、航次、船舶所载货物信息、船舶委托方。

(2)委托确认

对委托单位的船务委托信息进行确认,可采用 E-mail 和 Fax 两种方式来做委托确认单。

```
┌─────────────────┐
│  船舶资料管理    │
│  及委托方管理    │
└─────────────────┘
         │
         ▼
┌─────────────────┐
│    委托确认      │
└─────────────────┘
         │
         ▼
┌─────────────────┐
│  船舶计划调度    │
└─────────────────┘
         │
         ▼
┌─────────────────┐
│  制作到港申报单  │
└─────────────────┘
         │
         ▼
┌─────────────────┐
│    船舶报表      │
└─────────────────┘
```

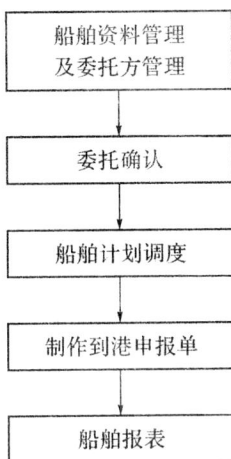

图 11-5　船务管理业务的作业流程

（3）船舶计划调度

登记需靠泊的船舶资料，如船舶基本航次信息、船员资料、备用金额等，并实时调度其当前船舶状态（预抵、锚地、靠泊、离港）。

（4）制作到港申报单

制作到港申报单包括两种情况：

①根据靠泊船舶资料生成各种申报单据，如进出口申请书、货物申报单、船员申报单、船用物品申报单、危险品申报单等。

②向委托方生成并发送通知单，如到港电、靠泊电、船舶通知书等。

（5）船舶报表

船舶报表有以下两种：

①船舶动态表：根据当前船舶状态，按照锚地、靠泊等状态生成在港船舶动态报表。

②装卸货通知单：根据船名、航次向委托方发送装卸货通知，办理相关手续及作业。

2.船务信息管理系统的开发与应用

下面以泛华讯船务信息管理系统为例。根据不同的用户级别，可以访问不同层次的菜单项。用户可以查看、删除、修改或添加新记录；对各种不同的数据进行查询、统计；报表菜单可打印各种需要的报表；管理菜单为管理信息系统提供了快捷明了的方式。如果在使用过程中遇到问题的话，可以通过系统的"帮助"功能得到恰当的帮助或提示。船务信息管理系统的功能组成如表11-3所示。

表 11-3　船务信息管理系统的功能概述

功能模块	功能特点
文件模块	登陆系统后，在文件菜单中通过鼠标进行选取、确认，即可进行关闭窗口、打印设置、重新登陆、退出等操作

续表

功能模块	功能特点
业务处理模块	围绕船务信息管理的各项业务,实现制作委托确认电,委托方管理,登记船舶规范,登记航次/委托方/货物,制作申报单,制作船舶通知单,制作进出口计划报表,制作靠泊电,制作动态电,船舶计划调度,制作离港点等操作
报表模块	针对业务流程,生成各种报表,并进行操作管理,包括船舶动态表、装卸事实记录、装货准备就绪通知单、卸货准备就绪通知单等
查询统计	提供各种查询统计的方法,包括船舶基础台账、按委托方查询代理船舶、按时间查询代理船舶、按时间/货类统计代理货量及查询等
管理模块	提供用户管理、权限管理及基础代码管理等

11.3 港口物流信息管理支持技术

11.3.1 电子数据交换

1. 电子数据交换的概念

在商业贸易活动中,每个贸易伙伴每天都要与供应商、生产商、批发商、零售商以及其他商业组织进行通信、交换数据,每天都会产生大量的纸张文献,包括订购单、发票、产品目录和销售报告等。纸张文献是商业贸易中至关重要的信息流,信息流一旦中断,供应链将不通畅,从而导致重大的经济损失。

电子数据交换,按照统一规定的一套通用标准格式,将标准的经济信息,通过通信网络传输,在贸易伙伴的电子计算机系统之间进行数据交换和自动处理。由于使用 EDI 能有效地减少直到最终消除贸易过程中的纸面单证,因而 EDI 也被俗称为"无纸贸易"。以往世界每年花在制作文件的费用达 3000 亿美元,所以"无纸化贸易"被誉为一场"结构性的商业革命"。

国际标准化组织(ISO)将 EDI 定义为:"将商业或行政事务处理按照一个公认的标准,形成结构化的事务处理或信息数据格式,从计算机到计算机的数据传输。"

EDI 是信息进行交换和处理的网络化、智能化、自动化系统,是将远程通信、计算机及数据库三者有机结合在一个系统中,实现数据交换、数据资源共享的一种信息系统。这个系统也可以作为管理信息系统(MIS)和决策支持系统(DSS)的重要组成部分。

EDI 是一种计算机应用技术,商业伙伴们根据事先达成的协议,对经济信息按照一定的标准进行处理,并把这些格式化数据,通过计算机通信网络,在它们的电子计算机系统之间进行交换和自动处理。这是现代高科技和经济管理相结合的一个例子,它极大地改变了传统的贸易和管理手段,不仅使商业业务的操作方式根本改观,而且也影响了企业的行为和效率。使市场结构、国民经济的运行等都产生了根本性的变化。

EDI 是一套报文通信工具,它利用计算机的数据处理与通信功能,将交易双方彼此往来的商业文档(如询价单或订货单等)转成标准格式,并通过通信网络传输给对方。

商业 EDI 最大的特点就是利用计算机与通信网络来完成标准格式的数据传输,不需要人为的数据重复输入。由于报文结构与报文含义有公共的标准,交易双方所往来的数据能够由对方的计算机系统识别与处理,因此大幅度提高了数据传输与交易的效率。

2. EDI 的构成及标准

构成 EDI 系统的三个要素是 EDI 软件和硬件、通信网络及数据标准化。实现 EDI 需要相应的硬件和软件,EDI 软件将用户数据库系统中的信息翻译成 EDI 的标准格式,以供传输和交换。通信网络是实现传输和交换的必要条件。同时 EDI 需要标准的数据格式。

(1)EDI 数据标准化

交易双方传递的文件是特定的格式,采用的是报文标准,因此文件结构、格式、语法规则等方面的标准化是实现 EDI 的关键。现在较通用的是联合国的 UN/EDIPACT。

(2)EDI 软件及硬件

双方的计算机(或计算机系统)能发送、接收并处理符合约定标准的交易文件的数据信息。EDI 不是简单地通过计算机网络传送标准数据文件,它还要求对接收和发送的文件进行自动识别和处理。因此,EDI 的用户必须具有完善的计算机处理系统。从 EDI 的角度看,一个用户的计算机系统可以划分为两大部分:一部分是与 EDI 密切相关的 EDI 的子系统,包括报文处理、通信接口等功能;另一部分则是企业内部的计算机信息处理系统,一般称之为 EDP(Electronic Data Process)。

从技术的角度讲,EDP 系统提供 EDI 系统交换的内容,EDP 系统可以看作是 EDI 系统的数据库手段,EDI 系统可以看作是 EDP 系统的通讯手段。EDI 系统要发送、接收的报文由 EDP 系统提交、处理。EDI 系统一般具备对 EDP 系统数据格式定义的功能,通过应用定义,通用的 EDI 系统可以适应不同的 EDP 系统。应用单位一般先开发内部的 EDP 系统,然后与其他单位间实现 EDI 连接,EDP 显然是 EDI 的前提;但对于那些原有信息应用不成熟的单位来说,为了与实现 EDI 的公司相连,可先开发一个简单的数据采集和通信系统,而后发展自己的 EDP 系统和 MIS 系统。

(3)通信网络

为了实现信息传输,必须有一个覆盖面广、高效安全的数据通信网作为基本技术支撑环境。由于 EDI 传输的是具有标准格式的商业或行政有价文件信息,因此除了要求通信网具有一般的数据传输和交换功能之外,还必须具有格式校验、确认、跟踪、电子签名、文件归档等一系列安全保密功能,并且在用户间出现法律纠纷时,能够提供证据。

实现 EDI 通信主要有以下三种方式:①早期采用的点对点方式(PTP);②利用已有的通信设备上采用的增值网方式(VAN);③国际间电子邮件服务系统方式(MHS),目前国际上主要采用这种消息处理系统。

一般地说,EDI 系统由以下四个方面构成:关于信息传送方式的规定、关于信息表示方式的规定、关于系统动作操作的规定和关于全球交易业务的规定。这些规定被称为议定书,是利用 EDI 系统的各方达成的共识。对这四个方面涉及的内容进行标准化工作,其中最重要的标准化是信息传送方式的标准化和信息表示方式的标准化。信息传送方式标准化是指为了在不同的计算机之间传送信息,对通信线路的类型以及传送控制方式等方面进行决策,具体的内容包括通信速度、数据格式、数据长度、检查方法等方面的标准化,还包括应用系统界面与数据格式之间相互转换方式的标准化。信息表示方式的标准化是指对应 EDI 网络传送的业务类型,确定对该业务信息内容的表示方式并使之标准化,具体内容包括数据代码、信息的格式等方面的标准化。

3. 电子数据交换在港口物流管理过程中的应用

(1)港口物流 EDI 发展的必要性

1)与国际接轨的必然选择

作为现代化港口,应顺应国际港口发展趋势,与国际港口运作惯例线接轨。20 世纪 90 年代以来,许多国家和地区纷纷应用 EDI 办理海关手续,其中一些国家甚至对不采用这种方式报关的船舶进行惩罚。由此可见,EDI 的应用已直接影响到贸易与运输的展开,要参与国际竞争,要建设现代化港口,必须加快 EDI 技术的发展。

2)推动港口向物流中心发展的必要条件

现今,国际贸易正从货物贸易向服务贸易和信息技术及其产品贸易等领域延伸,以网络技术为基础的电子商务已成为国际贸易的重要方式。航运企业为了向货主提供方便快捷的信息服务,推动港口物流业的标准化和信息化,要利用 EDI 建立集装箱货物、航线与商务等信息服务中心及与主要港口、代理、货主及海关、银行、保险、商检部门之间的横向联系网络系统。

3)提高港口服务效率

目前,货物运输仍是大多数港口的主要业务。但我国的港口装卸效率没有得到充分利用,如码头设施没有得到充分利用,船舶在港口非生产性停泊时间长,严重影响了港航双方的利益,这与信息流通不畅有关。采用 EDI 技术后,则可建立一个包括港、航、货和有关部门的一套生产实时控制系统,港方可以通过现场传来的信息随时改变安排,船方可以及时提供各种电子文件,货方可以根据合理安排货物装船和疏运,加快办理各种通关手续,缩短货物在港滞留时间。

(2)EDI 在宁波港口物流中的应用

宁波港口 EDI 中心于 1997 年 5 月投入运行,已成功地在宁波口岸发展用户 80 余家,将逐步实现宁波口岸船代、货代、理货、港务局、集装箱码头、内陆集疏运场站、海关、商检、卫检、动植物检、银行和保险等单位之间的电子数据交换,协议传输报文 150 余种(不包括各种回执),中心每月传输报文 4 万余个,数据通讯量计 385 兆字节。完成船期信息查询及口岸范围内集装箱动态信息查询等的增值服务,尤其在集装箱码头应用、在码头与海关配合实施物流监控、码头与船公司配合作业方面,都取得了显著的成绩。

(3)宁波港口物流 EDI 的发展趋势

1)进行信息处理,提供增值信息

宁波港口 EDI 中心实现源信息的传输即 23 种电子报文传输,并能一定程度上实现对源信息进行归纳整理,去除冗余,并按一定的逻辑结构,对信息进行重新组织,即 EDI 元信息。以集装箱海关放行信息查询为例,EDI 用户可以输入海关放行号、集装箱号、英文船名/航次/航向三者任意一个信息,就可查询到如下信息:放行时间、集装箱号、船舶

UN 代码、英文船名、航次、航向、海关放行号、码头/堆场。

　　宁波港口 EDI 中心下一步的目标是实现二次信息转换，即在实现一次信息转换——EDI 源信息向 EDI 元信息转换的基础上，利用一定的决策分析技术，对 EDI 元信息进行加工处理，从中提炼出与 EDI 源信息不同的，支持 EDI 用户进行决策使用的增值信息。

　　2)实现 Internet EDI

　　目前，宁波港口物流 EDI 的运作模式仍基于中心的概念，即通常建立一个区域性的 EDI 中心，同时建立一个 VAN 网络，用户以会员方式加入到 EDI 中心，购买 EDI 中心的服务，交纳基本费用(注册费、信息服务费、传输费、邮箱管理费)和增值服务费(报文转换费、港航信息查询、存证服务费及其他特殊服务费)。

　　这种基于 VAN 技术的 EDI 应用系统，入网用户需对报文格式与数据结构进行变更，以计算机可读的方式将订单、发票、提货单、海关申报单、进出口许可证等往来的信息，按照协议将标准化的文件通过网络传送。因此，需要同商业伙伴达成一致意见，然后改造现有的系统，购买(或开发)相应的转换软件，购买 VAN 服务，这对中小企业来说难以轻易实现。因此，用廉价的 Internet 代替昂贵的 VAN 进行电子数据交换，即 Internet 和 EDI 的联系，基于 Internet 的 EDI 成为新一代的 EDI，也是宁波港口物流 EDI 技术应用的趋势。

11.3.2　地理信息系统

　　地理信息系统(Geographical Information System，GIS)是 20 世纪 60 年代开始迅速发展起来的地理学研究新成果，是多学科交叉的产物，它以地理空间数据为基础，采用地理模型分析方法，适时地提供多种空间的和动态的地理信息，是一种为地理研究和地理决策服务的计算机技术系统。地理信息系统技术作为一种空间信息处理与分析技术，是在信息空间中构建与现实对应的虚拟地理信息空间并在管理决策中应用的核心信息技术，已经成功地应用于高质量制图、资源处理、环境分析、交通管理等方面，具有广泛应用前景。

　　1.地理信息系统的定义

　　地理信息系统是融计算机图形学和数据库于一体，用来存储和处理空间信息的高新技术，它把地理位置和相关属性有机地结合起来，根据用户的需要将空间信息及其属性信息准确真实、图文并茂地输出给用户，以满足城市建设、企业管理、居民生活对空间信息的要求，借助其独有的空间分析功能和可视化表达功能，进行各种辅助决策。其核心是管理、计算、分析地理坐标位置信息及相关位置上属性信息的数据库系统。它表达的是空间位置及所有与位置相关的信息，其信息的基本表达形式是各种二维或三维电子地图。

　　因此.GIS 可定义为"用于采集、模拟、处理、检索、分析和表达地理空间数据的计算机信息系统"。地理信息系统是在计算机硬、软件系统支持下，对整个或部分地球表层(包括大气层)空间中的有关地理分布数据进行采集、储存、管理、运算、分析、显示和描述的技术系统。地理信息系统处理、管理的对象是多种地理空间实体数据及其关系，包括空间定位数据、图形数据、遥感图像数据、属性数据等,用于分析和处理在一定地理区域内分布的各种现象和过程,解决复杂的规划、决策和管理问题。

地理信息系统是一种特定的十分重要的空间信息系统。

在全球协作的商业时代,85%以上的企业决策数据与空间位置相关,例如客户的分布、市场的地域分布、跨国生产与跨国销售、原料运输等。GIS能够帮助人们将电子表格和数据库中无法看到的数据之间的模式和发展趋势以图形的形式直观地表现出来,进行空间可视化分析,实现数据可视化、地理分析与主流商业应用的有机集成,从而满足企业决策多维化的需求。GIS可以将抽象的数据表格变为清晰简明的直观地图,帮助企业进行商业选址,确定潜在市场的分布、销售和服务范围;寻找商业地域分布规律、时空变化的趋势和轨迹。此外,还可以优化运输线路,进行资产管理和资源优化调度。

GIS最明显的吸引力是它可以通过地图来表现数据。它是通过把空间要素和相应的属性信息关联起来来实现的。在GIS中,空间信息和属性信息是不可分割的整体,它们分别描述地理实体的不同特征,因而GIS能够支持传统的关系数据库所不能支持的空间查询和空间分析,这是制定规划和决策的基础。

2.地理信息系统的特征

地理信息系统是以地理空间数据为基础,利用地理模型分析方法适时提供空间和动态的地理信息,为地理研究和地理决策服务的计算机系统。GIS具有以下三个方面的特征:

①可用于采集、管理、分析处理和输出多种地理空间信息,具有空间性和动态性。

②以地学研究和地理决策为目的,以地学空间模型分析为手段,具有区域宏观分析、多要素综合处理和动态预测能力,可用于产生高层次的地理决策信息。

③由计算机系统支持进行地学空间数据管理,并由计算机程序模拟地理专家思维方法,作用于地学空间数据,产生规划决策信息,用以完成人力难以完成的工作。计算机系统的支持是GIS的重要特征,使GIS得以快速、准确、综合地对复杂的地理信息进行空间定位和过程动态模拟。

地理信息系统的外观表现为计算机软、硬件系统,其内涵却是由计算机程序和地理数据组织而成的地理空间信息模型,是一个在逻辑上缩小的、高度信息化的计算机系统。GIS可用于从视觉、计量和逻辑上对地学系统进行模拟,地理信息的流动及其结果都可由计算机程序运行和数据变换来仿真。地理专家可在GIS支持下提取地理系统各个侧面、不同层次的空间和时间特性,也可快速地模拟自然过程的演变或地学专家思维过程的演绎,从而获得地理预测或实验的结果,选择优化方案,从而避免错误的决策带来的损失。

3.地理信息系统的功能

目前,不同GIS平台的功能不尽相同,下面以国产GIS软件MAPGIS为例来说明GIS的功能。

①数据输入。MAPGIS提供了多种数据输入方式,如扫描矢量化输入、数字化仪输入、全站仪输入、GPS输入及其他格式数据的转换输入等。

②数据处理。MAPGIS通过图形编辑、投影变换、误差校正和地图符号设计等模块

来完成对数据的处理。

③MAPGIS数据库管理。它包括地图库管理子系统和属性库管理子系统。该系统具有影像图库管理功能,能实现10倍以上高压缩比的图像压缩存储功能,具有分块存储管理、调度、快速定位功能等。

④空间分析。包括矢量空间分析、数字高程模型(DTM)、网络分析、图像分析、电子沙盘五个子系统。

⑤数据的输出。MAPGIS的数据输出可通过输出子系统、电子表定义输出系统来实现文本、图形、图像、报表等的输出。

⑥数据转换。MAPGIS平台可提供强大的数据转换功能,以达到跨平台的数据共享。输入/输出交换接口提供将多种数据文件转换成本系统内部矢量文件结构,同时能够实现反向转换。

⑦图像处理。图像处理模块包括图像分析、镶嵌配准、电子沙盘系统等功能子系统。

总之,GIS的基本功能是将表格型数据(无论它来自数据库、电子表格文件或直接在程序中输入)转换为地理图形显示,然后对显示结果浏览、操作和分析。其显示范围可以从洲际地图到非常详细的街区地图,显示对象包括人口、销售情况、运输线路以及其他内容。

4.地理信息系统在港口物流信息系统中的应用

随着世界经济一体化进程的加速,传统的港区管理模式显然不能满足经济快速发展的需要,港口的信息化管理与国际接轨的要求越来越紧迫,GIS技术作为融合计算机图形和数据库于一体的,用来存储和处理空间信息的高新技术,正是推进港口现代化管理的必要手段。

GIS在港口的应用有如下优势。

(1)GIS的核心功能是空间分析,也是GIS区别于其他信息系统的主要标志

强大的空间分析能力,在规划、选址等重大决策时,能够提供最直观的辅助信息。同时在港口联合运输物流管理中,GIS系统能够提供合理的运输方式与路线的比较方案,并可模拟运输过程。

(2)GIS管理注重经济因素和环境因素

以往的管理方式,把港口项目建设的质量、工期、成本作为管理重点。而在GIS系统中将会更加注重区位机遇与港口发展的作用,将以有形的经济地理地图,分析港口的规划与长远发展,同时更加注重港口建设与周边环境的影响,注重可持续的发展。

(3)高效的日常事务性管理与快速的突发性应急管理

依靠完善的整体交通体系,和现代化的科学管理模式,使运输车辆快速进出港口,减少拥堵,实现零等待;当发生突发事件时,提供快速的辅助信息和辅助决策方案。这些都可以通过动态GIS管理实现。

目前,国内各港口已有不同程度的GIS应用,大体可分为以下几类:

(1)港口地形图管理系统

地形图为用户提供道路、港池、航道、房屋、高程等基础数据,对综合管线数据和其他设施数据的定位和规划设计起着重要的作用。

港口地形图管理系统一般提供对背景地图的管理与维护,包括地形图数据输入、编辑、地形图分幅、图幅拼接、多种形式的地形图查询和输出等功能。

(2)港口基础设施信息系统

港口基础设施一般包括码头、水工设施、房屋、堆场、仓库、铁路、公路、给排水、油运设施、皮带等,它们分布在港口的不同空间位置,且具有不同的属性,对应不同时间,还有不同的档案资料。港口设施资料管理范围的大小和管理水平的高低,直接影响着货物的流通速度。做好科学管理,实现快速维修,使设施处于良好的使用状况,保证物资的顺利流通是港口设施管理部门的首要任务。而 GIS 所特有的对空间数据和属性数据进行集成处理、管理和查询功能是实现港口设施科学化管理的有效工具。

(3)综合管线信息系统

港口经过长期建设,在地面和地下立体交叉网状地分布着各种输送管线,如给水、排水、消防、供电、采暖、通信、输油、天然气、输煤廊道等。这些管线是一个纵横交错的巨大网络,具有十分复杂的空间和非空间属性,在港口的规划建设与管理以及预防灾害中具有重要的使用价值。

一个较全面的港口综合管线信息系统应具有各种管线数据的采集、快速查询、分析、统计、规划设计和制图输出等功能,能为规划管理部门提供必要信息服务和辅助决策信息。

(4)港区房地产系统

主要提供对港区内房产、地产的信息化管理,随时查询港区土地利用的现状、历史变更等情况,为规划建设等部门服务。

①提供多途径属性查询。如按地名、属性、公司名称、用途、使用年代及用户自定义等查询地块信息。

②多形式的空间信息查询。地块的面积查询,地块的边界坐标查询和提取、对地块的出租、回收、买进、卖出,填海造田新增土地等实施动态管理。实现房产的建筑面积、性质、功能等统计分析。

(5)地质信息管理系统

港口在各项工程建设的过程中都曾进行了大量的工程地质勘察和现场测试,积累了丰富的地质资料,但这些地质资料的勘察和管理都是以工程项目为核心进行组织的,一般只服务于某独立的工程项目,分散在港务局档案室和各基层公司及工程建设单位,这无疑造成了巨大的资源浪费。

建立港口地质信息管理系统的主要目的是将这些已有的地质资料有效地组织起来,进行统一的管理,使它们能为整个港区的规划和建设服务。

(6)港口海底地形分析系统

GIS 的地形分析功能在港口分析中的应用是通过建立港口海底数字高程模型来实现的,利用对港口海域的多次海底地形测量资料,结合海底沉积物分析结果,应用数字地形模型技术对海底冲淤变化的强度和范围进行分析,可以模拟航道和港域的水深情况,为港口建设提供可靠依据。

另外,将海底数字高程模型、电子海图和 GPS 相结合,可以开发船只航运的动态监控、导航、引航等应用系统。

（7）利用 GIS 进行电子物流管理

所谓"电子物流"，就是应用现代信息技术，对物流整个过程中的结构化信息流进行全面地运筹规划、优化、协调、监控和管理。应用"电子物流"将深刻改变物流现状、大大促进和提升物流水平，对于以物资流通为主要任务的港口来说，更具有重要意义。

当前，GIS 在港口管理和建设中的具体应用除以上几点外，还有其他的许多应用，如环保部门建立港口环境检测系统，可对港口水污染物的排放总量进行控制分析；用虚拟现实技术和 WebGIS 技术建立数字化港口的应用，可以在各种位置以各种视角对港口地物和设施进行动态观察和信息查询等。

随着计算机网络的普及和 GIS 技术的成熟，GIS 逐渐渗透到港口管理的各个部门和各个环节，促进了港口现代化管理和建设的进程。不管是建立某部门专用的 GIS，还是为多个部门服务的基础型 GIS，GIS 的开发和建设始终是一项复杂、艰巨的工程，涉及到大量的财力、人力、物力的投入。为此，应本着总体设计、长远考虑、面向应用、近期见效的指导思想，选择适用的 GIS 平台和开发模式。在系统建设期间，开发人员要与应用部门紧密结合，以解决实际问题为主，强调系统的实用性、可扩展性，充分发挥 GIS 的技术优势。

11.3.3　全球定位系统

全球卫星定位系统（Global Positioning System，GPS）是由美国国防部组织研制和实施的第二代卫星导航系统，实现了全球、全天候、连续的实时导航定位。全球导航系统集当代先进的空间、通信、微电子、精密时间和计算机技术于一体，其影响已经渗透到社会的各个领域，应用前景十分广泛。目前，GPS 已成为国际通行的用于监控车辆的有效设备。近年来，我国的 GPS 应用发展势头迅猛，短短几年，GPS 在我国的应用已从少数科研单位和军用部门迅速扩展到各个民用领域。

1. 全球定位系统的定义

全球定位系统（GPS）是利用分布在约 2 万公里高空的多颗卫星对地面目标的状况进行精确测定以进行定位、导航的系统，它主要用于船舶和飞机导航、对地面目标的精确定时和精密定位、地面及空中交通管制、空间与地面灾害监测等。

GPS 车载定位系统是以计算机快速处理信息为基础，接收和处理相关信息，查询 GIS 数据库，并显示车辆在电子地图上的精确位置。利用这些信息选择路径或者在总控端对车辆进行监控调度。这套系统主要由控制中心和车载单元构成。

控制中心主要由 GPS 接收机、数据处理系统控制 PC 机、数据传输系统单元（可以选择不同的传输方式，如无线电台、SMSIGPRS）和显示单元构成。其中最重要的部分是数据处理系统控制 PC 机，它负责 GPS 信息的实时处理，在地图上显示精确位置发送调度命令，响应下端用户的查询。车载单元由 GPS 接收机、信号处理微控制器、显示屏、查询呼叫单元构成，实现实时接收调度信号、查询车辆具体位置、选择路径等功能。

车载定位监控系统在国外已经得到了高速发展，在各个领域都有了很好的应用模型。在我国,这项技术从无到有仅几年时间,虽然发展迅速,但80%的应用集中在车载定位上,在其他领域的应用还有待进一步发展。

2.全球定位系统的组成和功能

(1) GPS 的组成

GPS 系统由空间卫星、地面控制和用户设备三部分组成。①空间卫星:GPS 系统在空间中由 24 颗卫星组成,均匀分布在 6 个倾角为 55°的轨道面上,其中 3 颗为有源在轨备用卫星。②地面控制:包括 1 个主控站、3 个注入站和 5 个监测站。每个监测站有一台接收机,其主要任务是对每颗卫星进行连续不断的观测,并将数据定时提供给主控站,经主控站编辑成导航电文再传到注入站。③用户设备:即用户接收机,是接收导航定位信息的关键设备,分为导航型和测地型。导航型较测地型结构简单、体积小、价格便宜。在一般应用场合,考虑成本问题多采用导航型。用户设备主要由天线和接收单元组成。其功能是将接收到的信号经过处理实现对信号的跟踪、锁定和测量。GIS 是以地理空间数据库为基础,在计算机软件的支持下,对空间相关数据进行采集、管理、操作、分析、模拟和显示,适时地提供动态信息,简言之就是一个电子地图的查询系统。它与 GPS 定位信息相结合就可以很好地完成车载定位的任务。

GPS 定位接收机目前达到的性能已能较好地满足大多数普通 GPS 定位管理系统的各方面要求。大多数厂家提供的产品都具有定位性能好、产品性能稳定、体积小、耗电省、使用方便等优良性能。由于计算机和多媒体技术的迅速发展,普通的计算机就可以完全满足绝大多数控制中心对中心处理机的技术要求,网络技术使监控中心与分监控中心的联系毫无困难,GIS 系统和大屏幕显示等方面的技术和设备也能令人满意地工作。

(2)GPS 的功能

由于网络 GPS 融合了目前国际上最先进的信息技术和各类高科技成果,因此安装了网络 GPS 的车辆将会实现许多功能:

①实时监控功能。能够在任意时刻发出指令查询运输车辆所在的地理位置(经度、纬度、速度等信息),并在电子地图上直观地显示出来;车辆出车后就可立即掌握其行踪。若有不正常的偏离、停滞与超速等异常现象发生时,网络 GPS 工作站显示屏能立即显示并发出警告信号,并可迅速查询纠正,避免危及人、车、货安全的情况发生;货主可登录查询货物运送状况,实时了解货物的动态信息,真正做到让客户放心;长途运输由于信息闭塞、渠道狭窄,回程配货成了最大的困扰。而 GPS 监控系统正是建立在互联网这一开放式公共平台上的,可以提前在线预告车辆的实时信息及精确的抵达时间,根据具体情况合理安排回程配货。

②双向通信功能。GPS 的用户可使用 GSM 的语音功能与司机进行通话或使用安装在车辆上的移动设备的汉字液晶显示终端进行汉字消息收发对话。

③动态调度功能。调度人员能在任意时刻通过调度中心发出文字调度指令,并得到确认信息。可实现就近调度、动态调度、提前调度;可实时掌握车辆动态、发车时间、到货时间、卸货时间、返回时间等,以达到争取时间、节约运输成本的目的;科学调度,提高实载率,尽量减少空车时间和空车距离,充分利用运输车辆的运能。

④数据存储、分析功能。可事先规划车辆的运行路线、运行区域,何时应该到达什么

地方等,并将该信息记录在数据库中,以备以后查询、分析使用;收集、积累、分析数据,进一步优化路线。依据地理信息 GIS 制定更为合理的行车路线及整个运输过程中的燃料、维修、过路(桥)等费用,确定更为精确的成本费用,制定更加合理的运费;依据数据库储存的信息,可随时调出每辆车以前的工作资料,并可根据各管理部门的不同要求制作各种不同形式的报表,使各管理部门能更快速、更准确地作出判断。

3.全球定位系统的应用

全球定位系统的应用包括以下几方面:

(1)用于汽车自定位、跟踪调度、陆地救援

车辆导航将成为未来全球卫星定位系统应用的主要领域之一。我国已有数十家公司在开发和销售车载导航系统。中远、中外运等大型国际物流服务企业均建立了装载有卫星定位系统的车队。

(2)用于内河及远洋船队最佳航程和安全航线的测定、航向的实时调度、监测及水上救援

在我国,全球卫星定位系统最先使用于远洋运输的船舶导航。我国的三峡工程也已利用全球卫星定位系统来改善航运条件、提高航运能力。

(3)用于空中交通管理、精密进场着陆、航路导航和监视

国际民航组织提出,在 21 世纪将用未来导航系统 FANS(Future Air Navigation System)取代现行航行系统,它是一个以卫星技术为基础的航空通信、导航、监视和空中交通管理系统,它利用全球导航卫星系统 GNSS(Global Navigation SatelliteSystem)实现飞机航路、终端和进场导航。

(4)用于铁路运输管理

我国铁路开发的基于 GPS 的计算机管理信息系统,可以通过 GPS 和计算机网络实时收集全路列车、机车、车辆、集装箱及所运货物的动态信息,可实现列车、货物追踪管理。只要知道货车的车种、车型、车号,就可以立即从近 10 万公里的铁路网上流动着的几十万辆货车中找到该货车;还能得知,这辆货车现在在何处运行或停在何处以及所有的车载货物发货信息。铁路部门运用这项技术可大大提高其路网及其运营的透明度,为货主提供更高质量的服务。

⮕ 案例分析

连云港港口信息化案例

连云港港口位于太平洋西海岸、中国黄海之滨,与韩国、日本等国家主要港口相距在 500 海里的近洋扇面内,现为江苏最大海港、苏北和中西部最经济便捷出海口、新亚欧大陆桥东桥头堡,是我国沿海主枢纽港和能源外运的重要口岸之一,以腹地内集装箱运输为主并承担亚欧大陆间国际集装箱水陆联运的重要中转港口,集商贸、仓储、保税、信息等服务于一体的综合性大型沿海商港。

谈到港口信息化建设的背景,连云港港口集团通信信息工程公司总经理助理王兴好说:"随着经济全球化和信息国际化,信息技术逐渐成为了企业改进作业流程、降低成本、

提高竞争力的强有力手段。我们港口在装卸运输快速发展的形势下,也深切感受到了传统的运作模式越来越难以适应港口发展的需要。"于是,"以信息化推动管理现代化,以信息化推进产业升级"自然而然地成为连云港港口发展的一项重点工作。

连云港港口信息化建设起步于1982年,以生产系统为重点不断拓展计算机应用的范围和深度,逐步构建了完整的、集成化的港口业务信息系统;以办公自动化应用及网站信息发布为突破口来加快实现港口管理领域的信息化;总体规划、分步实施逐步推出若干个应用系统,实现连云港港口的信息化达到了全国沿海港口前列的水平。然而在这些成绩的背后,同样夹杂着很多得与失得故事,值得我们去深思和借鉴。

"港口的信息化建设也算是一波三折,我们起步比较早,虽然走的弯路比较少,但中间也一度走走停停。比如20世纪90年代末港口的效益不是特别好,我们在信息化建设方面的资金投入也就力不从心。有的项目资金即使到位了,上了之后的效果又不是特别理想。"连云港港口集团通信信息工程公司总经理助理王兴好深有感触地说。

"我觉得信息化每个项目最大的风险还是在应用上,第一是员工思想观念转变不过来,第二是员工IT技能跟不上,这是两个非常大的瓶颈。"王助理说。比如当时自主开发的一套煤炭公司业务管理系统,这套覆盖整个煤炭公司的系统包括堆场管理、计费管理等众多模块。但是这些系统上了之后使用的实际效果并不是太好,和预期要达到的效果相差很大。"分析主要原因,仍然是因为人员IT素质跟不上,思想观念转变不过来。这些因素在前期的评估中我们也考虑到了,但是估计不足。"王助理说。这种情况下,整个系统运行了一年之后就被迫中止使用。

"为了解决这些瓶颈我们也采取了很多的措施,比如向员工宣传信息化的思想,加大员工信息化方面的培训力度,要求员工必须达到与其岗位相适应的计算机应用水平等等,也收到了明显的效果。"王助理说。信息化建设中不可能每一个信息系统都会成功,关键是不成功之后应该痛定思痛、汲取教训,找出失败的原因,为以后的信息系统项目少走弯路保驾护航。

"我们进行信息化建设和改造的目标就是提高港口的作业效率,有的系统可能直接产生经济效益,有的则是通过间接的方式产生经济效益,但是其经济效益总归都是能看到。"王助理说。

"我们做的绝大部分信息系统在应用上都收到了很好的效果,也带来了很大的经济效益。再比如给我印象最深的集装箱码头业务管理系统、办公自动化系统和港口的船舶调度系统等都是很成功的。"王助理显得有点自豪。集装箱码头业务管理系统是在1996年由港口集团自己开发的,中间经过不断的完善和维护,一直使用到2004年才被新的管理系统替代,这套系统对集装箱码头的业务管理起到了非常大的作用。办公自动化系统软硬件投资120多万元,一年就能节约成本40多万元。

王助理着重强调了港口的船舶调度系统,船舶进港之前得先由船舶进港代理公司提出进港申请,在上这套管理系统之前,这种申请主要是通过传真或者对方人员到港口办理。"这种流程一是效率比较低,二是信息不准确。上了管理系统之后所有这方面信息的处理都在网上受理,通过我们提供的表格由对方直接录入信息,准确度非常高,时间也特别快。"王助理介绍说。另外,对方也可以从网上查询到自己船只在港的状态,比如作业的完成度等。

"另外,为了方便口岸代理企业,我们还做了一些报检系统。以前,有的企业或者货主来港口看一次,来往的花销最少也得两三千元,一年下来的花费也是很大的。上了系统之后,有些业务不需要再到港口办理,为企业和货主节约了资金和时间。"王助理说。同时,港口的效率也得到了提高,整个船舶作业时间缩短,总体上缩短了船舶的在港停留时间,比如一个码头原先一条船作业需要5个小时,现在从进港到出港整个过程可能只需要4.5小时,缩短了时间,间接地提高了泊位的数量。"泊位的利用率提高了,经济效益也就随之而来。"

信息化发挥效力。"2000年以来,我们港口的信息化建设与应用开始逐步加快速度,软硬件累计投资达到了4000万元。"王助理说。先后建成投入使用的大型信息系统主要有:集装箱管理系统、散杂货公司调度与商务系统、港口货源信息系统、港口计划统计系统、港口物资管理系统、港口计件工资系统、港口机电设备管理系统、港口海关监管系统、港口主题数据库、港口信息门户网站、港口船舶调度系统以及轮驳公司与引航公司等衍生系统、港口边检业务网上受理系统、港口理货业务管理系统等近二十个系统。

王助理说:"这些系统已经基本成为港口集团各单位支撑业务运作的核心系统,也给连云港港口带来了实实在在的经济效益和社会效益。"除了自主研发部分信息系统之外,港口集团也引进了部分通用商品化软件产品,比如金蝶集团财务系统、金蝶集团办公自动化系统、金益康集团人力资源系统等。目前,这些商品化软件通过二次开发已经作为一个重要组成部分融入了港口信息体系中。

截至2004年,港口计算机网光缆总里程已达60余公里,覆盖了码头作业公司和主要口岸单位、主要货运代理单位。网内单位均可通过此光纤网络实现数据联网以及互联网宽带接入,初步具备了为口岸单位提供互联互通的条件。网内计算机站点数已达1200余台。为保证访问互联网的速度要求,目前港口拥有的电信、网通、联通多条100兆互联网光纤专线都在满负荷运转。开通了港口内部宽带网,小型单位或集团员工既可以通过港内宽带上网,也可以访问局内网或运行内部信息系统,譬如港口OA系统以及内部邮件系统,网络应用范围大大拓展。港口信息系统和网络硬件平台的建成使用,切实保障了连云港港口生产和管理活动正常高效进行。

随着经济的发展和信息化程度的不断提高,港口功能进一步提升,实现吞吐量4352万吨,集装箱运量50.2万标箱。以港口为中心的区域性国际物流中心建设全面展开,开通了连云港至日本、韩国、美西、地中海、欧洲一线和二线、中国沿海支线、内贸航线等多条集装箱航线,月航班密度已经突破150班。

2004年5月,国家出台了支持重点行业信息化建设的政策。连云港港口综合信息平台项目投入建设。连云港港口综合信息平台主要建设两大平台共五个分系统。一是港口业务信息平台。包括港口业务管理信息系统和港口网络化视频监控系统两个分系统。二是港口电子商务平台。包括口岸物流信息平台、口岸电子数据交换平台(EDI)、港口电子商务应用系统三个分系统。连云港港口信息平台主要建设目标是:建成集成化、网络化的港口综合信息服务系统及决策支持系统;以互联网为基础,以港口生产业务信息为核心,建立起面向全球的物流信息服务网络。具体为:(1)港口业务流程基本实现电子化,集团内部信息化建设与应用水平大大提高。建立起完善的港口管理信息系统,建成网络化视频监控系统,数据与场景信息有机融合,港口内部业务信息平台基本形成。(2)建立港口电子商务应用环境,口岸具备实现商务活动电子化的能力,应用状况争取达到国内同行业领先水平。以港口内部信息系统为核心,口岸数据交换的电子化得以规模化发展,口岸物流体系基本形成,进而整合连云港市及周边地区、陇海沿线省份的内外贸信息资源,逐步建立起一个良好的电子商务应用环境,形成面向全球的物流信息服务网络。

港口的物资采购管理系统在引入之前基本上维持在1500万元左右的库存,引入之后库存减少了将近8%。

物资综合管理系统信息化之后在报废品的处理、防止国有资产流失等方面估算挽回的经济损失每年达50万元,而整个系统只投入40多万元。办公自动化系统软硬件投资120多万元,一年就能节约成本40多万元。

案例问题:
请分析连云港港口信息化建设的经验和港口信息化发展的趋势。

▷ 思考题

1. 如何建设港口物流信息平台?
2. 货运代理信息管理系统的主要目标和功能有哪些?
3. EDI、GIS、GPS 在港口物流中分别有那些应用?

参考文献

[1] 白广斌,等.GIS在港口全寿命周期管理中的研究.交通节能与环保 2006(3).

[2] 陈家源,等.港口企业管理学.大连:大连海事大学出版社,1999.

[3] 陈家源,刘翠莲.港口通过能力的若干理论及模拟模型的研究.大连海事大学学报,
    1992(1).

[4] 陈戌源.集装箱码头业务管理.大连:大连海事大学出版社,1988.

[5] 陈样.集装箱码头操作.北京:高等教育出版社,2001.

[6] 程言清,李秋正.港口物流管理.北京:电子工业出版社,2007.

[7] 董维忠.物流系统规划与设计.北京:电子工业出版社,2006.

[8] 邓少灵.口岸物流信息平台.北京:人民交通出版社,2007.

[9] 顾亚竹,周溪召.港口集装箱物流园区规模的研究.中国航海,2006(3).

[10] 顾亚竹.港口物流园区战略管理.北京:中国物资出版社,2008.

[11] 霍红.国际货运代理与海上运输.北京:化学工业出版社,2004.

[12] 韩增林,王成金.港口物流特点与影响因素分析.中国港口,2001(8).

[13] 计明军,靳志宏.集装箱码头集卡与岸桥协调调度优化.复旦学报(自然科学版),
    2007(4).

[14] 蒋长兵,王珊珊.国际物流学教程.北京:中国物质出版社,2008.

[15] 卢清.德国通向世界的门户——汉堡港.港口经济,2002(3).

[16] 刘伟.国际航运实务.北京:人民交通出版社,2001.

[17] 刘翠莲.港口通过能力模拟模型的研究.大连海事大学学报,1995(4).

[18] 刘小卉.物流管理信息系统.上海:复旦大学出版社,2006.

[19] 刘志强,宋炳良.港口与产业集群印.上海海事大学学报,2004,6.

[20] 林自葵.物流信息管理.北京:清华大学出版社,2006.

[21] 马士华,林勇.供应链管理.北京:机械工业出版社,2005.

[22] 毛丽娜.湛江港集团物流园区规划研究.武汉理工大学,2006.

[23] 倪志伟,等.现代物流技术.北京:中国物质出版社,2006.

[24] 孙肇裕.外轮理货业务.北京:中国物资出版社,2004.

[25] 魏国辰,等.现代物流技术与实务.北京:中国物资出版社,2007.

[26] 汪长江.港口现代物流:概念诠释、效率测评与增进对策.管理世界,2008(6).

[27] 汪长江.港口物流对区域经济发展的拉动及其实证研究.浙江省经济学会交流论
    文,2008.

[28] 汪长江.宁波—舟山港一体化建设障碍与对策.经济社会体制比较,2008(1).

[29] 汪长江.沿海地区人口结构对经济水平影响的分析.经济社会体制比较,2007(2).

[30] 汪长江.长江三角洲经济发展的冷思考.财政研究,2006(8).

[31] 汪长江.企业核心竞争力的返朴思考.学术界,2006(1).

[32]汪长江.战略经营与管理.北京:中央文献出版社,2006.

[33]王丰.现代物流概论.北京:人民交通出版社,2002.

[34]王芬,雷蕾.港口物流研究综述.中国水运(理论版),2008(1).

[35]王任祥.现代港口物流管理.上海:同济大学出版社,2007.

[36]吴峰.港口物流中心的运作模式探究.九江学院学报(社会科学版),2006(3).

[37]吴玮.港口型物流园区规划建设方法及应用研究.南京工业大学,2005.

[38]武德春,武骁.港航商务管理.北京:机械工业出版社,2005.

[39]赵一飞.航运与物流管理.上海:上海交通大学出版社,2004.

[40]张娜、刘维林.东京港——日本首都圈的物流枢纽.港口经济,2004(2).

[41]张利安、冯耕中.国内外典型港口物流的发展及启示.中国物流与采购,2004(5).

[42]张晓东.物流园区布局规划理论研究.北京:中国物资出版社,2004.

[43]真虹.第四代港口的发展模式.海运情报,2006(6).

[44]真虹等.港口管理.北京:人民交通出版社,2003.

[45]赵刚.国际航运管理.大连:大连海事大学出版社,2006.

[46]吴艳兰,陶国祥.浅谈GIS与港口的科学化管理.港工技术2006(4).

[47]徐大振,朱秉秋.港口企业经营管理.北京:人民交通出版社,2003.

[48]肖青,刘翠莲.港口通过能力系统理论研究——港口通过能力计算方法的分析与评价.大连海事大学学报,1994(1).

[49]夏火松.物流管理信息系统.北京:科学出版社,2007.

[50]郑静.EDI在宁波港口物流中应用研究.现代商贸工业,2007(2).

[51]杨华龙.港口技术进步与通过能力发展的研究.大连海事大学学报,1997(4).

[52]杨长春等.国际货物运输.北京:对外经济贸易大学出版社,2005.

[53]张丽君.现代港口物流.北京:中国经济出版社,2005.

[54]张海燕等.国际物流.大连:东北财经大学出版社,2006.

[55]张良卫.国际物流实务.北京:电子工业出版社,2008.

[56]宗蓓华,真虹.港口装卸工艺学.北京:人民交通出版社,2005.

[57]港口(码头)集装箱运营与管理实务全书.北京:中国科技文化出版社,2005.

[58]Alan Lanrence Erera. Design of large scale logistics systems for uncertain environment,PhD. Dissertation,2000.

[59]BISH E K,LEONGT. Analysis of a new vehicle scheduling and location problem, Naval Research Logistics,2001,48(5).

[60]Donald F. W. and James C. J.. Contemporary transportation. Macmillan Publishing Company,1993.

[61]John. Warwar,杨丽民,项振勇.港口通过能力的简化解法.中国港湾建设,1985(1).

[62]James A. Tompkins,Facility Planning. New York:John Wiley & Sons Inc,1984.

[63]James,Johnson. Contemporary Logistics. Prentice-Hall Press, 1998.

[64]Kunter, S. A. Using Simulation Optimization to Fine the Best Solution. IIE Solutions, May, 1996.

[65]Karen, Renee,Milowitz. Design and Operation of Multimode. Multiservice Logistics System,PhD dissertation,2001.